考古与艺术史
译丛

丛书顾问

罗 泰（Lothar von Falkenhausen） 李 零

丛书主编

来国龙 缪 哲

本书审校

来国龙

考古与艺术史
译丛

《定居地球》
Settling the Earth

《洞穴中的心智：意识和艺术的起源》
The Mind in the Cave: Consciousness and the Origins of Art

《远古艺术家：追溯人类最原始的艺术》
The First Artists: In Search of the World's Oldest Art

《破解玛雅密码》
Breaking the Maya Code

《寻找埃及失踪的古墓》
Searching for the Lost Tombs of Egypt

《国家及其废墟：希腊的古代、考古学与民族想象》
The Nation and its Ruins: Antiquity, Archaeology, and National Imagination in Greece

《破译的故事：从埃及圣书文字到玛雅文字》
The Story of Decipherment: From Egyptian Hieroglyphs to Maya Script

《罗马与剑：战士和武器如何塑造罗马历史》
Rome and the Sword: How Warriors and Weapons Shaped Roman History

《征服过去：考古学的起源》
La Conquête du Passé: Aux Origines de l'Archéologie

考古与艺术史
译丛

Breaking
the Maya Code

破解玛雅密码

[美]迈克尔·道格拉斯·科 —— 著　武忠明 —— 译

郑州大学出版社

图书在版编目（CIP）数据

破解玛雅密码/（美）迈克尔·道格拉斯·科著；武忠明译. — 郑州：郑州大学出版社，2023.10
ISBN 978-7-5645-9679-8

Ⅰ.①破… Ⅱ.①迈… ②武… Ⅲ.①玛雅文化－研究 Ⅳ.① K731.2

中国国家版本馆 CIP 数据核字（2023）第 082778 号

备案号：豫著许可备字-2023-A-0087

Published by arrangement with Thames & Hudson Ltd, London,
Breaking the Maya Code © 1992, 1999 and 2012 Thames & Hudson Ltd, London
Text ©1992, 1999 and 2012 Michael D. Coe
Interior page design by Vanessa Fay
This edition first published in China in 2023 by Beijing Han Tang Zhi Dao Book Distribution Co., Ltd, Beijing
Chinese edition © 2023 Beijing Han Tang Zhi Dao Book Distribution Co., Ltd

破解玛雅密码
POJIE MAYA MIMA

策划编辑	郜　毅	封面设计	陆红强
责任编辑	吴　静	版式制作	九章文化
责任校对	成振珂	责任监制	李瑞卿

出版发行	郑州大学出版社（http://www.zzup.cn）
地　　址	郑州市大学路 40 号（450052）
出 版 人	孙保营
发行电话	0371-66966070
经　　销	全国新华书店
印　　刷	鸿博昊天科技有限公司
开　　本	889 mm×1 194 mm　1/32
印　　张	14.5
字　　数	325 千字
版　　次	2023 年 10 月第 1 版
印　　次	2023 年 10 月第 1 次印刷

书　号　ISBN 978-7-5645-9679-8　　　定　价　88.00 元

本书如有印装质量问题，请与本社联系调换。

考古与艺术史译丛
总序

我们探究遥远的古代，从来不只是为学问而学问。其实，对古代的研究反映了我们当下的自我认识：它犹如一面镜子，把当今的"文明"社会与远古相对照，让我们有机会反思我们对当今社会本质的假设，也提醒我们别把现代的社会福祉视为理所当然。尤其是以研究物质遗存为主的考古学，它能在时间深度上比文献研究更加深入，并且通过年代精准的考古学文化序列，为世界各地的历史发展提供具体可见的物质形态。不仅考古发现的过程本身在智力上令人振奋，如果运用得当，考古学还可以在认识论上提供一套全新的、独立于历史文献的观点（尽管考古与文献也有可能是互补的）。最重要的是，考古学——无论是研究远古的史前考古，还是后来有文字记载的历史时期考古——都能设法还原"劳动群众"的主观意志，而他们的生活和经历往往为历史文献所无意或有意地忽略。

尽管考古发掘已经取得辉煌的成就，而且这些发现已经成为艺术史的经典和艺术史讨论的基础，但考古学家的任务不是挖宝。印第安纳·琼斯（Indiana Jones）不是一个好榜样。尽管有人会这么认为，但考古学不是抱残守缺的书呆子的领地。恰恰相反，考古学是一门充分利用现代技术成果的现代科学。在将现代科技应用于考古学的需要时，考古学者发挥了巨大的创造力。其中的关键是研究设计。特别是在过去75年里，伴随着考古发掘和分析技术的巨大改进，考古学家做出了巨大努力，创造了越来越成熟、旨在涵盖考古材料中所包含的全部历史经验的解释体系。总而言之，考古不仅是研究人类历史的一种手段，而且考古学史作为一门学科，也可以成为历史研究的对象。此外，在科学考古学正式开始之前，已经有学者对过去的历史材料进行了几个世纪的认真研究。今天，这一古老的研究传统——通常被称为古物学——正与科学考古学并肩前行，但有时也令人不安。这在中国尤其如此。科学考古学在中国的发展相对比较短暂——仅有100年的历史，而在欧洲部分地区则已经超过200年。中国古物学（金石学）的历史，至少始于公元11世纪，几乎是复兴时期兴起的欧洲古物学的两倍长的时间。最近的研究也显示，欧洲以外其他地区的古物传统中，在现代学术知识模式普遍开始传播之前，对古代的物质遗产的研究也是一个普遍关注的问题。

与所有学术研究一样，考古学者的观点受制于他们工作的历史环境，这反映在不断变化的学术风格、取向和兴趣上。近年来，考古学受人文和社会科学中自我反思转向的影响，让研究者更加深切地认识到，历史偶然性和偏见是如何在整个考古学史上塑造或影响了我们的研究。因此，考古学目前正在经历一个"去殖民化"的过程，旨在遏制顽固的种族主义的暗流，纠正历史上对各种弱势群体的排斥。由此产生的考古学，经过彻底的自我净化，必将对考古研究及其在社会中的地位产生持久的影响。同时，公众对考古材料本身产生了浓厚的兴趣，由于国际休闲旅游的扩展，他们有前所未有的机会直接参观和体验考古学的成果。因此，考古学者的一个任务就是提供关于考古学及其各个领域最新的、最可靠的研究状况和说明。

考古与艺术史译丛的设计旨在兼顾对考古发现本身的呈现和对考古思维方式及其时代变迁的探究，总体目标是邀请公众参与到考古学的研究中来。阿兰·施纳普（Alain Schnapp）的《征服过去：考古学的起源》是真正的学术经典。作者以无与伦比的精湛技艺，在其广泛的知识背景下追溯了欧洲现代早期从古物学到考古学的演变。扬尼斯·哈米拉基斯（Yannis Hamilakis）在《国家及其废墟：希腊的古代、考古学与民族想象》一书中，举例说明了在作者的祖国，考古学是如何为更广泛的政治目标服务的。在《定居地球》一书中，克莱夫·甘布尔（Clive Gamble）对考古学中最古老、最具争议的辩论进行了最新的总结：人类是如何（以及何时）扩展到地球上所有五个洲的。大卫·刘易斯－威廉斯（David Lewis-Williams）的《洞穴中的心智：意识和艺术的起源》同样关注人类的早期历史，探讨了人类尝试视觉表现的最早阶段——旧石器时代的洞穴艺术。米歇尔·罗尔布朗谢（Michel Lorblanchet）和保罗·巴恩（Paul Bahn）在《远古艺术家：追溯人类最原始的艺术》中，从不同的角度探讨了同一主题。文字作为一种记录语言的手段，是人类符号制作的后期发展的成果，这是莫里斯·波普（Maurice Pope）的《破译的故事：从埃及圣书文字到玛雅文字》和迈克尔·D. 科（Michael D. Coe）著名的《破解玛雅密码》的主题；这两本书主要讨论了现代学者是如何努力把已被遗忘许多世纪的早期文字破译出来的。同样，克里斯·农顿（Chris Naunton）的《寻找埃及失踪的古墓》和西蒙·詹姆斯（Simon

James）的《罗马与剑：战士和武器如何塑造罗马历史》探讨了各自文化区域内历史文化考古学的重要主题。后续将会有更多的译著。在此我谨向为翻译这些重要著作而努力的译者表示敬意，希望他们的译著能得到读者的欢迎！

罗泰（Lothar von Falkenhausen）
2022 年 12 月 31 日　于伊克塞勒

（来国龙　译）

纪念尤里·瓦连京诺维奇·克诺罗佐夫

aj bobat, aj miatz, etail

插图1：阿塔纳修斯·基歇尔（Athanasius Kircher），耶稣会士，其关于古埃及文字的观念阻碍了对该文字的破译长达一个多世纪

插图2：让·弗朗索瓦·商博良（Jean-François Champollion），法国人，最终破译了古埃及圣书体文字

插图3：迈克尔·文特里斯（Michael Ventris），这位年轻的建筑师破译了迈锡尼希腊人的线形文字B

插图 4：墨西哥亚斯奇兰（Yaxchilán）一个楣梁上的精美雕刻。上面的文字显示，图案描绘的是统治者的妻子朔克夫人（Lady Xok），她蹲伏在"幻象蛇"（Vision Serpent）前面，时间是 681 年

插图 5：墨西哥博南帕克（Bonampak）遗址精美的古典期晚期壁画之细部，790 年左右。统治者查恩·穆万（Chan Muwan）及臣属站在俘虏头上施行审判

插图 6：空中俯瞰危地马拉蒂卡尔（Tikal）的中心，它是最大的两个古典玛雅城市之一

插图 7：危地马拉塞瓦尔（Ceibal）的 11 号石柱，石柱上雕刻的这位领袖长着一副非玛雅人的面孔，表明他可能是个蒲吞（Putún）入侵者

插图8：让·弗雷德里克·马克西米利安·瓦尔德克（Jean Frédéric Maximilien Waldeck），古怪的法国艺术家和冒险家，也是玛雅城市帕伦克（Palenque）的早期探索者

插图9：康斯坦丁·萨姆埃尔·拉菲内克－施马尔茨（Constantine Samuel Rafinesque-Schmaltz），法裔美国人，博学多才的博物学家，发现了玛雅条点式计数法

插图10：约翰·劳埃德·斯蒂芬斯（John Lloyd Stephens），美国律师，他的勘探使玛雅文明受到全世界瞩目

插图 11（左）、插图 12（右）：洪都拉斯科潘（Copán）A 号石柱的侧面与背面，由斯蒂芬斯的旅伴、艺术家弗雷德里克·卡瑟伍德（Frederick Catherwood）绘制的图画雕版而成

插图 13：夏尔·艾蒂安·布拉瑟·德·布尔堡（Charles Étienne Brasseur de Bourbourg），法国教士，将兰达（Fray Diego de Landa）的《尤卡坦风物志》（*Relación de Las Cosas de Yucatán*）等展示古代玛雅文化的重要手稿公之于世

插图 14：恩斯特·弗斯特曼（Ernst Förstemann），这位德国的图书管理员在研究《德累斯顿古抄本》（*Dresden Codex*）的过程中，弄清了玛雅历法和天文学的诸多细节

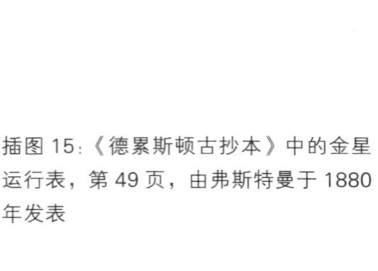

插图 15：《德累斯顿古抄本》中的金星运行表，第 49 页，由弗斯特曼于 1880 年发表

插图 16：艾尔弗雷德·珀西瓦尔·莫斯莱（Alfred Percival Maudslay），在尤卡坦州（Yucatán）奇琴伊察（Chichén Itzá）蒙哈斯（Monjas）的一个房间里。正是这个英国人首次出版了全面的玛雅铭文

插图 17：特奥伯特·马勒（Teobert Maler），脾气暴躁的奥地利人，他拍摄的记录古典期纪念碑的照片确立了新的标准

插图 18（左上）：莱昂·路易·吕西安·普吕内尔·德·罗尼（Léon Louis Lucien Prunol de Rosny），法国东方学家，破译了表示世界—方位的玛雅字符

插图 19（右上）：爱德华·泽勒（Eduard Seler），德国学者，同时代最杰出的中美地区研究者；他是以赛勒斯·托马斯为代表的表音派的劲敌

插图 20（下）：赛勒斯·托马斯（Cyrus Thomas），美国人类学先驱，19 世纪末用语音学方法解读玛雅文字的主要倡导者

插图 21：左，西尔韦纳斯·莫利（Sylvanus Morley）与妻子弗朗西丝（Frances）；右，埃里克·汤普森（J. Eric S. Thompson）与妻子弗洛伦丝（Florence）。摄于奇琴伊察，1930年汤普森度蜜月期间

插图 22（右）：西尔韦纳斯·莫利站在危地马拉基里瓜（Quiriguá）的 F 号石柱旁，约 1912 年。莫利出版的铭文，未达到莫斯莱和马勒确立的标准

插图 23：本杰明·李·沃尔夫（Benjamin Lee Whorf），杰出的美国语言学家，曾尝试用语音学方法破译玛雅文字，却归于失败

插图 24（上）：尤里·瓦连京诺维奇·克诺罗佐夫（Yuri Valentinovich Knorosov）在列宁格勒，约 1960 年

插图 25（左下）：埃里克·汤普森爵士在他的英国花园里，1974 年。直到次年去世，汤普森一直强烈反对克诺罗佐夫的方法

插图 26（右下）：戴维·凯利（David Kelley），1991 年。在 20 世纪五六十年代的美国，他是克诺罗佐夫玛雅古文字研究的首要捍卫者

插图 27：塔季扬娜·普罗斯科里亚科夫（Tatiana Proskouriakoff）绘制的危地马拉黑石城（Piedras Negras）卫城复原图。她证明了金字塔前的一排排玛雅石柱记录的是王朝历史

插图 28（右）：来自黑石城的 14 号石柱。普罗斯科里亚科夫在 1960 年写的论文中证明这是一块登基纪念碑

插图 29（左上）：塔季扬娜·普罗斯科里亚科夫，出自卡内基研究所（Carnegie Institution of Washington）工作人员的集体照，1952 年摄于墨西哥玛雅潘（Mayapán）。8 年后，她发表了彻底改变玛雅研究的论文

插图 30（右上）：海因里希·贝尔林（Heinrich Berlin），1954 年在玛雅潘。这位生于德国的杂货批发商和兼职铭文学家发现了徽章字符

插图31：普罗斯科里亚科夫用水彩画复原的帕伦克十字神庙（Temple of the Cross）圣殿。圣殿后方是一块石板，上面显示帕卡尔（Pakal）和查恩－巴赫鲁姆（Chan-Bahlum）正在祭拜一棵世界树（world-tree）

插图 32（上）：帕伦克铭文神庙（Temple of the Inscriptions）的地下室及石棺，伟大统治者帕卡尔的墓室

插图 33（左下）：梅尔·格林·罗伯逊（Merle Greene Robertson）在帕伦克，她是艺术家、摄影师，还是帕伦克圆桌会议的组织者

插图 34（中下）：工作中的琳达·谢勒（Linda Schele），华盛顿特区，1985 年。她是画家、铭文学家和教师，是依据玛雅破译工作提出新见解的首要架构师之一

插图 35（右下）：弗洛伊德·劳恩斯伯里（Floyd Lounsbury）在科潘，1988 年。他是耶鲁大学的考古学家和语言学家，是现代破译理论家

插图 36：来自危地马拉查马（Chamá）地区的古典期晚期玛雅彩绘陶罐。上面描绘的是一对孪生兄弟神，可能是玉米神（Maize God）和他的兄弟

插图 37：《格罗利尔古抄本》（*Grolier Codex*）中的两页，这是一部与金星相关的书，具有托尔特克（Toltec）与玛雅混合风格

插图 38（左）：8 岁时的戴维·斯图尔特（David Stuart），正在摹画墨西哥科巴（Cobá）的一块纪念碑

插图 39（右）：居家的戴维·斯图尔特，华盛顿特区，1986 年。次年，他发表了具有开创性的一文——《十个表音音节》（*Ten Phonetic Syllables*）

插图 40：危地马拉纳赫图尼奇洞穴（Naj Tunich Cave）内的铭文，8 世纪

插图 41（上）：克诺罗佐夫在列宁格勒，1989 年

插图 42（左）：《德累斯顿古抄本》的最后一页，描绘了宇宙的毁灭。天龙（伊察姆纳，Itzamnaaj）和年迈的始祖女神（Creator Goddess）放出洪水，战争之神（神 L）掷出毒镖

插图 43（下）：洪都拉斯科潘的书吏宫殿中的猴子书吏（Monkey-man scribe）

序　言

美洲大陆之历史并非始于克里斯托弗·哥伦布（Christopher Columbus），更非始于幸运儿莱夫[1]，而是始于大约两千年前中美洲丛林中的玛雅书吏首次记录统治者的事功之时。在前哥伦布时期，新大陆的所有民族中，只有古代玛雅人拥有完整的文字：他们可以用自己的语言，写下他们想写的任何内容。

19世纪，在玛雅城市废墟重见天日后，这些记录几乎无一被当时的西方学者解读。20世纪50年代，我在哈佛大学读书时，这一状况也未见多少好转，虽然玛雅历法早在120多年前就已得到解读。如今，有赖于大西洋两岸铭文学家取得的一些显著进展，我们可以读懂那些逝去已久的书吏刻在石碑上的大部分内容，甚至能破译他们写在彩绘陶瓶上的东西。

我认为，破译玛雅文字是我们这个时代最令人振奋的探险之一，堪与太空探索和遗传密码的发现相提并论。本书意在讲述与此相关的故事。书中有些故事比较晚近，我十分荣幸与其中众多主角（很多已不在人世）相识；读者很快就会像我一样发现，破译玛雅文字的历程不仅牵涉到理论与学术问题，还关乎有血有肉、性格鲜明的个人。

若有意者，可从我的记述中找出英雄与恶棍，然而我要在此声明，本书中并没有所谓的"坏人"，有的只是一些心怀善意、意

---

[1] 本名为莱夫·艾瑞克森（Leiv Eiriksson），北欧维京海盗，被认为是第一个发现北美洲的欧洲探险家，比哥伦布早大约500年。——译者注。若无特别说明，本书页下注释均为译者注。

志坚定的学者,他们有时受错误的假设所驱使而误入歧途,因此使身后声誉受损;倘非要找出恶棍,那么请记住,即使是约翰·弥尔顿(John Milton)笔下的堕落天使撒旦,也有他英雄的一面。

写作本书时,我得到了多方襄助,但须强调的是,书中的事实及解释,无论好坏,均由我本人负责。值得特别感谢的是乔治·斯图尔特(George E. Stuart),他留下的关于文字破译史的手稿(1992年出版,与本书首版同年发行)指引我找到了新的线索和见解。我由衷感谢琳达·谢勒、弗洛伊德·劳恩斯伯里(两人均于1998年谢世)以及伊丽莎白·本森(Elizabeth Benson)、戴维·斯图尔特和戴维·凯利,我经常通过长途电话对他们进行长时间录音采访,感谢他们的耐心和宽容。琳达以她一贯的热情与慷慨,给我提供了本书第十章谈到的"少壮派"之间大量通信的复印件。

我还要深深感谢已故的克诺罗佐夫和他在俄罗斯科学院的同事,我和妻子在1989年访问圣彼得堡(时称列宁格勒)期间,他们给予了热情款待,尤其要感谢的是加林娜·叶尔绍娃(Galina Yershova),她是现在的"尤里·克诺罗佐夫"中美地区研究中心主任。

本书前面几章撰写于我在耶鲁大学休三年一次的假期时,当时我住在有着新古典主义风格的罗马英国学院(British School at Rome)。我很感谢学院时任院长理查德·霍奇斯(Richard Hodges)和图书馆馆长瓦莱丽·斯科特(Valerie Scott),他们使我这次经历变得价值非凡。关于宝贵的编辑意见,我还想对詹姆斯·马洛里(James Mallory)、安德鲁·罗宾逊(Andrew Robinson)以及泰晤士—哈德逊出版社(Thames and Hudson)的工作人员表示感谢。

自本书1992年初版以及1999年再版以来,铭文学的滚滚潮水已经淹没了既有的堤坝。我要感谢使我跟上玛雅破译和图像学最新发展的人们，特别是戴维·斯图尔特、斯蒂芬·休斯顿（Stephen Houston）、卡尔·陶布（Karl Taube）、彼得·马修斯（Peter Mathews）、西蒙·马丁（Simon Martin）、马克·赞德（Marc Zender）、奥斯瓦尔多·钦奇利亚·马扎里戈斯（Oswaldo Chinchilla Mazariegos），以及我的同事马克·范斯通（Mark van Stone）。

在本书的这一版中，用于书写玛雅文字的拼法遵循危地马拉玛雅语言研究所制定的正字法，但有些考古遗址的名称除外（这些名称在专业和旅游文献中存在的时间太长，不宜更改，以免误导读者）。其中，元音和大多数辅音的发音一般与西班牙语相同，但有以下例外：辅音 w 与英语中 w 的发音类似，x 发英语中 sh 的音，正如它在 16 世纪西班牙的发音一样。玛雅语的声门闭塞音和非声门闭塞音有一重要区别；前者发音是**强辅音**，喉咙收缩；这种正字法中，这样的辅音后面有一个撇号。声门塞音（'）也是一个辅音，与英国伦敦人发 *little* 中 *tt* 的音的方式相似。

在古典玛雅语（铭文的语言）中，有两个无声送气音。一个是 h，与英语中的 h 非常相似；另一个是 j，是一个腭辅音，发音就像德语 *Bach* 中的 *ch*。

玛雅文字的重音几乎总是落在最后一个音节。

迈克尔·道格拉斯·科
纽黑文，康涅狄格州
2011 年 1 月

目录

导　　言 1
第 一 章　形诸文字 7
第 二 章　丛林之主 55
第 三 章　丛林文明再发现 91
第 四 章　先行者：破解之始 118
第 五 章　汤普森时代 151
第 六 章　新风起东方 181
第 七 章　普罗斯科里亚科夫时代：玛雅进入历史 214
第 八 章　帕卡尔的子民 238
第 九 章　前往下界 273
第 十 章　新曙光 291
第十一章　回顾与展望 329
结　束　语 355

附　录 A：普罗斯科里亚科夫"提议的讨论顺序" 356
附　录 B：玛雅音节表 360
注　　释 365
术　语　表 377
图片来源 382
延伸阅读 388
索　　引 412

导　言

　　自从大循环（Great Cycle）开始，过了12循环（cycle）、18卡吞（k'atun）、16吞（tun）、0维纳尔（winal）、16金（k'in）。这一天是12克波（Kib）14乌奥（Wo），由第七位夜神统治，月龄为9天[1]。详细来说，自从这个宇宙被创造以来，我们的5101年又235天已经过去了，而离毁灭它的最后一场大灾难的到来，只剩下23年零22天。古代玛雅的书吏和天文学家可能会计算出这样的结果，因为这一天是1989年5月14日，当时我们身在列宁格勒。

　　"格斯汀·德沃尔站[2]到了！"幽灵般的地铁进站声传来，车门打开，我和妻子与数以千计的早上的乘客一起卷进自动扶梯，进入阳光明媚的涅瓦大街（Nevsky Prospekt），这是沙皇时代的圣彼得堡和革命后的列宁格勒的伟大大道和干线。穿过格里博耶多夫运河（Griboyedov Canal）与莫伊卡运河（Moika Canal）上的桥梁——彼得大帝（Peter the Great）是按照他钟爱的阿姆斯特丹的样子来建设首都的——我们向右转，经过总参谋部大楼的宏伟建筑，来到冬宫广场（Palace Square）。在纪念亚历山大一世（Alexander I）战胜拿破仑（Napoleon）的花岗岩

---

[1] 以上为玛雅历法日期，参见第二章涉及玛雅历法的内容。
[2] 格斯汀·德沃尔站（Gostini Dvor Station），圣彼得堡地铁线上的一个车站，于1967年11月3日启用。

石柱外,我们看到冬宫巨大的、绿白相间的巴洛克式外墙,整个广袤的空间令人想起导致1917年革命和沙皇被推翻的恐怖事件。左边,普希金(Pushkin)写诗赞颂的海军部的针状塔尖[1]巍然耸立,在晨曦中金光闪闪。

走过冬宫和有着新古典主义风格的海军部,我们伫立堤岸之上,俯瞰涅瓦河的主要支流挟着滚滚河水向西南流向波罗的海。列宁格勒(如今的圣彼得堡)是欧洲为数不多的保留低矮天际线的大城市之一,其面容未被那些败坏了伦敦、巴黎等都市之美的丑陋摩天大楼和玻璃盒子所毁。无论置身何处,凡是我们看到的建筑,普希金也都会认得。我们正对面是瓦西里岛(Vasilievski Island),岛上有古老的(资本主义!)证券交易所和砖红色的罗斯特拉尔灯塔柱(Rostral Column)。正是在该岛的涅瓦河堤坝上,彼得大帝建立了他的伟大的大学:此乃俄国科学蓬勃发展之地,满载荣耀。

就在滨河区,这位杰出的改革派沙皇在现在的大学沿岸街4号建立了他的珍奇馆[2],这是一座蓝绿色的巴洛克式建筑,以白色为饰,配有一座钟楼。该建筑设计于18世纪初,出自意大利建筑师的奇思妙想,用于存放彼得大帝不无淫邪的收藏品,比如怪物、畸形儿等自然界的反常之物。这些"珍奇"仍在这里展出,但建筑的主要功能已改变,如今是科学院的民族学研究所所在地。

这就是我们今天的目的地,因为我是美国国家科学院派驻该

---

[1] 普希金在长诗《青铜骑士》(*The Bronze Horseman*)中有云:"我看见海军部的塔尖多么明亮。"(查良铮译)
[2] 原文为德语"Kunstkammer",指陈列珍奇物件和珍贵文物的屋子,是博物馆的前身。

研究所的访问学者。走过皇宫大桥，避开几辆电车，我们来到入口处。珍奇馆有三层楼，主要用来陈列古老展品，其中包含来自世界各地的惊人的民族学收藏品，但吸引我们的是一楼的办公室，因为在其中一间工作的是接待我们的首要东道主——尤里·瓦连京诺维奇·克诺罗佐夫博士，是他排除万难，使现代破解玛雅文字成为可能。

我们的朋友尤里·瓦连京诺维奇与其他四位同事，隶属于该研究所的美洲（新大陆）分部，五位学者全被安置于靠近一楼走廊尽头的一个窄得惊人的房间。房间里，桌子、书籍、文件杂乱无章地堆放着，还有用来调制无尽茶水的物什，在俄罗斯人的生活中，茶间闲谈是一重要部分。与别处一样，这里维持着最低限度的隐私。在20年前的一次私人访问中，我们首次走进这间圣殿，时值一月寒冬，日光昏暗，从房间的两扇高窗可以望见凝冻的涅瓦河，尽管那个蒸腾不息的俄式茶壶已经给玻璃蒙上水汽，几乎什么都看不见了。

几十年来，在这个挤着民族学家、语言学家及助手的名副其实的小窝里，克诺罗佐夫在最靠左的窗户旁构建起一个非常舒适的角落。

在这里，我们每天聚到一起，相伴的还有他的科学门徒加林娜·叶尔绍娃（"加利娅"）和安娜·亚历山德罗夫娜·博罗达托娃（Anna Alexandrovna Borodatova），就玛雅文字和其他一系列问题进行长时间的广泛讨论。

现在描述一下尤里·克诺罗佐夫这个人吧，因为即使身处同胞之间，他也显得有些另类。他年近古稀，身材矮小瘦削，仪容整洁，我觉得他最引人注目的是那双非凡的眼睛，它们像一对幽深的蓝宝石，镶嵌在浓密突出的眉毛下面。假如我是19世纪的相面先生，我会说这双眼睛透露出一种洞幽烛微的智慧。眉毛上方，他的铁灰色头发梳向后方，而在1969年我们初见他时，他的头发还是中分的，发色也更黑些。尤里·瓦连京诺维奇仿佛总是一脸阴沉，但他有一种嬉笑嘲讽、搞笑逗趣的幽默感，不时让转瞬即逝的微笑掠过他的脸，就像冲破乌云的阳光。像很多俄罗斯人一样，克诺罗佐夫是个老烟枪，手指间沾着厚厚的焦油；另一位杰出的俄裔（尽管是美国籍）玛雅破译先驱，即塔季扬娜·普罗斯科里亚科夫，也有这种习惯。与我国的多数烟瘾者不同，他很为他人着想，犯烟瘾想吸烟时，他总会走到门外。

大体来说，尤里·瓦连京诺维奇总是保守地穿一件棕色双排扣西装，内套白色衬衫，系深色领带，是一个让人印象深刻的人物；对我们这样的外国人来说，就更是如此了。他的夹克上别着自己荣获的奖章（他把其中一枚留在家里，因为上面有斯大林的肖像，这在今天的俄罗斯不是一个受欢迎的话题）。仅仅通过其著作了解他的人恐怕不太知道，克诺罗佐夫对许多主题都有百科全书式的知识，尤其是对圣彼得堡的历史和建筑。据我们这位朋友说，当时城中发生的一切，无论好坏，都可归因于彼得一世和他的腐败宠臣缅希科夫[1]，后者的华丽宫殿如今仍矗立在下游的堤岸之上。有一天，我们像往常一样喝茶，嚼着他在角落隐蔽处私藏的饼干，话题转到了布莱船长[2]，以及他在那场著名的哗变之后被放逐海上的航行。克诺罗佐夫原来是这一话题的专家！但是，

---

[1] 缅希科夫（Menshikov），沙皇俄国著名权臣、大元帅。
[2] 即威廉·布莱（William Bligh），因著名的"邦蒂号"（Bounty）哗变，与忠于他的船员被放逐海上，后漂流到东帝汶而幸存。

他虽有明辨正误的天赋,却从不炫耀学识,不论在谈话还是写作中。

真正的惊人之处在于,在20世纪80年代戈尔巴乔夫（Gorbachev）改革之前,此人从未见过玛雅遗址,从未到过科潘、蒂卡尔、帕伦克和奇琴伊察的广场和宫廷,连真正的玛雅铭文也不曾触摸过。他仅出过一次国,那是1956年夏天,他获准参加在哥本哈根举行的美洲学者大会（Congress of Americanists）。在文字破译史上,克诺罗佐夫与伟大的让·弗朗索瓦·商博良齐名,法国天才商博良在19世纪初破解了古埃及文字。克诺罗佐夫与同事的工作条件,要亲眼见了方能体会,而我们享受着自由出入世界各地的便利,外国会议和研究所对我们不设限制,还能自由使用个人电脑和复印机（假如没有静电复印机,现代的古文字研究几乎不可想象,而这在苏联几乎不存在）,真是合该庆幸。

尤里·瓦连京诺维奇·克诺罗佐夫其人,显然有一颗逆来顺受的心灵：他写的第一篇关于破译的开创性文章,发表于斯大林去世前一年,而他的后续研究,大多是在列昂尼德·伊里奇·勃列日涅夫（Leonid Ilyich Brezhnev）治下的严峻冷战时期——现在的说法为"停滞的年代"——进行的。在我看来,这代表了人类精神的胜利：一名坚定而专注的学者,能够纯凭脑力洞察异族人的精神世界,而这些异族人生活在一千年前遥远土地上的热带森林里。

对远去已久的玛雅人来说,文字的起源是神圣的：它是伟大的创世神伊察姆纳赐予的礼物,在西班牙征服前夕,尤卡坦的人们认为他是第一位祭司。每年乌奥月,也就是我们身处涅瓦河大堤的那个月,诸祭司会拿出珍贵的书籍,走进当地领主的房屋，把书铺到新鲜的树枝上，以此召唤他。他们焚烧神圣的柯巴（*pom*）熏香，向这位神明祷祝，用"玛雅蓝"颜料和圣洁的水膏抹书籍的木板封面。现在，让我们暂且告别涅瓦河和彼得的城，告别这个帮助揭秘这些书籍以及伊察姆纳神所赐礼物的人。在玛雅大循环势不可当地奔向终点之前，是时候考察一下这些古文字是如何最终被现代人解读出来的了。

第一章

形诸文字

文字乃形诸可见形式之语言,凡知悉其惯用法的读者,皆可以此重构其声音信息。长期以来,语言学家无不认同此观念,但并非总是如此。文艺复兴初期,学者开始对此类问题感兴趣,提出了迥然不同的想法,其中大多流于谬误,有些则是基于颇为荒唐的推理,不论其多么别出心裁。在文字破译史上,清除上述一些观念耗费了漫长的时间:一众学者与科学家凶悍地守卫着一些根深蒂固、先入为主的观念,就像狗看守着一根老骨头。

作为"有形语言"的文字,最早是大约五千年前由美索不达米亚地区的苏美尔人发明的,古埃及人发明文字几乎与此同时。由于我们完全依赖文字,我们会说文字是人类有史以来最伟大的发明之一;在维多利亚时代中期实际创立了现代人类学的爱德华·泰勒爵士[1]声称,人类从"野蛮"向"文明"的进化,是识字的结果。[1]然而,古典世界一些思想家并不认为文字是多好的

---

[1] 爱德华·泰勒爵士(Sir Edward Tylor),文化人类学的创立者,著有《原始文化》(*Primitive Culture*)、《人类学》(*Anthropology*)。

一样东西。

比如柏拉图（Plato），他肯定觉得书面语不如口语。在《费德罗篇》(*Phaedrus*)[2]中，他借苏格拉底（Socrates）之口讲述了一则与埃及的托特神（Thoth）有关的古老神话。托特发明了文字，还有算术、几何和天文，"各类棋骰"也是他首创。托特把自己的各种发明献给国王塔穆斯（Thamus），建议将其推广到全埃及。塔穆斯依次对每项发明权衡利弊。轮到文字时，托特说："国王大人，这项发明可以提升埃及人的智慧和记忆，我发明了一个利于记忆和智慧的秘诀。"塔穆斯表示怀疑："你是文字之父，由于笃爱儿子的缘故，把文字的功用恰恰说反了。习得文字的人将不再努力记忆，进而变得健忘；他们将依赖文字来记忆，凭靠的是外在的符号，而非内在的脑力。你所发明的这一秘诀，只能唤起记忆，却不能增强记忆。"人们可以从文字中获取大量讯息，但得不到恰当的指导：他们看似知识渊博，实际上却一无所知。

在柏拉图的对话录中，苏格拉底提出这一观点，即文字无助于寻求真理。他把文字比作绘画：绘画**看似**是活物，但假如向其提问，绘画一声不响。假如一遍遍地向文字提问，结果亦然。文字不能区分读者合适与否：它可能被苛待，可能被不当地滥用，却无法自辩。相反，话语艺术呈现的真理却**能**为自己辩护。因此，口语高于书面语！

苏格拉底无疑是对的：不识字的民族在记忆方面有着惊人的能力，民族学家可以证明这一点。大量的部落历史由吟游诗人等专门从业者记在了头脑里；只需想一想《伊利亚特》(*Iliad*)和《奥德赛》(*Odyssey*)，在迈锡尼（线形B）文字被遗忘的黑暗时代，以及在字母出现之前，希腊吟游诗人能逐行准确背诵。这种记忆能力，我曾亲眼看见。那是一个寒冷的下午，在新墨西哥州祖尼普韦布洛人[1]隆重的沙拉科[2]仪式上，我和朋友文森特·斯库利[3]走进众神议事厅（Council House of the Gods）；围坐在墙边的众祭司面无表情，齐声吟诵着极其冗长的祖尼创世神话，他们连续几小时深沉、单调地吟唱，不曾念错一个字或一个音。而这一切都未借助书面文字。吟诵出一个错，对部落来说都是灾难。

亡妻索菲（Sophie）曾对我说，我们的孩子（总共五个）升入一年级并知道如何读写的时候，已经失去了年纪更小的时候那种不可思议的记忆力。因此，威廉·布莱克（William Blake）在诗歌《耶路撒冷》（*Jerusalem*）中的乐观诗句，也许并不完全正确：

……上帝……于神秘的西奈山的可怕山洞
赐予人类奇妙的书写艺术……[4]

在柏拉图和古典时代之后，最先认真思考书写系统的是文艺复兴时期的人文主义者。不幸的是，自那些辉煌岁月以降，正是他们持续散播的一些错误观念，使这一课题长期裹足不前。

来过罗马历史中心的游客，可能都在密涅瓦广场（Piazza della Minerva）看见过一座非常古怪又迷人的纪念碑，它矗立在

---

[1] 祖尼普韦布洛人（Zuñi pueblo），居住在新墨西哥州的印第安人族群，普韦布洛族群的一支。
[2] 沙拉科（Shalako），祖尼人在冬至时举办的一系列舞蹈和仪式，通常是在收获之后。
[3] 文森特·斯库利（Vincent Scully），美国艺术史学家。
[4] 原文为 "... God ... in mysterious Sinai's awful cave/To Man the wond'rous art of writing gave ..."。

古老的圣母堂前。这座纪念碑是伟大的贝尼尼[1]亲自设计的,由一座埃及方尖碑和一头小象构成,碑上刻有文字,由小象驮着,小象扭着身躯,有点巴洛克风格。支撑这一奇怪组合的基座上面刻有拉丁铭文,翻译过来就是:

> 埃及之智慧
>
> 镌刻于方尖碑之雕塑
>
> 由最强壮之兽
>
> 大象驮负
>
> 凡瞻仰者
>
> 皆可领悟
>
> 须有强大之头脑
>
> 方可承载坚实之智慧。[3]

17世纪中叶,教皇亚历山大七世(Alexander VII)下令,将这一座集古埃及风格与意大利巴洛克风格于一体的奇怪混合物(方尖碑实际上是公元前6世纪法老普萨美提克三世[2]的纪念碑)放置于广场,当时世上没人能真正读懂刻在方尖碑四个面上的奇怪符号。那么,拉丁铭文的作者是如何知道方尖碑与"智慧"相关呢?

要回答这一问题,必须回溯到古典时代,欧洲的人文主义者正在积极恢复对它的记忆。得益于19世纪初的破译者尤其是商

---

[1] 贝尼尼(Bernini),意大利著名雕塑家、建筑家、画家,再造罗马的艺术天才。

[2] 普萨美提克三世(Psammetichus III),古埃及第二十六王朝的最后一位法老。

博良的努力，古埃及文字现在几乎可以全部读懂。其运作原理是表音符号和表意符号的复杂组合，所有的古代文字系统皆是如此，后面我们会看到。由于马其顿和罗马对埃及的征服，以及最终的基督教化，埃及文明在繁荣了3000多年之后逐渐衰亡，其奇妙的文字系统的知识也随之消失（这一系统最晚的铭文可追溯到400年之前）。

好奇心永不满足的希腊人，被尼罗河的文明所吸引。公元前5世纪，人类学和历史学之父希罗多德（Herodotus）访问了埃及，并向其祭司询问了许多事情；他直截了当地——也是正确地——指出，埃及文字主要用于记录历史，特别是王室功绩，而且是从右往左书写。随着埃及文化在古典世界的冲击下逐渐式微，希腊人传播的有关埃及文字的信息越来越没有意义。也许他们受到了当地祭司的刻意误导。想想广有影响的西西里的狄奥多罗斯[1]吧，他在公元前1世纪写道："他们的文字，不是靠音节组合来呈现潜在意义，而是通过描画其隐喻意义在记忆中留下深刻印象的物体来运作。"例如，画一只隼代表"任何突然发生的事情"，画一条鳄鱼表示"邪恶"，画一只眼睛象征"身体的看守者"和"正义的守卫者"。⁴ 这与希罗多德的观点已相去甚远。

4世纪，荷拉波隆[2]用 *hieroglyphic* 一词来指称古埃及文字；其实他还就这一问题写过两本书，称刻在墙壁、方尖碑和尼罗河地区其他石碑上的符号是"神圣的雕刻"，这就是"hieroglyph"在希腊语中的含义。荷拉波隆的荒唐解释，如果不是在20世纪

---

[1] 西西里的狄奥多罗斯（Diodorus Siculus），古希腊历史学家，著有《历史丛书》(*Bibliotheca Historica*)。
[2] 荷拉波隆（Horapollon，或称 Horus Apollus、Horapollo），古希腊哲学家。

的玛雅铭文学家那里得到过响应的话,那就听起来太可笑了。举两个例子足矣。据他说,象形符号狒狒(*baboon*)可以表示月亮、有人居住的世界、书写、祭司、愤怒和游泳。"他们画一个长着驴头的人,以此表示从未旅行过的人,因为他对国外发生的事情一无所知、闻所未闻。"[5]

荷拉波隆所著《象形文字》(*Hieroglyphics*),在16世纪的意大利出版了两个版本,受到阿塔纳修斯·基歇尔等人文主义者的热情阅读。对文艺复兴思想影响更大的是埃及出生的宗教哲学家普罗提诺(Plotinus),他是3世纪新柏拉图主义的创立者。普罗提诺非常钦佩古埃及人,因为他们可以直接用文字表达思想,无须"字母、单词和句子"的干预。"每个独立符号本身就是一段知识、一段智慧、一段现实,即刻呈现意义。"[6]在哥伦布发现新大陆那一年,这类观念在佛罗伦萨传布开来,催生出文艺复兴时期"视埃及为智慧之源"的风潮:古埃及人能以视觉形式表达想法,无须语言干预。这是真正的形意文字。

宣扬古埃及文字智慧学说的阿塔纳修斯·基歇尔,该正式登场了。[7]今天,这位德意志耶稣会教士在任何百科全书中都占不了一段,但他曾是当时最杰出的通才,备受王公和教皇尊敬。他写过的主题几乎无所不包,做过的实验几乎涵盖各个学科。他发明了幻影灯,即电影的前身。想造一座播放音乐的喷泉?找基歇尔就对了。他教授数学和希伯来语,大半辈子住在罗马。在西克斯图斯五世(Sixtus V)等教皇治下,16世纪的永恒之城掀起了一阵方尖碑热:作为首都大规模重新规划的一部分,方尖碑被竖立在新道路网的关键节点,以及圣彼得大教堂前贝尼尼设计的宏伟柱廊中央。这些方尖碑全是古罗马人从埃及搬来的,其中大多数,如密涅瓦方尖碑,被荷拉波隆所谓的"象形文字"所覆盖。

基歇尔自称能读懂这些文字,并为其研究和传播付出了大量努力。他郑重其事地研读过希腊资料:显然,这些象形符号直接传递了思想。他完全接受了普罗提诺的新柏拉图主义的胡说八道。下面是密涅瓦方尖碑上一个王名框(cartouche)里的内容,现在我们知道,王名框里写的是第二十六王朝也即塞伊斯(Saite)王朝的法老普萨美提克的名字及头衔,基歇尔的"解读"如下:

> 必须履行适当的仪式和祭祀庆典,向三重世界的守护神祈祷,求取奥西里斯神(Osiris)的庇佑,免遭敌人堤丰(Typho)之侵害,保佑尼罗河长年赐予繁荣与安乐。[8]

基歇尔的解读纯属异想天开,将作为学术上归谬法(reductio ad absurdum)的例证而被载入史册,与乌舍尔大主教[1]对创世日期的计算一样毫无意义。正如埃及古物学家艾伦·加德纳爵士[2]所说,他们"在想象方面愚不可及"。[9]

然而,认为非字母书写系统主要由形意符号(ideograph)——传递玄奥意义而非特定语言中声音的符号——构成,这一观念将在新旧大陆经久不去。

我们知道,即便是停摆的钟,每 12 个小时内也会有一次是准时的,我们这位通才的努力并未全然虚掷。基歇尔通晓多种语言,且对语言非常着迷。其中之一是科普特语(Coptic),这是一

---

[1] 即詹姆斯·乌舍尔(James Ussher),英国圣公会大主教、学者。
[2] 艾伦·加德纳爵士(Sir Alan Gardiner),英国语言学家,20 世纪初期和中叶最重要的埃及古物学家。

种埃及语言，和拉丁语一样是"死语言"，但在埃及的基督教科普特教会的礼仪中仍然使用。在希腊语开始取代它之前，以及在7世纪阿拉伯人入侵之前，它一直是尼罗河流域民众的语言。基歇尔是最早认真研究科普特语的人之一，也是最早认定科普特语是法老时代古老语言后裔的人之一。因此，一方面，他为很久之后商博良的破译铺平了道路；另一方面，由于执拗地认定古埃及文字乃形意文字，他阻碍了破译工作近两百年之久。

谴责基歇尔荒诞不经是不对的，他也是受时代局限。另有陆续从中国归来的耶稣会士，他们描述了一种书写系统，其中包含数万个直接表达思想的"字"（characters。事后看来，这一说法离题万里）。这仅仅确证了聪明的学者们早已**认定**的事实。关于由耶稣会士约瑟夫·德·阿科斯塔[1]等传教士带到欧洲的"墨西卡"[2]古文字，大略描述也是如此。

是否有可能如基歇尔所想，用与语言或任何特定语言没有必然联系的符号，构建一个直接表达思想的文字系统？英国语言学家杰弗里·桑普森（Geoffrey Sampson）显然认为是可能的：在他的《文字系统》（*Writing Systems*）一书中，[10]他把所有可能的文字划分为句意文字（*semasiography*）与音符文字（*glottography*），前者中，符号与言语无关，后者中，文字反映一种特定语言，如英语或汉语。他是唯一一位认为句意"文字"是一种完整的文字

---

〔1〕 约瑟夫·德·阿科斯塔（Joseph de Acosta），耶稣会神学家、美洲大陆传教士，著有《印第安人的自然史和道德》（*Historia Natural y Moral De Las Indias*）。
〔2〕 墨西卡人（Mexican），阿兹特克帝国时期生活在墨西哥谷地的族群。

系统的语言学家，但这只是理论上的假设，他无法举出这种文字的实例。

然而不可否认，所有已知文字甚至字母文字，都在某种程度上含有表意功能。请想一想书面英语，以及我首次写作本书时所使用的电动打字机。阿拉伯数字1、2、3等，在英语中读作"one，two，three"，但在意大利语中读作"uno，due，tre"，在阿兹特克人说的纳瓦特尔语（Nahuatl）中读作"ce，ome，yei"。西班牙人到来之前，古代玛雅人、萨波特克人（Zapotec）以及墨西卡和中美洲的其他民族，他们使用条和点表示的数字，同样是句意符号（或用陈旧且易混淆的术语称为"ideographic"，即形意符号）。但在现实生活中，它们与口语有多大程度的脱离呢？我敢打赌，看到"12"，凡以英语为母语的人都不免会想到"twelve"这个词，而意大利人都免不了会说"dodici"。

语言学家阿奇博尔德·希尔（Archibald Hill）告诉我们，"一切文字都表示言语，或是说出来有声的，或是默念无声的，但永不可能表示尚未在言语中体现的思想"。[11]常有论述文字的书指出，国际通行的路标是一种"无语言"系统（图1-1），无论司机的母语是什么，路标都能与之交流，但司机仍会在心里"说"一些话。比如，面对路边一个带斜杠的红圈，他会在心里说"禁止！"（No!）。我的电脑键盘上，符号$和£与语言的关系，与字母序列"dollars"和"pounds"等同。在每种文化中，这种据称是"无语言"的符号甚至图片都被用于交流，但其意义仍需借助口语或书面语的媒介才能得知。因此，形意文字，即依托这种符号的"文字"，与文字的起源甚至演变几乎毫无关系。人类文化发展的这一重要步骤，与特定语言中实际声音的表现有关。

右侧道路变窄　　　　注意落石　　　　危险

架空电缆　　　　禁止右转　　　　人行横道

图 1-1　国际通行路标

然而，除上面提到的路标以外，历史上还存在一些非常奇特有趣的形意文字系统。它们全是密码，意思取决于编码者和解码者预先约定的一套特定视觉符号。保罗·里维尔[1]为预警英国红衫军到来而发出的半神秘灯笼信号，"一表陆路，二表海路"（one if by land, two if by sea）[2]，就是这种事先约定的简单例子。有些系统非常复杂，跨越时空传递了大量讯息；问题在于，若无解码的钥匙，就不可能破译这些系统。即使是最优秀的密码学家也无能为力。

想一想秘鲁印加帝国著名的奇普（quipu，图 1-2），帝国的

---

[1] 保罗·里维尔（Paul Revere），银匠、实业家，美国独立战争时期著名的爱国者。
[2] 此语出自美国诗人朗费罗（Henry Wadsworth Longfellow）的诗《保罗·里维尔的午夜之旅》（Paul Revere's Ride），指美国独立战争之初，里维尔用不同的亮灯信号表示进犯的英军来自海上还是陆地，即"由陆路来，挂一盏，海路来，挂两盏"。

行政管理即依赖于此。[12] 这种结绳记录对印加官僚机构至关重要，因为强大的印加帝国没有真正的文字，这在世界历史上几乎是绝无仅有的。每个奇普都是由一些相连的、有颜色编码的绳索组成，上面每隔一段距离就打各种结。从其内部的结构性证据，20 世纪的学者得出结论：这些结和绳是十进制计数系统。令人沮丧的是，关于奇普的进一步发现却很少，尽管早期的西班牙人和本地人都

图 1-2　一名手持奇普的印加统计官，由瓜曼·波玛·德·阿亚拉[1] 绘制

〔1〕 瓜曼·波玛·德·阿亚拉（Guaman Pomo de Ayala），出身于印加贵族的秘鲁本土作家，其名著《新编年史与善治管理》（*El Primer Nueva Corónica y Buen Gobierno*）以编年形式追忆了印加帝国的各个方面，此图即为该书插图。

第一章　形诸文字　　17

说，奇普不仅记录了人口普查和经济数据，还记录了历史、神话、天文等。很可能，就像柏拉图对话录中发明文字之前的埃及人一样，受过专门训练去记住一切要事的从业者，他们的记忆在关键时刻发挥了作用。换言之，就像其他已知的形意文字系统一样，视觉符号用于辅助记忆，是唤起结绳官（quipu-keeper）记忆的备忘录。

20世纪初，亚利桑那州一位名叫赛拉斯·约翰（Silas John）的阿帕切[1]萨满巫师发明了一种非凡的文字，从中可以发现更多的复杂性。[13]为了传递他在梦中收到的祈祷，他设计出一系列符号，这些符号画在鹿皮上，由他的信徒"阅读"；不消说，这些符号是用阿帕切语"阅读"的，但未传递任何语音数据。然而编码进入该系统的，有举行仪式期间如何行事举止的详细说明，这表明考古学家和民族学家所知的形意文字系统，可能并不像一些人认为的那样原始。

那么，"图画书写"（picture writing）呢？图画不是"直接"和我们对话吗？古语不是有云"一图胜千言"[2]吗？基歇尔与耶稣会同侪，以及16、17世纪整个罗马知识界，极力赞颂那些智慧方尖碑上的图画符号。还有那些来自墨西卡、存放于梵蒂冈图书馆的充满异域风情的折叠书籍，书中绘制的动植物等竟也让他们大受感动。他们属于反宗教改革的势力圈子，因为新教神学家对宗教肖像（religious iconography）的攻击，他们惊慌失措，急于发起反击。"图画书写"或"图画文字"（pictography），开始重获

---

[1] 阿帕切人（Apache），是北美西南部的印第安人。
[2] "一图胜千言"（one picture is worth a thousand words），此古语来源不明，但广为人知。

新生，即使到现代也没有消亡。在这些耶稣会思想者看来，图像乃高尚伟大之物。

毫无疑问，对自然界之物的描绘**的确**进入了一些文字系统：即使是从腓尼基人那里衍生出来的字母表，也是以图画为基础的。比如字母 A 最开始的样式是牛头，N 则是蛇。少部分汉字也来自"现实"世界，比如"山"字，最初由一座有三个峰的山来表示。书写者以多种方式使用图画来组成文字，但真正的图画文字系统现在没有，也从不曾有过。何以如此呢？因为正如语言学家乔治·特拉格（George Trager）所说，[14] 仅仅靠图画无法穷尽一种语言所有可能的表达（请尝试用图画写出"我觉得形而上学非常无聊"这样的句子）；而且也没有办法确保，对一幅图，前后两名观察者能以同样的方式（用同样的词汇）来解释。

欲真正地谈论文字，必须先谈论口语。要理解文字系统如何形成，以便能够书写言语的任何表达，且阅读时没有太多歧义，我们必须明白语言的运作机理。

讲到这里，我想起我在教会学校读书时有幸获得的一份荣誉，即"神圣研究"奖。奖品是我至今仍珍藏的一本书，名为《千语之书》(*The Book of a Thousand Tongues*)，由美国圣经协会出版。[15] 它不仅写出和描述了詹姆斯王钦定版《圣经》被译成的所有语言，还以适当的印刷体正字法给出了《马可福音》第一节的摹本。这可能是我第一次接触与人类学兴趣有关的主题，激发了我对外国语言与文字的终身兴趣。

世上的语言远不止 1000 种：不算方言的话，估计在 2500 到 4000 种。巴别塔之规模何其宏大！语言学家认为，各类语言是相互无法理解的交流系统。每种语言均由方言（dialect）组成，这些方言是**可以**相互理解的，尽管有时不无困难。现在，"方言"一词在公共媒体和流行用法中被滥用得厉害，最糟糕的例子是中国的各种"方言"，如普通话、上海话和粤语：这些被称作"方言"实乃大错特错。再举一例：《纽约时报》（*New York Times*）长年坚称，新大陆的原住民，无论是霍皮人[1]、阿兹特克人还是印加人，说的都是"方言"。想必是，编辑们觉得美洲印第安人没有能力像欧洲人那样用成熟的语言进行交流。

18、19世纪，学者们发现某些语言是由同一祖先传下来的，于是就将某种秩序强加于巴别塔之上。常举的一个例子是英文中的 *father* 一词。希腊文叫 *pater*，拉丁文叫 *pater*，法文叫 *père*，德文叫 *Vater*，显然都是"同源词"（cognate）或相关词。两个多世纪以来，我们从语文学家那里得知，欧洲大多数语言皆可追溯到某个祖先语言；这一古老祖先叫作"原始印欧语"（Proto-Indo-European），印度梵语和波斯语也是其后裔。不久之后，美国学者，比如杰出的约翰·韦斯利·鲍威尔［John Wesley Powell，希洛之战[2]的独臂英雄和美国民族学管理局（Bureau of American Ethnology）的创始人］，发现美洲本土语言也可以类似地组合成家族。仅举一例，阿兹特克语和纳瓦特尔语被发现是广泛传播的犹他—阿兹特克语系（Uto-Aztecan family）的一部分，在西方殖民时代之前，该语系从俄勒冈一直传播到巴拿马。

---

[1] 霍皮人（Hopi），普韦布洛印第安人的一支，操属于犹他—阿兹特克语系的肖肖尼语（Shoshoni）。

[2] 希洛之战（Battle of Shiloh），又被称为"匹兹堡登陆之战"，是美国南北战争早期（1862年）发生在西部战线的一场战役。

语文学家忙着将各种语言进行分类然后归入更大组别之时，语言学家则将它们拆开，研究其如何运作。

从最基本层面分析，一种语言由一套声音组成；对这些声音的研究称为"语音学"（phonetics）或"音韵学"（phonology）——萧伯纳（Bernard Shaw）戏剧《皮格马利翁》[1]的爱好者会想到这一点。按定义，音素（*phoneme*）是语言中最小的独特声音单位。举个老生常谈的例子，即三个英语单词 *pin*、*bin* 和 *spin*，以资说明。*pin* 开头的双唇音或辅音，与 *bin* 开头的双唇音或辅音明显不同，一个是声带不振动的，一个是声带振动的，意义的变化取决于使用哪一个。因此，*p* 和 *b* 是独立的音素。另一方面，*spin* 中的 *p* 和 *pin* 中的 *p*，在训练有素的语音学家听来，其实有些不同；但从分布来看，二者显然是因环境（邻近的声音）而变的，因此属于同一个音素。

在所含音素的数量上，各种语言差别很大。德范克[2]教授告诉我们，英语大约有 40 个音素，处于中等。[16]较少的是夏威夷语和日语，各有 20 个，而较多的是东南亚一些少数民族的语言，如白苗语（White Meo），有 80 个音素（57 个辅音、15 个元音和 8 个音调）。

凡是学过拉丁语或法语的人都可以证明，语言不仅由有意义的声音或发音模式组成，还包含一种语法，即把词和句子组合在一起的规则。词法学（*morphology*）研究词的内部结构，句法（*syntax*）则涉及句子结构中词语之间的关系。最小的有意义的语

---

[1] 《皮格马利翁》（*Pygmalion*）讲述的是下层阶级的卖花女被语言学教授改造成优雅贵妇的故事。
[2] 德范克（John DeFrancis），美国语言学家、汉学家、汉语词典编纂者。

音单位叫语素（*morpheme*），由一个或多个音素组成。想一想英文单词 *incredible*，其语素构成是 *in-*、*-cred-* 和 *-ible*。还有单词 *trees*，可以从词法上将其分解为基本名词 *tree* 和复数形式 *-s*。

早期，语言学家错误地认为，世界上的语言可以按某种发展顺序——从"原始"到"文明"——来排列。那时，他们就开始根据词法和句法对语言进行分类。虽然"语言进化论"与声名狼藉的"颅相学"一样纯属胡扯，但这种分类仍不无用处。以下是这些分类，不管是好是坏：

孤立型（*isolating*）或分析型（*analytic*）语言，是指词在形态上无法再分析的语言，其句子结构通过词序、词组、使用特定语法词或虚词来表达。汉语是孤立语，越南语也是。

黏着型（*agglutinative*）语言，将连续几个语素（每个语素都有单一的语法功能）串在一起，或者说凝结在一起，形成单词的主体。土耳其语就是一个很好的例子，渐趋复杂的单词就像站台上的火车，由一个词根（火车头）和一连串后缀（车厢）构成。例如 *evlerda* 这个词，意思是"到家"，可以分解为 *ev*，意思是"家"；*-ler*，复数后缀；*-da*，助动词后缀。另一个例子是阿兹特克帝国的通用语纳瓦特尔语。以单词式句子 *nimitztlazohtla*（意为"我爱你"）为例，其构成是：*ni-*，意为"我"；*mitz*，意为"你"（宾语）；*tlazohtla*，非复数动词根，意为"爱"。苏美尔语——世界上最早的文字是为其发明的——也是黏着语。

屈折型（*inflectional*）语言，通过改变词的形式来表示各种语法区别，如时态、人称（单数、复数等）、性别、语气、语态和格。印欧语系（Indo-European Languages）的屈折度偏高，凡学过拉丁语的人都能证明，它有各种变格、时态变化和词形变化。

纵观世界各语系，印欧语系把性别区分摆在突出位置，这很不寻常。这类语言不仅执意指出代词的性别，还非得把所有名词塞进阳性、阴性，甚至中性这样不靠谱的类别，这在其他语系中是很罕见或闻所未闻的。这样的性别区隔，在阿兹特克语和玛雅语中是不存在的。

很少有语言能完全归入其中任何一类。在英语中，这三种类型的特点都有体现：既可以是孤立型，仅仅运用词序来表达语法差异，比如 *John loves Mary*（约翰爱玛丽）与 *Mary loves John*（玛丽爱约翰）；也可以呈现黏着性，比如 *manliness* 这样的词，其中 *man* 是基本名词，加 -li- 是形容词形式，加 -ness 是抽象名词形式；还可以是屈折型，如 *man/men*、*goose/geese* 这样形成复数。玛雅语主要是黏着型，但同样显示出语言类型之混杂。

文化之间相互借用，语言之间亦是如此，原因多种多样，其中有一些本身带有强迫性，征服就是最好的例子。谁能忘记沃尔特·司各特爵士（Sir Walter Scott）所写的《艾凡赫》(*Ivanhoe*)一书中，有关1066年后拥入盎格鲁—撒克逊的法语词汇形成基本英语的讨论？通过模仿和直接征服，词语可以被借用；只消看一眼意大利随便一张报纸的商业、科学和娱乐版面，就会发现大量完全从英语中拿来的词汇，如 *manager*、*personal computer*、*stress* 和 *lifestyle*，它们都被非常好地吸收到了意大利语的句法结构中。几个世纪以来，英语对这种借用非常开放，甚至借用古代的"死"语言。其他语言对借用词汇非常"不友善"，尤其是汉语，它更喜欢用旧词调制新词，来表示陌生、引介来的事物；蒸汽火车在中国出现后，直接被称为"火车"。

对语言借用的研究本身就是一门科学，而且是一门极其有趣的学问,它可以描述以往发生的文化接触,语言学家甚至可以重建远古时期相互影响的文化与社会的一些情况。假如这些语言以可见的形式被记录了下来,那就再好不过了。但有时,这既提供了解决办法,也产生了更多谜团:在苏美尔人写于泥板上的最古老文字中,他们城市(包括"迦勒底的乌尔"[1])的名称,以及近50个世纪前,他们在美索不达米亚南部从事的大多数重要职业的名称,都不见于苏美尔人的语言或闪米特人的语言,而是一种未知的语言。这表明苏美尔人并非在该地区土生土长,而是从外迁入;他们从一些来历不明的民族那里借用了这些词,这些民族才是两河流域土生土长的人。[17]

与对某些特定文字或书法的研究相比,对文字系统的严肃研究开始得比较晚,是从语言学衍生出来的。我想这是因为在19世纪,人们对不同的文字知道得不多,或至少不够了解,无法进行合理比较。一定有人认为语言学家早该对文字感兴趣了,但他们整整一代人,尤其在美国,都认为重要的是口语,而不是书面语;文字实在不值得他们关注。现代英语的口语和书面语如公认的那样缺乏"契合",也许是部分原因。所幸,事情已经发生变化。

但要更深入地理解文字,面前还横亘着一块绊脚石:进化论。1859年《物种起源》(*The Origin of Species*)出版后,达尔文主义的自然观在西方科学界一路高歌猛进,在新兴的人类学领域产生不良影响。19世纪,主宰人类学领域的是科学巨擘爱德华·泰

---

[1] 迦勒底的乌尔(Ur of the Chaldees),希伯来《圣经》中提到的一座城市,是苏美尔人留下的一处遗址。

勒爵士和美国律师路易斯·亨利·摩尔根[1]。两人认为，一切社会和文化，就像自然界的动植物，必须经历严格有序的诸发展阶段。这些阶段从"蒙昧"开始，经过"野蛮"（"农业和畜牧业，有氏族组织"），到"文明"（自然是我们自己，有国家或领土组织）。一些民族，如澳大利亚的原住民，仍陷于"蒙昧"之中，而另一些民族，如美国西南部的普韦布洛人，则陷于"野蛮"之中，但只要有足够的时间，他们最终都会迈入我们这样的文明社会。这种维多利亚式的观点，可谓扬扬自得！

不幸的是，尽管语言学家早已抛弃了"原始"与"文明"的陈词滥调，这种狂热进化论（hyperevolutionism）还是给所有著书论述文字的学者套上了理论枷锁。玛雅学者西尔韦纳斯·莫利受泰勒的影响，为文字的所谓发展提出了三个进化阶段。[18]

第一阶段：**图画文字**，事物和思想用图像、绘画之类来表示，图画除了表现所描绘的东西外，没有任何其他意义。第二阶段：出现**形意文字**，事物和思想用与其不相似或仅有些微相似的符号来表示，莫利拿汉字举例——这可能是他举的最糟的例子。第三阶段：出现**表音文字或拼音文字**，符号失去了与事物原初形象的所有相似性，只表示声音；首先出现的是音节符号（莫利又举了个错误例子，即古埃及文字），随后出现的是字母符号（腓尼基文字、古希腊文字）。以上就是莫利所说的。

向上，向前！进步万岁！**我们**拥有拼音文字和字母表，而**他们**（所有那些蒙昧民族、野蛮民族和中国人）没有。这是一种令

---

[1] 路易斯·亨利·摩尔根（Lewis Henry Morgan），美国人类学家、社会理论家、律师，著有《古代社会》（*Ancient Society*）。

第一章 形诸文字

人倍感舒服的观念，也是继续束缚 20 世纪思想者的观念。虽然这种观念错漏百出，却很难知道错误是从何处开始的。首先，我们已经知道，虽然一些文字使用了实物及其局部的图像，但纯粹的图画文字系统不存在，也从未存在过。其次，也不存在所谓的形意文字。最后，**所有已知的文字系统都部分或全部是表音的，表达某种特定语言的语音。**

一个更复杂、更具语言学见地的方案出自伊格纳斯·盖尔布（Ignace Gelb）笔下，其著作《文字研究》（*A Study of Writing*）[19] 长期以来一直是关于这一主题的唯一详细著作。盖尔布是芝加哥大学东方研究所的近东语言文字专家，是安纳托利亚［Anatolian，"赫梯"（"Hittite"）］古文字的破译者之一，这足以使他在任何铭文学名人堂中占有一席之地。但他也有智识上的盲点。和很多人一样，盖尔布也是狂热进化论者，他的方案和莫利的一样，从难以捉摸的"图画文字"开始，然后经苏美尔文字和中文等系统（后面会详细介绍）到音节文字，再到字母文字。"字母征服世界"是盖尔布对这一主题的介绍——即使是用老旧而笨拙的文字书写的中国人，总有一天也会因大势所趋而改用字母书写。

我只见过盖尔布一面，那是多年前在东方研究所的大厅。我真的不能称他是种族主义者，然而，他的书无疑沾染了我们这一时代的邪恶毒素。非白人民族能独立发明拼音文字，这在他看来是不可想象的。一方面，他矢口否认汉字是中国人发明的，毫无根据地宣称汉字源自他所热爱的近东，即源自苏美尔人；另一方面，他执意认为，新大陆的各个民族，包括玛雅人在内，都不具备拼写语音的智力，除了极少数情况下用于表示名字（如阿兹特克手稿中的地名）。玛雅文字，实际上被挂在了进化树的最低枝上。玛雅文字的破译，被这样的态度阻碍了近一个世纪。

创造出来的文字系统是什么类型，又是如何运作的？我们已经知道形意文字自身无法形成有效的书写，且抛去不谈，剩下的就是能真正表达一种语言之话语的系统，不管是中文还是希腊文。这些文字系统可以划分为语素拼音文字、音节文字和字母文字，下面我们很快就会讲到。

简·奥斯汀（Jane Austen）写过一本书，叫《理智与情感》(*Sense and Sensibility*)；那么，一本论述世界上真正文字的书就可以叫《意义与声音》(*Sense and Sound*)。为便于分析，每一种依赖语言的视觉交流系统都存在两个维度：**语素符号**，即"意义"的维度；**表音符号**，即声音的维度。不同文字对两种维度的侧重各不相同；例如，现代字母文字在很大程度上倾向于表音，但世界上最古老文字的最早形式，即伊拉克南部的苏美尔文字，却具有强烈的表意功能。

准确点说，写在泥板上的苏美尔语是语素拼音文字（*logophonetic script*），汉字和古埃及文字亦然。这一术语表明，其语义元素是由语素符号（*logogram*）表达的，该词源于希腊文 *logos*（意为"词"）和 *gramma*（意为"写下的东西"）；一个**语素符号**是一个书面符号，代表一个语素或一个完整的词（这很少见）。如果书面句子仅由语素符号组成（这未曾有过），就是纯粹的形意文字，但潜在的读者将永远无法得到准确的信息。因此在大约五千年前，一名苏美尔书写者找到了一种方法来消除形意文字固有的模糊性：他决定用纯语音性质的符号，给语素符号加以补充或辅助。

苏美尔语是单音节频率很高的语言，因此充满了同音异义词（*homonym*），即发音相同但意义不同的词。书写者用表音符号书写单词时，误解的可能性也随之而来。为解决这一难题，他给表音符号添加上定符（*determinative*）这样的语素符号。定符是不发音的字符，表示或**确定**被命名的事物所属的一般类别；这就等于说，可以从所有具有 x 音的事物中，找出含有 y 类意义的特定事物。举个例子，泥板上所有苏美尔神祇的名字都附有一个星号，以此告诉读者，这一名字其实来自超自然世界。

对苏美尔文字的研究表明，语素拼音文字系统是语素符号和表音符号的复杂混合。书写者是如何得到表音符号的呢？通过采用画谜同音假借（*rebus*）原理（图 1–3）。

何谓"画谜同音假借"？《牛津英语词典》解释说，该词是从法国传来，最初是拉丁文，意为"相关的事物"。很久以前，

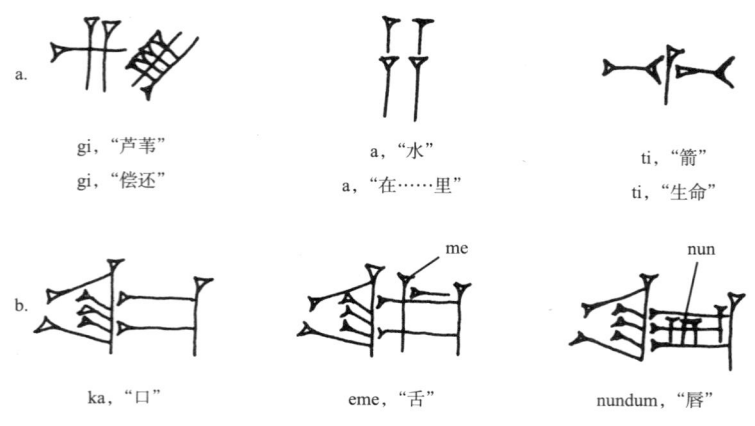

图 1–3 苏美尔楔形文字的一些造字原理：a. 使用画谜同音假借原理来表达抽象概念；这些符号最初是图画符号。b. 使用音补表示苏美尔语中与语素符号 *ka*（意为"口"）的概念有关的字

法国皮卡第地区（Picardy）的律师助理进行了名为 de rebus quae geruntur，即"正在发生的相关事情"的讽刺表演，其中包括以图画形式出现的谜语。过去的两个世纪，画谜一直出现在英美两国的童书中，用作智力测验。比如"I saw Aunt Rose"这样的句子，通过画一只眼（eye）、一把锯（saw）、一只蚂蚁（ant）和一朵玫瑰花（rose-flower）来表示，这就是画谜或字谜。个中原理是，对于难以描绘的事物，如父母的姐妹，可以假借"现实"世界中一个同音但易于描绘的词直观地表示，在上面的例子中，"蚂蚁"就是这样的词。这正是早期苏美尔书写者所做的，也是世界各地古代书写者的普遍做法。

第二种主要的文字系统是音节文字（syllabic script）。我们有些人可能还记得，上小学时，我们常被要求"用音节拼出自己的名字"。所有语言都有一个音节结构，最常见的是"辅音+元音"（语言学将其简写为 CV）和"辅音+元音+辅音"（CVC）的组合。想一想英语单词 syllabary；它可以拆分成一串 CV 型音节，如 sy-lla-ba-ry。英语单词 pin 是单一 CVC 型音节的例子。在世界很多地方和不同时期，都发明有纯音节文字，其中每个符号都代表一个特定音节（通常代表一个 CV 型音节）。破译迈锡尼线形文字 B（最早的希腊文字）之前，完整音节表最著名的例子是由切罗基（Cherokee）印第安人领袖塞阔亚（Sequoyah）整理出来的，他受到了美国白人邻居的字母表的启发。塞阔亚设计的系统有 85 个符号（图 1-4），因其精确呈现了切罗基语的语音，受到语言学家的高度赞扬；如今，切罗基人仍在报章和宗教文本中使用这种文字。

CV 型音节表已经被发明了很多次，最近的一次是由传教士

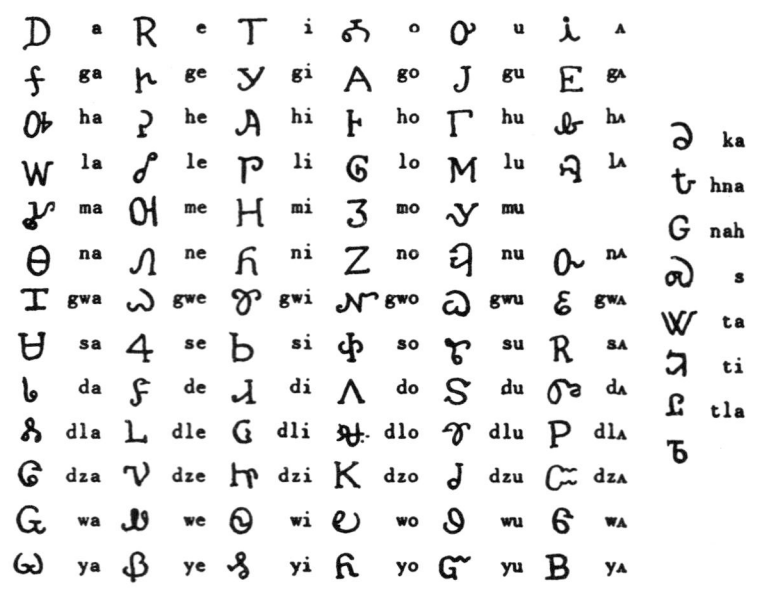

图 1-4 塞阔亚设计的切罗基音节表

发明的,用来书写北美北部的原住民语言,如爱斯基摩人使用的因纽特语。[20] 有些语言适合这种视觉处理,有些不太适合,有些则根本不适合。最具操作性的是日语,其主要是 CV 型音节结构(*sa-shi-mi*、*Yo-ko-ha-ma* 等),日本人发明这种文字时,我们还处在黑暗时代。另一端则是像我们的语言这样,有密集的辅音群。例如,宾夕法尼亚州的斯克兰顿市(Scranton)可能要写成 *Su-cu-ra-na-to-n(o)* 这样的音节,末尾 o 的发音被抑制。

现在来看第三种文字系统,即字母文字(*alphabet script*)。在字母文字中,从理论上或理想地看,语言的声音被拆解成音素,即构成语音的单个辅音和元音。就像我们文明中许多重要的东西一样，这个系统也是由希腊人发明的：公元前9世纪，他们接管了腓尼基人的文字系统，那些航海商人曾用这一系统来表示辅音。腓尼基人忽略了元音，因为他们是闪米特人，而在闪米特语言（包括阿拉伯语和希伯来语）中，辅音在组词中比元音更重要。对希腊人来说，仅有辅音还不够，他们**还得**有元音，以使文字让阅读者和书写者都能理解，所以他们把一些标示希腊语中不存在之辅音的腓尼基字母重新利用起来，用于标记元音。[21]

于是，字母文字诞生了。从希腊人那里，字母文字传播到意大利的伊特鲁里亚人和罗马人那里，然后传播到欧洲各地和地中海地区。随着欧洲殖民主义在现代的崛起，它注定要扩展到全球各地。这还远远谈不上一些学者所谓的"征服"：中国人和日本人还在强力使用语素拼音文字，他们是人类的一个重要部分。

像伊格纳斯·盖尔布这样的狂热进化论者，把字母文字视为文字之巅峰，他不明白中国人为何一直秉持据说烦琐又过时的书写模式。然而，从标示语言中所有重要内容这一点来看，除了现代专业语言学家发明的具有高度技术性的文字外，没有哪种文字是完美的。文字中略去的内容，往往可以由读者根据上下文"填补"。例如，重音和语调在书面英语中常被忽略，但在口语中非常重要。请比较"I love you"（我爱你）与"I love *you*"（我爱你，不爱别人），或"*I* love you"（爱你的人是我）。

英语这种字母文字的另一特点是，同一个音常常可以由两个及两个以上的字母或字母组来表示，一些批评家和潜在的改革者，如萧伯纳，认为这是个缺陷。想一想具有相同发音的一组对比词，如 wright、write、right、rite。这种情况在文字中出现时，语言学家称之为 polyvalence，即"多值性"；其实，这在世界各地的文字系统中非常普遍，不管是语素拼音文字、音节文字，还是我们这样的字母文字。

语素拼音文字、音节文字、字母文字：这是文字系统的三大类。牢记这一分类很重要，因为早期试图解释或破译古文字的学者大多对此不甚了解，或一无所知。基歇尔及其同代人，声称古埃及文字是"形意文字"，将语素拼音文字和形意文字混为一谈；而一个世纪前，尤卡坦主教弗雷·迭戈·德·兰达错以为玛雅文字是字母文字而非语素拼音文字。对这些语素拼音文字系统，只有完全理解其中固有的、复杂交织的语音与语义元素，真正的破译才会到来。

假如阿塔纳修斯·基歇尔能从在"天朝上国"（Celestial Kingdom）传教的耶稣会同侪那里，获取一些关于中文真实性质的线索，或许就能摆脱那桎梏其探究之心的"形意文字的迷思"。书面汉语，就像基歇尔的身后声誉所仰赖的古埃及文字一样，是语素拼音文字，而不是"形意文字"或字母文字。但在文艺复兴和启蒙运动时期，欧洲人执意将书面汉语视为另一种奇妙的形意文字系统，充满了古老的智慧，在没有语言干预的情况下直接传达了思想。

因为中文[22]及其在日本的衍生文字，都是鲜活的文字系统，有数亿人每天使用，所以可以作为极好的范例，来说明语素拼音文字在实际中是如何运作的。汉语口语其实是一系列密切相关、被误称为"方言"的语言。这些语言是孤立型的，有最少的语法规则，词总是由一个，最多两个单音节语素构成，有时再加上用作后缀的语素虚词。与汉语口语中每个语素相匹配的，是一个书面符号或"字",其数量很多。由于在中国声调属于音位——四分之三的人口所说的普通话有 4 个声调,粤语有多达 9 个——因此有大量语素需要匹配。

汉语有多少字呢?编成于 1717 年的《康熙字典》,收录有不少于 4 万个字,但其中 34 000 个是"别出心裁的学者所造的怪异无用的异体字"。虽然较大的汉语词典仍收录有大约 14 000 个字,但普遍认为,广泛使用的只有大约 4000 个字。

那么,数以百万计的中国儿童如何在大脑中记下这么多不同的字?毕竟,使用字母表的英语使用者只需学习 26 个字母。答案在于,中文像学术界已知的其他所有语素拼音文字一样,实际上是高度语音化的;同时,它有很强的表意成分。

绝大多数汉字是由意符(表意符号)和音符组合而成(图 1-5)。据汉学家约翰·德范克计算,到 18 世纪,约有 97% 的汉字是这种类型。[23] 我们先看音符。它们构成了一个庞大的、偶尔不一致的音节表,每个音节符号都对应一个语素。在一本现代汉英词典中,有 895 个这样的元素,通常占据字的右侧或底部三分之二的部分。左边或上面是一个不发音的表意定符(汉学家称为"偏旁"或"部首")。在汉语口语中,表音符号给出音节的一

羊　yáng, sheep
洋　yáng, ocean

占　zhān, to divine
沾　zhān, to moisten

图 1-5　中文复合字的形成。把表示"水"的定符添加到表音符号中

第一章　形诸文字

般发音，而定符（如在苏美尔语和古埃及语中）则指出所命名事物所属的一般类别。有个偏旁适用于一般的植物，有个偏旁表示与水有关，还有个偏旁指涉的是木制之物等。总共有214个偏旁。

剩下的字是纯粹的语素字符——如果追溯到中国历史的开端，其中有些最初是图像字——运用画谜同音假借原理，可以从这些符号推导出语音。许多这样的符号被刻写在中华文明初期的商代"甲骨"上，它们描绘了现实世界中的事物（表示"马"的符号看起来像一匹马，"月"的符号像一弯新月等），于是人们认为这种文字起源于图画书写，也就是图画文字。恰恰相反：从一开始，中国的书写者就在利用这些图画符号的音值。

因此，这个系统比乍一看要简单得多，也易学得多。当然，自从设计制定出这种文字以来，中国的语言在很多世纪里已经发生了很大变化，语音有时会给现代读者带来一些问题；但德范克仍然认为，阅读现代中文时，如果记住这895个音符的发音，那么就有三分之二的可能猜出遇到的某个字的发音。[24]

32 对玛雅文明的研究者来说，研究日本的语素音节文字[25]甚至更有启发性；我要预先声明，虽然日文和玛雅文字绝不相关，在结构上却非常相似。

中国对日本的影响始于5世纪，当时中国是煌煌帝国，而日本还是部落林立的蕞尔小邦。以前不识字的日本人开始使用汉字来书写他们所有的政治和宗教文献。由于日语口语与汉语完全无关，而是一种多音节的屈折型语言，日本书写者在调整外来文字以适用他们的语言时，面临着一个巨大的问题。

他们的解决方案是在大约 1000 年前达成的，当时，他们根据声音选择了几十个中文语素符号或"字"，用语言学家王士元[1]的生动说法，"将声音与字形剥离"。[26] 这 46 个符号代表了 41 个 CV 型音节和 5 个元音，因此构成了一个完整的音节表（图 1-6）。

Initials Finals	—	k	s	t	n	h	m	y	r	w		g	z	d	b	p
a	あ	か	さ	た	な	は	ま	や	ら	わ	ん n	が	ざ	だ	ば	ぱ
i	い	き	し shi	ち chi	に	ひ	み		り	ゐ i		ぎ	じ ji	ぢ ji	び	ぴ
u	う	く	す	つ tsu	ぬ	ふ fu	む	ゆ	る			ぐ	ず	づ zu	ぶ	ぷ
e	え	け	せ	て	ね	へ	め		れ	ゑ e		げ	ぜ	で	べ	ぺ
o	お	こ	そ	と	の	ほ	も	よ	ろ	を o		ご	ぞ	ど	ぼ	ぽ

图 1-6 日语音节表

从逻辑上讲，有人会认为日本人应该完全放弃汉字，用他们的新音节（称为**假名**）来书写一切，但文化保守主义和中华文化的巨大威望压倒了这种冲动。用来书写汉语语素的汉字，其中一些已被全盘纳入日语，用来书写意义相同但发音不同的日语词根语素。不久后，多值性就大量出现了，这就是今天的情况：经常有不同汉字衍生的字符被用来表示同一个音，有时一个字会有一个中文读音和一个日语读音。

日语假名有两种用法：第一，写出词根（这些是由汉字给出的）后面有时很长的语法结尾；第二，在词根字一旁用小字写出，以帮助读者发音。

就这样，日本人成功地整个吸收了中国的文字系统，并从中

---

[1] 王士元（William S-Y. Wang），美籍华裔语言学家，创立了著名的"词汇扩散理论"。

提取他们表音的音节来对其进行重塑，以使其适应他们的语言。换句话说，音节符号可以有效地与语素符号共存于一个复杂而可行的文字系统，在古代玛雅城市废墟的铭文上，我们也将发现这一点。我们现在知道，日本和古代玛雅的文字不只是语素拼音文字，更确切地说，是语素—音节文字（*logosyllabic script*）。

莫里斯·波普[1]写过一本极好的谈论文字破译的书，他曾说，"到目前为止，文字破译是学术界最令人向往的成就。未知的文字，尤其是那些来自远古时代的文字，有着一股魔力，而且会让率先解开其奥秘的人享有相应的荣耀"。[27]但这不只是解开谜团，更是打开更多知识之门的钥匙，"打开了一间无数世纪以来无人游历过的历史宝库"——所言虽诗意，却并不夸张。

说来奇怪，密码学家——来自间谍和反间谍领域的密码制造者和破译者——在重大的古文字破译中并未发挥什么作用。事实上，我记得美国媒体宣称，著名的威廉·弗里德曼上校[2]夫妻团队曾得到基金会支持，以破译玛雅文字。弗里德曼夫妇在"二战"前夕破解了日本海军的密码，取得了当之无愧的名声，[28]破译古代玛雅文字应该不在话下。然而，这一注定失败的项目未取得任何成果，他们到死也没破译一个玛雅文字。

只需查看字典中对密码学的定义，就知道为何这些人在考古破译方面成绩寥寥。Cryptology（密码学）源自希腊语 *kryptos*（秘密）和 *logos*，是处理秘密通信的科学。在加密通信中，信息故

---

[1] 莫里斯·波普（Maurice Pope），英国语言学家，克里特岛线形文字 A 的重要研究者，著有《破译的故事》（*The Story of Decipherment*）。

[2] 威廉·弗里德曼上校（Col. William Friedman），美国俄裔密码学家。

意被弄得不可理解，自意大利文艺复兴以来，训练有素的密码学家一直在发明更多巧妙的方法，使这些信息尽可能不可解读，除了对那些有特殊密钥或密码本的人。相比之下，文艺复兴前的历史中很少发现秘密通信，书写者只想让信息清晰明了，如果非要隐藏信息，他们会采取其他手段来保证通信渠道安全。

密码学一直无助于文字破译，还由于其历来处理的原材料的性质。用适当的行话来说，要加密或编码的"明文"（plaintext），通常使用的是字母书写的语言，如爱伦·坡（Allan Poe）的小说《金甲虫》（*The Gold Bug*）中使用的字母换位密码，福尔摩斯（Sherlock Holmes）在《跳舞的人》（*The Dancing Men*）中破解的代换密码，而大多数真正的古文字不是字母文字，而是语素拼音文字，如古埃及文字、苏美尔文字和安纳托利亚古文字。在电报和密码学领域，中国和日本鲜活的语素拼音文字、语素字被转化为四位数的代码组，使用传统的阿拉伯数字。我敢说，在破译玛雅文字的问题上，这些操作从未成功过，也不会成功。

言归正传，我们还没让古埃及文字脱离阿塔纳修斯·基歇尔及其先驱者的荒谬迷雾呢。这种著名的文字最终被破译，主要得益于一个人的努力，即让·弗朗索瓦·商博良，他在极短的时间内将尼罗河文明从默默无闻带入历史。审视一下这一切如何发生，以及这位杰出的法国青年如何克服智力和人为的障碍最终取得成功，将不无裨益。这个故事是一堂示范课，启发我们在面对某种复杂的文字系统时，如何以正确的方式行事。这也是玛雅文字的潜在破译者100多年来所忽视的一课，而这种忽视对他们很不利。

下面，我将通过前后颠倒的方法，倒叙商博良与罗塞塔石碑

（Rosetta Stone）的精彩故事：先给出解决办法，再提出问题。[29]

基歇尔曾正确地推断，科普特语是法老时代语言的晚期后裔，两者都与近东的闪米特语（Semitic languages）和非洲的含米特语（Hamitic languages）有遥远的联系。与闪米特语一样，辅音在构词中的分量远远超过元音，这也就难怪，古埃及圣书体文字几乎忽略了元音，就像希伯来语和阿拉伯语。实际上，我们对古埃及书面语中元音的发音只有一些粗浅认识。

在大约公元前3100年的尼罗河流域，伴随着国家的崛起，古埃及圣书体文字被发明出来，似乎与美索不达米亚的文字同时出现。该系统从一开始就完全是语素拼音型的，其基本特征从未改变过，直到其在基督教时代初期消亡。它存续了34个世纪，远长于字母文字的使用时间，几乎与中国语素拼音文字系统的时间跨度相当。鼓吹字母文字奇迹的人，总爱诋毁古埃及圣书体文字之笨拙，但埃及古物学者约翰·雷（John Ray）[30]提醒我们，该系统远比字母文字更适合古埃及语言的结构：在希腊化和罗马时代，希腊字母被用来书写古埃及语，但结果往往极难理解。此外，尽管该文字几乎被书吏所垄断，但远比汉字等更易学。

古埃及文字有三种形式。[31]首先，是被错误命名（和被错误解释）的"象形文字"（hieroglyphs）[1]，最常出现于公共纪念碑文。与之平行发展的是主要用于日常用途的草书，通常见于莎草纸上。其中一种称为僧侣体（*hieratic*），主要用于祭司的文献；而另一种发展较晚，是世俗体（*demotic*），是一种用于商业交易的流行文字。除总体外观不同之外，三者没有本质区别。

---

〔1〕 即"圣书体文字"。

古埃及语料库中大约有 2500 个单独的符号，但只有一小部分是常用的。专家们将这些符号分为音符（*phonogram*），即代表音素（或音素群）的符号，以及意符（*semagram*），即完全或部分具有语义指向的符号。

现在看这些音符。其中 24 个是单辅音（图 1-7），发单个辅音的声音；后面我们会从罗塞塔石碑上著名的王名框中找到。没有普通元音，这足以说明**不是**字母文字；只有一些弱元音或半元音，比如 y，但即使有，也常被书写者忽略。盖尔布坚称这是音节文字，[32] 与他的文字进化论相契合，但恐怕没有埃及学家会步其后尘。此外，还有 84 个表示双辅音的字符，甚至还有一些三辅音、四辅音的字符（图 1-8）。古埃及书吏也许本可以用单辅音

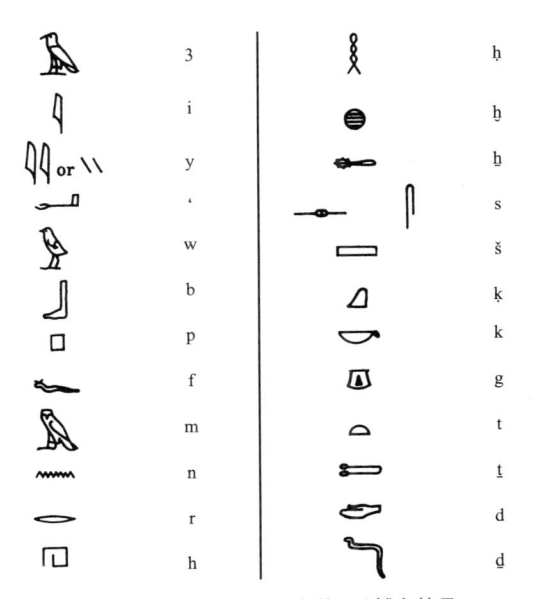

图 1-7 古埃及文字的音符：单辅音符号

字符来书写一切（就像晚期对"克莉奥帕特拉"和"提比略·恺撒"等奇怪的外国名字所做的那样）；但他们并未尝试这么做，这就如同识文断字的日本人并没有放弃汉字而仅采用纯音节书写的**假名**，只有书写外国名字和外来词是例外。

许多意符（表意符号）是真正的语素文字，也即，词由所命名对象的图画来标示——例如，太阳盘表示 Re'，意为"太阳"或"太阳神"；房屋平面表示 pr，意为"房子"。表音符号后面放的通常是定符。这样的定符约有 100 个，用以指出词语所属的事物类别。因此，一位侧面、端坐的神表示这个词是一个神祇的名字，一捆莎草纸表示抽象概念，一个平分为四部分的圆表示城镇或国家等。与汉字和美索不达米亚楔形文字一样，伴随表音符号的这些定符也是不发音的。最后，还有一些具有重要作用的小竖杠：字符下面一条竖杠表示该字符是语素字符，两条竖杠表示双

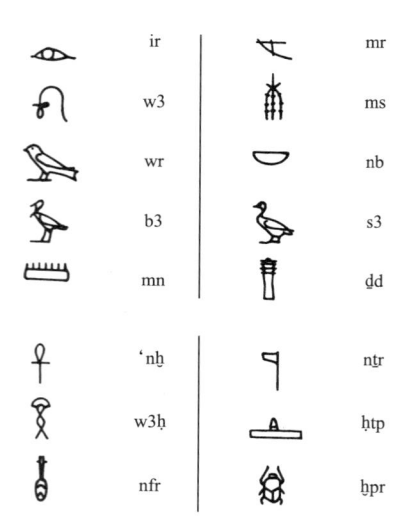

	ir		mr
	w3		ms
	wr		nb
	b3		s3
	mn		dd
	'nḥ		ntr
	w3ḥ		ḥtp
	nfr		ḫpr

图 1-8 古埃及文字的音符：一些双辅音和三辅音符号

数，三条竖杠表示复数。

和所有这类系统一样，这种文字有一定程度的多值性［一个符号既可作为音符，**也**可作为意符，例如，"鹅"（goose）的符号既可以表示双辅音 z，也可以是表示"鸟"（bird）的定符］，但又非常实在，没有含混和歧义。依此思路，一个很大的帮助是，多辅音字符经常被取自单辅音表的音补（phonetic complement）所加强，例如 hetep 这个词（意为"提供"），由表示 htp 的字符加上 t 和 p 组成。

因此，在结构方面，我们再次碰到一个既涉语音又涉语意的复杂二重奏，就像之前看到的远东文字那样：古埃及文字不仅是语素拼音文字，确切来说是**语素—音节文字**。但对尼罗河畔的书吏造成影响的，还有语言以外的其他因素。书法方面的考虑——换言之，文字美感的观念——常常导致词和个别字符的通常顺序被改变（正如我们从希罗多德那里得知，文字通常是从右向左写的，但并非总是如此）。图与文字之间总是存在着一种亲密的关系，某种程度上，这在旧大陆是独一无二的。公共文献，至少是那些出现在花岗岩方尖碑等石碑上的文献，其内容非常简明扼要，而且往往相当程式化。尼罗河畔的旅行者，会一遍遍地遇到相当于雪莱（Percy Bysshe Shelley）所写的"吾乃奥兹曼迪亚斯，万王之王"[1]的句子。

商博良实在是才智出众。[33] 令人惊讶的是，他的重大破译大多是在短短两年内完成的。他出生于法国南部的菲雅克

---

[1] 出自雪莱的十四行诗《奥兹曼迪亚斯》（Ozymandias）。奥兹曼迪亚斯，一般称为拉美西斯二世，古埃及第十九王朝法老。

(Figeac), 17 岁时已是谙熟东方语言的专家, 尤其是科普特语, 并前往巴黎精研波斯语和阿拉伯语的知识。到 1814 年, 他只有 24 岁, 就已经出版了两卷关于尼罗河谷科普特地名的书——顺便说一下, 直到他的伟大破译之后很长一段时间, 他都没有见过这些地方。

18 世纪中叶, 法国神父让·雅克·巴泰勒米[1]（正确地）猜测, 埃及石碑上的绳状椭圆——所谓的"王名框"——包含的可能是国王的名字, 但当时没有证据。然后在 1798 年, 拿破仑的军队远征埃及, 随行的有一群卓越的科学家, 他们发现了一定是世界上最著名的一块石头——罗塞塔石碑。[34] 石碑表面有三段平行文字：一种是希腊文（说明三段铭文的内容是一样的）, 一种是世俗体文字, 还有一种刻于石碑上端、严重破损的圣书体文字。副本很快被制作出来, 并在感兴趣的学者中传阅。鉴于时局动荡, 这一科学合作堪称非凡典范。

破译大赛由此开始, 某种程度上让人联想到 20 世纪 50 年代发现 DNA 分子双螺旋结构的、竞争激烈的研究或登月竞赛。人们普遍认为, 世俗体铭文一定是某种字母文字, 而圣书体文字肯定只是"象征性的"——基歇尔思想的不散阴魂再次出现。到 1802 年, 两位资深的东方学家, 法国的西尔韦斯特·德·萨西伯爵和瑞典外交官约翰·阿克布拉德[2], 成功释读出世俗体文字中的"托勒密"（Ptolemy）和"亚历山大"（Alexander）这两个名字, 以及同一文本中其余的非埃及名字和词语。托勒密家族来自

---

[1] 让·雅克·巴泰勒米（J.J. Barthélemy）, 法国学者, 破译了腓尼基字母表。
[2] 西尔韦斯特·德·萨西伯爵（Silvestre de Sacy）, 法国学者、东方学家；约翰·阿克布拉德（Johan Åkerblad）, 瑞典外交官、东方学家。

国外，是亚历山大大帝留到埃及进行统治的马其顿希腊人，而罗塞塔石碑上记录的敕令，后来证实是公元前196年由托勒密五世（Ptolemy V）颁布的，他可能连古埃及语都不会说。

下一个尝试解读罗塞塔石碑的人，是英国通才托马斯·扬（Thomas Young）。他是医生和物理学家，在1801年发现了散光原理和光波理论。扬对古埃及圣书体文字的破译，既提出了真知灼见，也犯有不可原谅的错误，这多少让人沮丧，而且身为学者，其人品也远非令人钦佩。扬意识到，世俗体文本中充满的符号不可能是纯表音或纯"字母文字"，而且他还发觉，世俗体文字和圣书体文字只不过是同一文字系统的两种形式。他采用世俗体文字中"托勒密"的读法，并在巴泰勒米所说的王名框中找到了相应的读法；也许是由于幸运女神眷顾，他找到的7个单辅音中有5个是正确的（p、t、m、i和s）。然而，他也就止步于此了；直到1829年去世，他还固守着这样一种错觉：虽然王名框中的名字毫无疑问是拼音化的，但这或许只是因为古埃及人以这种方式来书写外国名字，而其余的圣书体文字都是基歇尔所谓的象征符号。

具有讽刺意味的是，商博良一度也持这种观点。但从1822年这一"吉祥年"开始，他的思想经历了一场真正的革命。当时涌现出大量新材料——其中大多来自拿破仑的远征——提供了丰富而准确的细节。该年1月，他看到了一座方尖碑的拓本。这一方尖碑被带到了英国多塞特郡（Dorset）的金斯顿莱西[1]，它曾经矗立的基座上有希腊语铭文显示，它曾被献给托勒密和克莉奥帕

---

[1] 金斯顿莱西（Kingston Lacy）是英国多塞特郡温伯恩明斯特镇附近一座乡村豪宅，以重要的埃及文物收藏和欧洲绘画大师班克斯（Banksy）的收藏而闻名。

特拉（Cleopatra，图1-9）。商博良很快发现，在方尖碑的一个王名框中，"克莉奥帕特拉"是用单辅音字符拼出来的，这和罗塞塔石碑一样。借助这些新的解读，商博良得以随后在其他纪念碑上，比如文艺复兴时期竖立在罗马广场上的一些方尖碑，读出大量晚期的人名和头衔（包括罗马皇帝的名字）。

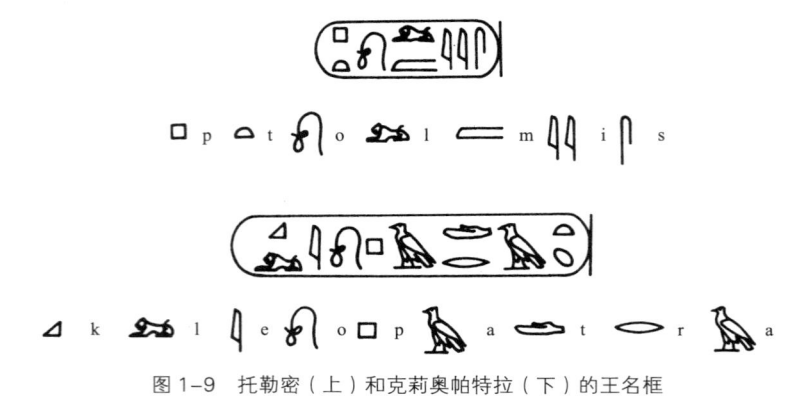

图1-9 托勒密（上）和克莉奥帕特拉（下）的王名框

但在被希腊和罗马军队征服之前，法老时代的埃及又如何呢？到1822年9月14日，商博良已经认出了早期统治者拉美西斯大帝（Ramesses the Great）和图特摩斯（Tuthmosis）的名字，两者都是按发音拼读的（图1-10）。也是在这一年，雷慕沙[1]神父发表了第一份关于中文的研究报告，这份报告摆脱了形意文字之臆想的困扰，向我们这位年轻的埃及学家表明，即使是中文，其结构中也有大量的表音元素，而不仅仅是一串"形意符号"。有鉴于此，商博良发表了不朽的《致达西埃先生的信》（*Lettre à*

---

[1] 雷慕沙（Jean Pierre Abel Rémusat），法国著名的中国学家。

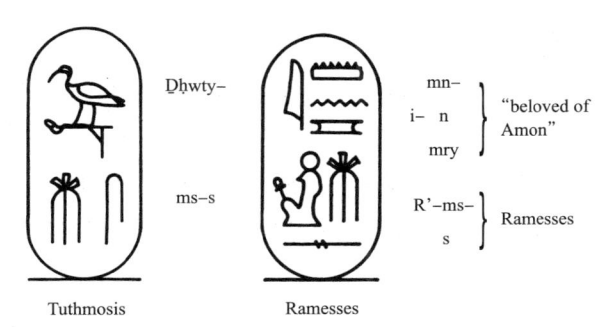

图 1-10　图特摩斯（左）和拉美西斯（右）的王名框

M. Dacier），在信中阐述了他为何改变对王名框外面的文字的看法——语音在那里也一定很重要。

前人从希腊罗马时代构筑起的知识大坝，就此迸裂。在接下来的两年里，商博良破解了古埃及圣书体文字。1824 年，这位智识界翘楚出版了《古埃及圣书体文字系统概要》(*Summary of the Hieroglyphic System of the Ancient Egyptians*)。该书大约 400 页，附有 46 幅插图，证明了：①这种文字在很大程度上是表音的，但不完全表音；②同一语音可以有不同拼法（多值性）；③依照科普特语法，可以读出阳性、阴性和复数的圣书体文字形式，以及代词和指示形容词（如"我的""他的"等）；④存在定符，包括标示神祇的定符；⑤所有重要神祇的名字；⑥书吏如何操弄文字，为同一个神的名字提供不同的拼写方式——有时纯以语素，有时纯以语音。不仅如此，商博良还展示出王名框的运作原理（每位国王都有两个王名框——看看最近的方尖碑，你就会发现的确如此）。

为避免有人质疑其破译的正确性，商博良拿出一件埃及雪花石膏瓶，上面刻有双语对照铭文，一种是古埃及圣书体文

第一章　形诸文字

字,一种是最近才被部分破译、表示古波斯音节的楔形字符;两者给出了同样一个名字——薛西斯("Xerxes",波斯文为 *Khschearscha*)。

没多久,学术界的赞誉就接踵而至,与之俱来的还有司空见惯的攻讦。萨西伯爵和德意志语言学家威廉·冯·洪堡(Wilhelm von Humboldt)等人都给予高度赞扬。而性情乖戾的托马斯·扬,固守着不靠谱的"古埃及圣书体文字乃形意文字"之学说,一方面声称商博良的发现取自于他,另一方面又竭力诋毁。一众专家学者,大多对商博良的才智成就嫉恨得口鼻歪斜,《古埃及圣书体文字系统概要》出版后,他们的质疑怨怼之声 40 多年来不绝于耳。直到 1866 年发现刻有《卡诺普斯敕令》(Decree of Canopus)的石碑,争议才彻底消弭。这是托勒密时代又一项自吹自擂的敕令,授予托勒密三世(Ptolemy III)及其王后贝勒尼丝(Berenice)以荣誉。像罗塞塔石碑一样,该石碑上面有希腊文、古埃及圣书体文字与世俗体文字。它以令人信服的证据证明商博良完全正确。

"好人命不长"这句老话有几分苦涩的真实。在终于有机会访问意大利和尼罗河畔的遗址之后,商博良罹患早发性中风,于 1832 年病逝,年仅 41 岁。在科涅[1]为他作的画像中,他看着我们,仿佛是其同胞和同代人司汤达(Stendhal)小说主角的化身。商博良的成就只让我感到惋惜,因为他那双眼睛从未研究过玛雅铭文,我想知道,假如时机合适,这种文字会不会向他透露一些秘密。19 世纪初,玛雅文明的发现者约翰·劳埃德·斯蒂芬斯来

---

[1] 科涅(Léon Cogniet),法国历史与肖像画家。

到森林掩埋的一处玛雅城市废墟，他凝视着倒下的石碑，感慨道："现在还没有一个像商博良那样的人致力于破译这些文字。谁会来解读它们呢？"[35]

商博良打开了一个新世界，促使了古代语素拼音文字系统的最终破译。对西方世界的历史来说，最重要的是对近东楔形文字记录的破译，因为其中包含《旧约》中希伯来人所知民族的历史、宗教和神话。*Cuneiform*（楔形文字）这个词，是基于拉丁文 *cuneus*（钉子），源于美索不达米亚书写者在湿泥板上压写的楔形笔画的形状。破译的第一步是破解波斯帝国书写者所使用的晚期楔形音节文字。19 世纪上半叶，借助一段夸耀大流士（Darius）和薛西斯功绩的三语铭文，早期的巴比伦文字——像几乎所有已知的古代文字系统一样是语素拼音文字——开始得到破解。

巴比伦人和亚述人是闪米特人，也用楔形文字书写。随着时间推移，更早的楔形文字泥板被发掘出来，后来证明这些文字表示的是另一种完全不相关的语言，闪米特人称之为"苏美尔语"；从公元前 3100 年左右开始，美索不达米亚南部由神庙主导的城邦就在使用这种文字，许多学者认为它是世界上最古老的文字。[36]这些视觉语言的最早范例，采用了熟悉的画谜同音假借来发明表音符号，这和其他所有古文字是类似的，但也有反常之处：在世界其他文明中，文字之发展是为了彰显王室成员的宗教与政治权力，而在底格里斯河和幼发拉底河流域的灌溉沙漠中，文字基本是一种记账方式——这是一种会计的文明。

破译者还聚力围攻其他语素拼音文字，有时载誉而归，有时无有进境。在成功的案例中，最引人注目的一项是对所谓赫梯古文字（后来证明属于印欧语系，即卢维语^[1]）的破译，青铜时代统治今土耳其中部的统治者就是用这种文字宣扬他们的好战行为。[37]在两次世界大战期间（1914—1918年、1939—1946年），得益于一些楔形文字/赫梯文字双语对照印章的发现，以及"国家""神祇"和"国王"等定符被辨读出，来自一些国家的一批杰出学者（包括美国的盖尔布）终于能够解读这种文字。它由大约500个字符组成，其中大部分是由图画衍生的语素符号，还包含60个字符表示的相当完整的音节。因此，它是**语素—音节文字**（**语素拼音文字**的一个子集）。

商博良成功破译古埃及文字之后，世界上最著名的破译当属英国建筑师迈克尔·文特里斯对线形文字B的破译。在1952年的一次广播中，他宣布了这一发现。翌年6月，《泰晤士报》（*The Times*）的一位领导将这一成就推向全世界，这与希拉里和诺尔盖征服珠穆朗玛峰^[2]的时间耐人寻味地吻合。[38]破译线形文字B，无异于登上精神上的珠穆朗玛峰，而这位卓越的破译者在34岁时因车祸而英年早逝，更平添了几丝悲楚的意味。该文字是一种经济记录，只刻写在泥板上，保存在希腊迈锡尼和克里特岛的青铜时代宫殿的档案中。来自皮洛斯（Pylos）的线形文字B泥板（图1-11），内容与海岸警卫有关。

文特里斯发现，线形文字B记录的是希腊语的一种早期形式，这与先辈们审慎的判断相反，甚至也超出他的预想。它是相当纯

---

[1] 卢维语（Luvian），属于印欧语系中的安那托利亚语族。
[2] 新西兰人希拉里（Edmund Hillary）和尼泊尔人诺尔盖（Tenzing Norgay）于1953年5月29日登上了珠穆朗玛峰顶峰，是第一批登上珠穆朗玛峰顶峰的人。

粹的音节文字，主要是 CV 型音节，由 87 个符号组成；此外，还有一些图画意符，如表示"马"（包括公马和母马）、"三脚架"、"船"等宫廷记录官感兴趣的物什的符号。这次破译对我们来说非常重要，因为我们第一次可以读到对《荷马史诗》中谈到的人和社会的记录（尽管很普通）。处于青铜时代的这些人，是我们的文化祖先。

　　文特里斯是如何做到的？要知道，这是一种几乎完全表音的文字——实际上是音节文字——因此，解谜的方法与密码（或字谜游戏）破译学不无关联。在 CV 型音节中——文特里斯有十足的理由相信它是音节文字——每个符号都会与其他符号共享一个

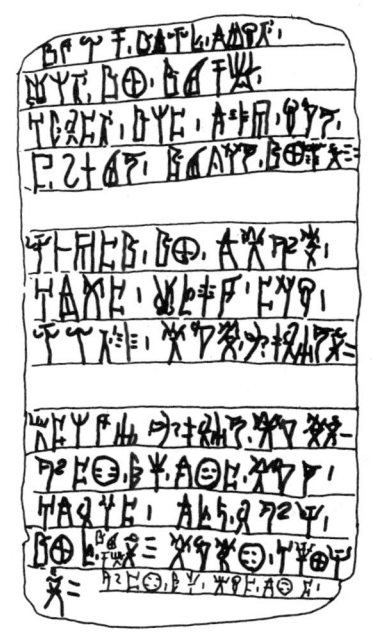

图 1-11　来自皮洛斯的线形文字 B 泥板

第一章　形诸文字

辅音，与其他符号共享元音。于是，文特里斯开始构建实验性的网格，将可能的辅音列在左栏，将元音列在最上面的横排（我们将在本书的后面看到为玛雅文字设计的网格）。就像其他地方的音节表——参考日文中的*假名*——会有5个左右的符号表示元音，文特里斯大胆猜测其中哪个最有可能成为一个词的开头。

他遇到了两个阻碍：这种语言不为人知，而且他没有双语对照的钥匙。很多前人的研究表明，这种语言一定是屈折语（就像拉丁语或希腊语）；语素符号为他提供了音节中一些符号序列的含义，以及一些单词的阳性和阴性词尾；有几个符号，可能与后来的塞浦路斯文字音节表（Cypriote syllabary）中的类似符号具有相同的价值，塞浦路斯文字是许多世纪后在塞浦路斯岛使用的希腊文字。

通过这一睿智的猜测，文特里斯找到了解决方案：古代克里特的地名，包括克诺索斯（Knossos）的地名，会出现在来自克诺索斯的米诺斯宫殿的线形B碑文上。将此应用于他的实验网格，他发现整个文字表示的是希腊语。

现在可能会有人问，如何知道自己面对的是哪种文字？答案就在于文字中单个字符或符号的数量。请看以下被破译或已知的文字系统的这类数量（表1-1）。[39]

表1-1 被破译或已知的文字系统的符号数量

文字系统	符号数量
语素拼音文字	
苏美尔文字	600（+）
古埃及文字	800

续表

文字系统	符号数量
赫梯古文字	497
中文	5000（+）
"纯"音节文字	
波斯文	40
线形文字 B	87
塞浦路斯文字	56
切罗基文	85
字母文字或辅音文字	
英文	26
盎格鲁—撒克逊文	31
梵文	35
伊特鲁里亚文	20
俄文	36
希伯来文	22
阿拉伯文	28

因此，如果一种未知文字的符号总数是 20～35 个，可能是一种类似字母文字的系统；如果是 40～90 个，可能是一种"纯"音节文字；如果在几百个以上，肯定是语素拼音文字。语素拼音文字系统中表音符号的数量也有影响：苏美尔文字有 100～150 个，古埃及文字有 100 个左右，赫梯古文字由于使用音节来表音，所以表音符号的数量只有 60 个，这在"纯"音节文字的通常范围内。而中文，尽管代表音节的表音符号数量很大（假如德范克所言不虚），但在中国，只有 62 个字符因其 CV 音值而被用来在报纸等地方书写外国的名字，这也在"纯"音节文字的范围内。

要想成功破译，需满足五个基本的先决条件：①**数据库**必须足够大，有许多篇幅够长的文本。②**语言**必须是已知的，或至少是可以复原的、祖先的版本，包括词汇、语法和句法；最最起码，应知道该文字表示的语言属于哪个语系。③应有某种类型的**双语铭文**，其中一类是已知的文字系统。④应知道该文字的**文化背景**，首先是提供地名、王室成员名称及头衔等的传统和历史。⑤对于语素拼音文字，应该有**图像参考**，要么是与文字配套的图画，要么是由图像衍生出来的语素符号。

少数情况下，这些条件中的一两个可以免去。例如，在没有双语铭文的情况下，文特里斯就处理得很好（但线形文字 B 很大程度上是表音的），其他情况则不行。除非语言本身是已知和为人理解的，否则任何文字都无法破译。一个典型的例子是伊特鲁里亚文字（Etruscan），这是罗马国家崛起之前意大利中部原住民所用的文字。伊特鲁里亚文字有 1 万多处铭文，均以字母书写，与早期希腊人的文字非常相似；因此，其中每个词的发音都很确定。但问题是，没人对这些文本的内容有把握：几乎所有文本都很简短，且显然与葬仪和信仰有关，但其记录的语言与世界上其他任何语言都毫不相关，而且自基督教时代开始就没人说过。伊特鲁里亚文字可以被**阅读**，但从未被**翻译**出来。

目前，还有大约半打古文字尚未破译，有志于成为第二个文特里斯或商博良的聪明年轻人，或许会因此感到欣喜。但我仍抱悲观态度：除非有相关新信息出现，否则它们将在未来很长一段时间内得不到破译。以印度次大陆青铜时代的印度河文明或称哈拉帕文明[1]的著名印章为例。[40]这样的印章有几千枚，每一枚上面都绘有惟妙惟肖的公牛或大象的图案，并附有一段非常简短的铭文。其符号数量达到了数百个之多，所以一定是某种语素拼音文字；但因缺乏足够长度的文本，也未出现任何双语对照铭文（比如楔形文字与哈拉帕文字对照），且这一语言是未知的（有人大胆猜测它是印度南部仍有数百万人使用的德拉维语[2]的早期形式，但这一点存在争议），印度河文明的文字系统**尚未破译**，尽管所有说法都持相反意见。英国人、印度人、芬兰人、俄罗斯人和美国人，更不用说计算机了，都在致力于破解这一问题，但"国王的全部兵马"都无法复原这么一个"胖蛋"[3]。

"谁会来解读它们呢？"斯蒂芬斯问得好：在他看来，他和艺术家同伴弗雷德里克·卡瑟伍德在1839—1840年发现的废墟城市和纪念碑上的文字，呼唤一个商博良式的人物来破译。后面我们将看到，一种双语文本在一座西班牙图书馆中被发掘出来，并在1864年，即斯蒂芬斯去世12年后出版。1880年，前哥伦布时期最伟大的玛雅书籍的一份摹本出现了，到19世纪末，学界可以接触到非常多的玛雅石刻铭文以及高度精确的照片和绘图。20世纪初，玛雅研究专家对"他们的"文明的了解肯定不亚于商博良对古埃及的了解。而且，也几乎不乏解释玛雅文献的图片。

---

[1] 哈拉帕（Harappan）文明，印度河流域已知的最早文明，20世纪20年代被发现。
[2] 德拉维语（Dravidian），亦称达罗毗荼语。
[3] 出自英国著名童谣：胖蛋坐墙头，栽个大跟头，国王所有的人马，全都没法把他拼回去（Humpty Dumpty sat on a wall/Humpty Dumpty had a great fall/All the king's horses and all the king's men/Couldn't put Humpty together again）。"胖蛋"（Humpty-Dumpty）用来比喻破碎后难重圆的事物。

那么，破译玛雅文字为何耗时这么久？为何会有那么多虚假的开始和错误的转向？潜在的玛雅破译者，为何对旧大陆上的文字破译历程毫不留意？那么，究竟是谁回应了斯蒂芬斯的请求，最终读懂了古代玛雅文字？

第二章

丛林之主

玛雅原住民，由于受到现代政府系统性地低估，其确切数量没人知道，但至少有 800 万人生活在墨西哥东南部、危地马拉、伯利兹和洪都拉斯。自 16 世纪初的"西班牙征服"以来，玛雅人一直受这些国家的欧洲人与欧化人口的物质与文化冲击，他们以各种方式做出回应：有时，像墨西哥恰帕斯州（Chiapas）的"原始"拉坎墩（Lacandón）原住民一样，逃入密林；但现在，连森林也正以极快的速率遭到进步势力砍伐，推土机、现代道路、养牛场、酒店、公寓式住宅等，正在改变玛雅人古老的生活方式，其速度是 70 年前无法想象的。与此同时，在危地马拉高原，一场更惨重的悲剧业已上演：20 世纪最后几十年，一连串的军事政权实施了系统的灭绝计划，原居民被连根拔起，死气沉沉。

玛雅人曾创造了有史以来最辉煌的文明之一，如今却黯然沦落，被人类学家降级称为"民间文化"，对自身命运几无发言权。参观尤卡坦辉煌遗迹的度假游客，有多少人知道墨西哥法律禁止在学校教授尤卡坦玛雅语，即这些金字塔的建造者所说的语言？被压迫之民族冀求获取日光下应有地位的新呼声，让现代世界惊慌失措，但拉丁美洲成百上千万"第四世界"的原住民,其声音几乎湮没无闻。在这些国家中,有多少元首有"印第安人"的血统可言?在联合国大厅,何时听到过美洲原住民的语言?答案是"没有一个"和"从未"。没有哪一次帝国征服如此彻底,也没有哪一个伟大民族如此颓败。

但事实并非从来如此。

800年圣诞节,当查理曼大帝(Charlemagne)在罗马圣彼得大教堂由教皇加冕为皇帝时,玛雅文明正处于鼎盛期:在尤卡坦半岛丛林覆盖的低地,散布着十多个辉煌的城邦,人口众多,拥有高耸的神庙金字塔和结构复杂的宫殿。艺术、科学,尤其是书写,因王室赞助而蓬勃发展。玛雅数学家和天文学家观察天体,在热带夜晚的星空背景中追踪行星的运行轨迹。王室书吏——孪生猴神的信徒——将这一切写在树皮纸书籍上,并将国王、王后和王子的事迹刻在石碑以及神庙、宫殿的墙上。

再强大的帝国也有其定数,终有崩毁的一天,然后等候考古学家发掘再重见天日。800年后不久,享受了6个世纪(欧洲正值黑暗时代)的繁荣后,古代玛雅人的诸方面开始分崩离析,一座又一座城市遭遗弃,任由森林侵蚀。之后,尤卡坦北部的低地文化出现了最后一次短暂复兴,紧接着就是大洋彼岸的白人带来的最终劫难。

今天大约有30种玛雅语言被使用,有些语言之间关系很密切,如荷兰语与英语,有些则相去甚远,就像英语和法语。[1]正如散布于欧洲、波斯和印度的各种语言可以追溯到一个共同的祖先,即原始印欧语,语言学家也可以回溯到幽暗不明的往昔,为各种玛雅语寻觅一个共同的母体——原始玛雅语。该语言的使用时间远在4000年前,地点也许是危地马拉西北部山区,但没人确定具体在何处。久而久之,这种原始人类语的方言分化成各种独立语言。其中一组是尤卡坦语的祖先形式,尤卡坦语至今仍是尤卡坦半岛数十万人的母语。另一组包括泽塔尔语与佐齐尔语(在墨西哥东南部恰帕斯高地大型玛雅城镇的市场和广场上,还能听到这些语言)的祖先,以及乔兰语的祖先(图2-1)。

我们现在知道,乔兰语之于古典玛雅城市铭文,正如科普特语之于古埃及的圣书体文字铭文。今天,三种现存的乔兰语——乔尔语、琼塔尔语和乔尔蒂语,仍在古典玛雅城市废墟附近使用着(西部的帕伦克是乔兰语,东部的科潘附近是乔尔蒂语)。根据这一事实,已故的埃里克·汤普森爵士在几年前提出,古典文献是乔兰语的一种形式。[2] 在这非常重要的一点上,时间证明他是对的。现在我们知道,现存的四本玛雅文字书籍中,有三本用的是乔兰语,具体来说是乔尔蒂语的一种祖先形式。

但尤卡坦语也不可忽视。在乔兰人居住的半岛北部的玛雅大城市中,从卑微的农民到威风的国王,可能每个人说的都是尤卡坦语。由欧洲复杂的民族状况可知,语言的边界并非密不透风,而是像筛子一样会渗漏,借用的词语也会来回传递。在玛雅语破译前沿,有大量证据表明,在西班牙征服之前至少1000年里,尤卡坦语和乔兰语之间存在这样的词汇交换。[3]

要知道,如今在用的各种玛雅语言均为语言演变的现代最终产物,并在不同程度上受到自殖民征服以来占主导地位的西班牙文化"语言帝国主义"的影响。仅举一个可悲的例子:在尤卡坦,现在能用自己的母语数出五以上数字的玛雅人寥寥无几。这个曾经可以用玛雅语数到数百万的民族,已经沦落到主要使用西班牙文数字。

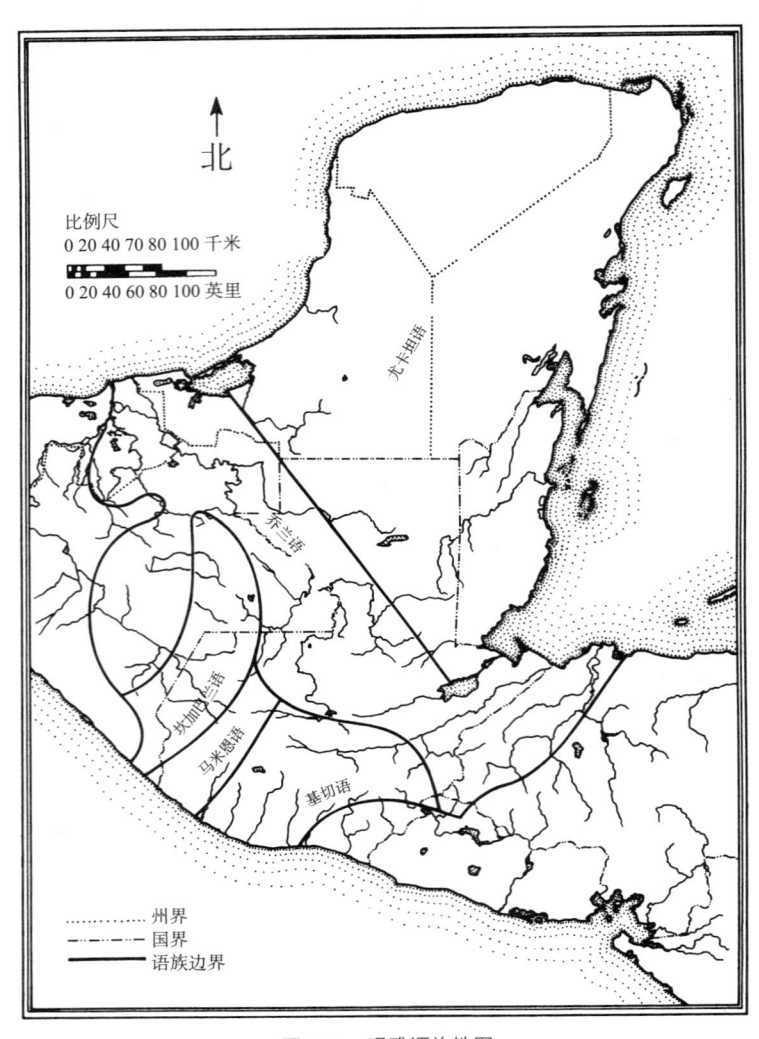

图 2-1 玛雅语族地图

我们对玛雅诸语言的了解（图2-2），远远超过了商博良对古

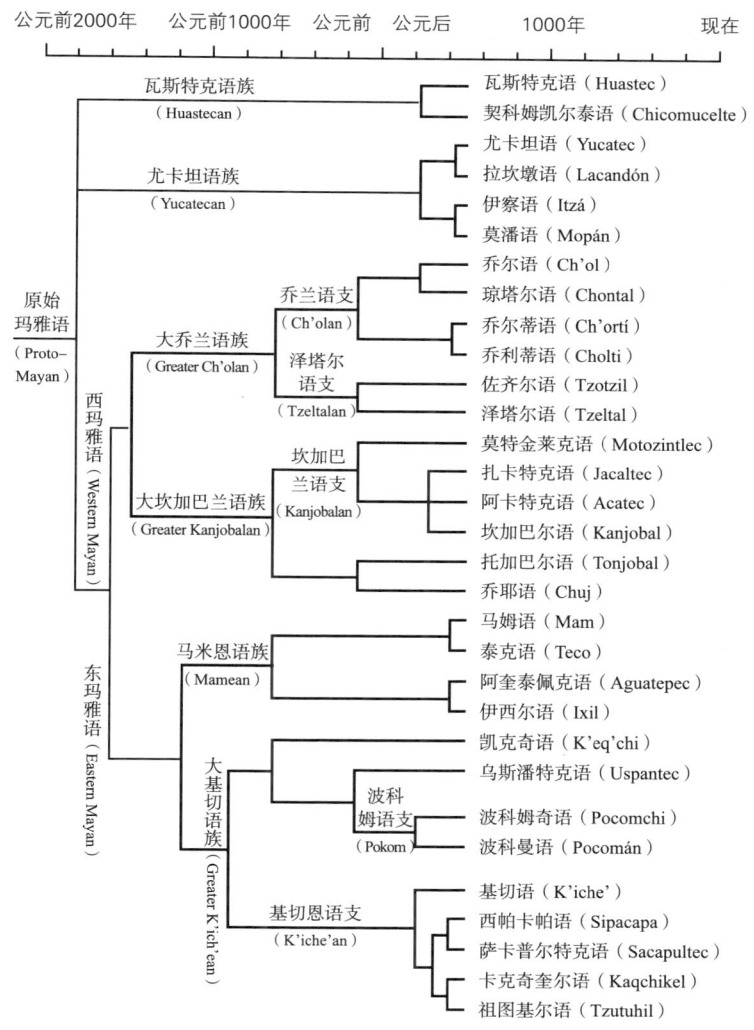

| 公元前2000年 | 公元前1000年 | 公元前 | 公元后 | 1000年 | 现在 |

```
原始玛雅语 (Proto-Mayan)
├─ 瓦斯特克语族 (Huastecan)
│   ├─ 瓦斯特克语 (Huastec)
│   └─ 契科姆凯尔泰语 (Chicomucelte)
├─ 西玛雅语 (Western Mayan)
│   ├─ 尤卡坦语族 (Yucatecan)
│   │   ├─ 尤卡坦语 (Yucatec)
│   │   ├─ 拉坎墩语 (Lacandón)
│   │   ├─ 伊察语 (Itzá)
│   │   └─ 莫潘语 (Mopán)
│   ├─ 大乔兰语族 (Greater Ch'olan)
│   │   ├─ 乔兰语支 (Ch'olan)
│   │   │   ├─ 乔尔语 (Ch'ol)
│   │   │   ├─ 琼塔尔语 (Chontal)
│   │   │   ├─ 乔尔蒂语 (Ch'ortí)
│   │   │   └─ 乔利蒂语 (Cholti)
│   │   └─ 泽塔尔语支 (Tzeltalan)
│   │       ├─ 佐齐尔语 (Tzotzil)
│   │       └─ 泽塔尔语 (Tzeltal)
│   └─ 大坎加巴兰语族 (Greater Kanjobalan)
│       ├─ 坎加巴兰语支 (Kanjobalan)
│       │   ├─ 莫特金莱克语 (Motozintlec)
│       │   ├─ 扎卡特克语 (Jacaltec)
│       │   ├─ 阿卡特克语 (Acatec)
│       │   ├─ 坎加巴尔语 (Kanjobal)
│       │   └─ 托加巴尔语 (Tonjobal)
│       └─ 乔耶语 (Chuj)
└─ 东玛雅语 (Eastern Mayan)
    ├─ 马米恩语族 (Mamean)
    │   ├─ 马姆语 (Mam)
    │   ├─ 泰克语 (Teco)
    │   ├─ 阿奎泰佩克语 (Aguatepec)
    │   └─ 伊西尔语 (Ixil)
    └─ 大基切语族 (Greater K'ich'ean)
        ├─ 凯克奇语 (K'eq'chi)
        ├─ 乌斯潘特克语 (Uspantec)
        ├─ 波科姆语支 (Pokom)
        │   ├─ 波科姆奇语 (Pocomchi)
        │   └─ 波科曼语 (Pocomán)
        └─ 基切恩语支 (K'iche'an)
            ├─ 基切语 (K'iche')
            ├─ 西帕卡帕语 (Sipacapa)
            ├─ 萨卡普尔特克语 (Sacapultec)
            ├─ 卡克奇奎尔语 (Kaqchikel)
            └─ 祖图基尔语 (Tzutuhil)
```

图2-2 玛雅诸语言的分类与时间跨度

第二章 丛林之主 59

埃及语／科普特语的了解。其实，语言学家可以借助非常复杂的技术，有把握地重建在蒂卡尔、帕伦克和亚斯奇兰等城市使用的原始乔兰语的词汇、语法和句法，这对破译者大有帮助。[4]

只有天生的乐观者才会告诉你，玛雅语很好学；对玛雅幼儿来说也许是这样，但对我们这些从小生活在欧洲语言（甚至包括俄语）环境中的外国人来说，这些语言很**难学**。只要听一听尤卡坦州首府梅里达（Mérida）或危地马拉火山脚下一个小镇的女商贩说话，就知道玛雅语与我们在学校学到的语言差别很大。

首先，这些语言听起来与我们以前听到的完全不同。它们对声门闭塞（*glottalized*）和非声门闭塞（*unglottalized*）做了很重要的区分。后者的发音和我们的一样"正常"，但当声门闭塞时，喉咙就会收紧，发出的声音就像一个小爆破。我们说声门闭塞属于音位，因为它会使词的意义发生变化。例如，请比较表 2-1 中尤卡坦玛雅语的几对词：

表 2-1　尤卡坦玛雅语中几对词的比较

非声门闭塞	声门闭塞
pop，"垫子"	*p'op'*，"剥南瓜籽"
kutz，"火鸡"	*k'utz*，"烟草"
tzul，"打理"	*tz'ul*，"外国人"
muk，"埋"	*muk'*，"允许"

其他一些我们似乎不熟悉的发音是喉塞音，它在玛雅语的发音中具有重要意义，但在殖民时期的文本中通常被忽略（我想是因为当地人知道何时使用，而西班牙人则不关心）。它指的是喉咙或声门收缩，说英语的人发 *apple* 这样的词的开头，或说感叹

词 *uh-oh!* 的时候会用到。语言学家用撇号或无点问号来表示喉塞音。思考一下尤卡坦语的这个句子：*b'ey tu hatz'ahile'exo'ob'o'*，"于是他们打你们"——其中 *x* 的发音和英语中的 *sh* 类似——你就会对这种语言的声音有所了解。对早期的西班牙修士来说，要理解和讲这种语言必定困难重重。

如果说语音还不够难的话，那还有语法这一大关，它与拉丁语、希腊语或任何一种现代欧洲语言的语法毫无相似之处。我们面对的是另一个世界，那里的人们运用的是迥异的思维方式。[5]

在玛雅语中，词根绝大多数是单音节，以 CVC 型为主，但都是高度屈折的，而且附加特殊的部件。因此，单词往往是多式综合（*polysynthetic*），常常一个词表达一整个英语句子所要表达的内容。

玛雅语言，与巴斯克语、爱斯基摩语、藏语和格鲁吉亚语等完全不相关的零散语言一样，均为作格语（*ergative*），这是一个特殊的语言学术语，意思是不及物动词［没有宾语的动词；比如英语中的 "to sleep"（睡）］的**主语**和及物动词［如英语中的 "to hit"（打）］的**宾语**具有相同的格，或者在处理代词时，格是相同的。玛雅语中有两组代词，我们称之为甲组代词和乙组代词。在尤卡坦玛雅语中，两组代词如表 2-2：

表 2-2　尤卡坦玛雅语中的两组代词

	甲组		乙组	
	单数	复数	单数	复数
第一人称	in-　k-		-en	-o'on
第二人称	a-　a-...	-e'ex	-ech	-e'ex
第三人称	u-　u-...	-o'ob	-Ø	-o'ob

注释：Ø 代表"没有"

及物动词使用甲组缀符做主语，乙组缀符做宾语。对于像"to sleep"这样的不及物动词，用乙组代词做主语。让初学者容易混淆的是，甲组代词被用来表示事物的所有者。对于"he hit him"中的"he"和"his book"中的"his"，我会使用相同的第三人称单数 *u-*；在后面的玛雅字符中，我们会看到这一点。

但是，如果句子中描述的动作还未完成，甲组代词就会充当主语。这就引出了时态的问题：像尤卡坦语这样的玛雅语言确实不存在时态，或至少没有我们熟悉的过去时、现在时和将来时。取而代之的是体词（*aspect word*）或部件，以及屈折词缀，用以表示一个动作是否已经完成，是否刚刚开始或结束，或者已经进行一段时间了。作为副词，它们位于动词前面，并支配动词。要谈论过去的事，你必须把遥远的过去和较近的过去区分开来；要处理未来的事，你必须使用特定的体词，这取决于某事发生的确定程度——比如，关于"我要走"，就有不确定、确定与非常确定三种说法。

在玛雅语中，要使用非完成动词（表示过去、现在或未来尚未完成的行动或事件），必须在前面加上日期或时间方面的副词。对于时间，玛雅人的要求非常非常高，而且向来如此，远远超过我们。我们能看到，他们的所有文本无不用精心设计的时间构架串联起来，即使那些在殖民时代用西班牙字母书写的文本也是如此。

下面以尤卡坦语中的一些句子为例，来说明这些原则如何应用于拥有动词的句子中。首先是一个使用及物动词的句子：

t u hatz'-ah-o'on-o'ob，"他们曾打我们"（发生在过去）
t，完成体，及物动词

u- ... *-o'ob*,"他们"（甲组代词）
hatz',"打"
-ah,完成体词缀
o'on,"我们"（乙组代词）

以及：

taan in-hatz'-ik-ech,"我在打你"
taan,持续体
in-,"我"（甲组代词）
hatz',"打"
-ik,非完成动词词缀
-ech,"你"（宾语，乙组代词）

最后是含不及物动词的句子：
h ween-en,"我睡了"
h,完成体，不及物动词
ween,"睡"
-en,"我"（乙组代词）

还记得所有格吗？

in hu'un,"我的书"
in,"我的"（甲组代词）
hu'un,"书"

时间在玛雅语动词结构中起着关键作用，除此之外，还有一整类描述物或人在空间中的位置和形状的非及物动词；例如，"面朝下躺着"和"面朝上躺着"就有不同说法。这些所谓的"方位词"，有自身的屈折后缀。

作为英语使用者，我们想当然地认为可以说"four birds"（4只鸟）或"twenty-five books"（25本书），但这种数字结构在玛雅语言中是不成立的——在数字和计算的事物之间，必须有一个量词（*numerical classifier*），描述物体、动物、植物等所属的类别。我们说"two flocks of geese"或"a pride of lions"时，可以看到这种结构的影子，但与丰富的玛雅量词一比，我们就黯然失色了。殖民时代的尤卡坦语词典列出了几十种量词，但仅有少数几种仍在今天的尤卡坦使用，而且就这几种也不得不作为插入语来使用，特别在数字是西班牙语的时候。[6] 如果在牧场看到3匹马，我会数着说 *ox-tul tzimin*（*ox*，"3"；*-tul*，表示生物的量词；*tzimin*，"马"或"貘"）。但是，如果同一片牧场上有3块石头，我就得说 *ox-p'el tunich*（*ox*，"3"；*-p'el*，表示非生物的量词；*tunich*，"石头"）。

直到20世纪众多古老的系统消失，玛雅人都是以**二十进制**，即以20为基数来计算的，而不是我们这样的**十进制**（尽管在表示"70"的"three score and ten"这样的古老表达中，还留有这一痕迹）。毕竟，我们长着20根指（趾）头，而不是10根，所以玛雅人的系统是有非常现实的人身维度的。借助二十进制，他们可以计算非常大的数字，如果需要的话，可以计算到数百万。

与印欧语系的语言相比，玛雅语对性别是相当无视的：在大部分语法中，确无阳性、阴性或中性的结构。"他""她"和"它"

用的是同一个代词。但是，男性和女性的人名和职业头衔常常以特殊部件做前缀，以表示性别。在尤卡坦语中，前缀 *aj* 表示男性，*ix* 表示女性。因此，在早期的殖民地资料中，有 *aj tz'ib*（男性书吏）和 *Ix Cheel*（彩虹夫人）这样的表达。

一门语言光有语法是不够的，它还得有句法，这样才能连词成句。世界上每种语言都有其特有的词序。在古埃及人那里，含及物动词的句子的词序应当是"动词+主语+宾语"，也就是 VSO 结构。因此，要表达英语中的一个句子"The scribe knows the counsel"（书吏认识律师），尼罗河流域的居民就必须说"knows the scribe the counsel"。我们会用"主语+动词+宾语"（SVO）的结构来表达。但是玛雅语通常依照"动词+宾语+主语"（VOS）的顺序（"knows the counsel the scribe"）；此外，如果动词是不带宾语的不及物动词，如"the lord is seated"（君主坐下），动词仍置于主语之前。

鉴于30多种玛雅语言都有语法和词典（自征服以来的各个时期，尤卡坦语都有6种主要的词典），肯定会有人觉得，早期的玛雅文字的潜在破译者会像商博良对待科普特语/古埃及语一样，付诸一些努力来专心研究一种或多种玛雅语言。我希望是这样，但事实并非如此。这可能看起来不可思议：直到大约40年前，玛雅文字都是唯一一种被认为不需彻底掌握相关语言就可破译的文字。直到最近，仍有一些研究该问题的"专家"，隐藏在人类学系尘封的角落，对玛雅口语一无所知（对西班牙语也所知甚少）。

我们将在适当的时候看到这种无知的后果。

第二章　丛林之主

令人记忆犹新的是，尤卡坦半岛曾被称为"突入墨西哥湾的绿拇指"，那是一个低洼的石灰岩架，在相当晚近的地质时期从加勒比海水域中出现。它的北半部分非常平坦，唯一的地势起伏来自普克（Puuk）山区，这些低矮的山丘，在墨西哥尤卡坦州和坎佩切州（Campeche）之间的边界上，排列成一种倒 V 形。半岛上充满了洞穴，以及灰岩深井（玛雅语称为 *tz'onot*，即"天然井"），灰岩深井曾是玛雅北部地区几乎唯一的饮用水源（关于玛雅地区的地形及主要城市，见图 2-3）。

再往南，地势升高，高低起伏更加明显。这就是中央玛雅区（或叫南部玛雅低地），其中心位于危地马拉北部的佩滕（Petén）地区，是古典玛雅文明的地理和文化中心。佩滕以东，在伯利兹，是巍然耸立的玛雅山脉，山上的花岗岩由中央区的古代玛雅人制成磨石来碾磨玉米。与半岛北部相比，这里河流众多，首先是气势磅礴的乌苏马辛塔河（Usumacinta）及其支流如帕西翁河（Pasión），在奔向墨西哥湾的途中，流经众多玛雅城市废墟；还有伯利兹河（Belize River）和新河（New River），流入加勒比海。

若有人从佩滕向南徒步旅行，最后会遇到韦拉帕斯地区（Verapaz）异常崎岖的水溶石灰岩地貌，那里有巨大的洞穴——其中一个在查马镇附近，据说是通往玛雅下界西巴尔巴（Xibalbá）的入口。走出该地区后，他要大幅度攀升，进入危地马拉和邻近的恰帕斯州的高地：这里风景美得令人惊叹，火山峰遍布，像富士山一样呈完美的圆锥形，每座火山峰都被基切玛雅（K'iché Maya）民族的诸神奉为圣物，西班牙征服前夕，基切玛雅人曾统治这里。在这些相对凉爽的高地，有众多开阔山谷，尤其是横跨大陆分界线的山谷，如今这里容纳了危地马拉的现代首都以及一

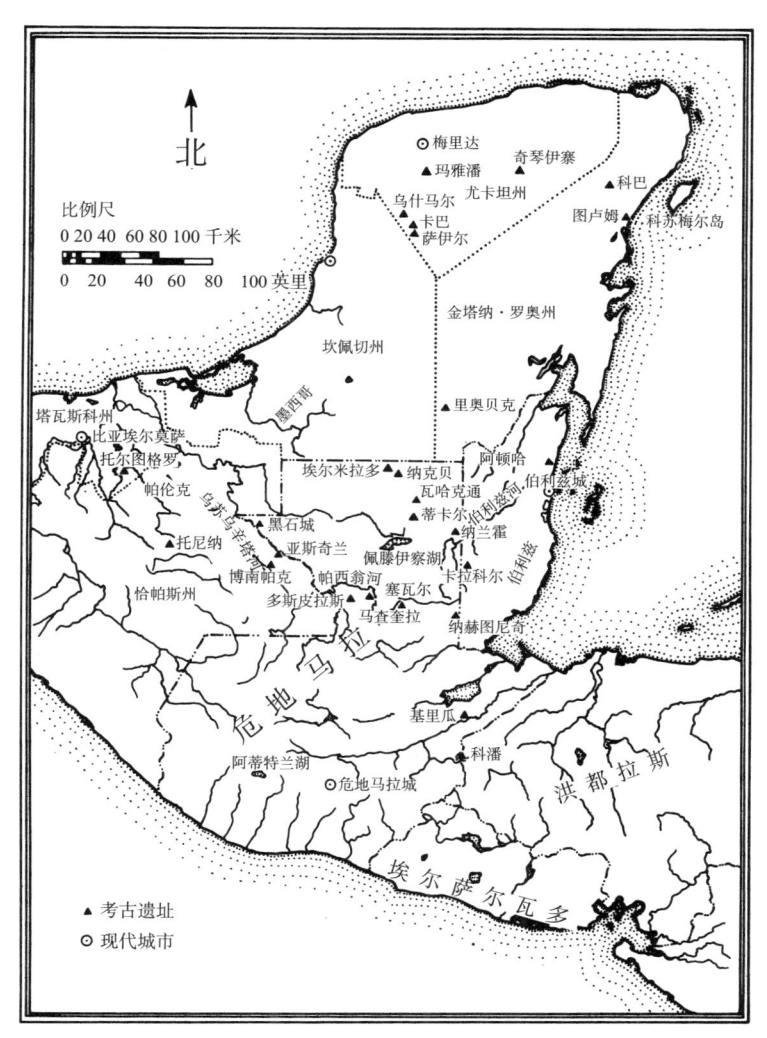

图 2-3 玛雅地区及主要据点地图

个巨大的火山口，火山口环抱着阿蒂特兰湖（Lake Atitlán）蓝宝石般的湖水，湖岸点缀着风景如画的玛雅村落。

高地的南部和西南部是太平洋沿海平原，这里气候炎热，河流蜿蜒，冲积土壤肥沃，海岸线由潟湖和红树林环绕。该地区（考古学家将其与高地归为南部玛雅区），对新兴玛雅文明进一步向北、向东北发展做出了决定性贡献，尤其在圣历的形成以及宗教、民间图像方面。

只要在尤卡坦的主要城市梅里达的机场一下飞机，你就知道自己身处热带地区了。如果你从寒冷的北方来，有时一走到外面就会感觉走进了桑拿房。玛雅地区完全位于北回归线以南，又在赤道以北，因此有两个明显的季节（当然，两个季节都不下雪）。旱季从11月底持续到5月中下旬，其间很少下雨，尤其是在半岛北半部和南部玛雅地区。然后，随着5月接近尾声，雷雨云开始每天下午积聚，暴雨顷刻而至：到处都能听到雨神恰克（Chahk）的声音。到了仲夏时节，降雨稍稍减弱，然后又开始频繁地下雨，直到11月结束。

正是在一年中那潮湿的6个月，所有玛雅人的生活和玛雅文明本身处在诸神的掌控之中，因为种植玉米的玛雅农民依赖这些雨水。玛雅人受制于夏季强大的雷雨云，正如古埃及人受制于尼罗河每年的涨落。

半个世纪前，许多地方尚未被伐木和养牛场盲目地夷为平地，茂密的雨林覆盖了玛雅低地南部大部分地区，那里年降水量非常丰沛。穿过尤卡坦平原向北，气候愈发干燥，森林冠盖变得低矮稀疏，树木通常在旱季高峰期落叶。在这片热带森林的中间——或其残余部分——是一片片广阔的稀树草原，玛雅人经常故意焚烧这些草原，以吸引像鹿这样的猎物来啃食灰烬中冒出的嫩芽。许多世纪以来，种植玉米的玛雅农民，就像世界上其他热带地区的农民一样，通过暂时毁坏森林来应对森林。玛雅农民会在旱季挑选一块林地，然后将树伐倒，如今使用的是砍刀一样的钢制工具，但在过去仅使用磨削过的石斧。4月底或5月，当昼间温度升至几乎无法忍受的最高点，他（总是男人）会把伐倒的已经晒干的树丛烧掉；火光冲天，浓烟滚滚，天空被熏得暗黄，太阳成了灰橙色的球。然后，就在雨季即将来临时，他手持挖棍和装种子的葫芦，将玉米、豆类等作物种到灰烬层下的坑里。如果运气好，仁慈的"雨神恰克"会带来雨水，种子就会发芽。

在这块土地或称米尔帕（*milpa*）上，玛雅农民可以种植两次，但不到几年时间，土壤肥力开始下降（种玉米相当耗费地力），玉米幼株的空间被杂草挤占。于是只得将这块地弃置，再去开垦一块新地。这种轮垦方式，亦称"米尔帕农业"，在发现低地农民的地方都占主导地位。100多年来，考古学家一直认为这是玛雅人所知的唯一耕作方式。若是这样，低地人口就不可能很多，因为支撑一户农家需要大量土地。

但借助于现代航空侦察和太空时代遥感技术，我们目前了解到更为集约的土地利用方式，有一种早在基督教时代开始前即已实行。[7]这种方式被称为"人工台田农业"（raised field agriculture）：开挖沟渠，将原本无用的低地沼泽的水排干，再进行耕种。在沟渠沿线和后面，清理出长方形高地，经由毛细管作用，将附近沟渠里的水引至地表，令农田长年保持湿润。在便于利用这类技术的少数地区，农作物产量肯定远高于米尔帕农业，而且由于同一地块可以无限期利用，聚落可能非常稳定。还有一种是在山坡上修筑梯田，这在伯利兹西部和南部地区有丰富的记载。所有这些都打破了固有看法：古代玛雅的人口密度也许并不低，而是很高。

那么，他们种植和食用什么呢？所有证据都指向极端重要的玉米。从花粉化石的证据来看，至少从公元前3000年起，玉米就已经在低地出现了，玛雅所有阶层均从玉米中获取大部分营养。这就是20世纪50年代我在哈佛大学学到的，但大约20年前，聪明的研究生们开始流行对"玉米是玛雅人主食"的观点嗤之以鼻，他们并无根据地指出，古代玛雅人更依赖面包树的坚果（今天仅在饥饿时万不得已才食用）和各种根茎作物。我从未赞同过这一说法，一些比较保守的同事也不赞同。我欣然得知，化学测试——对古典玛雅遗址发掘的骨骼中稳定碳同位素比率的测定——确凿地表明，居民主要食用玉米。[8]

因此也就难怪，年轻的玉米神与雨神恰克在玛雅图像中无处不在，不仅存在于现存书籍，而且出现在科潘等大城市的雕塑和葬礼陶器上。目前还没人发现面包树之神，更别说根茎作物之神了。

玛雅人的饮食含有丰富的植物：玉米做成玉米粽（tamale），也许还有玉米饼（tortilla，虽然自古典期以来就没太多证据）；豆类、笋瓜和南瓜；辣椒和西红柿；大量其他作物和野生植物。唯一被驯化的动物是狗（用作食物也用于狩猎），所以火鸡、无刺蜜蜂、鹿、豚鼠、山雀、野鸟和鱼等猎物在其菜谱中占了重要分量。

玛雅低地的自然界生灵，尽管常常表现为最具想象力甚而怪异的视觉形式，但几乎融入了玛雅宗教与民间图像的各个方面。

美洲虎，世界上最大的斑纹猫科动物，是名副其实的"丛林之王"，对人类很危险，和我们一样处于特定食物链的顶端。它的毛皮是玛雅王室的象征，玛雅诸王朝宣称与其有亲缘关系，并以此为傲；同时，由于在夜间狩猎，美洲虎还与玛雅下界西巴尔巴密切相关。

还有很多生命形式也渗透玛雅文化：其中有唧唧叫的蜘蛛猴和聒噪的吼猴，它们组成黑色队伍，在丛林冠盖层中穿行；有身着粉色、红色、蓝色和黄色羽毛的金刚鹦鹉；还有栖息于佩滕南部云雾林中的绿咬鹃，其色彩斑斓的金绿色尾羽备受珍视，被用作王室头饰和背架（backrack）。爬行动物也无处不在，其代表有栖息于迂缓水流中的鳄鱼和凯门鳄；有鬣蜥；还有巨蟒、有毒矛头蛇等蛇类。

热衷于玛雅主题的学者，很容易忘记玛雅文化是更为广泛的"中美地区"（Mesoamerican）生活模式的一部分。广义上讲，中美地区包括墨西哥和邻近的中美洲的一部分，在被西班牙征服之时，这一地区的文明程度已经很高。它包括墨西哥中部、南部和东南部的大部分地区（包括尤卡坦半岛），危地马拉，伯利兹以及洪都拉斯和萨尔瓦多的最西端部分。其境内，过去和现在都存在许多语言，当然也包括玛雅语族的各种语言；几乎各种自然环境都能在这里找到：荒漠、白雪皑皑的火山、温带谷地、热带低地、红树林沼泽等。

然而，虽语言混杂，地貌殊异，该地区的人们却共享某些文化特征。所有这些人，均为农民，种植玉米、豆类、南瓜和辣椒；均生活于村庄、城镇和城市，在复杂的大型市场进行交易；均拥有书籍，尽管只有瓦哈卡（Oaxaca）的萨波特克人、玛雅人，以及也称韦拉克鲁斯（Veracruz）的"后奥尔梅克"（epi-Olmec）人的默默无闻的地峡居民（Isthmian），拥有真正的文字。也许最重要的是，他们全都信奉多神教，虽不无差异，但包含一些共同的重要元素，如基于 260 天周期的圣历，以及相信绝对有必要通过流人血——无论是自己的还是俘虏的——来祭拜神灵和祖先。

中美地区时间跨度的一端是阿兹特克人及其强大的帝国。自被西班牙征服者摧毁并记录以来，阿兹特克文明是中美地区最有名的。他们帝国的语言（影响了玛雅语，但从未包括玛雅语）是纳瓦特尔语，这种语言是黏着语，不像玛雅语那样复杂；在中美地区，这是大多数非玛雅人的通用语，商人和官僚等都会使用。

那么，在时间跨度另一端，即历史早期，是什么？为回答这一问题，考古学家走了很长一段路。但首先，需要说明考古学家是如何将此时间框架划分为易于操作的几部分的。以下是被普遍接受的方案（部分基于放射性碳测年分析，部分基于玛雅历法）：

史前古印第安时期，公元前 20000—前 8000 年

在这个遥远的时代（更新世晚期或称冰河时代晚期），来自西伯利亚的狩猎者和采集者在新大陆和中美地区殖民。猛犸象和野马等大型猎物在大陆上游荡。

古朴期，公元前 8000—前 1800 年

在中美地区，小群土著人开始播种植物种子，而不仅仅是采集。这一文化选择，使几乎所有食用植物得以驯化，首先是玉米；古朴期接近尾声时，第一批永久性村落由此建立，并出现了与定居生活有关的工艺，如制陶和织布。

前古典（或文化成型）期，公元前 1800—250 年

一度被认为是新大陆的"新石器时代"：农庄遍布，由女性泥塑可知，这段时期盛行简朴的生育崇拜。目前所知，中美地区的文明首先在这个时间段扎根，最初是奥尔梅克人，后来是萨波特克人和玛雅人。

古典期，250—900 年

被认为是中美地区文化的黄金时代，由墨西哥高地中部的伟大城市特奥蒂瓦坎（Teotihuacan）和东南部的玛雅城市所主导。实际上，这一时期的最突出标志是，玛雅人雕刻并竖立以长计历系统纪年的纪念碑。

后古典期，900—1521 年

古典玛雅文明衰落之后，出现一个据称是军国主义的时代，以 1200 年之前托尔特克人的霸主地位为标志。随后是阿兹特克帝国，几乎覆盖了中美地区的全部非玛雅地区。当然，后古典期文化最后尽毁于西班牙人之手。

玛雅高地和低地最初被占领的确切时间尚不清楚，但在危地马拉的山谷中发现了早期狩猎者的小型营地，古代人类聚落则散布于伯利兹各地（如果知道要找什么，很可能会发现这些聚落散布于整个低地）。[9] 磨削过的石头工具不会说话，所以没办法确定这些人说玛雅语，但他们很有可能说。当然，到公元前 1000 年，当定居村庄甚或城镇的人口激增，遍布各地，某种形式的原始玛雅语肯定已经扩展到整个玛雅地区。

古典玛雅文明的起源，必须到前古典期去找。自20世纪初以来，玛雅考古学家——一群文化沙文主义者——对中美地区文化史的看法完全以玛雅为中心：是"他们"热爱的玛雅人首先驯化了玉米，是玛雅人发明了中美地区的历法，将文明之光带给其他人。假如将这种观点比作哥白尼之前的"地心说"，那么担当反传统的哥白尼和伽利略的角色的就是奥尔梅克考古学的先驱者，比如史密森学会（Smithsonian Institution）的马修·斯特林（Matthew Stirling），以及墨西哥艺术家兼考古学家米格尔·科瓦鲁维亚斯（Miguel Covarrubias）。20世纪三四十年代，他们在墨西哥韦拉克鲁斯和塔瓦斯科（Tabasco）的沿海平原发现了一个更早的文明，该文明能够雕刻和移动重达数吨的巨型石雕头像（统治者的肖像），能够用青色玉石制作华丽的雕像、面具和玉牌，甚至还能在奥尔梅克文明发展晚期书写与使用"玛雅"历法。[10]

这一古老文化的报告首次刊布后，玛雅学人不是投以冷眼，就是全然敌视。针对奥尔梅克文化更为古老这一说法，率先发起攻击的是埃里克·汤普森，他生于英国，是华盛顿卡内基研究所玛雅项目的强大"智囊"。[11]后面我们还会讲到他。

然而，令"玛雅迷"（Maya buff，马修·斯特林的说法）惊愕的是，拉本塔（La Venta）等奥尔梅克遗址的放射性碳测年结果表明，奥尔梅克人甚至比斯特林及其同事所推测的还要古老：在真正古老的中心，比如我在20世纪60年代发掘的大型遗址圣洛伦索（San Lorenzo），奥尔梅克文化，连同巨大的石碑和金字塔建筑，在公元前1200年就已达至极盛，比玛雅低地热带森林中出现的任何所谓文明都要早1000年左右。[12]一些玛雅迷仍在负隅顽抗，但大多数中美地区研究者都毫不怀疑：奥尔梅克人——以其怪异的艺术风格、重点崇拜美洲虎人[1]等复合生物的泛灵宗教、用于祭礼的建筑——是第一个将我们所知的中美地区文化组合起来的民族。

奥尔梅克人（顺便说一下，这个名字是考古学家起的，我们不知道他们管自己叫什么），并不是前古典期中期唯一的文化建设者。到公元前600年，在瓦哈卡谷地的山顶堡垒城市阿尔万山（Monte Albán）及其附近，萨波特克统治者开始竖立纪念碑，以庆祝对敌对酋邦的胜利；这些纪念碑不仅展示了经受酷刑和献祭的悲惨俘虏，还记录了死去的酋长及其酋邦的名字，以及胜利（献祭）的日期。[13]因此，在中美地区发明文字的也许是萨波特克人，而不是玛雅人或奥尔梅克人。遗憾的是，除了表示历法的文字之外，这种文字一直未获破译。

在此，我想谈谈在阿尔万山以及随后在整个中美地区东南部使用的计日系统。这种历法，以260天圣历为基础，将13个不停循环的数字与20个严格有序的命名日结合起来（图2-4）。数字用条和点来表示，1点代表"1"，1条代表"5"（因此，数字"6"就是1条加1点，"13"是2条加3点）。关于这一历法的起源，有许多猜测（有人说它与人类的9个月妊娠期相近[14]）。今天，如果去参观危地马拉高地上的玛雅村庄，那里的历法祭司仍能精确地说出当天是260日历法中的哪一天。2500多年的时间，一天都没算错过。将这种计日系统与以365天为周期的太阳年结合起来

---

[1] 美洲虎人（were-jaguars），半人半虎的生物，在奥尔梅克很多艺术作品中都有描绘。在早期的中美洲，萨满或萨满国王被等同于美洲虎。超自然的美洲虎人似乎与雨水和丰饶有关。

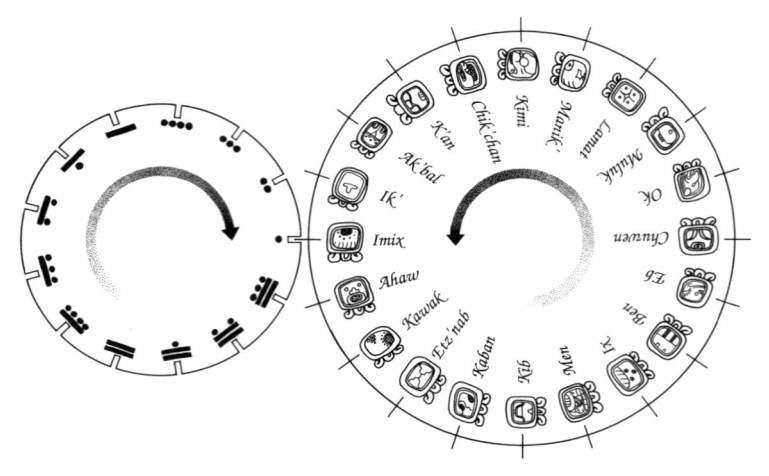

图 2-4 玛雅以 260 天为周期的历法，13 个数字与 20 个命名日互相啮合

同步循环，就能得到 52 年的历轮（Calendar Round），相当于我们历法中的一个世纪。

不知什么原因，历轮从讲萨波特克语的高地，向下传播到墨西哥湾沿岸的晚期奥尔梅克人，以及玛雅王国西部和西南部边缘的民族那里。[15] 在这个宽广的弧线中，公元前最后 1 个世纪，即前古典期末期，发生了一件更不寻常的事情：最有玛雅风格的"长计历"（Long Count calendar），出现在对玛雅语非常陌生（甚至根本不知）的民族中。历轮中的日期，只固定在永无止境的 52 年周期内，因此每 52 年循环一次，而长计历则不同，它是按日计数的，从公元前 3114 年开始，到 2012 年结束（也许是砰的一声）。

公元前 5 世纪后，奥尔梅克文明已经衰落到无法辨认。之后，在恰帕斯和危地马拉的太平洋沿岸平原，以及危地马拉城以西地区，出现了大量酋邦。这些酋邦全都竖起扁平的石刻纪念碑（考古学家称为石柱，即 stelae），并在石柱前设置圆形或兽形"祭坛"，以纪念统治者和神灵。这些石柱表现出的复杂的叙事艺术风格，被称为"伊萨潘"（Izapan），是以恰帕斯和危地马拉边境附近大型的伊萨帕（Izapa）遗址命名的。重要的是，一些石柱上刻有某种文字（基本不可读），还有一些最终兼用历轮日期和长计历来铭记重大事件。

最后一点，以目前仍然粗略的考古资料来看，佩滕和尤卡坦森林的低地玛雅人采用了极不平等的生活方式，因此在公元前后，该地区的城镇甚或城市皆由王朝统治。与身处高地和太平洋沿海平原的同时代人相比，早期的玛雅建筑师有取之不尽的石灰石和石灰砂浆可利用，因此，石头建筑很常见：宏伟的石头神庙金字塔傲然耸立，支撑着塔顶的石灰石神庙，神庙内部是依据叠涩拱（corbel arch）原理建造的狭小房间，而平民住的是土坯房，房顶覆以易朽烂的茅草。

这些前古典期晚期的位于低地的建筑项目，其全部范围将永远无法获知，因为在所有的玛雅遗址，早期建筑通常都被古典期的高大建筑所覆盖。考古学家有幸找到几处几无古典居所的遗址，还找到了位于佩滕最北端、几乎完全属于前古典期晚期的大型城市埃尔米拉多（El Mirador），更是幸运之至了。[16]古老新大陆的这座巨型城市，拥有高出丛林地面 70 多米的神庙金字塔，规模庞大的建筑群由堤道连接。所有这些建筑都涂有白色灰泥，并常绘上深红色颜料；在这里，就像其他前古典期晚期的遗址一样，玛雅诸神巨大的灰泥面具（尤其是邪恶的大鸟神，即后来的基切玛雅人所称的 Wuqub' Kaqix——"七金刚鹦鹉"）位于通往金字塔顶的阶梯两侧。[17]

　　10 年前的一个惊人发现，彻底改变了我们对玛雅前古典期的认知。这就是位于佩滕东北部的圣巴托洛（San Bartolo）遗址，那里的一座与金字塔相邻的小型建筑，展示了优雅的彩绘壁画，画面描绘了玉米神的复活、涉及宇宙四个方位的祭仪以及其他主题。在各种超自然之物中，穿插着许多小篇幅的象形字；这些文字也许可以追溯到公元前 100 年左右，还有一些更为古老，可能是公元前 4 世纪所绘，这是迄今已知最古老的玛雅文字。

　　实际上，我们对玛雅低地的前古典期晚期了解得越多，它就显得越"古典"。那么，"古典期"始自何时？非常随意地，我们将刻有当时长计历日期的第一块玛雅纪念碑定为其开端。这是一块残破的石灰岩石柱，由宾夕法尼亚大学在佩滕的中心蒂卡尔发掘时发现。石柱一面是装扮华丽的玛雅统治者，浑身缀满玉饰，另一面是一个长计历日期，对应着 292 年的一天。[18]22 年后，一个出处不详的玛雅王朝出现在莱顿牌（Leyden Plate）上，这是一块后古典期晚期的玉牌，发现于加勒比海岸附近的土丘。目前已知，该玉牌记录了统治者的登基，还描绘了他正践踏一个形容凄惨的俘虏——这是一个非常典型的主题，在好战的古典期玛雅人留下的遗迹中经常能看到。

　　现在看来，即使把古典期的开端日期四舍五入到 250 年，构成古典期玛雅文明的诸多要素在那时也已出现：由石灰岩砌成的精英阶层统治的城市、庆祝统治者功业的石刻纪念碑、神庙底下的豪华王陵、历法中的一些最基本要素（特别是 52 年周期的历轮）、广泛的奢侈品贸易，以及（从我们的角度看）最重要的文字。

　　让我们提前（正确地）假设，大部分古典期玛雅铭文现在都可以阅读；解读的历程，将是后面几章的主题。恐怕这又是一次前后倒置，但能使我们知悉数十年来在玛雅低地进行的密集而广泛的考古研究所取得的成果。

古典期玛雅文明繁盛了大约 6 个世纪，在旧大陆，这段时间大概从大肆迫害基督徒的罗马皇帝戴克里先（Diocletian）统治开始，到击败维京人的艾尔弗雷德大帝（King Alfred of Wessex）结束。先知穆罕默德在世时，玛雅文明正从古典期初期向晚期过渡；当他从麦加逃到麦地那，由此标志着伊斯兰时代开始时，帕伦克伟大的玛雅统治者，帕卡尔或称"盾牌"（Shield），已经在位 8 年了。

与旧大陆的帝国不同，古典期玛雅文明从未出现过帝国体制，也从未有哪座城市拥有凌驾于其他城市之上的总体霸权。相反，低地被拆组成一系列小城邦。在 8 世纪，即古典时代的高峰期，至少有 25 个这样的城邦。从任何一国的首都到国境线，走路很少超过一天。有些城市比其他城市规模大，而且肯定对玛雅文化的发展有更大影响：这里面当然少不了玛雅中心地带的巨型城市蒂卡尔、东部的科潘、西部的帕伦克，以及佩滕北部的卡拉克穆尔（Calakmul）；可能还包括非常晚近的城市，如尤卡坦半岛北部的乌什马尔（Uxmal）和奇琴伊察。

准确的人口普查是现代西方世界和奥斯曼帝国发明的；我们当然没有古典期玛雅的人口普查数据。正是由于这个原因，对他们城市人口的一切估算，我们必须保持适度怀疑。古典期的玛雅人把茅草屋建在低矮的土堆和石头上，非常便于考古学家测绘和计算；然后，再确定这样的房屋可能有多少人居住，以及有多少人在同一时间住在某个城市。因此，对蒂卡尔居住人口数的"猜

第二章　丛林之主　79

测"差异很大，从 11 000 到 100 000 人不等。鉴于目前在玛雅地区某些地方的梯田和台地所看到的农业集约化证据，后者可能最接近事实。[19]

古典期首都之卓异，不仅在于其庞大的规模，还在于其似乎唯一有权拥有公开展示的纪念碑铭文，如雕刻石柱、所谓的"祭坛"（实际上可能是王座）和楣梁。这些通常与城市中的特定建筑有关，石柱往往在神庙金字塔前排成一排，如乌苏马辛塔河畔的彼德拉斯内格拉斯（黑石城）。这些铭文和配文描述的浮雕图像，颂扬的是世袭统治者及其家族祖先，就像法老时代的埃及一样。这些均非原始民主政体或新生酋邦：艺术家、书吏和建筑师由王室和贵族赞助，其唯一目标是颂扬神灵和统治者。

古典期玛雅存在一套完整的城市、城镇和村庄等级制，这反映出一个高度分层的社会。等级最高的是像蒂卡尔、卡拉克穆尔、纳兰霍（Naranjo）、塞瓦尔、帕伦克、亚斯奇兰、科潘、乌什马尔和科巴这样的"巨无霸"。稍低的是像多斯皮拉斯（Dos Pilas）、瓦哈克通（Uaxactún）、卡拉科尔（Caracol）和基里瓜这样规模较小的中心，据纪念碑记载，它们仍在不同程度上保持着独立的政治生活——尽管瓦哈克通在战争中被南方邻邦蒂卡尔击败。但较小的中心有时也会战胜较大的中心：小小的多斯皮拉斯一度击败了塞瓦尔，卡拉科尔则击溃了纳兰霍，甚至摧垮了蒂卡尔。[20]

在低地城邦，杀祭与流血是常态，而非例外，这与上一代考古学家的卫道士说法大相径庭。[21] 许多遗址的石柱和楣梁记录了伟大国王及其盟友的胜利。古典期玛雅浮雕最爱表现的主题之一是将重要俘虏剥皮、捆绑和践踏，对于这些俘虏来说，作为祭祀品被砍头（可能在长时间酷刑折磨后）是必然结果。1946 年，一对美国冒险家在乌苏马辛塔河流域发现了博南帕克遗址，其8世纪末的壁画令人称奇。画面展示了一场进行中的玛雅战役：武士在丛林中挥舞长矛，得胜的国王披挂美洲虎皮战衣，俘获身份高贵的俘虏。[22] 从西班牙人记载的典型的玛雅战争可知，现场一定非常嘈杂：长长的木制军号响彻四方，常伴有哨声和喊叫声。在博南帕克遗址的其他房间，不幸的俘虏在国王的指令下惨遭酷刑折磨，王储登场亮相，最后，国王和贵族佩戴巨大的绿咬鹃羽毛头饰和披肩，在胜利的祭祀中跳舞旋转。

在古典城市中，蒂卡尔可能最为有名，也是被研究得最全面的。[23] 这个巨大的中心，远在基督教时代开始之前就已建立。与同时代更富创意的城市相比，它总是很保守甚至古板，更像费城或波士顿，而不像纽约或芝加哥。住宅单元（以一个小广场为中心的三四个房屋）散布在大约60平方千米（23平方英里）的区域内；城市中找不到一处街巷、大道等类似网格的模式。离蒂卡尔的"仪式中心"越近，住宅就会越宏伟，其中一些肯定是贵族和王室家臣的宫殿。

蒂卡尔的6座神庙金字塔巍然高耸，如今远远高出挺拔的森林树冠而直指天空。每座金字塔由一系列台基构成，正面是一条陡峭的阶梯。顶部是一座石头神庙，庙顶是一个冠状顶脊（roof comb），这一高耸的建筑是非功能性的，旨在突出神庙的天堂属性。神庙内部空间实际上很狭小，只有叠涩拱形成的缺口，但外面门口有精美的人心果木（sapodilla-wood）楣梁，上面雕刻有登基或站立的玛雅统治者。

我在许多书中读到，玛雅金字塔与埃及金字塔完全不同，因为它们不是用作王室陵墓。这纯粹是无稽之谈，且被一而再再而

第二章 丛林之主

三地证明，而大多数证据来自秘密盗墓者：多年来，他们一直在为前哥伦布时期的艺术市场提供精美的古典期陶瓶和玉器。考古学家总是慢半拍！无论如何，早在20世纪60年代初宾夕法尼亚大学发掘蒂卡尔时，在蒂卡尔大广场上耸立的1号神庙内的地平面，发现了最恢宏的王室墓葬，由此可以证明：这座神庙，可能还有玛雅低地大多数类似神庙，都是为安放王朝领导人的遗体而建造的。奇阿普斯（Cheops）[1]在这里会感到宾至如归。[24]

尽管许多专家认为，被称为"宫殿"的大型建筑群是名副其实的，但有些专家却不那么肯定。蒂卡尔的中央卫城有许多这样的多房间、联排式建筑，对其功能的猜测也是多种多样，有说是王室居所，有说是世族神庙，也有说是神学院。[25]或许兼而有之吧。

南部低地的玛雅城市很少缺少球场。橡胶——卡斯提橡胶（*castilloa elastica*）树的凝固汁液——是中美地区的一项发明，是新大陆送给旧大陆的众多礼物之一，主要用于制造橡胶球。征服者看到橡胶球在阿兹特克人的球场上弹跳时，感到非常惊讶。实际上，科尔特斯（Cortés）对此印象颇深，为此还把一队球手带到西班牙展示给卡洛斯五世（Charles V）。整个中美地区都有这种比赛，在石头球场举行，主要的比赛场地限制在两面平行的墙之间，墙下方的"底座"向后倾斜。比赛对身体哪些部位可以运球有严格规定：臀部受到青睐，但禁止用手掌。[26]

对古典期玛雅球赛了解得越多，就越觉得它邪恶。在蒂卡尔，正如在玛雅王国其他地方，重要的俘虏被迫与统治者及其团队进

---

〔1〕 即胡尼胡夫，埃及第四王朝的第二位法老，修建了胡夫金字塔。

行一场毫无胜算的游戏，接受输掉比赛后，被作为人牲来祭祀的命运。

由于远离河川溪流，蒂卡尔和佩滕北部其他城市一样，长期存在缺水问题，统治者被迫建造了巨大的水库；城市中心区域有10个水库，帮人们度过漫长的旱季。经验丰富的探险家会告诉你，在丛林中完全有可能渴死。

由于现在可以阅读蒂卡尔的大部分公共铭文，我们可以对成千上万玛雅观众目睹过的主要仪式活动有一些了解。但是，即便穷尽想象，我们也永远无法复原古代庆典的全部内容：木制喇叭、海螺壳喇叭、鼓、响铃齐奏，大合唱，熏香袅袅，参与者身着多彩华服，戴着面具，随处可见的绿咬鹃羽毛闪着蓝绿色和金色光芒。王室生活出现重大过渡之时，如国王的人生大事——他的出生、作为王储亮相、登基、婚姻和死亡（我说"他"，是因为除了少数明显的例外，所有已知的玛雅统治者都是男性），会焚香并举行庆祝仪式。每次胜利都会举行一场复杂仪式，随后是迟早进行的精心设计、旷日持久的祭祀，通常是将战败者砍头。

大部分仪式都遵循历法和占星术。天文学家和书吏，至少在为其中一些事件设定日期方面发挥了重要作用。长计历中某些周期完结时，需要举行重大庆祝活动，统治者与众妻妾要流自己的血来祭祀，重要的周年纪念日或吉祥年日典，如新主践位，也是如此庆祝。在蒂卡尔，主要的神庙金字塔建筑群由宽阔的堤道连接，可以想象在这些堤道上，盛装华服的王室、贵族、廷臣和乐人结队巡游，向着纪念往昔统治者的神圣陵墓进发。

死亡和祖先崇拜，深深植根于管理蒂卡尔诸城邦的玛雅精英阶层的文化中。死去的统治者，被极为隆重地安葬于特制的步辇

第二章 丛林之主 83

（litter）中，还会建一座大金字塔，将灵堂设于其中。[27] 与他为伴的是各类祭品：盛放在陶器中的食物和饮料，陶器上绘有或刻有极可怕的冥界场景；玉石和海贝珠宝；美洲虎、鳄鱼等珍贵动物。鉴于后面的章节会说明原因，我们预先得出结论：玛雅人相信他们的已故贵族确实是不朽的，可以复活为神灵，受到王室后裔的永远崇拜。精英统治者之死就是王室精华之再生。

我将蒂卡尔视为古典期玛雅城市的典型，但每座城市都有自己的独特之处，就像古希腊的斯巴达与雅典不同一样。重要的是要记住，所有这些文明皆是用实属石器时代水平的技术创造的。在中美地区，没有哪个地方发现有金属工具，直到 900 年前不久，炼铜和冶金技术才从南美洲西北部传入，而那时古典时代业已结束。我们拥有的、引以为豪的技术，对玛雅地区来说，除造成破坏之外，别无用途。在未借助任何现代科学奇迹的情况下，玛雅人在丛林中创造了一个复杂、智慧的文明。

在 8 世纪达到巅峰的玛雅文明，一定也蕴含了使自身衰落的种子。尽管关于古典期玛雅**为何**崩溃有众多说法，但无可争辩的事实却不多。[28] 早在 8 世纪最后 10 年，一些城市就不再竖立刻有长计历日期的纪念碑，而且很可能已被遗弃，至少部分城市如此。然后到了 9 世纪，这样的颓败成倍增加，一个个政权接连崩溃，犹如现代商业公司在股市崩盘后破产倒闭。在 790 年左右绘制的博南帕克壁画中，受到仪式庆贺的年幼王储确实登上了王位，但这座城市的政治生活很快就消失了。与此同时，帕伦克、亚斯奇兰和黑石城作为伟大中心的时代终结了，东南部的基里瓜也是如此。

记录不言自明。以下是最后几个已知的王朝纪念碑所载的一些日期：

纳兰霍	820 年
科潘	822 年
卡拉科尔	859 年
蒂卡尔	869 年
瓦哈克通	889 年

文明之崩溃，可能的原因不止一个，而是有很多。当然，玛雅的人口密度已经超过环境的"承载能力"：有大量证据表明，玛雅地区水土流失和环境退化严重，使得自相残杀的战争大大增加，并助长了近乎普遍存在的对上层纪念碑革命般的破坏。有证据不容置疑地表明，大约在同一时期，玛雅低地发生了一系列严重干旱。

我们都知道，蛮族入侵罗马城造成了伟大罗马帝国的崩溃。毫不奇怪，玛雅地区也有类似证据。889 年，在帕西翁河畔的巨大城市塞瓦尔，有四块石柱竖立于一座绝少玛雅风格的四面神庙周围。[29]

其中三块石柱展示了几位孔武有力的领导人，面容似出于外族，留着小胡子，这一特征在古典期玛雅精英中很罕见。与此同时，塞瓦尔盛行一种橙色陶器，众所周知，这种陶器产自乌苏马辛塔河下游墨西哥湾海岸炎热、低湿的平原。统治这片地域的是讲琼塔尔语的蒲吞玛雅人，在后古典期，他们是中美地区伟大的航海商人，混合了玛雅人和墨西卡人的文化。[30]

蒲吞人在塞瓦尔的存在——其实是他们对南部低地的入侵——也许是玛雅王国崩溃的结果，而非原因，因为他们接管了古典期城邦的旧政权放弃的贸易路线。在玛雅王国崩溃前后,半岛北部城市的繁荣可能与蒲吞人有很大关系。在尤卡坦的乌什马尔、卡巴(Kabah)和奇琴伊察等中心,宏伟的"普克风格"(Puuk-style)[1]建筑,以及公共纪念碑上的铭文,一直存续至10世纪。

尽管如此,900年后,南部低地城市在任何意义上都停止了运作。虽有一些城市一直被擅入的农民窃据,但这片广阔的地区大部分再次湮没于森林中。而文化上的劫难,与物质上的劫难一样深重。当统治这些中心的玛雅精英阶层消失殆尽,与他们有关的知识与传统也随之消亡。这些知识和传统一直由书吏掌握,他们身为王室后裔,很可能与他们的赞助人一道被屠杀了。是的,我(就像我之前的埃里克·汤普森一样)认为革命席卷了整个地区,尽管我得承认,除了残损的纪念碑之外,很难找到这方面的有力证据。"革命不需要科学家",1794年,将现代化学创始人拉瓦锡(Lavoisier)送上断头台的法庭曾这样说。我可以想象,同样不被需要的书吏和天文学家惨遭屠杀,成千上万部书籍被毁。我们知道他们**有过**书籍,因为书籍经常出现在古典期艺术中,玛雅墓葬中也发现了书籍的痕迹,但古典期书籍没有一本熬过那两场劫难——古典期玛雅的崩溃与西班牙人的征服——而流传至今。玛雅崩溃与西班牙人到来之间的这段时期,研究起来很让人沮丧:一方面,关于这几个世纪,我们可以接触丰富的史料,这些资料出自征服后的西班牙作者和本土作者;但另一方面,这些资料往往非常含糊,难以理解。至少对玛雅低地来说,最易混淆

---

[1] 这种建筑风格起源于尤卡坦北部的普克山脉,乌什马尔城是这一建筑风格的典型代表。

之处在于标记大事的日期不再使用逐日计算的长计历，而是用一种删截而重复的版本，称为"短计历"（Short Count）。这就好比1000年后的历史学家只知道美国革命开始于76年，却不知道说的到底是**哪一**世纪的76年。这样的时间框架中的数据，会浪费学者们诸多精力，事实也的确如此。

尽管所有已知的4部玛雅古抄本均来自后古典期，但我不打算为此花太多时间，因为在这段时期，玛雅铭文是极其罕见的。后古典期的玛雅世界，委实非常不同。

后古典期的初始章节，要从尤卡坦中北部的奇琴伊察说起。这座城市建于古典期晚期，其名字意为"伊察人的井口"，如此称谓是缘于其著名的祭祀井，这是一处巨大的、圆形的天然井或石灰岩天坑，在征服前夕，许多俘虏在这里被投下水。关于具体年份，甚至文化流动的方向，玛雅学者仍然争论不休，而我的看法比较保守，我认为，10世纪后半叶的一场外国入侵，将墨西哥中部高地的强大影响带到了这里。当时，奇琴伊察成为整个半岛的首都，相当一部分本地玛雅人口集中于"城堡"金字塔（Castillo）的视野内。这座宏伟的四面金字塔，是后古典期奇琴伊察的主宰。

这些入侵者是谁，他们来自何处？根据阿兹特克历史学家的说法，在强悍的阿兹特克人之前，墨西哥中部有一个具有丰富文化的伟大民族，他们被称为托尔特克人，依托首都托兰（Tollan，意为"芦苇地"，西班牙人称为"Tula"，即图拉）进行统治。在墨西哥和美国实施的一系列考古探险，让托尔特克人的这座城市重见天日并得以发掘。[31] 图拉城位于墨西哥城西北约70千米（42英里）处，并不十分引人注目；位于中心的是一座金字塔，塔顶是一个神庙，神庙由面目冷峻的托尔特克武士石像支撑，其艺术

第二章 丛林之主　87

与建筑风格也可以在奇琴伊察找到。在遥远的尤卡坦，可以找到源自图拉城的托尔特克特征，比如被考古学家称为"查克穆尔"（chacmool）[1]的半卧像，以及潜行的美洲虎和吃心的鹰的浮雕。

现有的阿兹特克资料表明，图拉由一位自称奎兹尔科亚特尔（Quetzalcoatl）也就是"羽蛇"（Feathered Serpent）的君主统治，而玛雅资料显示，一位名叫库库尔坎（K'uk'ulkan）——也表示"羽蛇"——的武士国王从水面来到这里。一些持修正主义的玛雅学者，想把图拉看作由奇琴伊察衍生出来的，而不是相反，但我觉得这很难令人信服。没人可以否认，与有些简陋的图拉相比，托尔特克人占据的奇琴伊察拥有武士神庙、大球场（中美地区最大）和"城堡"金字塔，非常宏伟壮丽；但请记住，蒙古人治下的北京，要比成吉思汗的大队人马开拔走出的毡房宏伟得多；而穆罕默德二世（Fatih Mehmet）统治的奥斯曼城镇，在奢华程度上也远远比不上他于1453年征服的君士坦丁堡。

真正棘手的是伊察人的问题。他们出现在尤卡坦的历代记——半历史半预言性质的《契兰巴兰书》（*Books of Chilam Balam*）——中，被视为可疑的、有点淫邪的外国人，像一队游吟歌手一样在整个半岛游荡。我们有理由认为，他们也是蒲吞玛雅人，并具有可观的墨西卡文化。有人认为他们在13世纪初到了奇琴，而且至少给这座古老的城市起了个很可能不太恰当的名字；无论如何，有相当多的记录表明，在13世纪后期，伊察人在梅里达东南的灌木丛中建立了玛雅潘，这是一个有围墙的城市，他们从这里统治了

---

[1] 即半坐半躺、腹部持有一容器的石雕像。容器可能是用来盛放心脏等供品的。

北部低地大部分地区近两个世纪。[32]

玛雅潘本身是一个建得很粗劣的小首都，以一座低矮的四面金字塔为中心，该金字塔是模仿奇琴伊察的"城堡"金字塔而建的。据历史记载，它由科科姆（Kokom）家族统治；为保证贡品源源不断，这些军阀将尤卡坦其他地区的主要家族扣为人质，关押在玛雅潘的城墙内。这就是所谓的"玛雅潘联盟"，它曾引起历史学家、《西方的没落》(*The Decline of the West*)的作者奥斯瓦尔德·斯宾格勒（Oswald Spengler）的注意。但科科姆人最终还是被推翻了，玛雅潘重又变成蜱虫肆虐的灌木丛。

当第一批西班牙探险家于1517年到达尤卡坦海岸时，半岛被划分为16个"城邦"，每个城邦都在努力建立自己的边界，不惜牺牲邻国利益，因此经常处于相互战争的状态。不久前，西尔韦纳斯·莫利等旧时代的考古学家认为，这反映出古典时代的"旧帝国"在社会政治方面的退化。但我们现在知道，其实这种模式在玛雅人的漫长历史中非常典型。就此而言，从未有过"旧帝国"，也不存在什么"新帝国"。先后由奇琴伊察和玛雅潘获得的总体霸权，纯属反常的例外。

在征服时期，每个这样的"城邦"皆由一位叫作 *halach winik* 即"真人"（true man）的统治者领导，这一职位由男性世袭。他居住在首都，并通过被称为巴塔博（*batabo'ob*，单数为 *batab*）的贵族首领来统治各省城镇。巴塔博来自贵族父系，与"真人"有亲缘关系。"真人"是战争统帅，麾下有一群精锐勇士，称为霍卡诺（*holkan*），他们足以让入侵的西班牙人畏惧。祭司阶层具有巨大影响力，因为这些玛雅人的生活大多受宗教和历法所支配；尤为重要的是首席祭司阿赫·金（*Aj K'in*，"太阳神"）。祭司的职责包括监管书籍和日历、安排节日和新年庆典、施行洗礼,并主持祭祀活动(兽祭和人祭)。

西班牙人留下的资料,包括为我们提供了征服前夕玛雅生活最全面描述的兰达主教的记录,将尤卡坦描述为一片繁荣的土地。人们被分为贵族、土地自由人(从事农业、狩猎、养蜂种种工作)和奴隶。奴隶群体在经济上似乎没什么重要性,古希腊罗马时代或美国南北战争前的种植园实行的奴隶制,在西班牙征服前的中美地区是从不存在的。

在这一章,我很少谈及恰帕斯和危地马拉的玛雅高地,因为它们在我们的故事中几乎不曾扮演什么角色,只有在前古典期后期,高地玛雅王朝才有史以来唯一一次制作了石刻纪念碑。5世纪,该地区落入强大的特奥蒂瓦坎城的掌控中,这座壮观的帝国大都市位于墨西哥城东北部,似乎在近一个半世纪的时间里控制了玛雅大部分地区。在后古典期某个时候,蒲吞玛雅人中的冒险家——随着研究的深入,他们在低地的劫掠行径越来越为人所知——侵入高地,推翻了本地卡克奇奎尔人(Kakchiquel)和基切玛雅人的统治家族,建立起自己的王朝。在马姆人(Mam)与波科曼人(Pokomam)中间也发现了类似王国。[33]

在这些邦国中,基切最为强大,直到被极凶残的征服者佩德罗·德·阿尔瓦拉多(Pedro de Alvarado)摧毁。基切人的不朽荣耀也许是他们设法将卓越的玛雅史诗《波波尔乌》(*Popol Vuh*)即《议事之书》(*Book of Counsel*)保存到了殖民时代(当时是用西班牙语字母写下来的)。不论从哪个方面看,这部史诗都是已知的新大陆原住民文学的最高成就。[34]我们后面会看到,这本书后来证明是解开古典期玛雅文化中一些最深奥难解之秘密的钥匙。

第三章

丛林文明再发现

玛雅诸城市在热带森林的冠盖下埋藏了近千年,其得以重见天日,要拜波旁王朝(Bourbon)的敏锐与愚蠢所赐。卡洛斯三世(Charles III),从1759年开始统治西班牙及其海外领地直到1788年去世,向来被称为"开明专制君主"和波旁王朝最杰出的国王。端赖他的英明睿智以及行政改革有方,作为殖民大国的西班牙江河日下之颓势至少暂时得以扭转,尽管他在国际舞台上成就寥寥。

除狩猎外,他还酷爱求知和科学。自征服以来,西班牙王室首次表示出对新大陆属地之民族与自然环境的科学兴趣。如今,卡洛斯三世最为人所知的是他剥夺宗教裁判所的权力,并将耶稣会士从西班牙领土驱逐;但可以肯定,他是依照18世纪启蒙运动最为推崇的方式来推广知识的。不幸的是,紧随其后的统治者却极为顽固保守,那句评价波旁贵族的说法完全可以套用在他们头上,"他们什么都没忘记,什么都没学会"[1]。其政策造成的后

---

[1] 据说这句话是法国外交家塔列朗(Talleyrand)评价拿破仑被废除后复辟的波旁王朝的。

果是，在1810年左右开始、1821年达到顶峰的各种独立运动中，西班牙几乎失去了拉丁美洲的全部殖民地。

西班牙失去对墨西哥和秘鲁等国的控制后，当时一直被拒斥在外的外国人终于有机会开展科学考察了，来自德国通才亚历山大·冯·洪堡（Alexander von Humboldt）等人的最新信息开始大量涌现，在欧洲和年轻的美国发表。波旁王朝之所失，成了整个世界之所得。

且把话题转回卡洛斯三世的领地以及中美洲在18世纪末的情况。1824年被割让给墨西哥之前，恰帕斯州是危地马拉的一部分，自佩德罗·德·阿尔瓦拉多残酷地征服危地马拉以来，危地马拉一直是西班牙的一个省。有传言说，恰帕斯州的帕伦克村附近有一处大型城市遗迹，这一传言传到了危地马拉皇家法院主席约瑟夫·埃斯塔赫里亚（Josef Estachería）耳中。1784年，他下令由当地一名官员一探究竟并向他报告。[1] 由于对报告不满意，埃斯塔赫里亚于次年派遣危地马拉城的一名皇家建筑师进行调查。此人真是胆大，回来时竟带着一份不专业的报告，以及一些展示其所见的非常拙劣的绘图。

最后，气急败坏的埃斯塔赫里亚挑选了一名聪明的西班牙龙骑兵上尉——安东尼奥·德·里奥（Antonio del Río）和一位卓有能力的画师——里卡多·阿尔门达雷斯（Ricardo Almendáriz），命他们前往帕伦克。直到1787年5月3日，他们才到达遗迹处。这些遗迹掩映于恰帕斯州的马德雷山脉（Sierra Madre）的山脚下，位于墨西哥湾海岸平原之上，被高大的莽莽丛林所覆盖。德·里奥召集了一大批当地的乔尔玛雅人，令他们用斧头和砍刀清理灌木，活儿快要干完时，他说"……封堵的窗户、砌块的门址……

无一不被挖掘",对后人来说幸运的是,这一说法并不完全属实。

遵奉胡安·包蒂斯塔·穆尼奥斯(Juan Bautista Muñoz,卡洛斯三世的御用史官)传达给埃斯塔赫里亚的命令,德·里奥收集了一批文物,其中有一件华丽的浮雕人像,手持一株睡莲,我们现在知道,这是帕伦克宫殿里一个王座的腿。不出意外,这些文物被装上轮船,从危地马拉运到离西班牙皇宫不远的马德里皇家自然历史收藏馆(*Gabinete Real de la Historia Natural*)。

1787 年 6 月,德·里奥将他的帕伦克报告以及阿尔门达雷斯的绘图一并呈给埃斯塔赫里亚,后者又转送到马德里。绘图被复制了好几份,有几套存放于合适的档案馆,但是,就像很多提交给官僚的报告一样,这件事显然就到此结束了。[2]

然后故事跳转到 1822 年乔治四世(George IV)的英国,雪莱去世于那一年;11 月 2 日,伦敦出现了一册名为《古城遗址报告》(*Description of the Ruins of an Ancient City*)的书。[3] 这不是别的,正是德·里奥报告的英译本,并附有一篇冗长啰嗦、完全业余的文章,文章作者是合该被遗忘的保罗·费利克斯·卡布雷拉(Paul Felix Cabrera)。顶重要的是书中的 17 幅插图,它们源自阿尔门达雷斯的一套绘图。其中 9 幅插图的底边出现了雕刻者名字的首字母"JFW"(图 3-1),众所周知,此人就是才华卓越而张扬的让·弗雷德里克·瓦尔德克,后面我们还会谈论他。正如玛雅学者乔治·斯图尔特所说,这些插图成为"最早出版的、对玛雅石刻文字的描绘",[4] 在大西洋两岸产生了深远影响,德·里奥实事求是、异常精确的记录文章也起到了同样效果。

在玛雅南部低地另一边缘,是伟大的古典城市科潘,位于现在的洪都拉斯西部。在整个殖民时代,该城的遗迹可能一直为人

第三章　丛林文明再发现　93

图 3-1　帕伦克十字神庙的石板。出自德·里奥的《古城遗址报告》，阿尔门达雷斯绘制，瓦尔德克雕版

所知，因为在富饶的科潘山谷中一直都有乔尔蒂玛雅人的定居点。尽管如此，1834年，危地马拉自由党政府还是派出了生性活泼的胡安·加林多（Juan Galindo）前往科潘进行考察。[5] 加林多1802年出生于都柏林，父亲是英国演员，母亲是英裔爱尔兰人。1827年，他来到中美洲，两年后加入了中美洲联邦（Central American Confederation）创建者莫拉桑（Morazán）将军率领的自由党侵略军。

被任命为佩滕总督后，我们这位探险家利用有利时机，于1831年在帕伦克实施了探索勘察，并由此得出结论：第一，当地原住民是真正建造了帕伦克之民族的后裔；第二，玛雅文明早已优于世界上其他所有文明。他发布的关于这一问题的简短通告，完全无视了德·里奥1822年具有先驱意义的报告。

三年后,加林多去了科潘。他起草了一份报告,1836年,美国古物协会(American Antiquarian Society,位于马萨诸塞州伍斯特市,这将是20世纪末之前唯一支持玛雅研究的机构)将报告出版。加林多对科潘的描述非常精彩,但可惜缺少插图。他在书中描述了令人惊叹的石柱等纪念碑,包括现在被称为Q号祭坛(Altar Q)的四面石——今天被认为是科潘王族的肖像画廊。在某些方面,加林多走在了时代前列:他认为纪念碑上的文字表达了语言的语音,认定某些神庙存在人祭现象(这一观点相当现代),还提供了他所发掘的一座坟墓详细而准确的信息,这座坟墓曾暴露于被科潘河切开的卫城的大片区域。而且,对我们的故事非常重要的是,他提出,在建筑、雕塑甚至文字方面,帕伦克和科潘虽存在差异,但总体上具有相似性,比如都采用"里面有脸孔、手臂和其他相同字符的方形块"。

取得这些成就后,情势对加林多而言急转直下,因为中美洲的自由党政权崩溃了,遭遇惨败。他本人则于1840年被一群洪都拉斯人杀害。

要想对自称"第一位美洲学者"的让·弗雷德里克·马克西米利安·瓦尔德克"伯爵"的生活和事业予以充分演绎,需要一部小型百科全书或一部5小时的好莱坞大片。[6]与瓦尔德克相比,连可爱的孟乔森男爵[1]有时都黯然失色。历史学家威廉·普雷斯科

---

[1] 孟乔森男爵(Baron Münchhausens),德国乡绅,以擅长讲冒险故事而闻名,他讲的故事后来被作家鲁道夫·拉斯佩(R. E. Raspe)改写成冒险故事集《吹牛大王历险记》(*Münchhausens unglaubliche Abenteuer*),内容极为夸张。"孟乔森男爵"后喻指吹牛说大话的人。

第三章 丛林文明再发现

特[1]曾以他那犀利的波士顿语调,向范妮·卡尔德隆·德拉·巴尔卡[2]夫人坦言,瓦尔德克其人"酷爱吹牛且自以为是……我觉得他多半是个冒牌货"。[7]

连瓦尔德克的出生地及出生年月都成问题。他有时说自己生在巴黎,有时又说自己生在布拉格或维也纳。他显然是归化的法国公民,却一度拥有英国护照。他自称出生于1766年3月16日,假如他没说谎,那么到他去世那天,即1875年4月29日,他已有109岁(已故的霍华德·克莱恩[3]写过一篇关于瓦尔德克的文章,称他的死期"显然是他职业生涯中少数明确的事实之一"[8])。瓦尔德克曾一度将自己的长寿归功于"每年春天大量服用辣根和柠檬";这一定很有效,因为据说他在84岁高龄时爱上了一个英国姑娘,与她结婚,还生了个儿子。他还是个出色的色情画家,为16世纪彼得罗·阿雷蒂诺[4]的淫秽诗篇《爱的姿势》(*I Modi*)制作过插图。

就像传说的前辈孟乔森一样,瓦尔德克也非常喜欢以熟悉的口吻提及名人以自抬身价。他对崇拜他的人说,他曾与玛丽·安托瓦内特(Marie Antoinette)、罗伯斯庇尔(Robespierre)、乔治三世(George III)、博·布鲁梅尔(Beau Brummel)、拜伦(Byron)

---

[1] 威廉·普雷斯科特(William H. Prescott),美国历史学家,著有《墨西哥征服史》(*History of the Conquest of Mexico*)、《秘鲁征服史》(*History of the Conquest of Peru*)。
[2] 范妮·卡尔德隆·德拉·巴尔卡(Fanny Calderón de la Barca),法国旅行作家,著有《生活在墨西哥》(*Life in Mexico*)。
[3] 霍华德·克莱恩(Howard Cline),美国历史学家、中美洲历史研究学者。
[4] 彼得罗·阿雷蒂诺(Pietro Aretino),意大利诗人、散文家、剧作家,擅长写讽刺作品。

有很好的交情,并曾在巴黎师从大卫[1]学习艺术(事实上,他的新古典主义风格确实与大卫的风格相似)。根据这位伯爵(此贵族头衔无法考证)的说法,他还曾是拿破仑麾下一名士兵,在1798年远征埃及,由此激发了他对考古的兴趣。

可以肯定的是,他曾协助伦敦出版商亨利·贝托德(Henry Berthoud),为德·里奥1822年的帕伦克报告置备了一些插图。三年后,他以采矿工程师的身份前往墨西哥,但其工作却告以失败。滞留在这片异国土地上,他转而从事各种行业以维持生计,却渐渐对墨西哥被征服前的历史愈发感兴趣。

带着看似充足的资金(最终都用完了),瓦尔德克从1832年5月到1833年7月住在帕伦克的废墟中,清理现场并准备绘图。在这种环境里,伯爵过得很痛苦,因为他无法忍受炎热、潮湿和昆虫,而在帕伦克有大量昆虫。他还明显厌恶墨西哥和墨西哥人,上至总统,下至当地农民,无一例外;他对其他考古学家和探险家也没有好感。最终,他从那个古怪的爱尔兰人金斯伯勒勋爵(Viscount Kingsborough)那里获得新的资金支持,并于1834年前往尤卡坦的乌什马尔,在那里绘制了更多素描和建筑复原图,其中一些图极其异想天开。

此时,这位脾气暴躁的伯爵在墨西哥已经不受欢迎了,他觉得该去英国和巴黎,在那里度过他漫长的余生(有人说他死于中风,当时他正在路边咖啡馆转头看一位过路的美人,但这一说法也存疑)。一到巴黎,他就开始工作,把他的素描变成版画,这些

---

[1] 指的是雅克-路易·大卫(Jacques-Louis David),法国著名画家、新古典主义画派奠基人。

版画于 1838 年被印在一部豪华对开的著作中,著作名为《尤卡坦访古览胜记》(*Voyage pittoresque et archéologique dans ... Yucatán ... 1834 et 1836*)。⁹

遗憾的是,瓦尔德克出版的所有关于玛雅的作品,都像他吹嘘的故事一样不可采信。关于玛雅文明的起源,他有自己的一套理论且终生信守不渝,即玛雅文明源自迦勒底人、腓尼基人,特别是"印度人"。他还觉得,在他用新古典手法描绘帕伦克浮雕时,有必要把大象包含进去,让大象不仅融入表现对象,还进入象形文字。但乔治·斯图尔特和克洛德·博代〔1〕,在看过芝加哥纽伯里图书馆(Newberry Library)里艾尔〔2〕收藏的瓦尔德克绘画原作之后,向我保证说这些绘图的质量实属上乘。即便如此,还是不能相信他的版画成品,玛雅学者向来对其不屑一顾,这也没什么不对。

1519 年 7 月,在对墨西哥阿兹特克人的首都特诺奇蒂特兰(Tenochtitlán)发起最后攻击的两年前,埃尔南·科尔特斯率领的强悍征服者们聚集在韦拉克鲁斯海岸一个新成立的小镇,分配战利品。¹⁰ 这些战利品数量相当可观,不仅有他们从沿海玛雅人和墨西哥湾海岸的托托纳克人〔3〕那里劫掠的战利品,还有远方的阿兹特克帝国皇帝小蒙特祖玛(Motecuhzoma the Younger)送予他们做贿赂的一些珍宝。这些战利品,有五分之一——王室占五

---

〔1〕 克洛德·博代(Claude Baudez),法国考古学家、玛雅学者。
〔2〕 艾尔(Edward Ayer),美国商业大亨,曾把众多书籍和原始手稿捐献给芝加哥纽伯里图书馆。
〔3〕 托托纳克人(Totonac),比玛雅人更早进入墨西哥的印第安部族。

分之一[1]——指定要献给西班牙的卡洛斯五世，他刚刚当选为神圣罗马帝国的皇帝。

据科尔特斯的私人秘书弗朗西斯科·洛佩斯·德·戈马拉（Francisco López de Gómara）说，上交王室的五分之一包括一些书籍，像布一样折叠着，书里有"一些图像，墨西卡人用作字母"；他还说，这些书籍在士兵眼中没什么价值，"因为他们不懂，所以不重视"。[11]

献给王室的五分之一安全抵达西班牙，随行的还有一小批男女土著，他们曾在托托纳克人的首府森波阿兰（Cempoallan）做俘虏和血腥人牲，后被解救了出来。这些奇异的人群和物品，先是来到塞维利亚（Seville），然后来到巴利亚多利德（Valladolid）的王宫，最后到了布鲁塞尔（其中的金属制品在这里受到前金匠阿尔布雷希特·丢勒[2]极大赞赏），引起广泛关注，就像今天有外星人登陆地球一般。教皇驻西班牙宫廷大使乔瓦尼·鲁福·达·福尔利（Giovanni Ruffo da Forlì），给他祖国意大利的一位朋友写信，信中这样描述这些书籍：

> 我忘了说，那些描画的手稿，宽度不及一个手掌，折叠起来连缀成书，（可以）合上，展开，装饰有图像以及类似阿拉伯文或古埃及文字的符号……这些印第安人（托托纳克部落的俘虏）也说不出它们是什么。[12]

对这些抵达巴利亚多利德的异域之物，更具观察力的目击者

---

[1] 王室占五分之一（Royal Fifth）：西班牙殖民美洲时期，在新大陆夺来的战利品、矿产和宝藏及奴隶，要上交五分之一给西班牙国王。
[2] 阿尔布雷希特·丢勒（Albrecht Dürer），德国画家、版画家、建筑师。

第三章　丛林文明再发现

是鲁福的好友，即意大利人文学者、来自安杰拉的彼得·马蒂尔（Peter Martyr d'Anghiera），他写的《新大陆的数十年》(The Decades of the New World)是第一部描写西班牙人新发现的土地及其居民的重要著作。彼得·马蒂尔叙述说，这些书籍用一种树的内皮制成，书页上涂有石膏或类似东西，可以折叠起来，外封面是木板。以下是他对书中内容的描述：

> 这些符号与我们的非常不同：骰子、钩、环、条棒等图形，像我们一样按行来书写；和古埃及文字的形式非常相像。每一行都有人和动物的形象，主要是国王和达官贵人，据此可以认为，书里写的是每位国王的祖先的事迹。[13]

据彼得·马蒂尔说，书里还写了"法律、祭祀、庆典、仪式、天文学注释、某些计算、耕作的方式与时机"。

现在可以毫无疑问地说，这些书是玛雅人留下的，因为中美地区的其他民族都没有这样的书写系统，也不可能记录这样的东西——光是其中的数学计算就可以明确说明，我们是在和玛雅人打交道。此外，墨西哥的非玛雅书写者通常在鹿皮制作的折叠书上书写，而不是玛雅人所喜爱的树皮纸。

关于出现在巴利亚多利德的这些古抄本，我试着对其来龙去脉做了再现：1519年2月，科尔特斯离开古巴，穿越暴风雨频繁的尤卡坦海峡，在近海的科苏梅尔岛（island of Cozumel）登陆，那里的玛雅人闻讯后，惊惧地逃进丛林。西班牙人洗劫原住民遗弃的房屋时，发现了"数不清"的书籍，其中有些书一定作为"上交王室的五分之一"而被送往西班牙。而与战利品一同到达巴利亚多利德的乘客中，有一人是科尔特斯的亲密盟友，他就是弗朗西斯科·德·蒙特霍（Francisco de Montejo），未来的尤卡坦征服者。他从一个叫赫罗尼莫·德·阿吉拉尔（Gerónimo de Aguilar）的人的汇报中，对玛雅人的生活已经有了很多了解。这个阿吉拉尔曾因海难而被尤卡坦一位玛雅领主俘虏，8年后才得以逃脱，因此肯定对玛雅文字了如指掌。最后，我们知道，蒙特霍在巴利亚多利德时，一向好奇的彼得·马蒂尔仔细地向他问了各种各样的事情。

这些珍贵的玛雅书籍遭遇了什么？不管怎样，其中一本可能最后到了德累斯顿。1739年，德累斯顿萨克森宫廷王室图书馆馆长约翰·克里斯蒂安·格策（Johann Christian Goetze）从维也纳一名私人收藏家手中购得一本奇怪的书。[14]1744年，此书由他编入目录，但无人注意，直到1796年，一部奇怪又非常迷人的五卷本著作在莱比锡出版。此书名为《先进民族之品位的介绍与历史》（*Darstellung und Geschichte des Geschmacks der verzüglichsten Volker*），著者为约瑟夫·弗里德里希·冯·拉克尼茨男爵（Joseph Friedrich, Baron von Racknitz）。[15]这位男爵在德累斯顿任职，在舞台上是个多面手，萨克森选帝侯不论想举行什么戏剧表演或其他公共活动，都交由他操办。他还为王室主顾发明了一台下棋机器。他的《介绍与历史》基本上是一部谈论室内装饰的跨文化著作，以手绘图展示了从庞贝（Pompei）到塔希提（Tahiti）的各种风格的房间。

20世纪60年代初，已故友人菲利普·霍弗[1]在哈佛大学霍

---

[1] 菲利普·霍弗（Philip Hofer），哈佛大学霍顿图书馆馆员、书籍收藏家。

顿图书馆（Houghton Library）给我看这部奇书时，我立刻被书中一幅描绘"墨西卡品位"房间的插图所吸引，因为墙壁和天花板上的装饰图案直接取自我们现在所知的《德累斯顿古抄本》，这是现存四部玛雅书籍中最伟大的一部。这些图案包括以动物头像表示的神祇、以条和点表示的数字，还有向观者致意的蛇。我只想知道，200年前是否有人敢造出这样一个房间！

性情古怪的冯·拉克尼茨为我们提供了涉及《德累斯顿古抄本》的第一份图像参考，但他的奇思妙想在学术界没有产生任何影响。探险家亚历山大·冯·洪堡的情况就不同了，他的精美图册《科迪勒拉山系风景和美洲土著民族遗迹》（*Vues des Cordillères, et Monuments des Peuples Indigènes de l'Amérique*）于1810年出版，[16]共有69幅极好的插图，其中一幅以极精确的细节，展示了出自《德累斯顿古抄本》的5页内容。这不仅是玛雅古抄本的首次出版（即使只截取了其中一小部分），而且象征着玛雅古文字文献首次准确呈现。诚然，这5页的顺序有些混乱（其中3页展示了金星运行表，但应排在48页之后的49页却被遗漏），但起码是可供学者钻研的东西了。还要再过70年，才会有人真正弄明白这整部74页的手稿。

19世纪上半叶，美洲研究界充斥着各种怪人：学界的不散阴魂尚未窒息欧美一小撮业余爱好者信马由缰的热情。这些人中就有爱德华·金·金斯伯勒勋爵。他是爱尔兰贵族，固执地认为新大陆曾居住有古代希伯来人。为证明自己的观点，他出版了大型对开本丛书《墨西哥古物》（*The Antiquities of Mexico*）。[17]这套丛书不只是"对开本"，还是"特大号对开本"——据乔治·斯图尔特说，每一卷都重达20到40磅。丛书共有9卷，最后两卷发行于1848年，但那时金斯伯勒已经离世11年了：由于长期耽于耗资不菲的丛书出版，他最终在债务人监狱里与世长辞。

为给他的前 4 册巨著绘制插图，金斯伯勒聘请了出生于克雷莫纳（Cremona）的艺术家阿戈斯蒂诺·阿格里奥（Agostino Aglio），其任务是对欧洲图书馆中已知全部的西班牙征服前的古抄本进行水彩复制。阿格里奥是个非常合适的人选：他为教堂、乡间别墅和剧院所作的装饰（比如为特鲁里街剧院作的装饰）和湿壁画，使他享有盛名，并被视为卓有才华的水彩画家。1829 年和 1830 年，前 7 卷出版，其中一卷忠实再现了完整的《德累斯顿古抄本》。

那么，为何没有聪明如商博良的人物静下心来，自那时起就着手研究玛雅文字呢？也许部分是因为《墨西哥古物》这套丛书极为罕见（今天依旧如此）。比如在 1843 年，美国探险家兼新闻记者诺曼（B.H. Norman）就声称，这套丛书在全美国仅有一套。[18] 而且要知道，兰达对玛雅历法的记述——对解读《德累斯顿古抄本》至关重要——直到 1863 年才出现。

康斯坦丁·萨姆埃尔·拉菲内克–施马尔茨是那种无论过去、现在还是将来都无法对其达成一致结论的人。[19] 连非常了解他的人，对他的长相如何——是高还是矮，是胖还是瘦，是秃头还是满头头发——都莫衷一是。他唯一一张还算准确的画像，出现在他所著的《自然分析》（*Analyse de la Nature*）的卷首插图中，该书于 1815 年在西西里岛的巴勒莫（Palermo）出版；插图中，他身材矮小，蓄着络腮胡，头发按当时的时尚梳到额头上。

拉菲内克出生于土耳其的加拉塔（Galata），与君士坦丁堡隔着金角湾（Golden Horn）。他的父亲是法国人，母亲是德国人。

第三章　丛林文明再发现

很早的时候，拉菲内克就展现出博物学家的天资，并于1802年来到美国钻研博物学。1805年，他回到欧洲，然后在西西里岛度过了10年，对地中海鱼类和软体动物的研究做出了不朽贡献。而后他又返回美国，在那里度过余生。令人唏嘘的是，他在费城去世时身无分文，负债累累，他的房东甚至想把他的尸体卖给一所医学院来抵还房租。

抱着年轻共和国似乎普遍存在的那股天真的热情，拉菲内克在所有领域都有所尝试。下面是他的自我评价：

> 在美国，各种各样的人才和职业并不罕见；但我所展现的……似乎超出了人们的想象：不可否认的是，在知识方面，我是植物学家、自然学家、地质学家、地理学家、历史学家、诗人、哲学家、语言学家、经济学家、慈善家……在职业方面，我是旅行者、商人、制造商、收藏家、改进者、教授、教师、测量员、绘图员、建筑师、工程师、Pulmist[1]（原文如此）、作家、编辑、书商、图书管理员秘书……我自己也不知道我会成为什么样的人。

一个骗子？我的一些人类学同事就是这样说的，他们拒绝接受拉菲内克《红色记录》（*Walum Olum*）[20]一书的真实性。该书讲述了特拉华族（Delaware）印第安人的创世与迁徙史，拉菲内克声称他是从该部落的原始树皮记录中抄录下来的。但如果了解他在动物学和植物学领域取得的成就，就绝对**不会**说他是骗子

---

〔1〕 可能是"palmist"之误，即"手相家"。

了——拉菲内克确定了数不胜数的生物物种，至今仍被认为有效，而且早在达尔文《物种起源》问世之前，他就提出了达尔文式的进化理论。如今，玛雅研究学者也**不说**他是骗子。

我们要感谢《国家地理》（*National Geographic*）的前考古学编辑乔治·斯图尔特，是他让我们重新发现了拉菲内克在破译玛雅文字方面取得的开创性成就。与瓦尔德克的孟乔森式迷梦相比，拉菲内克的工作值得认真考虑。首先要考虑的是，从1827年向《星期六晚邮报》（*Saturday Evening Post*）提交了一封关于该主题的信，到1832年沉迷于此，他在这几年里有什么可资利用的材料。

当时唯一半可靠的玛雅纪念碑铭文出版物，是1822年德·里奥报告中阿尔门达雷斯所绘的插图（由瓦尔德克重新制作）。如果仔细观察阿尔门达雷斯版本的帕伦克十字神庙石板，并将其与现代绘制的版本相比，就会发现它有多么糟糕。首先，场景两侧竖列中的象形字，是从更大的文本中随机挑选出来的，没有一定顺序。更糟的是，它们画得非常幼稚和草率，纵使到了今天，要猜出原作可能的模样，也需要相当多的直觉。借助这种出版物，天才也无法在破译方面取得多大进展，即便是拉菲内克的同代人商博良也无能为力。

与这种令人遗憾的情况相比，让我们看看1822年商博良写下著名的《致达西埃先生的信》时及以后，他可以借助什么材料。自1809年起，曾随拿破仑远征埃及的法国科学家团队开始出版伟大的《埃及记述》（*Description de l'Égypte*），其中含有出色、精确的插图——对年轻的破译者来说不可或缺；而在玛雅学领域，直到19世纪末都未出现过一本这等水准的文献。即使是基歇尔为罗马的方尖碑制作的版画，也比拉菲内克当时可资利用的可悲

第三章　丛林文明再发现　　105

材料要出色得多。

有了《德累斯顿古抄本》，情况要稍好一些。拉菲内克在洪堡的地图集中看到了抄本中的 5 页内容，从而产生一些想法，但他可能从未见过金斯伯勒出版的完整手稿。

作为"虚荣出版"（vanity publishing）领域的先驱，拉菲内克拥有自己的期刊《大西洋周刊与知识之友》（*Atlantic Journal and Friend of Knowledge*），上面填满了他的自创文章，主题无所不包。1832 年，期刊第一期发表了他的《致商博良先生的第一封信》（*First Letter to Mr. Champollion*），他在其中提出了对玛雅文字的看法；在第二期上面，读者可以找到他的《第二封信》（*Second Letter*）；他本打算写第三封信，但商博良去世的消息使他的愿望落空。[21] 他知道并认可埃及学在大西洋彼岸取得的诸多巨大进展，尽管这些进展在当时远未得到学界普遍接受，仅从这一事实即可看出，拉菲内克并非故步自封之人。

他在《第二封信》中谈论的内容，让现代玛雅学者非常吃惊。他首先声称，德·里奥报告中描绘的奥图卢姆（Otulum，即帕伦克）象形字是一种全新的文字，与墨西卡（非玛雅）手稿中的文字有很大不同，接着谈到这些观点：

> 除了这种不朽的字母表之外，建造奥图卢姆的这一民族还有一种属于我的第八系列的世俗体字母表；西班牙征服时，在 Guatimala[1]（原文如此）和尤卡坦发现了这种字母表。洪堡《美洲研究》（*American Researches*）中的第 45 幅插图（来

---

〔1〕 当为"Guatemala"之误，即危地马拉。

自德累斯顿图书馆），提供了这一字母表的样本。它被确定是危地马拉语而不是墨西卡语，与墨西卡人的图画手稿完全不同。这一页的世俗体字母表有字母和数字，数字用代表5的条和代表1的点来表示，因为点从未超过4个（图3-2）。这与纪念碑上的数字几乎相似。

这些文字没有纪念碑上的象形字那么漂亮；它们也是排列成行的潦草象形字，由不规则或弯曲的重笔画构成，小笔画中含有与纪念碑上几乎相同的字母。破解其中一些写在米特纸（metl paper）上的手稿也许不是没有可能：因为它们是以尚在使用的语言写成的，而且早在200年前的中美洲，这种文字就有人懂了。如能做到这一点，将是解读纪念碑铭文的最佳线索。[22]

我要向拉菲内克脱帽致敬。他用极粗糙、极不理想的工具，完成了以下工作：

（1）他看到帕伦克的铭文和《德累斯顿古抄本》使用的是同一种文字。

（2）他是意识到玛雅数字系统中条与点价值的第一人，比布拉瑟·德·布尔堡早了30多年。

（3）他提出，这种文字表示的语言仍被中美洲的玛雅人

图3-2 玛雅人的条点式计数法

第三章 丛林文明再发现 107

使用着，明白这一点后，就有可能破译《德累斯顿古抄本》这样的手稿。

（4）一旦手稿可以被阅读，纪念碑上的铭文也就可以了。

商博良作为榜样一直在他面前："在埃及，人们发现科普特语是古埃及语的一种近似方言，借助它能阅读最古老的圣书体文字。我们在恰帕斯、尤卡坦和危地马拉的古方言中，发现了奥图卢姆古语的分支。"

谁又能不同意拉菲内克的预言呢："铭文也是纪念物，而且是最有价值的纪念物，虽然我们现在还无法阅读。其中一些铭文，就像长期以来被认为无法解释的埃及铭文，终会被人破译。有朝一日，美洲的铭文会被解读出来。"[23]

"1839年10月3日，星期三，受总统委托，我前往中美洲执行特殊机密任务。我登上英国双桅船'玛丽安号'（Mary Ann），船长是汉普顿（Hampton），前往洪都拉斯湾。"[24]170多年前的这场航行就这样开始了，即将把最辉煌的玛雅文明带到世人面前。在这项伟大事业中，斯蒂芬斯与卡瑟伍德两人的名字密不可分，一如约翰逊（Johnson）与鲍斯威尔（Boswell）、吉尔伯特（Gilbert）与沙利文（Sullivan）、福尔摩斯与华生（Watson）：看到一人，不免会想到另一人。[25]

约翰·劳埃德·斯蒂芬斯与艺术家旅伴弗雷德里克·卡瑟伍德一起踏上前往伯利兹等地的海上之旅时，已经34岁了。斯蒂芬斯是一名失意的律师，是纽约民主党的忠实拥趸，而且已经是一名非常成功的旅行作家，他写的《埃及、佩特拉阿拉伯和圣地游记》(*Travels in Egypt, Arabia Petraea, and the Holy Land*) 得到了爱伦·坡的高度赞扬，并给他带来一小笔版税收入。一名纽约书商显然引他注意到最新发现的中美洲城市废墟，之后他找来德·里奥、加林多、洪堡、迪佩（Dupaix，西班牙军队中的一名法奥军官，在19世纪初对墨西哥进行了大量考古勘查）的书来读，从中汲取一切有用的东西。

英国人弗雷德里克·卡瑟伍德当时40岁，是一位受人尊敬的测绘艺术家，在地中海和中东地区有丰富的考古经验。他曾陪同罗伯特·海伊[1]的尼罗河探险队，用投影描绘器（*camera lucida*）绘制了极其逼真精确的素描与铭文。投影描绘器是一种"便携式装置，带有一面棱镜，可以将物像或景象投射在白纸上，便于艺术家观察和绘图"。[26] 他以后要用这种设备来处理玛雅纪念碑。

二人4年前在伦敦相识，并结为朋友；因此，当卡瑟伍德定居纽约从事建筑工作时，斯蒂芬斯说服他一道前往中美洲，也就不奇怪了。这次合作，催生出1841年出版的具有里程碑意义的两卷本《中美洲、恰帕斯和尤卡坦旅行纪事》(*Incidents of Travel in Central America, Chiapas, and Yucatán*)；二次探索尤卡坦后，他们于1843年出版了《尤卡坦旅行纪事》(*Incidents of Travel in Yucatán*)。[27] 每名玛雅学者，包括我在内，都会将这两本经常再版的书供在自己书架的显要位置，因为它们标志着严肃的玛雅研究的源起。重读这两本书，我从未感到厌倦——斯蒂芬斯引人入胜、朴实无华的散文总是常读常新，卡瑟伍德制作的清晰版画也常给人启发。

---

〔1〕罗伯特·海伊（Robert Hay），英国水彩画家，1824年至1834年在埃及游历。

他们的故事已经被讲过很多次，甚至儿童读物中也讲过，在此没有必要重复。值得研究的也许是他们对玛雅研究的贡献，以及斯蒂芬斯一些预言性的洞见，这些洞见部分源自他对旧大陆文明的熟悉。

抛去对危地马拉高地的探索（那里根本没有古典期铭文），他们调查、描述并绘制了南部低地的科潘、基里瓜和帕伦克，以及北部的乌什马尔、卡巴、萨伊尔（Sayil）和奇琴伊察的主要建筑和纪念碑——还有普克地区的几处遗址，这些遗址后来几乎未受到考古学关注。自西班牙征服以来，斯蒂芬斯和卡瑟伍德是第一批探访半岛东海岸图卢姆（Tulum）崖顶遗址的人士。不消说，所有这些探访都是在极艰难的条件下完成的，驱虫剂、抗生素和抗疟疾药片在那时远未问世；我们这两位旅者，显然受了很大的苦，但从没抱怨过，而且斯蒂芬斯的行文自始至终都很冷静（不像瓦尔德克和其他更暴躁的探险家的文章）。

受马丁·范布伦（Martin van Buren）总统委托，斯蒂芬斯的微妙使命是找到当时中美洲的当权者，并代表美国与之交涉。对我们来说幸运的是，执行公务并未占用他多少时间。尽管斯蒂芬斯常常将威胁降到最低，但他和卡瑟伍德还是不时处在很危险的境地，面临相当大的人身风险。

他们的探索进行得有条不紊且一丝不苟。在这里，游历埃及的经验给卡瑟伍德带来很大帮助。抵达科潘，即洪都拉斯最西端那座巨大的古典期城市后，卡瑟伍德立即开始工作："卡瑟伍德先生用投影描绘器绘出所有图画的轮廓，将画纸划分成几份，以此维持比例的绝对准确。"[28] 处理巴洛克风格的玛雅雕像与复杂铭文时体现出的这种精确性，在之前的玛雅诸城中从未运用过——稍显笨拙的阿尔门达雷斯和过度想象的瓦尔德克肯定没有用过。后来，为方便伦敦出版商约翰·默里（John Murray），这些绘图被缩小并雕刻在钢上。

1841年和1843年出版的插图，与此前出版的有关新大陆古物的任何作品相比，在质量上都有质的飞跃。只需将卡瑟伍德对帕伦克十字神庙巨大石板的绘图与德·里奥1822年报告中混乱不清的版本相比，就可看出其中差别。卡瑟伍德的纯建筑绘图也是如此：许多年前（当时我还是哈佛大学一名本科生），我到了乌什马尔，随身携带着斯蒂芬斯和卡瑟伍德的书。卡瑟伍德绘制的乌什马尔总督宫（Governor's Palace）外墙的绝好插图，被折叠在书中。站在同一座宫殿前，我直接将原物和绘图进行比较：抛开墨西哥政府的重建，它们几乎一模一样。对乌什马尔遗址，斯蒂芬斯和卡瑟伍德本可以像瓦尔德克一样夸大和歪曲事实——1843年，有哪位读者会知道其中区别呢？——但他们并未这样做。

对不久前的古埃及文字破译史以及商博良取得的辉煌成就，斯蒂芬斯和卡瑟伍德想必多有了解。斯蒂芬斯相信，像科潘这样的城市遗迹一定存有曾经的统治王朝的记录，这一非常合理的观点，源于他们对旧大陆古代文明的了解，后来几代玛雅研究学者却不以为然。下面是他对科潘的评述：

> 有一点我坚信不疑：它的历史是刻在纪念碑上的。现在还没有一个像商博良那样的人致力于破译这些文字。谁会来解读它们呢？[29]

思考科潘F号石柱背面雕刻的大量玛雅古文字时，斯蒂芬斯评论说:"……我们认为,竖起这些浮雕石板的人们,在上面公开了自己的历史记录,也许有一天我们可以通过它与一个消逝的民族交谈,揭开笼罩在这座城市上的神秘面纱。"[30]

关于玛雅遗址的年代,以及刻写遗址铭文的民族使用的语言,斯蒂芬斯的观点与几年前拉菲内克提出的非常相似。他是独立得出这些观点的吗?已故的维克托·冯·哈根(Victor von Hagen)是斯蒂芬斯的传记作者,他的引述经常不完全可信,据他说,"君士坦丁堡佬"(拉菲内克的一个敌人这样叫他)穷困而死前不久,曾写信给斯蒂芬斯,声称自己最先对玛雅文字做出了解释,随后斯蒂芬斯也承认了这一点。[31] 这是学术史上一个被遗忘的角落,也许永远不会引起多少关注。

与金斯伯勒、瓦尔德克等人不同,斯蒂芬斯确信这些废墟并**没有**几千年的历史,也**不是**远方的殖民者留下的:

> 我倾向于认为,没有足够理由认为这些遗址有多古老;与以前所有的猜测大相径庭,建造者并非早已故逝、历史未知的人群,而是西班牙人入侵时住在那片土地上的民族,或是他们不久前的祖先。[32]

结论一:废墟上的城市是由现代玛雅人的祖先建造的。

下面是斯蒂芬斯笔下又一段冷静的推理:

> 有一重要事实需注意。(帕伦克)的古文字,与在科潘、基里瓜发现的文字是相同的。介于中间的国家,现在被使用众多不同语言的土著民族所占据,而且彼此完全无法理解;

但有理由相信，整个国家曾被同一个民族占据，讲同一种语言，或至少有相同的文字。[33]

结论二：西部的帕伦克与东部的科潘、基里瓜，使用同样的书写系统。

结论三：曾有一种单一的语言和文字分布于南部低地。

那么，藏于德国德累斯顿、曾被洪堡截取用作插图的古抄本该作何解释呢？在1841年《旅行纪事》的末尾，斯蒂芬斯并列展示了科潘Q号祭坛的顶部与出自洪堡地图集的金星运行表的局部（图3-3），并呼吁人们注意这两种文字的极大相似性。

结论四：纪念碑铭文与《德累斯顿古抄本》表示的是一种单一的书写系统。

一方面受到这些发现的激励，另一方面又充分意识到还有很多工作要做，斯蒂芬斯对未来提出了三个建议。第一项任务是到当地的女修道院寻找与原住民有关的手稿，借此也许可以确定其中一座城市遗址的历史。在这方面，斯蒂芬斯践行了自己的主张。在1841年和1842年回访尤卡坦期间，这两位探险家与尤卡坦学者胡安·皮奥·佩雷斯（Juan Pío Pérez）结为挚友。佩雷斯当时是半岛中心佩托镇（Peto）的政治领袖（*jefe político*），编纂过一部尤卡坦玛雅语大词典，还孜孜不倦地抄录过本地历史文献，这些文献在尤卡坦的村镇中很丰富。

在1843年《旅行纪事》第一卷的附录中，读者可以看到皮奥·佩雷斯的文章《尤卡坦的古代纪年》（*Ancient Chronology of Yucatán*），该文章首次对玛雅历法的运作原理做了非常详细的描述，给出了当地表示月份和日子的名字（当然，没有相应符号——

第三章 丛林文明再发现

图 3-3 科潘 Q 号祭坛（顶部）与《德累斯顿古抄本》中金星页的细部之比较：斯蒂芬斯出版，1841 年

这些只有后来发现了兰达的《尤卡坦风物志》才能知道）。在第二卷中，读者可以读到原始的玛雅语，以及来自马尼镇（Maní）的重要编年史的英译本，奇琴伊察与玛雅潘等古城在这段编年史中扮演了重要角色。于是，学者们首次运用殖民时期的玛雅文献来理解征服前的历史。

在斯蒂芬斯的建议清单上，第二项就是破译玛雅古文字。但是，借助19世纪40年代初可资利用的材料，有谁能破解这种文字，即使他聪明如商博良？我对此表示怀疑。卡瑟伍德的插图，以及他在《古迹大观》（*Views of Ancient Monuments*）一书中绘制的精美版画，的确令人赞叹，但它们根本达不到《埃及记述》所设定的标准。从准确度上看，它们介于阿尔门达雷斯的素描与莫斯莱在19世纪末制作的不朽资料之间，后者堪与拿破仑的**学者们**完成的《埃及记述》相媲美。即便《旅行纪事》的插图达到了这些标准，也为数太少，而且这些插图只展示了少数几处玛雅遗址（其实只有科潘、帕伦克和奇琴伊察）。要破译如此复杂的文字，这远远不够。

斯蒂芬斯和拉菲内克都正确地意识到，这种文字与玛雅语言有关，就像商博良（以及在他之前的基歇尔）发现科普特语是古埃及语的遗存一样；但没有一个欧美学者认为值得去学习玛雅语言，只有一个人例外——非常偶然和奇怪，此人就是美国记者诺曼。1841年12月到次年4月，斯蒂芬斯和卡瑟伍德游历尤卡坦时，诺曼也在那里。斯蒂芬斯的作品引发热潮后，他也跟风出版了自己的游记《漫游尤卡坦》（*Rambles in Yucatán*）。[34] 这本书基本没什么价值，因为诺曼对历史知之甚少；在他看来，那些废墟极其古老："尤卡坦的金字塔和神庙似乎从法老时代就已饱经沧桑，其年代不能以百年计，

第三章　丛林文明再发现

而要用千年计。"书中的插图，在艺术等方面也无甚价值。

诺曼虽错漏百出，但也有一项斩获：尤卡坦玛雅语。他拥有一册非常罕见的尤卡坦语语法书，该书由方济各会神父佩德罗·贝尔特兰（Pedro Beltrán）于1746年出版，诺曼据此编写了一份英文摘要，并将其收录进他的《漫游尤卡坦》一书中。凡是感兴趣的学者，皆可借此很好地理解玛雅语代词系统的运作原理，以及动词与变位情况。诺曼显然对此很认真，因为他在附录中列了500多个玛雅词汇（明显是从当地信息员那里获取的），还有100以内数字的名称。我不清楚他有何打算，但潜在的商博良们，如果当时存在的话（其实不存在），也许能从中受益。

斯蒂芬斯对未来研究的第三个建议最耐人寻味，尽管它更多地属于幻想而非现实。他建议去寻找一座真正的"失落之城"，那里仍然居住着玛雅原住民，完整地传承着他们的文明。也许这座城就位于"那片广阔而未知的地区，无路可通，可以想象一座从科迪勒拉山系最顶端看到的神秘城市，那里生活着未被征服、未被寻访的原住民"[35]。这是一片广阔的空白地带，位于丛林莽莽的佩滕，处在英属洪都拉斯（伯利兹）和乌苏马辛塔河下游之间，斯蒂芬斯和卡瑟伍德旅行时只是绕过，未曾踏足。

佩滕伟大的"失落之城"——蒂卡尔、瓦哈克通、纳兰霍、纳库姆（Nakum）、霍尔穆尔（Holmul）、亚斯奇兰等——是在这两位先驱探险家离开现地很久以后才被发现的，当然，它们变为废墟已经1000年了。但在赖德·哈格德[1]的精彩历险故事《世界

---

[1] 赖德·哈格德（H.Rider Haggard），英国小说家、学者，因《所罗门王的宝藏》（*King Solomon's Mines*）而成名。

之心》（*Heart of the World*）[36] 一书中，我们能看到斯蒂芬斯的观点得到了延续；这本书算是我最珍视的书籍之一，并且读了很多遍，已故的基德（A.V. Kidder）曾说，正是这本书让年轻的西尔韦纳斯·莫利迷上了玛雅文明。[37]

后来，斯蒂芬斯和卡瑟伍德再未回到他们取得重大成就的现场。斯蒂芬斯在参与修建横跨巴拿马的铁路时，染上了致命的疟疾，于1852年10月在纽约市去世。在他之后，卡瑟伍德也没活多久。1854年，卡瑟伍德乘坐的"北极号"（*Arctic*）蒸汽船穿越大西洋时，与一艘船相撞，他不幸罹难。

是的，他们并未破译古代玛雅人失落的文字。但这两人将永远活在玛雅学者的心中，因为他们创立并定义了一个全新的研究领域。我们今日的建设，仍然立足于这一基础之上。

第四章

先行者：破解之始

在科学领域，至少在考古学领域，存在这样一个事实：真正伟大的发现者，有时会非常草率。教士夏尔·艾蒂安·布拉瑟·德·布尔堡当然就是一例。他将一部伟大手稿公之于世，我们对古代玛雅的了解多仰赖于此。[1]

在19世纪的欧洲，做**教士**一定很美妙，因为能两全其美：既能沉浸于神圣的氛围，又能在鲜活的肉体世界中间自由穿梭，享受世俗的一切欢愉，不管是智识还是其他方面。从教士弗朗茨·李斯特[1]及其情妇、私生子，就可窥知一二。"教士"这一头衔现已不再使用，最初它只适用于修道院的院长，但在法国，它被扩大到任何穿教会服装的人。布拉瑟就像李斯特一样，对自己这一头衔并不怎么看重。

布拉瑟于1814年出生于法国北部，很早就以雇佣小说家的身份养活自己，但在进入教会的小教团后，他开始了旅行和探险

﹝1﹞ 弗朗茨·李斯特（Franz Liszt），匈牙利钢琴家、作曲家，晚年皈依宗教，做了教士。

的生活，经常前往加拿大、美国和中美洲。他对中美地区的语言和历史产生了持久的兴趣。1855年，他非常有幸被危地马拉城友好的教会当局委派为拉比纳尔（Rabinal）的教区牧师。拉比纳尔是危地马拉高地的一个基切玛雅城镇，布拉瑟在这里开始研究基切语；在此停留的日子里，他整理翻译出了《拉比纳尔的武士》（*Rabinal Achi*），这是西方殖民之前的一部真实而独特的戏剧，由当地一名口传心记的信息员口述给他。

大约就在同一时间，他偶然发现了一部名为《波波尔乌》的奇特作品的手稿，当时该手稿保存在危地马拉首都一个藏书家朋友手中。这不是别的，正是征服前夕统治该国大部分地区的基切玛雅民族的圣书。现在普遍认为，《波波尔乌》是美洲原住民文学中最伟大的作品。布拉瑟对手中之物的重要性心知肚明，在拉比纳尔时就开始将其翻译成法语，并在1861年返回法国时，将其与基切语原文（用西班牙语字母写成）一并出版。可惜，他被德意志探险家卡尔·舍尔策（Carl Scherzer）"捷足先登"了：之前四年，舍尔策就已推出殖民时代初期的西班牙语译本。[2] 无论谁先谁后，《波波尔乌》这部以创世开始的宏伟史诗最终重现天日，其影响一直延续到我们这个时代。

卡瑟伍德遭遇海难后仅八年，我们这位教士就做出了彻底改变古代玛雅研究的发现。1862年，布拉瑟在马德里皇家历史研究院的图书馆查找与美洲有关的资料时（当时的藏书完全没有现代意义上的目录），发现了迭戈·德·兰达主教的《风物志》手稿。两年后，他出版了这本书，[3] 从此永远改变了玛雅学术界。

布拉瑟发现的并非1566年左右写于西班牙的兰达的《风物志》原作，而是多人抄录的匿名复制品，显然其可以追溯到1661

第四章　先行者：破解之始　119

年。该手稿明显是一篇更大论文的节选，可惜这篇论文从未被发现过。然而，它不仅是一座信息富矿，全面展示了尤卡坦玛雅人在被征服前夕的生活，而且是一块真正的罗塞塔石碑，可借以破译玛雅文字，尽管几代铭文学家予以否认。

兰达的长相，我们可以从他的一幅晚期画像了解。这幅画像存于尤卡坦州伊萨马尔（Izamal）的方济各教会修道院里，修道院建在巨大的金字塔式土丘群之上，这片土丘群也许可以追溯到文化成型期晚期（Late Formative period）。他一脸苦相，双眼低垂，根本无法想象他内心有过什么样的冲突和动机，使得半岛上的西班牙同胞对他如此憎恨，使得他试图拯救其灵魂的玛雅人对他又爱又怕。兰达于1524年11月12日出生在西班牙新卡斯蒂利亚省（New Castile）瓜达拉哈拉（Guadalajara）附近的锡丰特斯镇（Cifuentes）。[4]1547年，他与五名方济各教士一起去了尤卡坦，并于1549年被任命为伊萨马尔守护者的助理——奇怪的是，在被征服之前，这个小城一直崇拜玛雅的最高神伊察姆纳，即文字的发明者。

兰达声名狼藉，部分是他咎由自取。他狂热地反对当地的偶像崇拜，并在1562年开始对这一风俗执行臭名昭著也许非法的审讯，经常对受害者施加残暴的、完全不合方济各会教义的酷刑折磨。[5]我们现已知道，他当时在马尼镇实施的**信仰审判**[1]，几乎将玛雅低地所有现存书籍焚烧殆尽。他当时不是方济各会主教，无权实施这类审判，因此被他的敌人（有很多）指控为越权，并

---

〔1〕 原文是 *auto da fé*，意为"信仰行事"，指15至19世纪西班牙、葡萄牙、墨西哥的宗教裁判所当众裁决异端或背教者，最极端的形式是火刑。

于1563年被召回西班牙为自己声辩。正是在那段晦暗岁月，他写下了伟大的《风物志》，其所依据的，定然是他从尤卡坦启程后在漫漫旅途中随身携带的笔记等资料。

兰达后来被无罪开释，并于1572年回到尤卡坦，这一次是担任主教。7年后，他在他热爱的玛雅人中间去世。又过了一个半世纪，他的遗骨才被送回他的出生地锡丰特斯，但即使是这些遗骨也在20世纪30年代惨烈的西班牙内战中被毁。[6]这个内心忧愁而骚动的人似乎永远得不到安宁。

布拉瑟性情热烈，我可以想象他看到兰达所写的关于玛雅历法的内容时感到巨大兴奋，因为这是260天历法的天名和大约365天太阳年的月名，第一次与相应的象形符号一起出现。要知道，布拉瑟手中已有一套完整的金斯伯勒版《德累斯顿古抄本》。1859年，法国东方学家莱昂·德·罗尼（后来成为富有洞见的玛雅文字研究者）在巴黎的国家图书馆一个尘封的角落发现了另一部玛雅古抄本。在布拉瑟推出兰达《风物志》的同一年，罗尼出版了这部古抄本的摹本。基于兰达提供的信息，这位精力充沛的教士得以识别出《德累斯顿古抄本》和《巴黎古抄本》中的天名符和月名符，并据此找出了条点式计数系统（其实是做了无用功，因为拉菲内克已经发现了数字的运作原理）。

简言之，借助《风物志》，包括布拉瑟在内的任何破译者都能够解释用52年历轮表示的玛雅象形字符日期（图4-1、图4-2）。布拉瑟在马德里翻阅这部手稿时，一定异常兴奋。但不仅仅是这些：兰达在这部手稿中还解释了玛雅文字系统的实际运作方式，即语言如何形诸文字。我开篇说过，布拉瑟是个非常草率的学者，翻译《风物志》这一部分时，[7]他的草率表现得淋漓尽致。100年

1. 伊米什 (Imix)				11. 楚汶 (Chuwen)			
2. 伊克 (Ik')				12. 埃波 (Eb)			
3. 阿克巴尔 (Ak'bal)				13. 本 (Ben)			
4. 克安 (K'an)				14. 伊什 (Ix)			
5. 奇克查恩 (Chik'chan)				15. 门 (Men)			
6. 基米 (Kimi)				16. 克波 (Kib)			
7. 马尼克 (Manik')				17. 卡班 (Kaban)			
8. 拉玛特 (Lamat)				18. 埃兹纳波 (Etz'nab)			
9. 穆卢克 (Muluk)				19. 卡瓦克 (Kawak)			
10. 奥克 (Ok)				20. 阿豪 (Ajaw)			

图 4-1　兰达《风物志》《马德里古抄本》与铭文中 20 个玛雅日的名称和符号

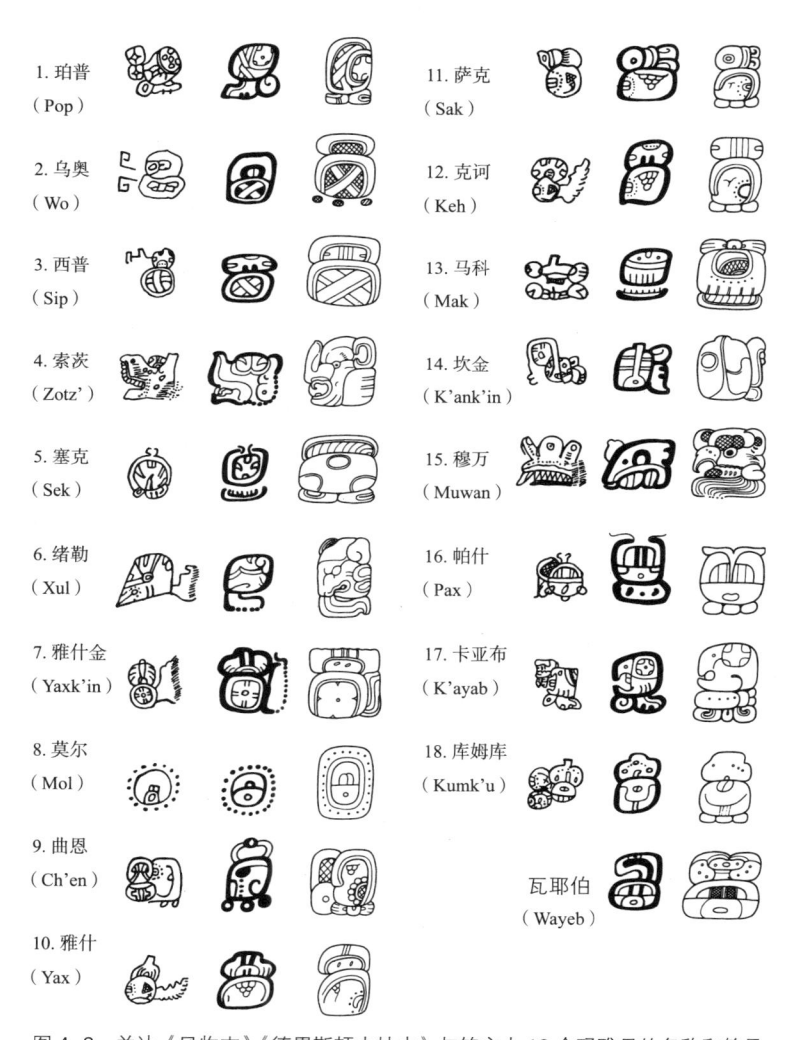

1. 珀普（Pop）	11. 萨克（Sak）
2. 乌奥（Wo）	12. 克诃（Keh）
3. 西普（Sip）	13. 马科（Mak）
4. 索茨（Zotz'）	14. 坎金（K'ank'in）
5. 塞克（Sek）	15. 穆万（Muwan）
6. 绪勒（Xul）	16. 帕什（Pax）
7. 雅什金（Yaxk'in）	17. 卡亚布（K'ayab）
8. 莫尔（Mol）	18. 库姆库（Kumk'u）
9. 曲恩（Ch'en）	瓦耶伯（Wayeb）
10. 雅什（Yax）	

图 4-2　兰达《风物志》《德累斯顿古抄本》与铭文中 18 个玛雅月的名称和符号

第四章　先行者：破解之始　　123

来，他为此受到玛雅学者的抨击，其中很多抨击是不公平的。

对于我们来说，重要的是记下这位伟大的方济各会修士实际所说的话，而不是布拉瑟想要他说的话，这是本书的要旨所在。

要释读或翻译历史研究院这份手稿中的文字，并不容易；有些地方似乎略显混乱，因为要知道，我们面对的是由大约一个世纪后的官僚书写者制作的浓缩版"读者文摘"。以下是它的内容（我保留了玛雅字母和词汇在殖民时期的正字法）:[8]

> 这些人还使用某些符号或字母，在书上记录他们的历史与科学。通过这些字母、图像和图像中的一些符号，他们理解自身事务，并和其他人相互交流学习。我们在他们中间发现了大量用这些字母写成的书，记载的全是迷信和魔鬼的谎言，于是我们把这些书全烧了，这令他们极其悲伤，痛苦万分。
>
> 关于他们的字母，我要在这里给出一个字母表，由于它们非常繁难，只能如此。他们用一个字母来辅助字母送气，然后将它与其他部件组合起来，由此无限继续下去，可参考下面的例子。le 意为"套索"和"用套索打猎"；用他们的字母来写 le，需用3个字母（我们教他们明白了这是2个字母）：将元音 e 放在 l 的前面，来辅助 l 送气，这样即使他们出于好奇，使用了（另一个）e，也不会出错。例如：
>
> e l e lé
>
> 最后，他们会把各个部件组合到一起。
>
> Ha 意为"水"；由于 h 的发音由 a 和 h 组成，他们就在 h

前面放一个 a 作为开头,在 h 后面放一个 a 作为结尾,就像这样:

他们也会分开来书写,但却是以别的方式。我仅举一例,以充分说明这一民族的此类做法。*Ma in kati* 的意思是"我不想要",他们以这种方式分开来写:

图 4-3 显示的是他们的字母表:

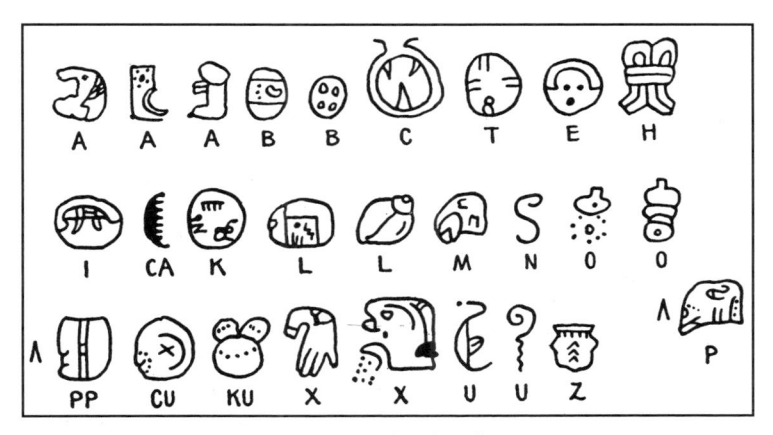

图 4-3 兰达"字母表"

未出现的字母,在他们的语言中是缺失的;于是他们就借用我们的字母来满足所需。他们已经根本不用这些字母了,尤其是学了我们字母的年轻人。

第四章 先行者:破解之始

这正是寻觅良久的破译玛雅文字的钥匙,也就是自拉菲内克、斯蒂芬斯和卡瑟伍德那时以来,玛雅学者梦寐以求的罗塞塔石碑。古代玛雅人用字母书写,像布拉瑟这样的人所要做的,就是借助这种字母表阅读现存书籍,如此就能掌握玛雅书吏从云遮雾绕的往昔对我们说话的声音。对这位杰出的教士来说,这一任务不难,因为他对玛雅语言有很深的了解。

然而,且稍等!先看看兰达的"字母表":为何有3个符号表示 a,2个符号表示 b?还有,他的一些"字母"为何用1个辅音加1个元音来表示(例如"字母表"中的 cu、ku)?兰达的这个"字母表",明显有一些奇怪之处。即使是自信乐观的拉菲内克,假如他还在世的话,也会提醒布拉瑟三思而行。与世界其他地区的文字做一比较,也许会有所帮助,因为到1864年,古埃及文字的破译已达到高级阶段,波斯人的音节楔形文字已被破解,巴比伦人和亚述人更复杂的楔形文字也获得释读。

然而,布拉瑟已决意向前,无人可挡,尤其是他还于1866年发现了另一部玛雅古抄本。他有个朋友在马德里,名叫胡安·德特罗-奥尔托拉诺(Juan de Tro y Ortolano),是科尔特斯的后裔,向布拉瑟展示了这件传家宝。三年后,他在拿破仑三世(Napoleon III)本人的支持下,在巴黎出版了这份古抄本。[9]他将其命名为《特罗亚诺本》(*Troano*),以致敬其所有者;而在1875年,马德里出现了另一份残卷,即所谓的《科尔特斯本》(*Cortesiano*)[1],不久就由莱昂·德·罗尼确定与《特罗亚诺本》出自同一部古抄本。如今,这两份手稿已在马德里的美洲博物馆合并到一起,整部折

---

〔1〕 这样命名是因为人们认为这部古抄本是由埃尔南·科尔特斯带回欧洲的。

叠屏风式手稿（一共56张，正反两面都有文字，是已知最长的玛雅手稿）被学术界称为《马德里古抄本》（*Madrid Codex*）。[10]

布拉瑟对《特罗亚诺本》摹本所做的评注，是犯了具体性误置（misplaced concreteness）之谬误的典型案例。他根本不清楚《特罗亚诺本》中文字的阅读顺序（他弄反了），就开始拿兰达的"字母表"来释读每个字符。结果非常失败：他的解读荒谬不经，明显错误，但他对批评视而不见。他的粗疏草率令人难以置信，他甚至还给兰达的"字母表"发明了一个字母，该字母在原本的"字母表"中根本无处可寻。结果就是，凡是以语音解读玛雅古文字的方法，都会遭受指责和抨击，几乎花了一个世纪才重整旗鼓。

布拉瑟在泥潭里越陷越深，这不仅表现在他错误运用兰达的数据这一方面。正如历史学家罗伯特·布伦豪斯（Robert Brunhouse）所说，"……随着一本书又一本书出版，他的想法越来越奇怪，他的解释越来越没有说服力，曾经尊敬他的严肃读者不再相信他的言论。他那丰富的想象力何以对他造成如此影响，目前尚不清楚"[11]。

似乎有很多原本理智的美洲学者，因于文明扩散论的陷阱而无法自拔，他们就是不相信新大陆的文明是原生文明。还记得令金斯伯勒破产的书中谈到的"以色列失落的部落"吗？至于布拉瑟，令他痴迷的是亚特兰蒂斯（Atlantis）的神话，据说这块大陆在古代沉入了海浪之下，经历了这场浩劫的难民，携带着文明的生活艺术到达了尤卡坦和中美洲。[12]

去世前不久，也就是1874年在尼斯的时候，这位富有魅力的教士在罗马密涅瓦广场上的一家酒店（现在是假日酒店）住了下来。我不知道他是否想起过广场上那座由迷人的小象驮负的方尖碑——密涅瓦方尖碑，以及两个世纪前耶稣会士阿塔纳修斯·基歇尔为破译其铭文而进行的极其荒谬的尝试。不过，基歇尔仅作为知识史上一个古怪而不无启发的脚注存在；而布拉瑟，仅凭其发现了几部伟大文献，就足以受到玛雅学者的敬仰。他运用语音方法和兰达的"字母表"是对的，但理由是错误的；正确的理由还要等到下个世纪才出现。

在玛雅破译的漫长历史中，一直有两条线索互相交织：一条是布拉瑟开创的失败的表音—语言之线，一条是历法—天文学之线。随着19世纪的到来，后者将取得胜利，而这主要与德意志有关（语音学解释向来是法国人和美国人的专利）。这些德意志人中，伟大的——有人会说是近乎超人般的——人物是恩斯特·弗斯特曼，他是现位于德国东部的萨克森王室图书馆的管理员。

弗斯特曼看起来肯定不像超人：他的生活平平无奇，只与落满灰尘的书架和图书馆的索引卡为伴。[13] 但弗斯特曼的头脑中上演着真正的探险，他无疑拥有解决复杂问题的天赋。我不把他比作夏洛克·福尔摩斯，而是比作夏洛克的哥哥麦克罗夫特（Mycroft）：在神秘的第欧根尼俱乐部（Diogenes Club）解开一个个谜团，身体却寸步不离他的扶手椅。

1822年，弗斯特曼出生于但泽（Danzig），是但泽文科中学一名数学教师的儿子。他师从雅各布·格林（Jakob Grimm，著名的格林兄弟之一）等学者研习语言学和语法，从事德意志地名的研究，并于1844年获得博士学位。然后他进入萨克森州韦尼格罗德市（Wernigerode）的图书馆，过上了图书管理员的平淡生活。最后在1867年，弗斯特曼被派往德累斯顿图书馆工作。图书馆藏有18世纪由他的前任格策从维也纳带回的奇怪古抄本，他受到深深吸引，并想做一些与之相关的研究，而在这之前，他在图书馆待了多久，我们只有猜测了。

埃里克·汤普森是他的崇拜者，也是其思想的拥趸（当然他从不认识弗斯特曼）。据他说，弗斯特曼开始研究《德累斯顿古抄本》时，已经58岁了，而且孜孜不倦地发表玛雅主题的文章，直到离世那年（1906年，享年84岁）。[14] 提起这个人——他在许多方面与法国浪子布拉瑟正相反——不能不想到《德累斯顿古抄本》。正是借助这一文献，汤普森指出，"他阐明了玛雅历法的整个框架"。

弗斯特曼的首个任务是利用新的彩色照相术（chromophotography），推出异常精确的《德累斯顿古抄本》摹本。[15] 我自感非常有幸在纽约的图书拍卖会上买到了这一伟大版本，因为当时仅发行了60套。鉴于原作在"二战"中遭到严重破坏（德累斯顿遭轰炸时，它被水浸过一段时间），1880年这一版对铭文学家来说就成了独一无二的记录。同年，弗斯特曼开始发表他研究该抄本的伟大成果。

借助兰达给出的日期和月份，以及儿时培养的扎实数学功底，他在1887年发现：

（1）连续逐日计算的长计历，从几千年前的历轮日期"4阿豪8库姆库"（4 Ajaw 8 Cumku）开始就不曾中断过（图4-4）。

（2）玛雅人使用二十进位（基数为20）的计数系统，而

第四章　先行者：破解之始　129

初始序列引介性字符

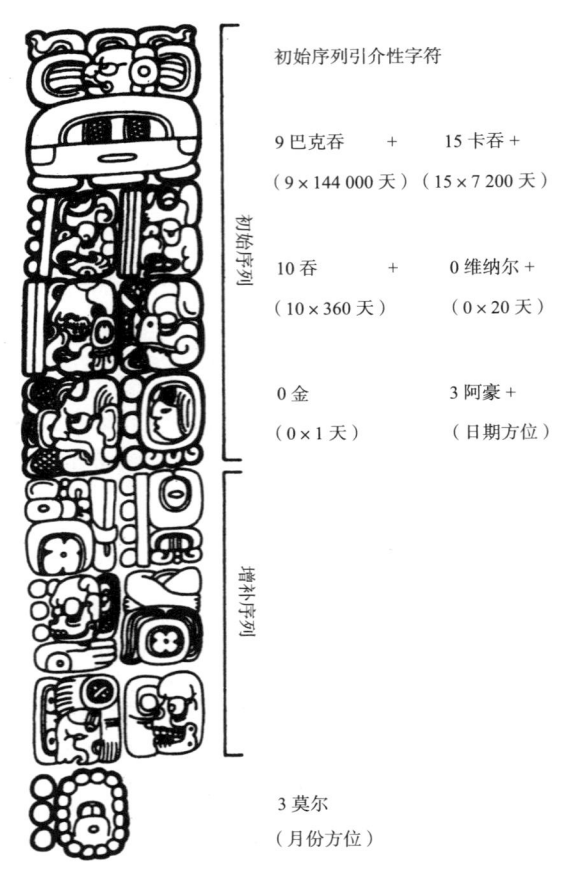

9 巴克吞　　＋　　15 卡吞 +

（9×144 000 天）（15×7 200 天）

10 吞　　　＋　　0 维纳尔 +

（10×360 天）　（0×20 天）

0 金　　　　　　3 阿豪 +

（0×1 天）　　（日期方位）

3 莫尔

（月份方位）

图 4-4　黑石城 10 号石柱上的初始序列日期：9.15.10.0.0。从长计历的初始日期向前计数，一直数到历轮日期 3 阿豪 3 莫尔（3 Ajaw 3 Mol）

不是我们使用的十进制（基数为 10）。

（3）《德累斯顿古抄本》中以 260 天为周期的历法（**卓尔金历**）如何运作。

（4）《德累斯顿古抄本》中的金星运行表——玛雅人如

何通过在地球上观测推算金星584天的运行周期。

仿佛这对于一个人还不够，1893年（那时他已经71岁），他宣布识别出了《德累斯顿古抄本》中的月亮运行表，现在我们知道这张表是在预警可能发生的日月食（玛雅人认为日月食是灾祸的预兆）。

目前为止，进展尚好。但那些湮没在沉寂的热带丛林、日渐坍圮的铭刻石碑呢？"谁会来解读它们呢？"斯蒂芬斯曾这样问。问题在于，几乎完全缺少一部大体量的资料库：以《埃及记述》那样的规模，对玛雅古典期的石刻和灰泥铭文予以详细、精确的描绘。与世界其他地区相比，玛雅研究总体滞后，实在不该。毕竟，照相术已经问世很久了：1839年，以达盖尔银版法（daguerreotypes）拍的埃及古迹照片已被带回巴黎（其实，卡瑟伍德在中美洲与斯蒂芬斯一起工作时，曾零星使用过这一技术），现代的正负摄影法也于次年由英国的福克斯·塔尔博特（Fox Talbot）发明出来。法国探险家德西雷·夏内（Désiré Charnay，图 4-5）[16]，还有极其古怪的奥古斯都·勒普隆[1]和他的妻子，[17]都在玛雅低地零星使用过摄影，但他们的成果都不可能对破译进程有多大帮助。

到1879年，情况开始好转。这一年，史密森学会的查尔斯·劳（Charles Rau）公布了帕伦克十字神庙石板的一部分，让其内容展示在精细准确的摄影板上，这样任何铭文学家都可以拿

---

[1] 奥古斯都·勒普隆（Augustus le Plongeon），英裔美籍摄影师、考古学家、早期的玛雅学者。

图 4-5 德西雷·夏内在墨西哥恰帕斯的小道上

来使用。[18] 正是凭借对查尔斯·劳发表作品的仔细研究和对古抄本的了解，美国学者赛勒斯·托马斯在 1882 年确定了玛雅文字的阅读顺序是从左到右，从上到下，双栏阅读[19]（假如布拉瑟知道这一点，他可能就不会在《特罗亚诺本》上犯下如此低级的错误）。

然后莫斯莱上场了，他是玛雅研究界为数不多的、似乎得到大家一致看法的人物之一。就像他的前辈斯蒂芬斯和卡瑟伍德，似乎只有用最好的词才能充分描述这个伟大、中庸又自谦的人。过去一个多世纪，玛雅研究舞台多被一些自大矜夸的人物占据，莫斯莱正好是一针解毒剂。

艾尔弗雷德·珀西瓦尔·莫斯莱[20]出生于1850年,在哈罗公学和剑桥大学接受了英国绅士的古典教育。他先是担任澳大利亚昆士兰总督的私人秘书,然后随阿瑟·戈登爵士(Sir Arthur Gordon)去了斐济,1878年成为英国驻萨摩亚领事,最后成为驻汤加总领事。在南洋度过这段殖民时期〔他在1930年写的回忆录《五十年前的太平洋生活》(*Life in the Pacific Fifty Years Ago*)中曾陶醉地忆起这段岁月〕之后,他被派往新大陆工作,负责监督墨西哥一座金矿和加利福尼亚的水果产业。在加利福尼亚,他遇到一名富有的美国女子,这名女子后来成了他的妻子,并陪他一起在中美洲探险。

莫斯莱读过斯蒂芬斯的书,并被玛雅遗址所吸引。1881年,他在中美洲进行了七项工作中的第一项,全部由他自己出资。莫斯莱给自己定下的任务是,尽可能完整、准确地记录已知的主要玛雅城市的建筑、艺术和铭文,尤其是基里瓜、科潘、奇琴伊察、帕伦克,以及新近发现的、位于乌苏马辛塔河畔U形弯道处的亚斯奇兰。为了做这样的记录,他使用了一台巨大的湿版相机;印版必须在现场冲洗。为了制作模型,他不得不携带所有必要的材料(石膏、纸胶等)。此外,还要克服搭建营地、供给食物遇到的困难。所有这些工作都不得不在雨天和炎热中完成,所在地区荒无人烟,仅有几条极其原始的小道。

在今天的玛雅研究领域,考古学家的激烈竞争司空见惯,与之相比,莫斯莱俨然是位圣人。关于他的无比慷慨,最有名的例子是他与法国探险家夏内在亚斯奇兰的一次不期而遇:夏内认为自己是到达该遗址的第一人,并有意将其命名为"洛里亚尔城",以致敬他的赞助人——烟草大亨皮埃尔·洛里亚尔(Pierre

Lorillard)。以下是夏内对这次会面的描述：[21]

> 我们握了手，他知道了我的名字，也对我说了他的名字：艾尔弗雷德·莫斯莱，来自伦敦的绅士；当我的神情泄露了我内心的苦恼，他说："没事，你不用这么沮丧。我先于你来到这里纯属偶然，就像假如你先到也纯属偶然一样。我这里你不需担心，因为我只是个业余爱好者，来这儿旅行只是为了玩罢了，而你的情况就不同了。我没打算发表什么东西。来吧，我给你准备好了一个地方；而这些废墟，我把它们交给你。你可以给这个小城命名，宣布拥有发现权，随你所愿。我不会以任何方式干涉你，你甚至可以不提我的名字，如果你乐意。"我被他的友善深深打动了，满心欢喜地与他分享探索这座城的荣耀。我们如两兄弟般一起生活和工作，分别时已是彼此最好的朋友。

做这样的记录也许很艰苦，但要把他的伟大研究成果——包括石膏模型在内的所有东西——安全带回伦敦，一定是个更艰巨的任务。无论如何，他们还是到了伦敦。莫斯莱雇用了一名艺术家，即安妮·亨特（Annie Hunter）女士，根据他提供的石膏模型和照片，为每块纪念碑和铭文绘制了精确的版画，因为他已找到朋友，即生物学家弗雷德里克·杜凯恩·戈德曼（Frederick Du Cane Godman）和奥斯波特·萨尔文（Osbert Salvin）做他的出版商。1889年，莫斯莱的不朽之作《考古学》（*Archaeology*）第一部分出版，之后，作为附录，《考古学》被收入多卷本的《中美洲生物》（*Biologia Centrali-Americana*）；最终写竣时，《考古学》

共包含一卷文字与四卷插图。[22]

莫斯莱出版的作品对玛雅研究的重要性，怎么夸大都不为过。有史以来第一次，玛雅铭文学家终于有了完整古典文献的大规模、极精确的插图，而不仅仅是阿尔门达雷斯的业余草图，或更糟的瓦尔德克的荒谬之作。到了1902年，既已有了这些插图，又有全部古抄本的优质摹本，那么为何没有一个商博良式的人物来**真正破译玛雅密码**呢？事后看来，这似乎很奇怪，但确有一些阻滞因素，因为当时的玛雅研究者都未受过语言学训练，也不具备使商博良实现伟大突破的清晰视野。

我已经谈到莫斯莱无比慷慨的胸怀，这一点也体现在他对美国编辑约瑟夫·古德曼（Joseph T. Goodman）的态度上。莫斯莱在1892年就注意到了古德曼对玛雅文字的研究成果，并提出将其作为"附录之附录"发表在他的巨著的结尾。[23] 莫斯莱从未直接尝试过破译，这很奇怪，但古德曼尝试了，其在铭文方面的发现让莫斯莱印象深刻。

古德曼生于1838年，是一名记者，很早就开始了职业生涯。23岁之前，他就已经是《地方企业报》（*Territorial Enterprise*）的所有者和编辑。该报位于当时内华达地区的弗吉尼亚城，1859年曾在这里发现了叫作康斯托克矿脉（Comstock Lode）的巨大矿区。弗吉尼亚城当时是一个无与伦比的西部荒野小城：1870年已有酒馆100家，人口达3万！研究美国文学的学生，一定对古德曼有所耳闻，他曾在1861年给一个名叫塞缪尔·克莱门斯（Samuel Clemens）的年轻人提供了第一份写作工作，让他担任《地方企业报》的记者。实际上，克莱门斯第一次署名"马克·吐温"（Mark Twain），就是在给古德曼的报纸写的一份幽默稿件上面。

第四章　先行者：破解之始

古德曼因投资康斯托克矿区而致富，搬到了加利福尼亚州，在那里创办了《旧金山人》(San Franciscan，马克·吐温是该报第一期的撰稿人之一)。而后，他在加州弗雷斯诺（Fresno）买下了一个大型葡萄园，并在19世纪80年代开始了他的玛雅研究。

1897年，他在莫斯莱的《中美洲生物》中自命不凡地公布了自己的成果，从那时起，玛雅学者就对他感到不满。据古德曼说，他从1883年起就一直在研究这些纪念碑铭文，但莫斯莱对这些铭文的研究成果直到1889年才问世，在那之前，古德曼在加利福尼亚不可能掌握多少这类资料来认真研究。吐温的上司"乔"·古德曼声称，他独自解开了长计历和初始日期"4阿豪8库姆库"的秘密，与弗斯特曼全不相干，但埃里克·汤普森提出了足够的内部证据来反驳他：毫无疑问，古德曼非常了解弗斯特曼已经发表的关于《德累斯顿古抄本》的文章。

把古德曼贬低为边远地区喜好吹嘘的"卡拉维拉斯县的跳蛙"[1]，是很容易的；但他的确做出了一些真正持久性的贡献。首先，他与莫斯莱一起发表的历法表，仍被学者用于计算玛雅日期。其次，他发现了"头型变体"（head variant，图4-6），它们可以替代长计历中的条点式数字，这值得赞赏；但最重要的是一篇题为"玛雅日期"（Maya dates）的文章。该文章在1905年发表于《美国人类学家》(American Anthropologist) 杂志，[24] 提出了玛雅长计历与现行公历之间的对应关系，并有兰达《风物志》等殖民地资料以及古抄本中的确凿证据做支持。这是一项了不起的成

---

[1]《卡拉维拉斯县驰名的跳蛙》(The Celebrated Jumping Frog of Calaveras County)，是马克·吐温的成名作。

0, mi　　　5, ho　　　10, lahun　　　15, holahun

1, hun　　　6, wac　　　11, buluk　　　16, waklahun

2, ka　　　7, uuk　　　12, lahka'　　　17, uuklahun

3, ox　　　8, waxak　　　13, oxlahun　　　18, waxaklahun

4, kan　　　9, bolon　　　14, kanlahun　　　19, bolonlahun

图 4-6　玛雅数字的头型变体，及其在尤卡坦语中的发音

第四章　先行者：破解之始　　137

就，与其说对于破译工作，不如说对于整个玛雅文化史，因为直到当时，古典期玛雅纪念碑上的玛雅长计历一直都是"浮动的"：比如，学界并不真正知道科潘的历史究竟涵括哪些世纪，或标志古典期结束的最后一个长计历日期处于何时。像许多伟大发现一样［如孟德尔（Mendel）的遗传定律］，古德曼的发现长年遭到遗忘和蔑视，直到尤卡坦学者胡安·马丁内斯·埃尔南德斯（Juan Martínez Hernández）在1926年重新提出，并进一步证明了其正确性；后来，埃里克·汤普森将其修正了3天。[25] 尽管在这一问题上耗费了大量笔墨，但如今要驳倒这三位学者的观点（统称为GMT历法对应关系）已近乎不可能；例如，当我们说科潘国王雅什·帕萨（Yax Pasaj）死于儒略历的820年2月10日，事实证明果然如此。古德曼的理论长青。

在1906年的口述自传中，马克·吐温曾用极具个人风格的轻松话语，这样描述曾经的雇主古德曼：

> 一年前他来过这，我和他见了面。他住在加利福尼亚阿拉梅达（Alameda）的花园。在来东部之前，他已经花了12年的时间，从事自商博良时代以来最没前途、最困难、最棘手的研究，因为他承诺要揭示他们在中美洲森林发现的那些雕塑的含义。他确实做到了，还出版了一本卓越的著作，这是他12年的研究成果。在这本书中，他给出了这些象形字的含义，而他作为这一复杂研究领域的成功学者，受到了伦敦、柏林等地相关领域科学家的认可。但他的知名度并没有多少提高——认识他的还是那些人。[26]

但拥有最后发言权的是古德曼。1910年4月吐温去世时,古德曼对这位杰出作家的第一位传记作者艾伯特·比奇洛·佩因（Albert Bigelow Paine）说:"我深感悲痛,但又很高兴马克能有这么好的一个结局。天知道我有多担心有人在他还活着时就把他送进廉价博物馆。"[27]

19世纪和20世纪之交,是记录者的伟大时代,在这一点上,莫斯莱肯定排在第一位:对玛雅铭文的研究一定是从他开始的。不久之后就是性情古怪的特奥伯特·马勒,他是生于德意志的奥地利人。[28] 与莫斯莱一样,马勒也是出色的摄影师,他使用的是大尺寸的湿版相机,而不是后来几代玛雅学者使用的非常差劲的35毫米替代品。他用相机详尽细致地记录了遗址的石柱,以及早期探险家想都没想过的各式楣梁。到19世纪90年代,美国人已经开始起劲地嚼口香糖,而口香糖的基本配料糖胶树胶（chicle）,必须由经验丰富的采胶工（chiclero）从玛雅南部低地森林中提取。**采胶工**总的来说是一群没远见但很勇敢的坏家伙（我曾认识一些）,他们在佩滕开辟出数百条小道,发现了几十个以前未知的玛雅城市。这是一个尚未被斯蒂芬斯、卡瑟伍德、瓦尔德克甚至莫斯莱探索过的世界,马勒是探查这里的先行者。查尔斯·皮克林·鲍迪奇（Charles Pickering Bowditch）是一位非常正派的波士顿人,是哈佛大学皮博迪博物馆（Peabody Museum）中美洲研究项目的财政资助人,他雇用了易怒、难相处的马勒来勘探诸如亚斯奇兰、黑石城、塞瓦尔、蒂卡尔和纳兰霍等遗址。从1901年开始一直到1911年（恼怒的鲍迪奇切断马勒的资助金之后的一段时间）为止,马勒给纪念碑拍摄的伟大照片出现在一卷又一卷的皮博迪博物馆的《考察实纪》（*Memoirs*）中。[29] 虽然与莫斯莱的《中美洲生物》不同,这些照片没有附上插图,但这也许是好事,因为马勒是个拙劣的绘图员,对玛雅文字应该什么样子几乎毫无概念:我甚至怀疑他不知道什么是长计历日期。但他一系列杰出的摄影正好成为莫斯莱作品的补充;两者构成了一个名副其实的语料库,并与已出版的古抄本一起,奠定了我们时代真正的破译工作所依赖的基础。

按词典释义,皮洛士式胜利(Pyrrhic victory)是指付出极大代价取得的胜利。这正是 19 世纪末和 20 世纪初两大对立阵营较量的结果。一方是法国和美国学者,他们非常看重兰达的"字母表",认为玛雅文字其实主要是表音的。持反对意见的另一方,对兰达的"字母表"不以为然,他们采纳的基本上是基歇尔式的观点,即玛雅文字是"图画文字"或"形意文字"。反对的这一方主要是德意志人,他们赢得了一时胜利,但代价是破译工作被耽误了半个世纪。

论战的第一枪,当然是由不屈不挠的布拉瑟打响的。我们之前讨论过,他曾尝试借助兰达的"字母表"来释读《特罗亚诺本》,但最终失败。布拉瑟落入的,正是 60 年前瑞典外交官阿克布拉德尝试解读罗塞塔石碑上的世俗体文字时落入的陷阱:由于阿克布拉德从世俗体文字中破译的几个词是用字母书写的,他就认为整个系统完全是字母文字。[30] 阿克布拉德虽头脑聪慧,却无进展,因为那种文字是语素拼音文字。

布拉瑟的同胞罗尼,对玛雅文字中涉及的这些问题有更确定的把握。莱昂·路易·吕西安·普吕内尔·德·罗尼是一位杰出的东方学家,著有一系列论述汉语、日语、韩语、泰语和越南语的著作,以及从总体上研究语言与文字系统的作品。[31] 他在 1870 年发表的研究报告,是自拉菲内克以来第一次将中美洲的奇特文字（他称为 *calculiforme*，即"卵石形"，确也不失为一种不错的描述）置于一个更大的框架中。此人不同寻常，也许是19世纪准备最充分、最有希望的玛雅破译者，他也像布拉瑟一样，是个伟大的发现者——他在1859年发现了《巴黎古抄本》，并在1883年确认《科尔特斯本》是《马德里古抄本》的一部分。但真正确立罗尼名声的，是他于1876年发表的《论中美洲僧侣体文字的破译》（*Essai sur le Déchiffrement de l'Écriture Hiératique de l'Amérique Centrale*）。在这篇文章中，他正确识别出表示世界方位的几个象形字（图4-7），并且第一次从兰达和古抄本给出的天

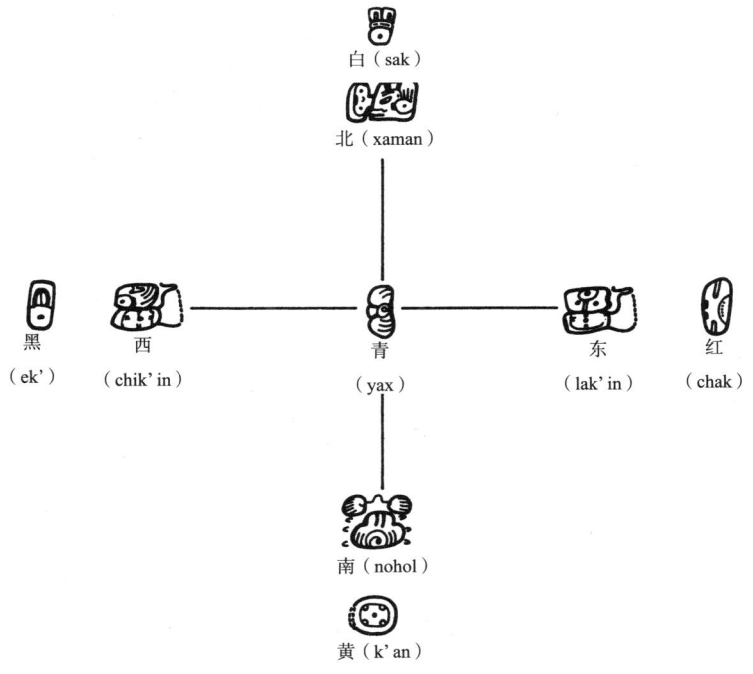

白（sak）

北（xaman）

黑（ek'）　西（chik'in）　青（yax）　东（lak'in）　红（chak）

南（nohol）

黄（k'an）

图4-7　德·罗尼发现的表示世界方位的字符，以及后来由爱德华·泽勒发现的相关颜色

第四章　先行者：破解之始　　141

名符和月名符中发现了语音元素。

罗尼和他的西班牙译者、支持者胡安·拉达－德尔加多（Juan Rada y Delgado）深信，教士布拉瑟及其信徒之所以如此惨败，是因为他们没有真正读懂和理解兰达所说的东西：玛雅人使用的，**不仅**有兰达"字母表"给出的"某些字符和字母"，还有"图像"和"图像中的一些符号"。换言之，玛雅文字是表音符号和语素符号的混合体。可悲的是，这两人展现出的清晰视野，很快就被即将开始之论战的硝烟遮蔽得模糊不清了。

继布拉瑟之后，与语音方法关系最密切的人物是美国人类学家先驱赛勒斯·托马斯。[32]1825 年，托马斯出生于田纳西州东部，父母皆为移民。他接受了当时的边疆教育，如果可以这么说的话。他早期在伊利诺伊州从事法律工作，并短暂地担任过路德教会的神职，但令他心生向往的还是科学研究。托马斯后来成为一名昆虫学家和农学家［他写过一些可爱的文章，如《远离黏虫》(*Further from the Army Worm*)、《蜘蛛有毒吗？》(*Spiders-Are They Poisonous?*)］，但他漫长生命（他于 1910 年去世）的最后 28 年，是在大名鼎鼎的美国民族学管理局度过的。托马斯为人固执而善辩，一生为科学真理而战，且成就斐然：他最持久的胜利是摧毁了种族主义的观点，该观点认为美国东部的史前土垒是由非印第安民族建造的。

托马斯从 1881 年开始发表关于玛雅文字的文章，这与弗斯特曼着手研究《德累斯顿古抄本》几乎同时。很明显，托马斯从一开始就有着与德国学派非常不同的观点。1882 年，他发表了自己对《马德里古抄本》"特罗亚诺分卷"的研究报告，首次确定了占其中 4 页的新年仪式。[33]在西方殖民前不久的尤卡坦地区，每年年底都会举行这些仪式，兰达对此有过详细描述。头脑敏锐的托马斯发现，仪式与他在特罗亚诺分卷所见内容有关：这是首次将民族史记录用于破译工作。同时，由于受过严谨的科学训练，他一劳永逸地确定了玛雅文字真正的阅读顺序。

到19世纪80年代末，托马斯已经确信玛雅文字大部分是表音的，或至少如他1893年在《美国人类学家》上发表的一篇文章中指出的，[34]"处于从纯粹表意到表音的过渡阶段"。1588年到过尤卡坦的方济各会代理教长弗雷·阿隆索·庞塞（Fray Alonso Ponce）有段话让托马斯印象深刻，他这样描述玛雅人的折叠屏风式书籍以及其中的文字：

> 与新西班牙的其他居民相比，尤卡坦的原住民有三点特别值得称赞：首先，在西班牙人到来之前，他们使用字符和字母，写出他们的历史、仪式、向偶像献祭的顺序以及历法。这些书用某种树的树皮做成，制成长条状，宽度为四分之一或三分之一码，双层折叠，类似于四开本的装订书，有的稍大，有的稍小。这些字母和字符，只有偶像祭司（在他们的语言中被称为"阿赫·金"）和当地一些头面人物能够理解。**后来，我们有些修士学会了理解和阅读它们，甚至还会书写**（我强调的）。[35]

托马斯不相信传教士会费尽心思去学习一种仅仅由象征符号组成的文字。

他的美国同行，杰出的语言学家兼民族学家，来自费城的丹尼尔·加里森·布林顿（Daniel Garrison Brinton）对语言及源流

第四章 先行者：破解之始 143

颇有研究。他认为，玛雅文字是"ikonomatic"[1]；他用这个难解的词来表示玛雅文字主要基于画谜同音假借原理，这一原理对已知的所有文字都非常重要。[36] 非玛雅的墨西哥人，如阿兹特克人，也用这种方法来书写地名。布林顿从阿兹特克人的贡品清单中援引了一个例子，即如何用符号表示一个叫作马帕奇特佩克（*Mapachtepec*，"在浣熊山上"）的地名。书写者没有画一只浣熊，而是画了一只手抓着一簇西班牙苔藓[2]，在纳瓦特尔语（阿兹特克人的语言）中，手叫作 *ma-itl*，西班牙苔藓叫作 *pach-tli*。而为了表示 *tepec*，即"在山上"，书写者画了一座传统的山（图 4-8）。

托马斯认为，玛雅书写者已经超越了这个所谓的进化阶段，

图 4-8 阿兹特克人的画谜书写：马帕奇特佩克

而且玛雅文字系统像古埃及文字一样，可能包括表音—音节符号、"形意"符号（今天我们称为"语素符号"），甚至可能包含表意定符。更惊人的是，托马斯还提出："同一字符很可能在一个地方是表音的，而在另一个地方则保留了其象征含义"——简言之，他认为玛雅文字存在多值性！难怪戴维·凯利最近声称："我认为他对玛雅文字的性质，比同时期任何人都看得更清楚。"[37]

---

[1] 这个词也可写作"iconomatic"，即用图画表示的不是物本身，而是物的声音。
[2] 别名松萝凤梨，一般附生缠绕在树上。

托马斯的著作含有一种悲情，读之让人几乎落泪。凯利指出，托马斯和罗尼常常离开证据太远，由此引来不无合理的抨击。但两人在破译古抄本方面都取得了一些实绩，有些解读至今仍然有效。我们后面会看到，在我们这个时代，这两位学者得到了尤里·克诺罗佐夫的支持，后者一直将两人视为先驱。

对表音派的正式抨击始于1880年，那一年，马萨诸塞州伍斯特市的美国古物协会发行了一本名为《兰达字母表——西班牙人的捏造》(*The Landa Alphabet; a Spanish Fabrication*)的小册子，作者是菲利普·瓦伦蒂尼（Philipp J.J. Valentini）博士。[38] 我不知这位瓦伦蒂尼是何人，但他似乎是个极刻薄的家伙，其语调之尖刻犹如校长在对一群蠢学生讲话。这本小册子不过是一件已遭遗忘的老古董，但它还是值得探究的，因为瓦伦蒂尼的方法和方法论一直被用来抨击表音派，在我们这个时代依然如此。

瓦伦蒂尼的部分论据，来自殖民时代初期非玛雅的墨西哥地区，特别是那些以纳瓦特尔语为口语的地区。当地人被要求用心学习基督教的《天主经》(*Pater Noster*)、《圣母颂》(*Ave Maria*)和《信经》(*Credo*)。瓦伦蒂尼说得很好听，"对教师（修士）来说，把外来的长篇拉丁文强行灌输进那些可怜的印第安人的麻木不仁、大字不识的头脑，是一项困难的任务"。那么，修士们是怎么做的呢？在这个已知仅存在图画文字的世界，他们画出物的图像：这些物的纳瓦特尔语名称的开头，与所要表示的西班牙语名字的开头发音相似。于是，为表示 *Pater Noster*，他们画了一面旗帜（*pantli*）和一株带刺仙人掌（*nochtli*），诸如此类。

瓦伦蒂尼绝不相信，**任何**"中美洲的象形文字"除了是图画文字外，还能是别的文字，所以他认为，兰达肯定对玛雅人也采

第四章　先行者：破解之始　　145

取了同样的伎俩。于是他重建了以下场景，里面有他所说的"可怜的印第安人"：

> 让我们想象一下，我们这位博学的兰达主教坐在梅里达女修道院的餐厅。一群赤脚的印第安人站在门口等待，他们选出的发言人被兰达叫到桌前。兰达对他说："听到 *a* 的声音时，你会想到什么，请把它画下来。"于是，这个人就带着满腹狐疑，开始用手在他面前描出这些小画……

让我们暂且抛开这样一个事实：兰达的主要信息员是胡安·纳奇·科科姆（Juan Nachi Kokom）和加斯帕尔·安东尼奥·奇（Gaspar Antonio Chi），两人都是高贵的王子，绝不是瓦伦蒂尼想象的赤脚草根；他们是尤卡坦王室的子孙，可能还是受过训练的书写者。那么，按瓦伦蒂尼的说法，兰达肯定是将西班牙语字母表应用于玛雅语：他逐一念出西班牙语字母，让本地的配角按照字母的发音，依次从现实世界挑选一样合适的东西画下来。为了使出花样妙招，瓦伦蒂尼还拿来一本皮奥·佩雷斯编的尤卡坦玛雅语词典。[39] 但在这一问题上，瓦伦蒂尼像他的主攻对象布拉瑟一样草率。例如，他把兰达的符号 *ca* 解释为一把梳子的图画，是由不识字的玛雅人挑选出来的，"因为玛雅单词 *caa* 的意思是拔掉人的头发"；今天普遍认为这个词表示的是鱼鳍——在现代尤卡坦语中，鱼被叫作 *cay*（*kay*）。

然而，瓦伦蒂尼尽管愚拙不堪，还是触及了某些真实的东西：兰达的信息员给出的符号，**确实**代表了兰达向玛雅友人念出西班牙字母**名字**时发出的声音。但是，它们并非瓦伦蒂尼所想象的那种图画符号。

而赛勒斯·托马斯是一位远比布拉瑟可信的学者,他的文章引来了一批更强劲的对手,这次是在德国。

当时正是俾斯麦(Otto von Bismarck)治下的德国,刚刚实现了统一,因不久之前大败法国而焕发勃勃生机。在文化、学问和科学方面,当时的德国几乎无可匹敌,在美洲学研究领域当然也是如此,无人能达到普鲁士学者爱德华·泽勒的地位,这位知识巨擘被埃里克·汤普森称为"中美洲研究界的耆宿"。[40] 泽勒于1849年出生于一个贫寒家庭,后来娶了一位十分富裕又有文化的妻子,所以终其一生都无须为钱发愁。他还非常有幸引来德卢巴公爵(Due de Loubat)的赞助,后者不仅为泽勒的中美地区之旅提供资助,还出版了他研究墨西卡古抄本的冗长而详细的报告,报告中包含抄本的彩色摹本。由于对自己的研究准备充分(他了解中美地区的多数主要语言,还开设了玛雅语和纳瓦特尔语的课程),且拥有百科全书式的头脑和特别出色的视觉记忆,泽勒成为中美地区图像研究的创始人:他首次通过征服前的艺术和书籍证明,墨西卡人和玛雅人的思想和宗教信仰拥有基本的统一性。他的成果异常丰厚:仅论文集就有很厚的五本,而且所有这些书现在仍值得一读。

他蓄着发白的长须,当他坐在宏伟的学术图书馆,翻阅手稿和书籍,整个人肯定充满魅力,浑然一幅旧世界教授的影像。泽勒的侄女洛特·赫普夫纳(Lotte Höpfner,由叔叔和婶母养大),曾饱含深情地回忆这位老者:

> 冬天,在图书馆旁的一间小温室,我的叔叔站着,伏在

一张大写字桌上劳作。在温暖的夏夜,这张桌子放在一方投影里,由一盏避风的蜡烛照亮。多少次我深夜从舞会回来,上到菲希特尔山(Fichteberg hill)的时候,看到那束亮光穿透花园的层层树叶,凸显出这位颀宽须长的老学者的轮廓!他那先知般的目光向远方游移:在这幽深的静夜里,泽勒一定获取了自己的科学启示。[41]

爱德华·泽勒和凯西莉·泽勒(Caecilie Seler)的最后几年其实过得很悲惨。在"一战"期间及战后,他们备尝苦难,1922年11月,这位美洲研究界的元老病入膏肓,过早衰老,最终在柏林家中离世。他的骨灰被放进一个阿兹特克风格的骨灰盒,葬于施泰格利茨(Steglitz)他妻子家族的陵墓,凯西莉的骨灰最终也和他合葬一处。"二战"接近尾声时,他宽敞的房子和独特的藏书室在柏林围城期间被彻底摧毁。

德国的美洲学界人才济济,继承了由弗斯特曼开始的传统,泽勒是其中的核心与焦点。其中还有保罗·舍尔哈斯(Paul Schellhas),他是弗斯特曼的亲密伙伴,在1897年提出将玛雅手稿中的神灵进行分类,这一分类以及与每个神灵相关的字符,至今仍普遍使用,作为处理每个神灵或复合神灵的基础。[42] 舍尔哈斯很聪明,他决定只用一个大写拉丁字母来表示每个神灵,如今我们仍使用神 A、神 B、神 K、神 N 等来指称,尽管多数情况下,我们现在可以像古代玛雅人那样称呼这些神灵的名字。

一定有人会想,凭借对中美地区的诸语言、民族史、考古学以及所有已知古抄本的熟练掌握,泽勒本应成为商博良式的人物,将玛雅文字破解,但实际上,他因太纠结于细节,且不相信直觉思维，最终未能取得此类突破。事实上，他在玛雅破译方面取得的唯一成果是确定了表示世界上主要颜色的象形字（玛雅古抄本中与世界四个方位相关的颜色，见图4-7）。[43]

现在再来谈谈赛勒斯·托马斯：一个来自田纳西州的边民，在与泽勒这样的活百科全书辩论时，是如何坚持下来的？答案是，他并没坚持。

托马斯和泽勒之间的激烈论战，出现在1892年和1893年美国《科学》（*Science*）杂志的版面上。[44] 托马斯犯了个错误，他把得自古抄本的标音法当作"钥匙"来阅读玛雅古文字，泽勒接受了这一挑战。没过多久，这位普鲁士学者宣称托马斯对所绘之物和个别字符的识别是错误的，从而推翻了他的大部分读法。泽勒拒绝将其作为"钥匙"，这无疑是对的，但他是否考虑过把玛雅文字视为一个系统，这一点还不太清楚。像德国学派的所有学者一样，泽勒认为玛雅文字的本质是"形意"，但他偶尔似乎也接受了某些标音读法，然而总是会带上一个限制条件。

这一限制条件是，虽然兰达的字母符号"无疑具有一定的音值"，虽然玛雅人在殖民时代初期可能以兰达指示的方式书写，但他们原初不可能以这种方式书写文献，而是在传教士的唆使下采用了"兰达方法"。这里面有瓦伦蒂尼的影子。泽勒向托马斯抛出自己的论点："毫无疑问，玛雅文字很大一部分是常规的象征符号，建立在形意原则之上。"从中也能看到基歇尔的影子。

面对这一攻击，托马斯卑微地屈服了。1903年，78岁的托马斯在史密森学会的年度报告中发表了一篇名为"中美洲古文字"（Central American Hieroglyphic Writing）的普通文章。[45] 他在文章中说："目前所确定的符号，很大程度上是象征符号（而非表音符号），用于表示数字、日期、月份等。"不仅"表音的推论值得怀疑"，而且由于大约一半铭文由"数字符号、日历符号等"组成，只能得出这样的结论："这些铭文几乎不包含与其部落历史相关的内容。"一个有文字之民族，却无书写之历史！斯蒂芬斯多年前站在科潘遗址时，绝预想不到竟会如此。

但这正是当时玛雅学界的普遍共识。在论战中，玛雅数字和玛雅日期无往不胜，而表音派则一败涂地。几年后，年轻的艾尔弗雷德·马斯顿·托泽（Alfred Marston Tozzer）见到了年迈的古德曼，那时离后者离世仅剩一年。[46] 他这样描述这次会面：

> 那是 1916 年 9 月，在伯克利教工俱乐部的一次午餐会上；笔者因从事同一领域的研究，有幸坐在 78 岁高龄的古德曼先生旁边。这一刻我期待已久，且永难忘怀。
>
> 这位资深学者对玛雅文字进行了长达一个多小时的讨论，越来越多地强调数字元素的重要性，最后得出结论说，这些文字涉及的不是历史，而是算术和数字的科学；要接近这些尚未破译的字符的含义，唯一有望的方法——他补充说，这是他取得所有重大进展所采用的方法——是依据数学，而不是依据语音，实际上，他在拒绝后者时显得很不耐烦。

第五章

汤普森时代

1975 年，被英国女王伊丽莎白二世（Queen Elizabeth II）封为爵士仅仅数月后，约翰·埃里克·西德尼·汤普森就去世了，而在这之前，他纯靠知识与人格的力量，一直主导着现代玛雅研究。[1] 汤普森从未担任过大学教职，从未教过学生；作为赠款委员会成员和国家期刊的编辑，他从未行使过权力；在他长期效力的组织——华盛顿卡内基研究所，他没做过一项行政决定。但在大西洋两岸，只有勇敢或鲁莽的玛雅学者才敢对他的观点提出质疑。

虽然时过境迁，但我仍感到，要冷静地写写埃里克·汤普森并不容易。我喜欢其为人，钦佩其学者风范，但非常厌恶其著作中的某些方面，以及他对待一些论敌的方式。与对待其他一些对手不同，埃里克（我觉得要这样称呼他）通常视我为某类"忠诚的反对派"而予以容忍，虽然他也会偶尔朝我放一些冷言冷语。我们有个共同的朋友，就是剑桥大学唐宁学院的美洲考古学家杰弗里·布什内尔（Geoffrey Bushnell）。读过我一系列有些离经叛道的文章和评论之后，埃里克对杰弗里说，"迈克尔·科是又一个胖男孩乔：喜欢使人发抖"——这一讽刺性人物引用自《匹克威克外传》(*The Pickwick Papers*)。从那时起，我就在给他的一些信上署名"胖男孩乔"，他则在一些信上署名"匹克威克先生"。

我想，首先是他的行文风格削弱了我对他一些著作的热情。他喜好卖弄学识，文章著作中经常引用一大堆文学和神话典故；最令我厌烦的是他在巨著《玛雅象形文字导论》(*Maya Hieroglyphic Writing: An Introduction*) 的每一章开头，对英国诗人和散文作家的无关引用。[2] 如此种种纯属装腔作势，让我大为惊异，但在考古学家中间却很有市场，在拉丁美洲尤其如此。墨西哥考古学家阿尔韦托·鲁斯·吕利耶（Alberto Ruz Lhuillier）是汤普森的挚友，他在讣告中这样说：

> 陈述研究过程及结论时，汤普森卓有文才。他的理念条理清晰，语言简洁、准确、丰富，文史掌故很自然地点缀其间，展现出他宽广博学的人文情怀。[3]

我曾向一位颇有学识的墨西哥学者表达我对埃里克风格的感受，向他解释说，英语文章要想发挥实效，必须尽可能以最简单的方式来写——大体来说，英语写作者应该试着多学海明威，少学汤普森。恐怕我的话他并没听进去。

今天，在年轻一代和受过汤普森尖锐攻击的人中间，有一种将他全盘否定的明显倾向：他对玛雅文字性质的认识大错特错，所以在其他事情上一定也都是错的。我并不这么认为。汤普森做出了一些重大发现，应该得到肯定。然而，在破译玛雅文字这件事上，他起的作用完全是负面的，其观点之愚蠢与谬误正如阿塔纳修斯·基歇尔，后者阻碍古埃及文字的破译长达近两个世纪。

埃里克·汤普森生于爱德华时代，出身上层中产阶级，在"一战"前的英国，这一阶层盛产医生、军官、律师、牧师，时而还有文人，都是一些家境优渥、富有教养的专业人士。汤普森于1898年新年前夕出生，是一名伦敦医生的幼子。1912年，他离开哈雷街（Harley Street）80号的房子，进入公立学校——古老的温彻斯特公学；后来，他将自己写的一本书献给该学院的中世纪创始人，即"行善不图报答"[1]的威廉·威克姆[2]。

大战来临之际，埃里克尚且年幼，但已卷入战争。他谎报年龄，加入伦敦苏格兰军团（London Scottish Regiment），在可怖的战壕里服役，在那里受了重伤。后来他被送回英国休养，最后以冷溪卫队（Coldstream Guards）军官的身份结束了军旅生涯。停战后，埃里克没有像他那个阶层的人通常做的那样立即进入牛津或剑桥大学，而是去了阿根廷。汤普森一家其实是英裔阿根廷人，他父亲就出生于阿根廷。埃里克来到了汤普森家的牧场（estancia），这一牧场位于阿雷纳萨（Arenaza），在布宜诺斯艾利斯以西331千米处，从19世纪20年代起就归他们所有。随后4年，汤普森成了一名高乔人（Gaucho），他快乐地放牛，并完全掌握了西班牙语——据我所知，在非拉丁裔的玛雅学者中，他是为数不多掌握这种语言的人之一（大多数学者几乎只会一种语言）。

当时的阿根廷社会正处于严重分裂的状态，劳工动乱和阶级

---

[1] 原文为谚语"cast his bread upon the waters"，字面意思是"把他的面包扔进水里"。

[2] 威廉·威克姆（William of Wykeham），曾任温彻斯特主教、英格兰大法官，捐建了牛津大学新学院和温彻斯特公学。

第五章　汤普森时代　153

冲突屡见不鲜。大量涌入的外国工人和农民，以前推动了阿根廷的经济发展，而当经济恶化，他们就变成了激进的下层阶级。1919 年，也即埃里克到达的第二年，阿根廷发生了排外、反"布尔什维克"的屠杀。汤普森一家作为上层大地主，肯定受到了这场左翼运动的冲击和挑战，可能正因为身处这种社会环境，埃里克对共产主义威胁一直持强硬态度。[4] 也许是猜测，但毋庸置疑的是，他晚年毫不妥协的保守政治立场，影响了他对来自"布尔什维克"的更具智慧之威胁的反应。

1924 年，埃里克返回英国，而后进入剑桥大学。那时他已超龄，无法进入该大学的著名学院，只在菲茨威廉学院（Fitzwilliam House）待了一年，师从哈登[1]攻读人类学证书。我不知他为何选择人类学，因为据我所知，埃里克对这一学科并不感兴趣，也不喜欢从事这一学科的人。他发表过的全部作品，几乎从未提到过该领域过去的杰出人物，或他们的任何发现和理论。例如，埃里克写了很多关于玛雅宗教的文章，但很难发现他对论述一般宗教主题的思想家——如涂尔干（Durkheim）、弗雷泽（Fraser）或马林诺夫斯基（Malinowski）——有多少认识。这就好比有人要从事进化生物学，却不打算研究达尔文。

这一点也许可以原谅，但无疑影响了他将来对玛雅文字的研究。人类学的最大优势，可能在于其针对跨越时空、不断变迁的人类与文化所采用的比较研究。汤普森的导师哈登，一度是比较研究的先锋实践者。人类学家很早以前就发现，世界各地的文化复杂程度相似的民族，在遇到相似问题时，基本都会采取异常相

─────────

[1] 哈登（Alfred Cort Haddon），英国现代人类学创始人之一。

似的制度反应——例如，象形字的发明就是为了回应新生政治国家的需求。汤普森从未承认过，对世界其他地方——中国、埃及、两河流域、地中海地区——早期文明的了解，也许会对他热爱的玛雅研究有所启发。在他心目中，玛雅文明是独一无二的。

即便如此，埃里克对玛雅的兴趣仍是始于剑桥。在他短暂逗留期间，他目睹了艾尔弗雷德·莫斯莱获得荣誉学位，并利用莫利在1915年出版的《玛雅古文字研究导论》（*An Introduction to the Study of the Maya Hieroglyphs*），[5] 自学了玛雅历法。在1925年一个重大的日子，埃里克写信给当时负责卡内基研究所奇琴伊察发掘项目的莫利，求他给予自己一份工作。他的优势在于，如他在自传中所说，[6] 他知道如何计算玛雅日期，而这正合莫利心意。埃里克得到了正面回应，并在伦敦接受了美洲考古学家奥利弗·里基森（Oliver Ricketson）和他妻子伊迪丝（Edith，两人都在瓦哈克通参与过发掘）的面试，之后就被卡内基研究所雇用了。

西尔韦纳斯·莫利一定是个很好的人——凡认识他的无不称赞他是个好人（但不一定是好的科学家）。长期与其共事的同事基德曾这样描述他："身材矮小，近视眼，能量丰沛，充满活力。"[7] 他生于1883年，直到1948年生命结束，他一直是古代玛雅对外界的代言人，通过他的书、演讲和杂志文章，他成为最好意义上的普及者。据我了解，有不止一位考古学家因为读了莫利在《国家地理》杂志上发表的一篇文章而被吸引到这个领域。这篇文章附有一幅栩栩如生的彩色插图，描绘了一个身穿惠皮尔（*huipil*）罩衫的所谓"处女"正被投进奇琴伊察圣井的场景。

莫利于1907年在哈佛大学获得学士学位，1908年获得硕士学位。他早期的兴趣是埃及学,但后来被帕特南(F.W. Putnam)和年轻的艾尔弗雷德·托泽引导进玛雅研究领域。帕特南时任哈佛大学皮博迪博物馆馆长,而托泽是人类学系的一名新秀教师,后来成为上一代大多数优秀玛雅学者的导师,也是兰达《风物志》的杰出编辑。

哈佛大学是玛雅研究的先驱机构,并在 1892 年派出了第一支真正的考古探险队前往玛雅丛林——这一次是到科潘遗址。[8] 在那个炮舰外交和受摆布的香蕉共和国的时代,皮博迪博物馆通过一纸慷慨合约,从科潘(合法地)带走了古典玛雅遗址的诸多宝藏,至少部分实现了斯蒂芬斯以 50 美元购买该遗址的梦想。但这是第一次在一座玛雅城市中开展真正的发掘项目。伟大的探险时代从此开始了,卡内基研究所、宾夕法尼亚大学、杜兰大学(由风趣而嗜酒的弗兰斯·布罗姆[1]带领)以及墨西哥国家人类学与历史研究所(Instituto Nacional de Antropología e Historia, INAH)最终也加入进来。这是中美洲考古的黄金时代,一直持续到第二次世界大战爆发。

卡内基研究所一直是这一领域的领导者,其拥有的财力与人力,没有哪所大学可以比肩。它缘何参与这类项目,已是老生常谈的话题。[9] 简而言之:卡内基研究所邀请三位学者提交竞争性的大规模人类学研究项目。现在回想起来,其中的最佳项目显然是由英国民族学家里弗斯[2]提出的,即对美拉尼西亚(Melanesia)快速变迁、岌岌可危的文化开展大型研究;但莫利提出了一项全

---

〔1〕 弗兰斯·布罗姆(Frans Blom),丹麦探险家、考古学家。
〔2〕 里弗斯(William Halse Rivers Rivers),英国民族学家、神经病学家。

面的玛雅研究计划，并于1914年7月被接受，主要是因为这位矮个铭文学家对其课题抱有无限热情。

次年，莫利前往科潘遗址进行实地考察，并在1920年将考察报告写成一本巨著。莫利知道，在危地马拉北部广阔的佩滕地区——斯蒂芬斯曾幻想那里有一座仍然有人居住的大城市——一定隐藏着许多未被发现的城市废墟，他渴望找到它们。糖胶树胶（口香糖的原料，前面说过）是本地采胶工从人心果树提取的，这些树经常大量生长在玛雅遗址附近（古人曾用其木材制作门楣和横梁），于是莫利就宣传说，采胶工只要向他报告一处拥有石刻的未知遗址，就可获赏25美金。这一番悬赏，使他发现了瓦哈克通遗址。该遗址在蒂卡尔以北，走路需要一天，莫利根据其石柱记载的第八个循环日期为其命名（瓦哈克通意为"八吞年"）。

莫利的队伍从瓦哈克通穿越英属洪都拉斯边境返程时，被喜欢乱开枪的危地马拉游击队误认作革命分子，遭到他们伏击，探险队医生丧命，莫利勉强逃过一劫。

"韦"[1]·莫利是个天生的领导者，从1924年起，他就开始招募年轻考古学家，双管齐下地对古代玛雅遗址进行勘查：一个中心设在南部的瓦哈克通，由里基森指导；在易于前往的尤卡坦半岛的奇琴伊察，他将自己的总部设于一处古老庄园。没过多久，奇琴伊察就成了访问尤卡坦的外国旅行者的圣地，他们常常受到"韦"本人的热情款待。莫利发展出一种对玛雅文明的看法，且至死信守不变。他认为，南部诸城市，如科潘和佩滕的中心，曾是"旧帝国"的一部分，这个"旧帝国"是统一的神权政体，由

---

〔1〕"韦"（Vay）是西尔韦纳斯的昵称。

憎恶战争的开明祭司所统治。这一片安宁的世外桃源，不知何故最终解体了，人们在两次大迁徙中向北逃亡，建立了一个"新帝国"，像乌什马尔、拉布纳（Labná）、卡巴和奇琴伊察都是其中一部分。最终这些城市也屈服了，这一次的征服者来自墨西哥中部，是一群穷凶极恶、崇拜偶像的军国主义者。

在当今的考古学领域，专业主义之弊大行其道，而回看莫利带进卡内基研究所的这些人以及他们的生活，会让人感到欣悦。他们很少有人持有现代会员证，即博士学位（尽管被所有人称为"莫利博士"，但莫利从未获得过这一学位）。据说，史密斯兄弟，即鲍勃（Bob）和赖迪德（Ledyard），是奥利弗·里基森在哈佛大学弗莱俱乐部（Fly Club）的酒吧里招募来发掘瓦哈克通的。古斯·斯特伦斯维克（Gus Strömsvik）后来指导了卡内基研究所在科潘的发掘项目，他曾是个粗犷的水手，从尤卡坦的普罗格雷索（Progreso）跳船后，开始在奇琴伊察为探险队修卡车。埃德温·舒克（Edwin Shook）进入卡内基研究所工作时是个绘图员，塔季扬娜·普罗斯科里亚科夫是个雇用的画工。这些人后来全都成为非常优秀的考古学家。

卡内基研究所的考古学家，从来都无须根据课程安排来确定发掘时间，因为他们从不授课；也无须花费无尽的时间来筹措不稳定的资金，因为卡内基研究所从不缺钱；除老板本人以外，任何人都无须投入大量时间和精力向外国政府申请发掘许可，因为卡内基研究所与墨西哥、危地马拉和洪都拉斯签有长期协议。不管在现地还是回到卡内基研究所的剑桥总部（皮博迪博物馆旁），都不难雇到画工，而且他们的作品能保证很快出版。这里简直是天堂！难怪同行们都满怀艳羡地把卡内基研究所称为"俱乐部"。

回头来看，随着时间推移，莫利作为一个大型科学项目的领导者，其不足之处也愈发凸显。无论他多么受员工爱戴，多么受华盛顿的上司赏识，一个可悲的事实是，尽管卡内基研究所在奇琴伊察开展了17年的研究，这一世界闻名的城市仍是考古学上的一个谜：学者们至今仍在争论其性质和年表，以及托尔特克人的入侵——包括我在内的传统主义者认为，"城堡"金字塔等著名建筑可归因于此——是否确有其事。莫利雇用的考古学家，大多把时间用于重构倒塌的建筑，以供游客观赏，却很少花时间厘定年表，重建古代奇琴伊察的文化图景。年轻的汤普森在这类工作中浪费了大量才能，他曾指导重建武士神庙的中楣横饰带（frieze），但不喜欢这项任务：

> 我在尤卡坦的炽热阳光下干了几个星期的活儿，把石头组装到一起，有时还要把它们搬到近40码远的地方，看我是否能装好。有个玛雅助手会抽时间帮我搬石头，但在我记忆中，似乎每块石头都是我一个人挪的。[10]

相比之下，瓦哈克通项目先在奥利弗·里基森、后在史密斯两兄弟的领导下，取得了巨大成功，第一次全面展示了一座古典期城市的兴衰，至今依然有效且有用。这对莫利是个不祥之兆。1929年，卡内基研究所考古项目在玛雅地区进行了重组，改由艾尔弗雷德·文森特·基德领导。基德是莫利的老友和同事，当时已是发掘西南普韦布洛部落史前史的先驱及综合者。[11] 基德是博士，是一位真正专业的、以人类学为导向的考古学家，在未来几十年，正是他领导了"俱乐部"。莫利的余生都在铭文学园地中

第五章 汤普森时代 159

劳作，不管怎么说，这是他的初恋。

那么，莫利作为铭文学家又如何呢？他喜欢说自己的主要工作是"把铭文学的熏肉带回家"[1]；但这是什么样的熏肉呢？来看看他关于这一主题的两部大作。1920年出版的《科潘铭文》(*The Inscriptions of Copán*)[12]是个大部头，有643页，包括33幅版画和91张插图；但真正的巨著——玛雅铭文学的"胖男孩"，是1937—1938年发行的《佩滕铭文》(*The Inscriptions of Petén*)，[13]共5卷，总共有2065页，包括187幅版画和39张地图。现在，假设你面前摆着莫斯莱的《中美洲生物》和莫利的作品，两相比较，你就会发现哪里不对。莫斯莱的照片极好，都是用他的大尺寸湿版相机拍摄的，而莫利的照片很糟糕。更糟糕的是《科潘铭文》与《佩滕铭文》中的黑白效果图：粗糙且缺乏基本的细节，根本无法与艺术家安妮·亨特为莫斯莱置备的精美版画相比。

但还有更深层的问题。莫利的"铭文学熏肉"几乎只包含日期，而且是很多日期。莫利有一种毋庸置疑的天赋，即便是境况最差的材料，比如躺在丛林中、常被地衣和苔藓覆盖的残破石柱，他也能从中找出长计历和历轮所在的位置。当时正值卡内基研究所的全盛期，包括莫利在内的几乎所有专家，都对古典期玛雅铭文的性质与内容持有一致看法，有鉴于此，这些大部头的巨著——与莫斯莱的不同——几乎忽略了与历法和天文不明确相关的所有部分，也就不足为奇了。在后来据称是玛雅祭司统治者的人像旁边的那些雕刻十分精美的小型铭文全被遗漏了。因此，莫

---

[1] "带回熏肉"是谚语"bring home the bacon"的字面意思，引申义为"取得成功、赚钱养家"。在这里，"熏肉"指的是莫利铭文学研究取得的成就，即他的两部著作。

利虽在科潘和佩滕工作多年,却未能制作一部真正的玛雅铭文集,包括汤普森在内的卡内基研究者也是如此。与莫斯莱不同,他们显然认为不值得多此一举。

1926年发掘季结束时,汤普森离开了卡内基研究所和奇琴伊察,这也许是件好事,因为他的头脑异常聪慧,用于复原建筑纯属浪费。芝加哥菲尔德自然历史博物馆(Field Museum of Natural History)向他提供了一个职位,他接受了,从而有更多机会发展他的广泛兴趣。埃里克是一位优秀的泥土考古学家,他在英属洪都拉斯的多个遗址进行了发掘(在某种程度上,很可惜是莫利而不是他负责奇琴伊察发掘项目,不然我们肯定会更好地谈论它)。但对他以后思考古代玛雅问题更重要的是,他从发掘工作中抽出时间来研究鲜活的玛雅人,即殖民地南部的凯克奇人(K'eq'chi)和莫潘人(Mopán),以及西部索科特兹(Socotz)的伊察玛雅人(Itzá Maya)。

在他的工人和民族学资料提供者当中,有一个名叫哈辛托·库尼利(Jacinto Cunil)的年轻索科特兹玛雅人,他后来成为埃里克的终生朋友和兄弟(compadre,有共同的教父)。此人对汤普森的影响,怎么高估都不为过:1963年出版的《玛雅文明的兴衰》(Rise and Fall of Maya Civilization,注意有吉本的腔调[1])[14]的末章,总结了他对玛雅的看法,基本上是对哈辛托的赞美,认为他典型地体现了其远祖的那些美德与特征:凡事节制、诚实、

---

[1] 可让人想起爱德华·吉本(Edward Gibbon)的《罗马帝国衰亡史》(The History of the Decline and Fall of the Roman Empire)。

谦逊，以及具有深厚虔诚的宗教信仰。也许是这样，但库尼利还有另外一面——1949年夏天我就对他很了解了——他精神世界的这一面，埃里克肯定知道，但在书中设法删掉了。哈辛托虽然平时温顺平和，但凭我的阅历来看，他很可能是个不寻常的怪人，是个近乎狂热的神秘主义者。如果像埃里克那样引经据典，那么他的观念和性格更像酒神狄俄尼索斯，而非太阳神阿波罗。基于象形字与图像的证据，我们了解到：在古典期玛雅低地城市的精英统治者中间，流行的正是库尼利**人格**中神秘、怪异的这一面。

简言之，按汤普森的说法，古代历法祭司基本上都是像他一样的圣公会教徒，他对这些古代智者和天文学家深感亲切。因此，他对破译工作的主要贡献局限于历法和古代神祇对玛雅生活的影响，也就不足为奇了。他继承了弗斯特曼和古德曼的遗志，在芝加哥的日子里开始专注于历法问题，当他在1936年被卡内基研究所聘为研究员时，更是如此（他一直担任这个职位，直到1958年卡内基研究所的玛雅研究项目解散）。

在这项事业中，一位名叫约翰·蒂普尔（John E. Teeple）的纽约化学工程师成了他的亲密伙伴。在莫利的激励下，蒂普尔专注于研究玛雅历法问题并以此为乐。从1925年开始，蒂普尔发表了一系列精彩文章，解开了被铭文学家称为"增补序列"（Supplementary Series）的谜团，这一谜团曾使古德曼、莫利和哈佛大学皮博迪博物馆的查尔斯·鲍迪奇感到困惑。[15] 我们知道，大多数古典期纪念碑以初始序列（Initial Series）做开头，即长计历日期附52年历轮的日期和月份。在天名符和月名符之间，通常会出现一组其他字符，有些还附有数字，构成"增补序列"（图5-1）。

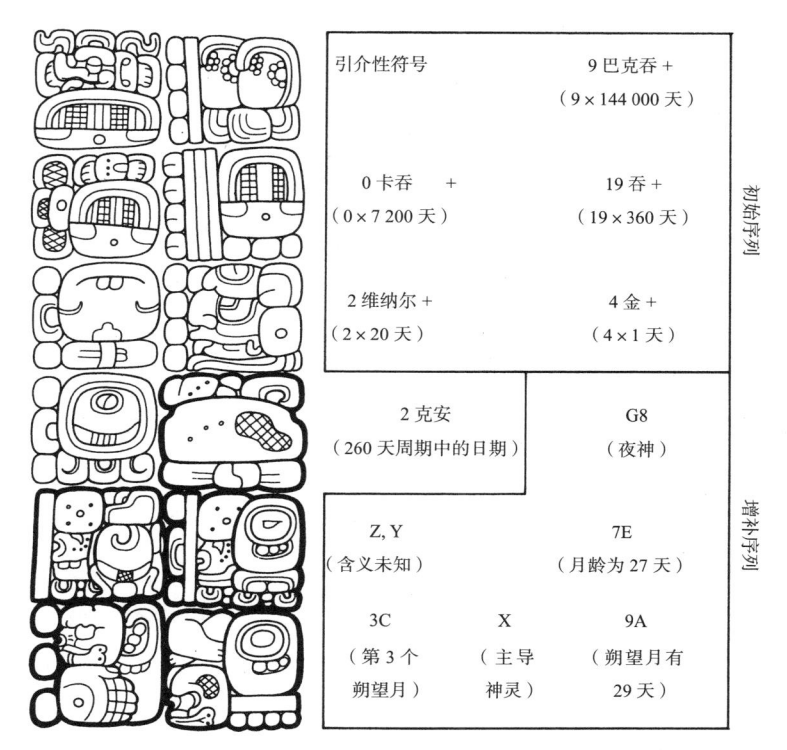

引介性符号	9 巴克吞 +	
	（9×144 000 天）	
0 卡吞 +	19 吞 +	初始序列
（0×7 200 天）	（19×360 天）	
2 维纳尔 +	4 金 +	
（2×20 天）	（4×1 天）	
2 克安	G8	
（260 天周期中的日期）	（夜神）	
Z, Y	7E	增补序列
（含义未知）	（月龄为 27 天）	
3C	X	9A
（第 3 个朔望月）	（主导神灵）	（朔望月有 29 天）

图 5-1　亚斯奇兰 21 号楣梁上的"增补序列"

蒂普尔证明，这些被赋予模糊字母名称的字符，大多显示的是初始序列的某天（或某夜）与月亮相关的数据：距离上一次新月的天数、某个月在 6 个朔望月周期或太阴历中的位置，以及该月有 29 天还是 30 天（玛雅人避免使用分数或小数）。更惊人的是，蒂普尔发现科潘的天文学家用公式计算出 149 个月等于 4400 天；用我们的话说，平均一个月的时间是 29.53020 天，与已知数值仅差 33 秒！蒂普尔继而揭示出，这些计算与 20 世纪头几十年美国天文学家罗伯特·威尔森（Robert Willson）在《德累斯顿古抄本》

中发现的食表（Eclipse tables）有关。所有这些更增加了近乎普遍持有的观念的可信度，即玛雅铭文仅涉及历法与天文。

汤普森对这种工作别有天赋：像朋友蒂普尔一样，他也可以成为一位优秀的玛雅历法祭司。他解决的第一个大问题是玛雅历法和基督教历法的对应关系。我们之前说过，古德曼曾拟提出二者之间的对应关系，但在1910年莫利提出自己的对应关系后，古德曼的方案被普遍拒绝，[16]但后来又得到考古学家兼艺术史学家赫伯特·约瑟夫·斯平登（Herbert Joseph Spinden）支持；而汤普森并未依照古德曼的方案将古典期固定在300—900年，而是往后推了大约260年。

当胡安·马丁内斯·埃尔南德斯在1926年重新提出古德曼的历法对应关系时，汤普森也加入了辩论。他一直捍卫自己的立场，直到生命最后一刻，即使最"可靠"的观点和最新的放射性碳测定技术都与其相悖，他也不改初衷。在这件事情上，时间证明了古德曼、马丁内斯和汤普森完全正确。

再回到石碑上所谓的"增补"（或最好叫"太阴"）序列。在行首，紧随天名符之后的是一个被命名为"G"的符号；G其实是一连串备选字符。汤普森表明，它们共有9个，形成由9个不同字符串联起来的循环，一遍又一遍重复。[17]这有时与月亮毫无关系。埃里克终生崇拜爱德华·泽勒，他还在阿根廷潘帕斯草原赶牛的时候，泽勒就已经离世。泽勒的巨大优势——也将成为汤普森的优势——是他对墨西哥中部和玛雅人的资料数据非常了解。这位学识渊博的普鲁士学者对墨西卡古抄本就像对玛雅手稿一样熟悉，这使他对《德累斯顿古抄本》中的金星运行表和新年仪式有了深刻认识。

埃里克知道，殖民时期有关阿兹特克人的资料及其手抄本显示，共有 9 位夜神（图 5-2），这 9 位神祇相继统治黑暗时辰，每一位都有其预兆（或吉或凶或无关紧要）。他表明，玛雅人和墨西卡人的神灵序列，至少在功能和结构上一定具有相关性。这是一项相当大的成就，并再次证明了中美地区思想体系的基本统一性——尽管必须承认，即使现在我们也无法读出 G 字符代表的玛雅诸神的名字，无法给出其与墨西卡诸神一对一的关联。

汤普森证明了在异常复杂的玛雅组合历法中，9 天周期与其他所有周期同步运行。而后，他又在宏大的古代历法体系中发现

图 5-2 G 字符：黑夜九神

了另一种周期：共有819天，由神秘数字7（地球数字）、9（下界数字）和13（天界数字）相乘而得出[18]。时至今日，没人知道它的确切含义，但这一周期对古典期举行仪式的上等阶层非常重要，因为它与世界的方位、颜色以及神秘的神K即卡威尔神（K'awiil，王室守护神）有关。也许在蒂卡尔等低地城市发现的宏伟堤道——"王家大道"——上，就曾在819天周期开始的日子里上演过大型游行。

从古德曼时代开始，研究这一问题的学者就知道，古典期纪念碑上除了有初始序列日期外，还有其他日期，他们令人费解地将其称为"从属序列"（Secondary Series）；这些日期在历轮中的位置，通过"距数"（Distance Number）计算而得出，可以向前数到未来，也可以向后数到过去。这些"额外日期"距离初始序列日期，相差从几日到几百万年不等，没有定数。很久以来，没人知道为何出现这些日期。有些显然是初始日期的纪念日，比如在5吞（5×360天）、10吞、15吞的间隔，还有一些标志着一段伟大时期在稳步行进的长计历中的结束（正如我们历法中的2000年1月1日）。汤普森识别出所谓的"向前数"和"向后数"的标示符，以及表示15吞周期的字符，为历法计算的研究做出了重大贡献。[19]

但这仍然没有回答那个纠缠不休的问题：所有这些日期究竟意味着什么？玛雅人真的崇拜时间本身吗？如果铭文中没有历史，那么这也许是那些古老的历法祭司有意为之。汤普森认为，要部分回答这一问题，可以去找向来睿智的蒂普尔，后者常常在漫长的火车旅行中花时间思索这种问题。1930年，蒂普尔提出了他的决定论（Determinant Theory），[20] 这是一种异常复杂难懂的方法，用于证明如今公认为从未存在过的某物之存在。这不由让我想起19世纪物理学家为了探究"以太"的性质而做的种种漂亮实验，当时普遍认为"以太"充满了宇宙空间。

简言之，蒂普尔声称，记录中至少有一些"奇怪"日期（图5-3）——并非一段时期结束时的日期——说明玛雅人试图对他们未考虑闰日或闰年的历法加以调整，以与太阳年的真正长度（约365.25天）相适应。他认为，这些决定因素表现的，是从公元前第四个千年的长计历开始以来的累积误差。30多年后，他的决定论就像星系间的以太一样，永远消失了。蒂普尔徒劳无功。

在玛雅研究界，本杰明·李·沃尔夫是最有趣、最令人同情

图5-3 方向—计数字符：a. 以后日期（"向前数"）标示符；b. 以前日期（"向后数"）标示符

第五章　汤普森时代

的人物之一。他对语言学影响巨大（如今对其理论的争议仍然激烈），但他为破译玛雅古文字的非历法部分所做的努力却无人问津，现在也只是被当作知识上的猎奇。但在我看来，这些努力并非毫无用处，反而在学界势力——尤其是汤普森——的封堵中，打开了一条新的研究路径。

沃尔夫身上存在种种奇特的矛盾。他看起来很像旧时代的好莱坞明星罗伯特·泰勒（Robert Taylor），却在哈特福德（Hartford）的保险业过着平平无奇的生活。他既是神秘主义者，也是科学家，在理论上很严谨，在实践上常常很草率。

沃尔夫于1897年出生于马萨诸塞州的温斯罗普（Winthrop），是一位商业艺术家的儿子。[21] 他从麻省理工学院化学工程专业毕业后，进入哈特福德（康涅狄格）火险公司，从事消防工程的工作。就像另两位颇具才华的美国同行〔作曲家查尔斯·艾夫斯（Charles Ives）和诗人华莱士·史蒂文斯（Wallace Stevens）〕一样，他在哈特福德火险公司从事专业工作的同时，有很多机会发展自己的特殊爱好。这一爱好，就是对语言的研究。1928年，他的研究领域延伸到纳瓦特尔语（阿兹特克语），以及纳瓦特尔语所属的更大语言家族（犹他—阿兹特克语系），并终生从事之。

最后，他成为一名真正优秀的语言学家，这主要是受爱德华·萨丕尔（Edward Sapir）的影响，沃尔夫在1928年就认识了他。三年后，萨丕尔来到耶鲁大学新成立的人类学系，沃尔夫作为特殊学生进入了他的第一个班级，从事亚利桑那州霍皮语（犹他—阿兹特克语系的另一成员）的研究，这是他对知识的持久贡献。沃尔夫的遗稿保管人约翰·卡罗尔（John Carroll）指出，沃尔夫通过研究认为，"霍皮语的奇怪语法，也许意味着以霍皮语为母语的人对事物有不同的观察和思考模式"。[22] 这一假说，借助他在麻省理工《科技评论》（*Technology Review*）上撰写的一系列广为传播的文章，在知识界产生了巨大影响。假如沃尔夫（及其导师萨丕尔）所言不虚，那么我们所有人对世界和现实的看法，也许都受到我们思考和说话所用语法的影响。

大约在初次遇到萨丕尔的同时，沃尔夫开始痴迷于玛雅古文字，并受到了当时在布鲁克林博物馆的赫伯特·斯平登和哈佛大学的艾尔弗雷德·马斯顿·托泽的鼓励。托泽出生于1877年，是玛雅学界的一个关键人物，既是该领域大多数重要人物的培训师，又是牛虻和偶像破坏者。他与卡内基研究所的关系一直不是很好。我还清楚地记得我在皮博迪博物馆大厅与托泽的初次会面：他留着牙刷型胡子，短小精悍，愤怒地大声抨击莫利最新出版的《古代玛雅》（*The Ancient Maya*），[23] 而我当时还是个本科生，刚刚怀着惊讶与敬佩的心情读完这本书。

1933年，沃尔夫在"皮博迪博物馆文丛"中发表了《玛雅文字中某些字符的音值》（*The Phonetic Value of Certain Characters in Maya Writing*）一文。[24] 托泽写的序言，似乎是想故意惹恼他那些顽固保守的同事："针对大多数玛雅研究者长期以来认为几乎已经关闭的课题，沃尔夫写了这篇论文并由皮博迪博物馆发表，真是令人欢欣鼓舞。沃尔夫敢于重启语音问题，这需要极大的睿智和勇气。"

令人惊讶的是，蒂普尔也鼓励沃尔夫发表，甚至还为其支付了一些插图的费用，而在三年前他（蒂普尔）还写有这样的段落："我可以预见一种明显的可能性，那就是当玛雅铭文和古抄本破译后，我们也许会发现，里面除了数字、天文学以及掺杂的神话

第五章　汤普森时代　169

和宗教，其他什么也没有。"[25] 蒂普尔的这种慷慨大度，也许反映出化学工程师同行之间的惺惺相惜。

从一开始，沃尔夫就坚持认为，一种文字系统必须记录口语，因此对它的研究应属于语言学范畴。过去试图用兰达的"字母表"来破译字符的做法是"由并非严谨语言学家的人匆匆构建的"，这当然是事实。"有些迹象表明兰达的字符表是真实的，反映的是一个语音系统。"它是真实的，是因为：①字符 u 做动词前缀时是第三人称主语，也可表示第三人称所有格，也可置于名词前构成属格结构（用今天的话说，这叫作格结构）；②各种声音的"双重书写"（a、b、l、u 和 x 各用 2 个符号表示），是拥有多种方式表示这类简单声音的系统的自然反映，我们称之为多值性；③兰达的信息员给出表示音节 ca 和 ku 的符号，是"一种音节系统的自然反映"。

沃尔夫专门研究古抄本，这理所当然，因为古抄本中的文字附有配图，也许能提供解读的线索（图 5-4）。他用《德累斯顿古抄本》中的例子说明，每幅图上方的一块块字符间存在一种语言结构：先是动词，再是宾语，最后是主语（通常是神灵），这密切反映出尤卡坦玛雅语通常有的"谓语＋宾语＋主语"（VOS）顺序——还记得前面提到的"knows the counsel the scribe"吗？

可惜的是，当把这些高度有效的概括应用于破译玛雅古文字的具体实践时，沃尔夫就乱了套了，并且犯了布拉瑟、托马斯那样的大错。从这篇论文以及 1942 年发表的他的另一篇论文可以看出，沃尔夫是个原子论者：铭文学家史蒂夫·休斯顿指出，[26] "沃尔夫认为符号可以被简化为更小的部分，一个钩子表示一个声音，双线表示另一个声音"。这样一个了解旧大陆其他早期文字系统运作原理的人，采取这样的立场是非常奇怪的。这一草率的观点，使他在玛雅研究界备受攻击。

然而，沃尔夫确实取得了一些成果。他正确识别了古抄本中表示动词"钻"（to drill）的符号，并给出了尚未证实的读法 hax（汤普森后来采用了这一读法，但没有归功于沃尔夫）；利用兰达的 ma 和 ca（ka）符号破译了马科（Mak, ma+ka）这一个月名符，这是 10 年后在苏联取得重大突破的先兆。他还把古抄本中神 D 的名符读作伊察姆纳，即西方殖民前不久尤卡坦地区的玛雅最高神，这无疑是正确的。

没等多久，对沃尔夫的攻击就开始了。在 1935 年 1 月的《玛

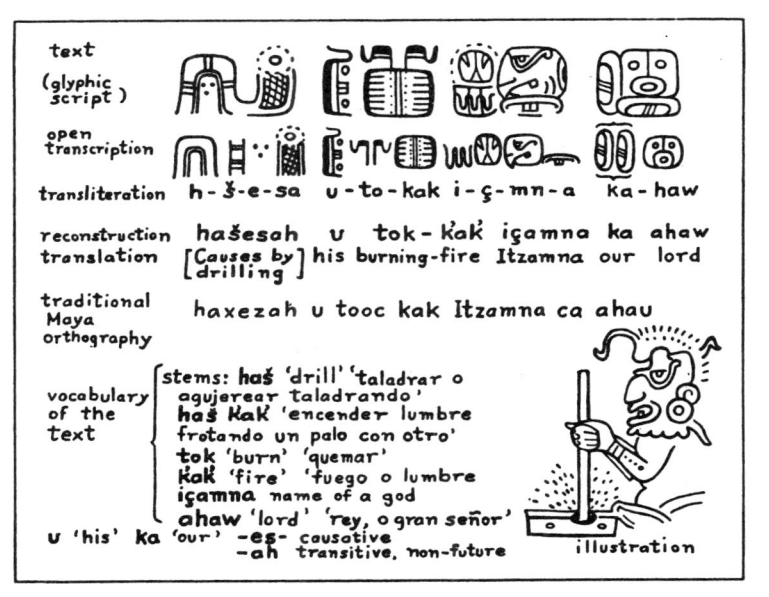

图 5-4　沃尔夫解读《马德里古抄本》38b 页的尝试：运用原子分解法处理字符示例

雅研究》(Maya Research)杂志上,汤普森的密友、爱尔兰律师理查德·朗(Richard C.E. Long)发表了一篇题为"玛雅和墨西卡文字"(Maya and Mexican writing)的文章,[27]几乎表达了沃尔夫的反对者(有很多)公认的观点。至于朗驳斥沃尔夫个人解读的具体细节,我在此省去不谈,因为朗毫无疑问是对的,沃尔夫是错的。我要谈的是朗的主要观点,因为这里情况正好相反。

在朗看来,只有"真正的"或"完整的"文字才能表达语言的每一个词;相反,"胚胎"文字则不能,即使它可能仍传递一些讯息。玛雅文字就是"胚胎"文字:朗曾说,"我认为其中绝不存在真正的语法句子"。他甚至对沃尔夫找到的动词也**不以为然**。一旦抛开已知的数字和历法内容,根本无从谈起。他勉强认同某些非历法字符中可能存在少量拼音读法,但他声称这些字符类似于阿兹特克人的画谜或字谜,与其他"胚胎"文字一样,可能仅限于书写人名和地名。

但是,朗真正的私心在于,他不愿把欧洲、中国或近东那样复杂的文化赋予棕色皮肤的玛雅人。此处引述他的两句话为证:"泰勒很久以前就说过,文字标志着文明和野蛮的分野……""……事实是,美洲没有哪个本土民族拥有完整的文字,因此,根据泰勒的定义,没有一个民族达到文明阶段。"这样的准种族主义,也曾给伊格纳斯·盖尔布于1952年出版的《文字研究》等20世纪的诸多著作打上烙印。

沃尔夫在1935年10月的《玛雅研究》杂志上,[28]使用非常有预见性的语言回复朗:

> ……朗的这一立场暗示着一种方法论,也许能起到安慰

剂的作用：如果考古学家无法破译这些字符组合，那责任不在他们。因为假如朗所说为真，我们就可以心安理得地认为这些"象形文字"无法做出明确、正面的表示；如若不然，我们就需要修改关于玛雅或总体文化史的考古学理论。这样一来，我们就可以当其不存在而继续研究下去。

凭借这一段话，以及他的预言"最终将有可能重建旧帝国（古典期）城市的语言，就像我们的学者重建赫梯文字一样"，沃尔夫证明自己领先时代大约50年。

1941年7月26日，沃尔夫在一场"漫长的"疾病后去世了，时年44岁。沃尔夫生前，汤普森未对他提出批评，显然是因为他看到沃尔夫在朗的攻击下落败而感到满意。但在沃尔夫去世9年后，埃里克凭借其《玛雅象形文字导论》的附录，不失（或有失）时机地介入争论。[29] 他引用约翰·巴肯[1]一句讽刺的话作为附录的开头："身处迷雾却对道路自信，自古乃人之天性。"[2] 第一段话的开场白就生动展示出埃里克在进攻或防守时的谩骂姿态：

> 沃尔夫解读玛雅象形文字的诸多尝试，我是向来不愿理睬的，我觉得对玛雅文字研究者来说，这些尝试就像布拉瑟、德·罗尼、沙朗西（Charency）、勒普隆、克勒松（Cresson）

---

[1] 约翰·巴肯（John Buchan），苏格兰小说家，著有《三十九级台阶》(The Thirty-nine Steps)。
[2] 原文为"It is an old trait of human nature when in the mist to be very sure about its road"。

第五章　汤普森时代　173

和赛勒斯·托马斯的解释一样靠不住，都该被打入地狱永不翻身。

然后，汤普森直击要害，瞄准沃尔夫最薄弱的三个例子咬住不放，直到将其批倒，同时故意绕过沃尔夫信息中真正重要的部分，即他关于文字可能性质的一般性陈述。这种方法，很容易给愚拙大意的人留下深刻印象——在大量细节上攻击对手，而回避更大的问题。埃里克的如此做法，也可见于：1941年，他抨击马修·斯特林，扬扬得意地向大多数同事"证明"奥尔梅克文明晚于古典玛雅文明；[30]20世纪50年代，他"证明"俄罗斯对手克诺罗佐夫是错的；在一篇遗作中，他又"证明"《格罗利尔古抄本》是赝品。

几乎没办法为沃尔夫的解读辩护——它们几乎都是错的。但他真正的信息——玛雅文字一定是以语音方式记录了一种玛雅语言——却长久有效。沃尔夫的玛雅研究是个悲剧，但最终的结局是可喜的。

有人认为，汤普森写于1950年的《玛雅象形文字导论》不仅是他最杰出的作品，而且是所有玛雅研究的集大成者，而我的感受却很复杂。[31]这部巨著有很多方面是我不喜欢的，但我在课堂上仍把它当作教材，而且几乎强制学生购买。欲了解玛雅日历和天文学的实际运作情况，这部书属于必读。埃里克是一位优秀的图像学家，对玛雅宗教和神话提出了非常睿智和总体正确的见解——在这方面，哈辛托·库尼利给其带来了积极影响。抛开大量引用的文艺典故，从这部书中仍然可以学到很多东西。很多人将这部书视为玛雅古文字大全，我不这么看，我认为它构成了一种庞大而复杂的障碍，阻碍了整整一代西方学者的破译工作：其巨大的体量与详尽的细节，也许还要加上汤普森的尖锐语调，让他们不敢越雷池半步。

不过，关于埃里克在1950年出版的这部书，首先要谈的是其中好的方面。他确实提出了一些新的解读，而且这些解读在我们这个伟大的破译时代总体上也站得住脚。他确定了一个符号，这一符号在古抄本中很常见，充当主符的缀符，可以读作 te（树）或 che（木头），也可以作为量词来计算时间段，如年、月或日。比如，在尤卡坦语中，你不能说 ox haab 表示"三年"，而必须说 ox-te haab，即"三 te 年"。在现代词典中，te 也表示"树"，汤普森从《德累斯顿古抄本》中树木图案一旁的复合词里，发现了这一字符，从而确定了其"树"的含义。他还发现了另一个置于天数之前的缀符 tu 的读法；这是第三人称所有格，可将"三"这样的基数变为序数（第三）。这确实是一个进步，因为这使他有可能读懂像奇琴伊察这样的尤卡坦遗址的楣梁上使用的特殊日期系统。[32]

可以想到，汤普森对兰达"字母表"的看法无疑是矛盾的，但他第一个想到，出现在兰达例句 ma in kati（我不想要）结尾的符号 ti，其功能与尤卡坦语的方位介词 ti'（在）相同；也第一个想到，正如兰达主教暗示的，该符号也可用作纯表音—音节符号，但这一点在汤普森看来决不能接受。

这三个字符（图 5–5），就是这样由当时这位反表音派的首席学者用尤卡坦玛雅语读出的。听起来简直不可思议！其实，远溯到1944年，[33] 他就已经表明，在古典期纪念碑上总是引入初始序

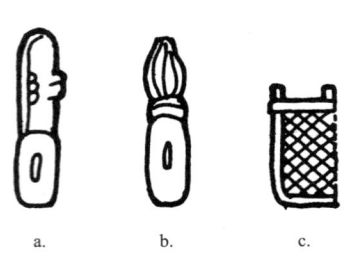

图 5-5　汤普森解读出的字符。a. *te*，"树""木头"；量词。b. *ti*，"在""与"；c. *tu*，"在他/她/它的"

列日期的大号字符中，月份守护神的头部两侧有一对鱼鳍，有时是一对鱼，这是画谜符号：这里的鱼是鲨鱼，玛雅语称作 *xok*（汤姆·琼斯已经证明 *xok* 是英语单词"shark"的起源[1]）。而在玛雅语中，*xok* 还有"计算"的意思。

这些破译工作都是重大进展，但汤普森却未继续跟进。为什么呢？答案是，汤普森受某种思想的钳制，这种思想曾导致公元前 1 世纪西西里的狄奥多罗斯对古埃及圣书体文字做出荒谬解释，导致 4 世纪荷拉波隆新柏拉图主义的胡说八道，导致 16 世纪阿塔纳修斯·基歇尔的胡思乱想。商博良的教益，埃里克并未汲取。

在题为"回顾与前瞻"（Glances Backward and a Look Ahead）

---

[1] 16 世纪之前，英国水手将鲨鱼称为"sea dog"，因为它们会像狗一样咬人。16 世纪 50 年代，英国著名的航海探险家、商人及海盗约翰·霍金斯（John Hawkins）在加勒比海域捕获了一条巨大的鲨鱼，将其制成标本带回英国伦敦展出。在对外介绍这条鲨鱼时，霍金斯的水手们将其称为"sharke"。汤姆·琼斯（Tom Jones）为美国洪堡州立大学（Humboldt State University）人文学院教授。

的一章中，汤普森总结了他对玛雅文字的看法。他说："这些字符是具有神秘意义的（anagogical）。"按维基百科的定义，*anagogy*指的是"对一个词、一段话或文本（如经文或诗歌）的解释，在字面意义、寓言意义和道德意义之外，寻找第四种和最终精神上的神秘意义"。这些字符表达的不是语言表达的那种平凡、现实的东西，而是更为深刻的东西，据汤普森说：

> 例如，如果对文本没有充分理解，就无法判断狗的象形字指的是这种动物为人类带来火种所起的作用，还是指它引导死者前往冥界所履行的职责。毋庸置疑，字符中蕴含着这些神秘含义，但它们在玛雅书写者心中引起的关联，我们还只能猜测。显然，我们的责任是寻找更多的神话典故。[34]

那么，铭文学家的任务就是为每个符号找到这些神话关联——这将帮助我们"解决字符问题"，进而"带领手握钥匙的我们来到玛雅人灵魂深处的门槛，并吩咐我们进入"。对于这套说辞，阿塔纳修斯·基歇尔肯定不陌生。

如果说汤普森不喜欢人类学家，那他对语言学家就更没什么好感了。弗吉尼亚大学的语言学家阿奇博尔德·希尔对汤普森作品的评论出现在一份语言学杂志上时，这一点得到了充分印证。[35]希尔在文章中大胆表示，鉴于玛雅古文字代表的语言是已知的，鉴于所附插图含有涉及古抄本文字内容的线索，那么破译失败的原因也许"不免让人怀疑处理这一问题的方法有缺陷"。"汤普森此书暴露出很多这样的缺陷。他没有意识到他的问题本质上是一个语言学问题……"最糟糕的是，"汤普森，和除沃尔夫之外的所有玛雅学家一样，假定许多字符代表的不是玛雅词汇或结构，而是普遍思想"。"只要浏览一下本书或其他任何一本关于玛雅古文字的出版物，就能充分证实这一说法：铭文对玛雅语言的密切依赖被不幸地低估了。"希尔的评论一定让埃里克感到很不舒服，因为他不仅对另一位语言学家沃尔夫予以赞赏，还公开抨击《玛雅象形文字导论》的风格"枝蔓横生，滥用文艺典故"。

汤普森迅疾做出富有个人特色的回应[36]："写评论之前，应该对所论主题有所了解，并认真阅读所评之书。希尔博士……这两点他都没有做到。""希尔博士觉得更认同沃尔夫关于破译的观点。一位同事读完我的手稿，与我讨论沃尔夫的方法时说：'何必在他身上浪费精力呢？没人会把沃尔夫的胡思乱想当回事的。'"语言学方法是无用的："无法将所有字符翻译成现代尤卡坦语，因为许多字符是形意的，而且在许多情况下，相应的古语现在已经丢失了。"

为受到希尔痛批的"半浪漫主义方法"——部分依赖民族学和神话学来翻译——辩护时，汤普森以一个字符来举例：该字符在 19 世纪被确定是方位的标志，在尤卡坦语中叫作 chik'in（奇金），意思是"日落"（引申为"西"，图 5-6）。埃里克声称，出现在太阳字符上的那只手表示"完成"，整个复合词意为"太阳的完成"；因此，这是完全的语素文字。现在回过头来看，他的这一选择其实很糟糕，因为我们现在知道，手的字符表示的是声音 chi，放到语素符号 k'in 上面时，这一复合词确实读作 chik'in。但汤普森忽略了希尔的主要观点，而把注意力放在了次要细节上，这也是他的一贯风格。像沃尔夫一样，希尔也被他贬斥到了地狱。

然而，还有一个劲敌，比所有这些遭鄙视的语言学家更强大，正在遥遥等候着。

图 5-6　表示 *chik'in*（西）的字符

虽然很少有人承认，但到了 20 世纪中期，铭文和古抄本中非历法部分的破译工作确实没有比 50 年前更进一步。在 1940 年发表的一份评估报告中，莫利说："时间的各种表现形式，其主要现象的准确记录，构成了玛雅文字的主要内容……"[37] 这可能也代表了他大多数同事的看法。截至当时，一个古代玛雅中心的名字也没有被识别出来，"更别说众多城邦的不同统治者的名字了"。莫利因此说道："笔者强烈怀疑能从玛雅石刻铭文中发现任何地名。""可以大胆揣测，剩下未破译的字符是关于仪式事项的。"

除了语言学家对破译的近乎悲剧的尝试——很快就被汤普森驳倒了——唯一能穿透铭文学阴霾的一束光是赫尔曼·拜尔（Hermann Beyer）在 20 世纪 30 年代对奇琴伊察的铭文进行的分析。[38] 拜尔是个脾气暴躁的德国人，受聘于杜兰大学位于新奥尔良的中美洲研究所。他的成就是识别出重复出现的字符序列——我们现在认识到这是短语（图 5-7）；虽然他没有假装真的能够释读或翻译这些序列，但这种结构性方法，在后来几十年伟大的破译工作真正开始时，被证明是非常有成效的。拜尔是一位非常优秀的学者，尽管他经常能把莫利等同事逼疯。第二次世界大战开始后，这个已罹患癌症的可怜人被带到俄克拉荷马州的一个集中营，1942 年在那里去世。

第五章　汤普森时代

但另一位德国人保罗·舍尔哈斯,也就是给古抄本中的神明进行分类的那位,却完全持悲观态度。他在 1936 年写道:"玛雅象形文字的特征主要是表意的。"沃尔夫可能是尝试用语音解读的最后一人,他同意朗的看法,认为这些字符"绝不是我们意义上的真正文字,与古埃及圣书体文字也不同",因为它们无法再现语言。[39]

1945 年战争结束时,舍尔哈斯已是一位 85 岁的老人,他在瑞典的《民族志》(*Ethnos*)杂志上发表了最后一篇论文。[40] 论文题目提出一个问题:"玛雅文字的破译是一个无法解决的问题吗?"舍尔哈斯的结论令人沮丧:实际上,这一问题无法解决。

倘若真是如此,那么在科学史上,很少见过有这么多聪明的头脑花费如此长的时间,却没有得到什么回报。谁会来解读这些文字呢?显然,没有人。

图 5-7 拜尔在奇琴伊察分解开的短语。这些短语现在都被读作卡库帕卡尔(*K'ak'upakal*)

第六章

新风起东方

1952年秋的苏维埃社会主义共和国联盟，是最没可能在玛雅破译方面取得重大突破的时间与地点。仅仅在7年前，苏联刚从一场大战中走出，这场战争令两千万人丧生，造成无尽苦难。这个国家的人民，活在斯大林的政治警察和古拉格（Gulag）系统的恐怖之中，唯一的目标似乎是颂扬这位满脸麻子的"领袖、导师和朋友"，而他的去日已经不多了。实际上，斯大林次年就死了，但在随后几十年里，党政官僚系统和克格勃（KGB）依然维持着牢固的控制。

在那些充满恐惧的日子里，知识创新几乎是异想天开。斯大林的心腹安德烈·日丹诺夫（Andrei Zhdanov），从1946年起，直到1948年死去，在艺术和科学领域制订了一项仇外的镇压计划，这几乎停止了大学内外的创造性工作。1948年，特罗菲姆·李森科（Trofim Lysenko）同志成功地用他的疯狂而愚蠢的伪科学取代了遗传学——他有独裁者支持，而他的敌人没有。若持异议，就会被关进古拉格，或付出更惨痛的代价。

因此，在这种可怕的情况下，苏联学术界不可能出现任何新的或令人兴奋的东西，更别说在列宁格勒了：1949 年，斯大林以莫须有的罪名下令逮捕了该市几乎所有的领导层，按斯大林喜欢的说法，"将他们缩短了一个头"。在列宁格勒大学和苏联科学院旗下的各个研究所，日丹诺夫主义占据统治地位。但在 1952 年 10 月，新一期的人类学杂志《苏联民族志》(*Sovietskaya Etnografiya*，该刊物很大程度上被"科学"的马克思列宁主义所笼罩，并充斥着对伟大斯大林的"赞美"）刊登了一篇题为"中美洲的古文字"(*Drevniaia Pis'mennost' Tsentrakinoi Ameril*）的文章，[1] 作者是列宁格勒民族学研究所一名 30 岁的研究员，他的文章最终促成了玛雅文字的破解，使那些遥远的森林领主能够用他们自己的声音向我们说话。这样一个俄罗斯人——斯大林治下广袤地区的一名市民，实际上与其他知识分子隔绝——完成了外面世界几代更幸运的玛雅学家未能完成的事情。

这篇文章的作者当时还不知名，他叫尤里·瓦连京诺维奇·克诺罗佐夫，1922 年 11 月 19 日（玛雅纪年为 12.15.8.10.13，13 本 6 萨克）出生于乌克兰哈尔科夫市（Kharkov），父母是俄罗斯族。[2] 他 17 岁进入哈尔科夫大学，但两年后，即 1941 年 6 月，德国侵略军控制了乌克兰大部分地区。很不幸，克诺罗佐夫留在了敌占区。然后在 1943 年 2 月，在骇人的第三次哈尔科夫战役期间，他设法越过防线，来到莫斯科，他父亲在那里担任高级官员。之所以说"很不幸"，是因为所有在德占区待过的人，甚至包括俄罗斯战俘，都被斯大林和内务人民委员部（NKVD，克格勃前身）视为潜在的敌人和叛徒，并遭受相应惩罚。克诺罗佐夫因此有了"履历上的污点"，这在很长一段时间一直困扰着他。

凭借父亲的权势，他才得以进入莫斯科国立大学历史系学习。然而，战争仍在继续，1944年3月，他作为非战斗人员被征入红军，起初在一所汽车修理学校担任助理，后来在第158炮兵团担任电话接线员。

1944年10月复员后，克诺罗佐夫于当年回到莫斯科国立大学，专注于埃及学研究；但日本文学、阿拉伯语以及中国、古印度的文字系统也吸引了他的注意。大学里一些导师认为他是天生的埃及学家，试图说服他放弃中文学习，减少对考古学和民族学的关注。但对古代文字系统的比较研究是克诺罗佐夫的真正**强项**，他不能将探究之心局限于埃及。

他对这些领域的兴趣，得到了谢尔盖·亚历山德罗维奇·托卡列夫（Sergei Aleksandrovich Tokarev）教授的热情支持与鼓励。托卡列夫是研究西伯利亚、东欧、大洋洲和美洲族群的专家（马克思主义至少有鼓励比较研究的优点），他读过保罗·舍尔哈斯于1945年发表的关于现代人不可能读懂玛雅铭文的悲观文章。1947年，托卡列夫向他杰出的学生提出了一个问题："**如果你认为凡是由人创造的文字系统皆能由人破解，那你为何不试着破译玛雅文字系统呢？**"

许多人认为克诺罗佐夫太年轻了，从事这一艰巨任务太不明智，但托卡列夫的回答是，"年轻正是大胆创业的时候"。克诺罗佐夫转而学习西班牙语，并开始翻译——和评论——兰达主教的《风物志》；这成为他的博士论文，也为他开创性的破译工作奠定了基础。[3]1948年，他在莫斯科完成学业，但由于"履历上的污点"，他未被莫斯科国立大学录取为研究生。得益于托卡列夫的帮助，他成为列宁格勒国立大学的研究生，并在列宁格勒民族学研究所担任研究职务；他的办公室在彼得大帝的古老珍奇馆的一楼，俯瞰涅瓦河，他在那里一直待到半个世纪后去世。

克诺罗佐夫的伟大成就表明，即使在那个时代，苏联科学家和学者也能取得可观的进步，只要不涉及孟德尔生物学、弗洛伊德心理学和西方社会理论等禁忌话题；苏联核武器和太空计划的快速发展就充分证明了这一点。但考虑到研究机构和期刊中普遍存在的日丹诺夫式的气氛，《苏联民族志》这篇 19 页的文章之前出现编辑托尔斯托夫［S. P. Tolstov，他组织编写了斯大林主义的题为《为帝国主义服务的英美人类学》(*Anglo-American Anthropology in the Service of Imperialism*)的抨击长文］的一则简评，就不足为奇了。他赞扬了马克思列宁主义的方法，宣称正是这种方法使年轻的克诺罗佐夫在资产阶级失败的地方取得了胜利。就这样，托尔斯托夫给一个人的无情攻击留下了证据，此人即将成为克诺罗佐夫最强硬的论敌，他便是埃里克·汤普森。

看过汤普森半神秘和伪文艺的胡言乱语，克诺罗佐夫的论文似乎堪称逻辑表述之典范。顺便说一句，克诺罗佐夫在他发表的谈论玛雅文字的文章著作中，都**不曾**援引马克思、恩格斯或斯大林的神圣名字，这与西方众多诋毁者甚至拥护者的说法相反。

在描述了兰达的著作及其对文字的阐述之后，克诺罗佐夫探讨了尝试破译玛雅文字非历法部分的历史，以及兰达"字母表"的起起落落，一直讲到舍尔哈斯在 1945 年发表的悲观论文。他接下来所说的，为他的独特贡献奠定了基础。第一章讲到，西尔韦纳斯·莫利按照维多利亚时期人类学家泰勒的方案，提出了文字系统从图画文字到形意文字（中文是**卓越**的形意文字系统，因为莫利认为每个中文字符都代表一种思想）再到表音文字或拼音文字的发展过程。克诺罗佐夫严厉谴责这一狂热进化论的方案，并提出这些所谓阶段在所有早期文字中是共存的，包括古埃及文字、美索不达米亚文字和中文，他还举例证明了这一点。他把这类文字称为**语素拼音文字**，将它们与玛雅文字等量齐观。

从这个意义上说，语素拼音文字是国家型社会所特有的，由祭司—书吏阶层所垄断。在这样的文字系统中可以找到"形意符号"（现在称为语素符号），其既有语义价值又有语音价值；还有表音符号（如古埃及文字的单辅音符号）；以及"标示符号"或称定符，即具有语义价值但没有语音价值的分类符号。

以下是克诺罗佐夫对兰达"字母表"的评价，与公认的观点相悖：

> 迭戈·德·兰达给出的符号，尽管遭受了一个世纪的抨击，仍完全具有他所赋予的语音意义。当然，这并不意味着这些符号不能有其他意义，也不意味着它们穷尽了玛雅古文字的表音符号。

克诺罗佐夫接受了瓦伦蒂尼和汤普森之前所接受的观点，即，兰达用当时的西班牙语发出字母表每个字母的声音，他的信息员写下相应符号作为回应。因此，*b* 听起来像英语的 *bay*，*l* 像 *el-lay*，*s* 像 *essay*；而 *h*，兰达发的音像 *ah-chay*。按瓦伦蒂尼的说法，迷惑不解的当地人会将这些声音与事物的"形意符号"图画相匹配，这些事物名称的发音与他们从教士口中听到的大致相似；这些符

第六章 新风起东方　185

号,绝不能被解释为表音文字。

基于对世界各地文字的广泛了解,克诺罗佐夫另辟蹊径。他指出,兰达给出的大多数符号不是字母,而是**音节**:除了纯元音,每个符号都代表一个 CV 组合(如日语中的**假名**)。玛雅书写者的操作原则与其他语素拼音文字系统是相似的:①每个字符可以有多种不同功能,有时表示语音,有时代表语素(最小的意义单位);②根据书法上的美感需要,书写顺序可以颠倒,自商博良以降的埃及学家都熟悉这一原则;③表音符号有时添加到语素符号中,以减少阅读中的歧义(比如汉字中占大部分的形声字)。

接下来,克诺罗佐夫仔细地将古抄本中的一些文字与配图进行比照,尤其是《德累斯顿古抄本》。除了明显的天文学内容(金星运行表和日月食预警表),《德累斯顿古抄本》包含大量以不同方式划分、以 260 天为周期的卓尔金(*tzolk'ins*)计日;划分的每个**卓尔金**日期描述了特定神灵在该日的活动;在相关神明或女神上方有一个文本,里面通常包含 4 个字符;泽勒、舍尔哈斯等早期学者曾指出,这些字符中至少有一个指的是神明,后面是尊号或预言。一度饱受诟病的沃尔夫发现,左上方第一个符号应该是动词或类似于动词,而右上方第二个符号则是句子的宾语。

在文章中,克诺罗佐夫呼请读者注意《德累斯顿古抄本》第 16 页底部的段落。在这里,同一位女神——几乎可以肯定是年轻的月神——面朝左坐着。在她上方的文字中,她的字符出现在左下方。在每幅图中,她的头后面都有一只特定的鸟。在第一幅图中,是一只神话中提到的角鸮(horned owl),长期以来一直被认为是穆万鸟(Muwan Bird),它不仅关联着玛雅下界,也与至高的第 13 层天有关。该动物的头部在文字中处于最先的位置,前面是条点式数字"13"。那么从逻辑上讲，月亮女神上方初始位置的其余符号应该是与她有关的其他鸟类的命名，但我们会看到，与穆万鸟的情况不同，这里没有任何图像内容。无视兰达"字母表"的泽勒及其追随者，会给它们贴上"形意文字"或类似的标签。来看看这个年轻的俄罗斯人对此是如何处理的（图6-1）。

他的处理逻辑如下：

（1）先从表示"西"的符号开始，这一符号最先是由莱昂·德·罗尼于1875年识别出来的。上一章说过，该符号在尤卡坦玛雅语中的发音是 chik'in，由一只抓握的手（发音为 chi）及之后表示太阳的语素符号 k'in 组成。

（2）《马德里古抄本》第40a页和别处，画有一位秃鹫神，上方是兰达的 ku［k'u］加 chi 的字符。该复合词应读作 k'u-ch（i），因为在殖民时期和现代的玛雅语词典中，秃鹫就叫 k'u-ch（i）。在这一 CV+CV 型组合中，最后的元音在音节文字中不发音。

（3）画中是一只火鸡，上方有一个由兰达的 cu［k'u］加上一个未知符号组成的词。在殖民时期和现代玛雅语中，火鸡叫作 k'u-tz（u），因此这一个未知符号一定表示 tzu［克诺罗佐夫在此处暗示了元音和谐律（Principle of Synharmony），即在 CVC 型词的 CV–C（V）书写中，第二个音节的元音通常（但不总是）与第一个音节的元音相同。在以后的文章中他还会进一步阐述］。

（4）《德累斯顿古抄本》第16b页和别处，画有一位背着包袱的月亮女神，上方的 cu［ku］加上一个未知符号，一

第六章 新风起东方　187

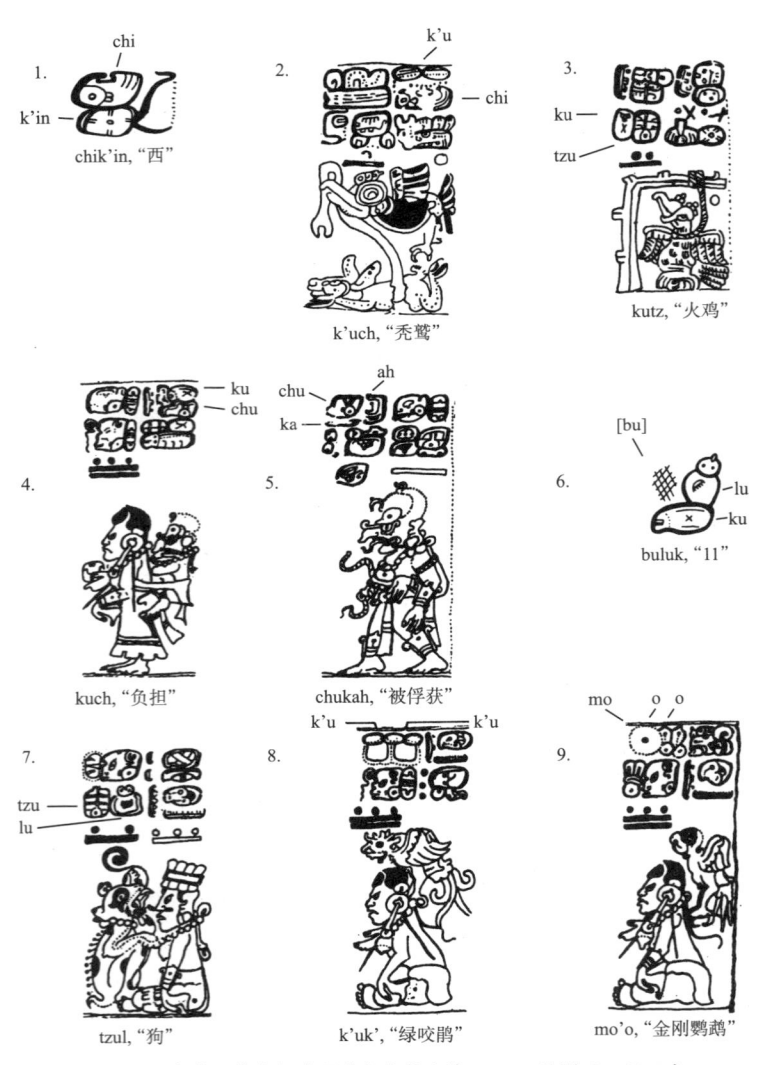

图 6-1　克诺罗佐夫释读玛雅文字的方法。1—9 的说明，见正文

188　破解玛雅密码

定是玛雅语中的 ku-ch（u），意为"负担"。因此，这一个未知符号表示的是 chu。

（5）画中是一位被俘获的神祇，上方的 chu 加上兰达的 ca［ka］，再加上 ah 或兰达的 ha，一定是玛雅语中的 chu-ka-ah，意为"被俘获"。我们将看到，这种解读将在古典期城市的纪念碑铭文破译工作中发挥关键作用。

（6）《德累斯顿古抄本》第 19a 页，在一列天名符上方应包含条点式数字"11"的位置，有 3 个字符，第 1 个已被涂抹，但第 2 个是兰达的 l——l 后面大概跟着一个未知元音，第 3 个是 cu［ku］。由于"11"在尤卡坦玛雅语中读作 buluk，所以第一个缺失的符号一定是 bu，兰达的第二个 l 一定是 lu。

（7）《德累斯顿古抄本》第 21b 页与别处，画有一位狗神，上方的 tzu 加 lu 一定是 tzu-l（u）。根据尤卡坦半岛莫图尔村（Motul）人编纂的最早的玛雅语词典之一，狗就叫 tzu-l（u）。

（8）再谈谈月亮女神与鸟的关系。她肩上画了一只绿咬鹃，相关字符显然是兰达的 ku［k'u］的连写。那么，这一定是 k'u-k'（u），因为在所有玛雅语中，绿咬鹃都读作 k'u-k'（u）。

（9）画中是一位驮着金刚鹦鹉的女神，上方一个未知符号加上连写的 o（兰达的 o）一定是 mo-o-o（或 mo'o），意为"金刚鹦鹉"。因此，这一个未知字符表示的是 mo。

每只鸟名字后面的字符该如何解读呢？克诺罗佐夫发现，通常用语素符号（穆万鸟的头部）表示的穆万月，也可以代之以表音符号：第一个符号是带有一条曲线的椭圆，因此他将其读作音

第六章 新风起东方

节 mu。在上面提到的复合词中，mu 这个符号也出现在兰达的 ti 之前，并放到兰达的 u（表示第三人称所有格）之后。因此，我们在这里必须将其解读为 u mu-t（i），意为"她的鸟（或预兆）"。这段著名文字中的一整个字块，应该被解析为"鸟名、她的鸟（或预兆）、月亮女神、预兆或表征"。

他甚至还发现一个语音强化的好例子：在表示"天空、天堂"的语素符号 kaan 后面，有一个他释读为 na 的缀符。

克诺罗佐夫坦承，他的一些破解是赛勒斯·托马斯（他很钦佩）首先完成的。他指出，被破解的都是尤卡坦词汇表中一些普普通通、家喻户晓的词，而不是假想出来的。他的这篇划时代的文章得出的结论是："玛雅文字系统是典型的语素拼音文字，其书写原理与已知的语素拼音文字系统没有区别。"如果他所言不差，兰达的"字母表"就真成了破解玛雅文字的"罗塞塔石碑"（尽管他从未这么叫过），而克诺罗佐夫的方法将开拓出全面破译玛雅文字的道路。

对这一彰显苏联科研能力的光辉业绩，苏联媒体的反应并不慢。另外，克诺罗佐夫的成果在全世界播出，甚至出现在 1952 年 8 月 13 日《纽约时报》的版面上。西方铭文学家，尤其是汤普森，受到了严峻挑战，而他绝非怯于应战之人。

汤普森选择在 1953 年的墨西哥杂志《雅恩》(Yan)[4] 上打响他与克诺罗佐夫单挑的第一炮。该杂志是一份短命的人类学出版物，由卡门·库克·德·莱昂纳德（Carmen Cook de Leonard）编辑，他是埃里克的好友，与墨西哥的人类学与历史研究所长期不和。埃里克一开篇就暗示了他接下来要讲的内容：

近年来，从莫斯科传出诸多"世界第一"的说法，从发明潜水艇到发明棒球，不一而足。其中一个鲜为人知的说法是，有人发现了破译中美洲玛雅象形文字的关键原理……

汤普森引用了一大段托尔斯托夫颂扬马克思列宁主义方法论的偏颇介绍，然后宣称（其实是错误地）克诺罗佐夫重复的也是这类废话；而年轻的克诺罗佐夫在文章第一部分，**实际上**是在批评汤普森和莫利囿于时间崇拜观念对玛雅文字采取的神秘主义做法，这是相当合理的批评！

我们应该还记得，在沃尔夫死后，汤普森是如何对待他的：汤普森根本不关注沃尔夫的主要观点，而是把大量笔墨用于批评他的小错误（确实是错误），就像拿猎犬对付一只老鼠。对这一来自铁幕后面的新威胁，他也是如此做法。汤普森满心接受了瓦伦蒂尼对兰达"字母表"的旧解释，然后指叱这名俄罗斯人，称他的15项解读中有5项早已由托马斯完成（克诺罗佐夫在文章中早已言明）；他立即指出，托马斯"在列宁出世前就这样研究了"，然后急切地扑向一处明显的纰漏：尤里·瓦连京诺维奇将《德累斯顿古抄本》第13c页的一只动物判定为美洲虎，其实那是一只雌鹿。埃里克兴高采烈地将这只动物与同样来自《德累斯顿古抄本》的一只毋庸置疑的美洲虎并排画到一起，"以便读者可以认真思考这只马克思主义的美洲虎"。由于克诺罗佐夫相当草率地把这一图案旁的复合词解读为 *chakmool*（意为"大爪"，美洲虎的一种著名表征），在刻薄的汤普森看来，这个俄罗斯人建立的整个铭文学大厦就像纸牌屋一样倒塌了。

在这篇语含轻蔑的评论结尾，汤普森提出一个问题：克诺罗佐夫是否获得过什么"科学荣誉"？答案显然是"没有"。综上所述：

> ……这可能是俄罗斯从事研究的一小群人严格开展党内合作而取得成效的一则实例。为自由世界的利益着想，希望我们的军事研究也能如此。

这位杰出的玛雅学家如是说：克诺罗佐夫的方法根本不值一提，他所谓的"破译"不过是马克思主义的骗局和宣传伎俩罢了。

汤普森生前，不管在此问题还是其他多数问题上，该领域很少有哪个玛雅学家敢跟他这位大头领唱反调，更别提在公开出版物上反对他了。但在1955年，瑞典语言学家和汉学家托尔·乌尔温（Tor Ulving）在瑞典的《民族志》杂志上发表评论，表达了对1952年的这篇文章的非凡赞赏。[5] 对苏联的方法和发现进行总结后，他对克诺罗佐夫取得的成就做了以下评价：

> 这里简要介绍了最新的破译工作，对其价值进行最后裁决，将是以后玛雅象形文字研究专家的任务。但即使现在也可以有把握地说，这篇文章在玛雅文字破译史上的重要性是不容置疑的（他大概没有读过汤普森的抨击文章）。虽然该文章是以西方世界大多数学者不了解的语言呈现的，这带来诸多麻烦，但这绝不能成为他们不去彻底了解它的理由。建立这种文字系统所依据的原则，首次被证明与其他原始文字普遍存在的原则相同。这有力地说明，这种新的破译方法有着坚实的基础。

对这种新的研究路径，瑞典可能持开放态度，但德国（弗斯特曼、泽勒和舍尔哈斯的家乡）肯定不会。次年，即 1956 年，在哥本哈根举行的国际美洲学者大会的会议上，年轻的德国铭文学家托马斯·巴特尔（Thomas Barthel）接续了汤普森的工作（但摒除了冷战式的论战），他在战争期间曾是德国国防军的密码破译员。[6] 克诺罗佐夫混在杰出的西伯利亚考古学家奥克拉德尼科夫（Okladnikov）院士的大批随从中，也参加了这次会议，并发表了一篇论文（以英文写成）。此时，反对克诺罗佐夫方法的论敌已有更多东西可悉心钻研，因为克诺罗佐夫在 1955 年推出了一本更加雄心勃勃的著作的西班牙语译本；他的新解读包括大量的语素参考，而我必须有些悲哀地说，即使是那些从一开始就对他的方法报以最深切同情的人，也觉得在这本书中的很多地方，尤里·瓦连京诺维奇偏离了目标——或至少没有提供他基于兰达"字母表"进行语音解读的有力理由。

尽管如此，巴特尔强调，在克诺罗佐夫的问题上，剑桥大学（也就是汤普森）和汉堡大学（他当时在那里任教）的观点是一致的。

巴特尔的职业生涯很奇怪。他的破译历程在很多方面与克诺罗佐夫相仿，两人恰似二重分身（*Doppelgänger*），但与克诺罗佐夫不同的是，巴特尔的知识几乎无人继承。两人都将一生奉献给铭文学，都尝试破译玛雅文字，都用心研究过遥远复活节岛的朗格朗格（Rongorongo）文字。我认为，巴特尔的错误不仅在于他对德国先辈的反表音传统忠贞不渝（他曾指出，他的哥本哈根论文发表于弗斯特曼逝世 50 周年），更在于他不愿把玛雅文字看作一种真正的文字系统，像旧大陆文明所有的那样——汤普森和友人理查德·朗也固守这种观念。克诺罗佐夫从事过比较研究，不论这种研究是否符合马克思主义，这一背景都给了克诺罗佐夫一种他们所缺的优势。

大约35年前，梅里达是墨西哥最安静的落后地区，这是一座闪闪发光的白色城市，基本上都是一层楼的房子，街道和市场上有许多古铜色的玛雅妇女身着耀眼的白色**惠皮尔**罩衫；仍然可以到处听到尤卡坦玛雅语，它作为安全、一尘不染的省会，有着当之无愧的声誉。1955年3月，我与著名遗传学家、俄罗斯流亡者西奥多修斯·杜布赞斯基[1]的女儿索菲结婚；当时索菲是拉德克利夫学院人类学专业的本科生，我是哈佛大学的一名初级研究生（我们其实是在实验桌上认识的，当时我们往人的头骨内填入芥子以测量颅骨容量）。我提议下个圣诞假期带她去她从未见过的玛雅地区。1955年12月底至1956年1月初，[7]我们身在梅里达，将其作为游览乌什马尔和奇琴伊察等地的基地。

我们在梅里达入住的酒店是蒙特霍（Montejo），这是一家完全老式的殖民地风格的旅馆。我们很高兴也有些吃惊地发现，同行的客人是卡内基研究所的著名艺术家、考古学家塔季扬娜·普罗斯科里亚科夫。她身材苗条，一头棕发，容易紧张，当时已经40多岁了。我已认识卡内基研究所的很多人，包括埃里克·汤普森，因为他们在剑桥的总部位于弗里斯比广场（Frisbie Place）10号，与人类学系所在的皮博迪博物馆紧挨着，所以"塔尼娅"可以说是老相识了。

---

[1] 西奥多修斯·杜布赞斯基（Theodosius Dobzhansky），俄裔美国遗传学家。

塔尼娅显然对玛雅文字很感兴趣，但她总是遵从埃里克的意见（就像卡内基研究所的其他人一样）；她关于铭文主题的划时代发现，直到5年后才被世人知晓。然而，虽然塔尼娅非常遵从埃里克的特定路线，但她是个颇爱唱反调的人物。实际上，她这种脾性几乎无人不知。假如你说："塔尼娅，今天难道不是个好天吗？"塔尼娅会否认，但几分钟后，她又会说天气多好多好。有鉴于此，以及她（经常否认）对俄罗斯事物的兴趣——她像我的岳父母一样，也是个流亡者——她对尤里·克诺罗佐夫的研究产生好奇，也就不足为奇了。

我的一大癖好是收集有关中美地区的书籍，这从我的学生时代就开始了，而且我从没有为此后悔过。梅里达的书店稀疏零散，且存货不多，我们逛的时候，偶然遇到一本在售的殖民初期尤卡坦玛雅语词典，这一词典没剩几本了，是由马丁内斯·埃尔南德斯编纂的；还有一本制作粗糙的小册子，[8] 显然是由当时非法的墨西哥共产党的一个先进组织"工人图书馆"（Biblioteca Obrera）发行的。该系列其他书目包括斯大林的《苏联社会主义的经济问题》（*Economic Problems of Socialism in the U.S.S.R.*）和刘少奇的《论共产党员的修养》（*How to be a Good Communist*），而这本小册子是1952年《苏联民族志》克诺罗佐夫那篇重磅文章大部分内容未经授权的西班牙语译本。

这本小册子我通读了几遍。对我来说，它非常有意义，我似乎第一次读到了对玛雅文字非历法部分的合理处理。我对东方语言有所了解（我刚在中国台湾待了两年，当时正在哈佛大学跟随埃德温·赖肖尔[1]学习日语），这本小册子对我就更有启发了。由

---

[1] 埃德温·赖肖尔（Edwin O. Reischauer），又译作赖世和，美国历史学家和外交家，曾任美国驻日本大使，是美国公认的日本问题专家。

于索菲精通英语和俄语，我们得出的结论是，克诺罗佐夫的成果应该借由翻译在美国和其他地方找到更多读者。

塔尼娅也买了这本小册子，她看完后，我们看到她对其深感兴趣，但我相信，在埃里克生前，她一直纠结于两种态度之间，从未调和：一方面认为克诺罗佐夫可能是对的，另一方面又担心埃里克不赞同。她通常的意见是，"也许他说得对，但我只是不明白罢了"。

要反对汤普森，我没有那么多顾虑，虽然我只是玛雅研究领域的一个年轻新手，而汤普森已深耕数十载。由于在新英格兰寄宿学校接受过多年严格教育与训导，我不愿不加质疑就接受权威，而且我很早就认同托马斯·杰斐逊（Thomas Jefferson）的观点，即"偶尔有点反叛是件好事"。虽然我很尊重埃里克·汤普森之博学，但我觉得，在有些方面，这位学界皇帝没穿衣服。其中之一是，对于韦拉克鲁斯和塔瓦斯科的奥尔梅克人，即巨型人头石雕的雕刻者，他绝不愿承认他们的文明发展早于古典期玛雅人；埃里克广泛援引诸多事实，来打压奥尔梅克文明及其拥护者，但我还是研究生的时候就敢于发文批驳，因此疏远了各种或老或少的汤普森主义者。

我的另一颠覆之举是直接给克诺罗佐夫写信，表示我对他的工作很感兴趣，对他关于早期文字系统的观点予以支持。我在1957年8月20日写的信中有一段话：

> 如果我对你的观点理解不错的话，那么，玛雅文字就非常像现代日本文字。如你所知，日文用大量中文形意文字（汉字）来表示他们的词根；对于像中文这样基本没有词缀的语

言来说，汉字就足够了，但对于语法复杂的日文是不够的。因此，日文的词缀是通过音节符号（假名）来表达的，而音节符号最终来源于形意文字。然而，任何日文句子都可以完全由**假名**来表达。看来，正是玛雅文字的这种双重性质，一方面使汤普森，另一方面使沃尔夫，误入歧途。你已经确凿无疑地证明了玛雅文字中的音节词缀，而汤普森的所谓"破译"不过是对一些形意文字含义的猜测而已。

我对词缀的看法是错误的：事实证明，音节书写在整个玛雅文字中普遍存在。关于"形意文字"，我也错了。这只是我与他长年通信的一部分；一想起那些拆开这些信阅读的间谍所感到的困惑，我就心生一丝得意，因为在这段时期，美国中央情报局正忙着检查与苏联有关的一切通信，而他们的克格勃同行也在**本国**做着同样的工作。

克诺罗佐夫论述兰达的博士论文于 1955 年出版，他给我们寄了一份副本。我和索菲在《美国古物》（*American Antiquity*）杂志上写了一篇赞赏性的评论，呼请注意他的破译工作。这肯定让汤普森很不悦，但真正触怒这位杰出玛雅学家的是，我们呼请注意这位苏联人将汤普森与阿塔纳修斯·基歇尔进行的很有说服力的比较。令情势更加严峻的是，1958 年，索菲把克诺罗佐夫一篇概述其方法和破译工作的新论文译出，并发表在同一杂志上，[9]这不可避免地引发了玛雅学家和语言学家对这些来自铁幕后的颠覆性观点的广泛关注。

戴夫·凯利，全名叫戴维·休密斯顿·凯利（David Humiston

第六章　新风起东方　　197

Kelley），在玛雅研究史上一定是个独一无二的人物。[10] 戴夫是爱尔兰式活泼与新英格兰式严肃的生动混合体，他的肥硕体型、秃头、古灵精怪的微笑，在专业会议上让人一看便知是他。他总能在会上不负众望地提交一份论文，以常人的眼光看，这篇论文可能非同寻常甚至难以接受，但通常都是以最无可挑剔的学术研究为基础的。

我认识戴夫还是在我俩在哈佛大学读本科的时候，他对世界各地一切稀奇古怪、不合常规之物的广博学识，总是让我大为震撼。不明飞行物（UFO）、爱尔兰和亚美尼亚的王室家谱、跨太平洋扩散学说以及消失的大陆，都在他职业生涯的不同阶段引起过他的注意。他是天生的非主流者，在玛雅破译之路上特立独行，这让埃里克·汤普森很是厌恶。

东贾弗里（East Jaffrey）是新罕布什尔州一座怡人的老式村庄，位于莫纳多克山（Mt. Monadnock）的阴影下，正是在那里，戴夫和两位姑妈住在一栋维多利亚式的木屋里，度过了他大部分的青春岁月。我永不会忘记他邀我和其他学生朋友去他家的那一天。两位年迈的姑妈坐在摇椅上。三楼是戴夫自己的房间，走进去需经过一幅可怖的壁画，上面描绘的是《德累斯顿古抄本》中世界毁灭的那一页，这幅壁画是由他弟弟绘制的。书架上摆放着考古学书籍、极怪异的通俗科幻杂志和 UFO 文献。这显然不是大众心目中哈佛大学学生的样子。

戴夫出生在奥尔巴尼，父亲是爱尔兰天主教徒，母亲是美国人。戴夫早年在纽约州北部的学校度过。15 岁时，他就将考古定为自己的志业。他的姑妈爱丽丝·休密斯顿（Alice Humiston，我在东贾弗里遇到的两位老太太之一），当时是加州大学洛杉矶分校图书馆的首席编目员,也是西尔韦纳斯的侄女玛格丽特·莫利(Margaret Morley)女士的朋友。莫利小姐推荐了安·阿克塞尔·莫里斯(Ann Axtell Morris,卡内基研究所一名考古学家的妻子)所写的《发掘尤卡坦》(*Digging in Yucatan*),觉得男孩可能会感兴趣。[11]于是,爱丽丝姑妈就送给了戴夫一本。书中有两幅图让他着迷:一幅在靠近开头的地方,展示了奇琴伊察的一处巨型土丘,人们站在上面;另一幅在靠近结尾的地方,同一处土丘已经变成华丽的千柱神庙。正如戴夫所说,"我想,嘿,我想干的事就是这个"。

几年后,戴夫给托泽写了一封想上哈佛大学的信,托泽回信给予了鼓励。在陆军服役 3 年期满后,戴夫于 1946 年作为新生进入哈佛大学,成为托泽指导的最后两名学生之一(另一人是威廉·桑德斯[1],他将专攻墨西哥中部)。托泽的教导很严格:他用小手在研讨室的黑板上写满书目,要求学生通读,书目中甚至包括那些不支持自己观点的资料。"这里面就包括像埃里克这样的人,"戴夫告诉我,"托泽不太喜欢他,也并不总是尊重他的意见。"戴夫和我都有幸加入了卡内基研究所的历史研究分部,该分部致力于玛雅研究,位于一栋旧框架建筑内,旁边就是皮博迪博物馆,戴夫经常能看到埃里克·汤普森和塔尼娅·普罗斯科里亚科夫。

戴夫·凯利承认,他与汤普森的关系从来都不是很近;埃里克显然不喜欢戴夫关于古典期纪念碑和铭文之历史性质的非主流观点(他这些观点预示了后来的革命),而戴夫也不接受汤普森(或 GMT)的历法相关性(事实证明汤普森是正确的)。埃里克不认同戴夫关于中美地区的历法从西向东跨太平洋扩散的学说

---

[1] 威廉·桑德斯(William Sanders),美国人类学家。

（戴夫将此作为博士论文的主题），以及他对语音学方法的兴趣。

　　一次偶然的机会让凯利和克诺罗佐夫走到了一起，这件事使戴夫成为这个俄罗斯人在西方最有效的代言人。1956年夏，戴夫前往苏格兰和爱尔兰，为一位正在撰写伍德罗·威尔逊（Woodrow Wilson）总统传记的朋友研究威尔逊的家谱；他利用在欧洲逗留的机会，前往哥本哈根参加国际美洲学者大会。[12] 在会上，他被克诺罗佐夫（他以前从未听说过）的演说所吸引。与他见面后，凯利用西班牙语与他聊天，这是两人唯一的**通用语**（据戴夫说，两人都说得很差）。

　　那年秋天，他回到哈佛大学，发现了一项进行中的秘密活动。连续几年来，那些对中美地区感兴趣的学生参加了一个非正式研讨会，我们称之为"方桌会议"（Mesa Cuadrada），以模仿在墨西哥存在多年的"圆桌会议"（Mesa Redonda）。我们设法请来的演讲者以及学生的演讲，比人类学系主办的更正式的系列研讨会有趣得多，而且出席人数也更多，这让学界势力很是恼火。1956年至1957年，我担任方桌会议的轮值主席，在塔尼娅的暗中帮助下，我组织了一次晚间会议，专门讨论克诺罗佐夫研究的意义。这次会议卓有成效。我们听取了波士顿艺术博物馆的威廉·史蒂文森·史密斯（William Stevenson Smith）对古埃及文字的介绍，以及哈佛大学燕京学社一位中国学者（他的名字我现在不记得了）对中国文字的陈述，二者都遵循了克诺罗佐夫处理早期文字系统所采用的比较方法。至于如何从历史角度看待过去尝试用语音破译的种种做法，语言学家约翰·卡罗尔——沃尔夫的遗稿保管人——谈到了沃尔夫这位备受指责的革新者，而克诺罗佐夫的理论与破译工作，有凯利为其代言。我还保留着塔尼娅·普罗斯科里亚科夫的会议大纲（见附录A），该大纲表明，她对这一颇具争议的话题采取了一种完全现代的方法：如今回看，她领先了时代很多年。

我认为邀请埃里克·汤普森介绍他的观点是很合理的，但他以血压受不了为由拒绝了我们，这个理由可能是借口。在公共论坛为自己在玛雅文字上的立场辩护，不是埃里克的风格，尤其是在低级别的研究生中间。

戴夫后来在得克萨斯州拉伯克（Lubbock）的得克萨斯理工学院任教，并在那里准备了一篇他最有影响力的论文——汤普森余生中刻意将之忽略。这篇题为"玛雅文字中的音读法"（Phoneticism in the Maya Script）的论文，于1962年发表在享有声望的墨西哥《玛雅文化研究》（Estudios de Cultura Maya）杂志上，以大篇幅和缜密的逻辑为克诺罗佐夫的语音—音节解读法辩护，并驳斥了汤普森愈发频繁且严厉的抨击。[13] 凯利还首度将克诺罗佐夫的方法带进一个全新的领域：纪念碑铭文。[14] 古典期玛雅文明在南部低地瓦解之时，位于尤卡坦半岛北部中心的伟大城市奇琴伊察进入一段蓬勃发展的时期；在9世纪的几十年时间里，一些石质楣梁上雕刻着长长的古文字（其中一些由约翰·劳埃德·斯蒂芬斯在19世纪首次公布）。早在20世纪30年代，赫尔曼·拜尔就从这些铭文中分离出了重复的复合词和短语，凯利的目光被其中一个所吸引。

在这一字串中，戴夫认出了兰达的（和克诺罗佐夫的）音节 ka [k'a]、ku [k'u] 和 ca [ka]，以及倒置的阿豪符号，这一符号包含在表示"东"的符号拉金（lak'in）中（图6-2），克诺罗佐夫将其确认为 la。在 la 之前是一个画有交叉阴影线的字符，戴夫认为这是一个"开放"符号的异体（或变体），克诺罗佐夫将其读作 pa。所有字符加在一起，拼作 k'a-k'u-pa-ka-l（a）或 K'ak'upakal（"火盾"），这是后征服时代编年史中提到的一位勇敢的伊察首领的名字（图 6-3）。这是一项巨大成就：在书写者依据克诺罗佐夫发现的原理制作的石刻铭文上，发现写有一个人的名字；这项成就预示着当前一代破译者的登场，并让我们更接近约翰·劳埃德·斯蒂芬斯的一个设想，即殖民时期文献记载的历史可能以某种方式与古代玛雅城市发生的事件有关。

虽然汤普森不认同这一解读，认为凯利近乎精神错乱，但凯利坚定不移的标音读法有着坚实的基础：在他爱尔兰式的调

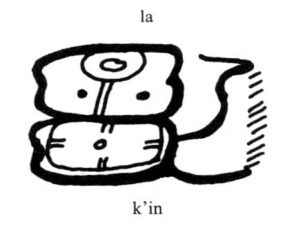

图 6-2 表示"东"的字符拉金（lak'in）

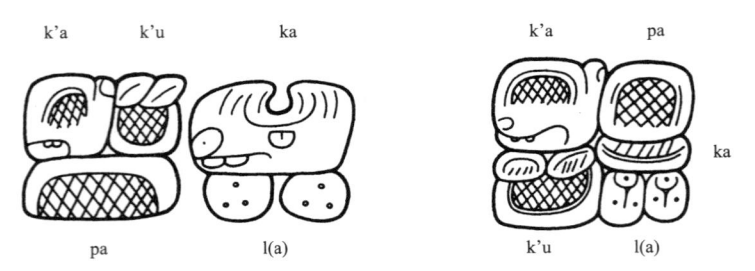

图 6-3 凯利对奇琴伊察的卡库帕卡尔（K'ak'upakal）的解读。这些是基于玛雅语音音节的不同拼法

皮嬉笑下面，有着理智的岩床。当戴夫的巨著《破译玛雅文字》（*Deciphering the Maya Script*）在 1976 年，即汤普森去世一年后面世，[15] 即使是最忠实的汤普森信徒也要面对无可辩驳的证据，承认克诺罗佐夫是正确的，而埃里克大错特错了。

时间回到 1957 年。卡内基研究所的玛雅考古项目结束后，汤普森离开美国，回到他在埃塞克斯郡萨夫伦沃尔登（Saffron Walden）的新家，埋头准备他计划已久的《玛雅象形文字目录》（*A Catalog of Maya Hieroglyphs*），这项艰巨任务的成果最终在 5 年后迎来出版。[16] 他和我继续通信，而我仍试着向他解释我为何认为克诺罗佐夫和凯利是对的。我能想象，我们对克诺罗佐夫的评论一定让他颇为不满，拿他与阿塔纳修斯·基歇尔对比，一定使他相当恼火。10 月 27 日，他坐下用打字机给我写了这封信：

亲爱的麦克，

你不能相信——肯定不能
世界正处于世纪的盛期
你不会相信天真的他们 [1]

这些轻信的街头大孩子
所想象的

---

〔1〕 此处应是三行诗，但未查明出处。原文为 "You can't believe–oh, surely not/When the centuries of the world are so high–/You'll not believe what, in their innocence"。

他们不是克里斯托弗·弗雷[1]剧中的孩子，而是一帮遵从尤里之命，在半夜天空肆意穿行的巫师。戴夫·凯利，轻快地追逐着奎兹尔科亚特尔、西佩、托纳蒂乌和修洛特尔[2]，[17]跨过太平洋的环状珊瑚岛，一如我当初拿着捕蝶网追逐大理石条纹蝶（Marbled White）和红纹蝶（Red Admiral），走进英格兰已经消失于1914年的石灰岩采石场；伯兰（Burland）[18]和神圣的新巴尼特（New Barnet）的阿比艺术中心（Abbey Art Center）那些逃走的修女，喝着一杯杯冒气的可可，翩翩起舞；性饥渴的塔尼娅在郊外游荡，从神圣俄罗斯的神谕中寻觅敞篷四轮马车，好将她载到契诃夫笔下的幸福之地……好吧，老倔牛应该身陷困局了，但他没有；他只是安静地在草地上反刍。我仿佛还记得，两年前，每个人都在说，老汤普森要完了；碳–14测年法已经否弃了他的历法相关性，只有他一人蒙在鼓里……

随着新的碳–14读数的出现，我看到旧的11.16.0.0.0历法相关性又重新回来了，显然这是出于历史、天文、考古等各种原因。

我可以心平气和地看着伯兰夫妇和戴夫·凯利跟着尤里跑，因为我知道，所有试图用这种方法解读玛雅文字的人，从赛勒斯·托马斯到本杰·沃尔夫，他们的遭遇也必将成为尤里的遭遇。我已经发现玛雅象形文字中至少有300个缀符

---

[1] 克里斯托弗·弗雷（Christopher Fry），英国诗人、剧作家，著有戏剧《不该受火刑的女人》（*The Lady's Not For Burning*）。
[2] 这些都是阿兹特克人的神灵。西佩（Xipe），重生之神，也是剥皮之神；托纳蒂乌（Tonatiuh），太阳神；修洛特尔（Xolotl），闪电与死亡之神。

（目前发现了 296 个，还没有找完），因此我比以往任何时候都更加确定，绝不存在尤里提出的那种系统。

在得知尤里最近情绪爆发前，这就是我这个年迈之人不去检查血压的原因。[19] 眼前是康斯太勃尔[(1)]似的风景，柔美的红砖与白房子列于谷地对面，我的思绪轻易回到了 18 世纪（可以很轻松地忘记时代），在这里我可以安静地做研究，推进我的玛雅文字目录，我相信，这一目录以后会成为一座富矿，供尤里以及与他同气相投的其他人研究，他们将会扬扬自得地证明，黑石城 12 号石柱上最后一个俘虏身上的字符[20]说的是"爱泼斯坦制作"（Epstein me fecit）[(2)]。这就是我没得高血压，以及不去你的方桌会议的原因，正如诗人所说：

愿我能以绝对的控制力统御我的激情
随着力气衰减而变得更加智慧和良善，
不得结石不患痛风面对缓慢的衰朽[(3)]

好吧，麦克，咱们到 2000 年再看吧。请将此信粘到《玛雅象形文字导论》的空白页，到时候看看我是不是大错特错了。

---

(1) 康斯太勃尔（Constable），英国风景画家。
(2) 爱泼斯坦，即雅各布·爱泼斯坦爵士（Sir Jacob Epstein），英国雕塑家，帮助开创了现代雕塑。
(3) 出自英国诗人瓦尔特·波普（Walter Pope）的诗《老年人的愿望》(*The Old Man's Wish*)，原文为"May I govern my passions with absolute sway/ Grow wiser and better as strength wears away, /Without stone or gout to a gentle decay"。

第六章　新风起东方　205

你

正在缓慢衰朽的

埃里克·T。

在某一方面，埃里克是对的：《玛雅象形文字目录》在一段时间内成为玛雅铭文学家不可或缺的工具，尤里的拥护者当然也从中发掘相关信息，但如今它已被弃置不用。讽刺的是，所有现代古文字专家都与克诺罗佐夫"同气相投"。

我给埃里克回了信，表示他并未认真对待对手提出的玛雅文字的一般理论，而只是纠结于细节，但说了白说。没多久，他又发给我一封信，其中说道：

谢谢你的好信。我认为我俩在自说自话，互不理解。我并不是说玛雅文字中没有表音元素，尤其是现存的《德累斯顿古抄本》。我所反对的是克的方法，我认为这种方法完全是野路子。他也许有一两次说到点子上了，但我还是要把考伯[1]的三行诗塞到他嘴里（在他这儿，傻瓜是错的）：

我绝不会总是错；

我说的全错也难，

傻瓜一定也偶有对的时候。

---

[1] 威廉·考伯（William Cowper），英格兰诗人。这三行诗出自他 1782 年的诗《谈话》(*Conversation*)，原文为"I am not surely always in the wrong; / Tis hard if all is false that I advance, / A fool must now and then be right by chance"。

我妻子将克诺罗佐夫在1958年发表的文章译出,发表在《美洲古物》杂志上,更是给这场论争火上浇油,[21] 因为克诺罗佐夫在文章中这样嘲讽汤普森:"有些作者认为,对未知符号似是而非的解释就叫破译。"他接着说:

> 与借助间接线索来确定个别象形字符的含义不同,破译是对用象形符号写成的单词进行精确音读的开始。破译的结果是,对文本的研究变成语文学(语言学)的一个分支。

换言之,克诺罗佐夫认为汤普森的破译毫无价值。以汤普森的"方法"举例,克诺罗佐夫将矛头指向埃里克对公认为"狗"的象形符号组合(克诺罗佐夫已将其释读为 *tzul*)的解释。我们看到,它由两个符号组成,其中一个似乎是动物的肋骨和脊骨。汤普森说,这是表示"狗"的一个象征符号,因为在中美地区神话中,狗陪伴死者的影子前往冥界。按克诺罗佐夫对这个词的定义,这很难称得上是"破译"。顺便说一句,这个字符非常典型地说明了表音符号的画谜同音假借原理,因为在尤卡坦玛雅语中,*tzul* 既表示"狗",也表示"脊骨",而 *tzu* 是最后形成的音节符号。

同年,汤普森发表了一篇评论,从中能明显看出他愈发恼怒和愤恨了:[22]

> (《雅恩》杂志上)那篇评论详细表达了我对俄罗斯人克诺罗佐夫第一篇论文的不好印象,他循着那么多不可采信的狂热者的脚步,宣称已经发现(依偎在马克思主义哲学的

第六章 新风起东方

怀抱中）破译玛雅象形文字的钥匙。他第二本更完整的著作最近出版了，其中包含大量据称是破译的内容。而我仍然提不起半点兴趣。

尽管汤普森断言克诺罗佐夫的著作毫无价值，他还是花了大量时间予以驳斥。在过去75年里，每十年就会出现几十个疯子和半疯子试图破解这些文字，他却从来没有费心思去驳斥。让克诺罗佐夫更加危险的是，他的研究成果以英文发表在一本杂志上，而这本杂志过去是，现在仍然是美国所有考古学家（不管是不是玛雅学家）的"内刊"。因此，埃里克·汤普森1959年的主要反击文章发表于同一杂志上，也就不足为奇了。[23] 这篇题为"中美洲象形文字的系统与破译方法"（Systems of Hieroglyphic Writing in Middle America and Methods of Deciphering Them）的文章，暴露出汤普森的所有缺点，而没有表现他的一处优点。他再次重复了瓦伦蒂尼关于兰达"字母表"的论点，然后转而论及西班牙人在16世纪的墨西哥使用的传教士书写系统，比如泰斯特拉文字[1]，修士们曾试图用它向土著居民灌输语音拼字法，并表示兰达的启蒙读本就是这样一种系统。

汤普森接着声称，过去使用兰达"字母表"的尝试纯属徒劳，因为"粗瓷碗雕不出细花"[2]；它们全都"极不可信"（他最爱用的

---

[1] 泰斯特拉文字（Testerian）是一种图画书写系统，在19世纪教士用它向墨西哥土著民族传授基督教教义。它的发明要归功于1529年来到墨西哥的圣方济会修士雅各布·德·泰斯特拉（Jacobo de Testera）。

[2] 原文为"making silk purses out of sows' ears"，英文谚语，比喻"用劣质材料做不出好东西"。

词)。剩下的段落,他全用来驳斥对手声称破译的某些细节,紧紧揪住一个事实,即象形文字通常从左到右的顺序有时会颠倒,却忽视了:出于审美和书写的考虑而改变顺序也是克诺罗佐夫发现的原理之一。但我们的老朋友阿塔纳修斯·基歇尔一定会为埃里克的总结段落而骄傲的:

豪斯曼曾写道,没有哪位火脸先知告诉我该走哪条路[1]。我不能说自己破译了玛雅象形文字,也不知道有哪种系统能替代我所抨击的这种系统,因为我怀疑玛雅文字就像托普西(Topsy)一样,来路不明,自生自长[2]。画谜书写无疑是一个重要因素,画谜图画也是。显然,象形符号元素既代表词也代表音节(通常是同音异义词)。有形意符号,有植根于神话的象形字(他所谓的"象征符号"),**还有用其他六种方式书写的零散符号**(此处是我强调的)。

在他1962年出版的《玛雅象形文字目录》中,他同样展现了这一文字的混杂状况:[24]"简而言之,这样一种缺乏系统性、缓慢生长的大杂烩让我们深感困惑。当然,这一大杂烩文字既没有破解的钥匙,也没有适合它的锁。"那么,书写者如何使用这一大杂烩进行交流,这种交流又是如何被阅读的,不管从哪个意义

---

[1] 豪斯曼(A.E.Housman),英国古典学者、诗人。这一句原文为"No fire-faced prophet brought me word/which way behoved me to go",出自他的长诗《以色列人出埃及之时》(*When Israel out of Egypt came*)。
[2] 原文为"like Topsy, just grew",该表达出自斯托夫人(Harriet Beecher Stowe)的小说《汤姆叔叔的小屋》(*Uncle Tom's Cabin*)。

第六章 新风起东方

上讲，汤普森都未给予回答，就像三个世纪前的基歇尔一样。

埃里克·汤普森对这一红色威胁的较晚抨击是在 1971 年，体现在他为《玛雅象形文字导论》第三版所作的序言中。[25] 和往常一样，埃里克错误陈述了克诺罗佐夫的立场，声称后者将玛雅文字视为**完全**表音的，然后拿起他的冷战大棒：

> 我觉得有一点很重要，那就是对于表音系统，在密码破解后，破译工作也会随着每个新确定的读法而加速。自从苏联那些身穿制服的传令官大张旗鼓地宣布，在资产阶级经过近一个世纪的尝试后，这一问题已经被马克思列宁主义的方法解决，如今已过去 19 年了。果真如此的话，我会很乐意前往海格特公墓（Highgate Cemetery）的马克思墓前拜谒，以示感激。可惜！表音系统被成功破解后，最初所谓的破译之流本应汇涌成河，却并未如此，而是早早干涸了。

他在 1972 年出版的《玛雅象形文字没有眼泪》(*Maya Hieroglyphs Without Tears*)[26] 一书中，给了克诺罗佐夫最后一击。这是一本小册子，由大英博物馆发行，虽然外表优雅，但现在成了老古董，除了其典雅的外观（基歇尔出版的书也很漂亮，是当时的咖啡桌书籍[1]），已经没什么价值。

如今回顾，汤普森完全走偏了，克诺罗佐夫才对头。也许有人会问，克诺罗佐夫在 1952 年发表那篇论文之后，为何破译之

---

〔1〕 指供咖啡茶几上摆设用的书。

流用了这么长时间才汇涌成河？相比古埃及文字、楔形文字或赫梯古文字，玛雅文字的破译为何耗时这么久？我要遗憾地说，主要原因是几乎整个玛雅研究界都甘愿臣服于埃里克·汤普森这位主导学者，他凭借自己的秉性、广博的学识，利用华盛顿卡内基研究所资源的便利、尖刻甚至刻毒的头脑，得以阻挡这个俄罗斯人掀起浪潮，一直到他1975年离世。当时的玛雅学家大多没有（现在仍然没有）语言学或铭文学的基础；默认情况下，他们将这一领域交给埃里克，而他无休止地引用已故诗人和希腊诸神，对他们进行轰炸，从而有效剥夺了他们的批判能力。

就连克诺罗佐夫论述这一主题的主要著作，即1963年出版的记录翔实的巨著《玛雅印第安人的文字》（*Pis'rnennost Indeitsev Maiia*），[27]也没有给汤普森的拥趸留下什么印象，即使我妻子推出了该书部分章节的译文，并由塔尼娅作了一篇一贯谨慎的序言，也是反响寥寥。1966年，我冒险出版了《玛雅》（*The Maya*），[28]这本书是第一本称赞克诺罗佐夫方法的关于玛雅文明的通俗读物；关于这一话题，不出所料，众专家给出了负面的评论。迟至1976年，当时还是杜兰大学学生的阿瑟·德马雷斯特（Arthur Demarest）在一个颇受尊崇的文丛中发文，对克诺罗佐夫的破译工作进行有争议、不明智的攻击，[29]文中高傲地声称："得出克诺罗佐夫的理论无效这一结论，没什么必要……他不是第一个创造错误破译方法的学者，可能也不会是最后一个。"

就对玛雅文字的看法而言，像我和戴夫·凯利这样的异议者身处外围，但在考古学领域之外，我们找到了一群重要盟友：语言学家。这些人并没忘记汤普森对他们的同事本杰明·沃尔夫和阿奇博尔德·希尔的粗暴做法。其中一些研究玛雅语言的专家，如耶鲁大学备受尊敬的弗洛伊德·劳恩斯伯里（他后来在破译工作中发挥了重要作用），对克诺罗佐夫评价很高，而且对一般文字系统比埃里克了解得更多。我听到一则传言，说是一位非常优秀的语言学家断然声称，一旦汤普森被召去见他的老祖宗，**他**就会破解玛雅文字！

这位匿名语言学家的预测，不管是否傲慢，还是有一定正确性的，因为正是在汤普森于1975年离世后，重大的破译工作才开始迅速发展，而对这一非凡的智力成就，语言学家贡献甚巨。

汤普森生前最后一年，女王授予他爵士勋章，以表彰他对玛雅研究的诸多贡献。不知为何我自己早有预感，但当我看到《纽约时报》公布的新年荣誉（New Year Honours）名单时，我知道会在上面看到埃里克的名字，它果然在上面，和查理·卓别林（Charlie Chaplin）的名字一起。我立即给他写了封贺信；他回的感谢信表示，他对艾尔弗雷德·莫斯莱从未获此殊荣感到气愤。在一些重要问题上，汤普森是错误的，可能还执迷不悟，但他肯定不是什么都错，他对这一课题做出了许多实实在在的贡献。我一直珍藏着我那本《玛雅象形文字导论》，并按他的要求，把他那封信粘在了里面。

汤普森为何如此激烈地反对克诺罗佐夫以及他所做或发表的一切？其中一个原因可能是他具有深厚的宗教信仰，这使他更喜欢"象征符号"，这是近乎神秘的基歇尔式的解释。但他揪住克诺罗佐夫不放，以至于觉得必须年复一年地抨击，不管手段是否正当，在我看来另有隐情：他害怕克诺罗佐夫的理论，因为他知道，这些理论本质上是正确的。

我的这种怀疑，源于我对《玛雅象形文字导论》中玛雅月份图解的思考。[30]汤普森让画家画下表示各个月的一系列字符，从最早的形式到最晚近的形式；自然，每一系列的最后一个字符都是兰达《风物志》中的字符。在西方殖民前不久的尤卡坦，人们所知的月份名称与这些字符在古典时代的读法和发音几乎毫无关系。因此，正如我们现在所理解的那样，兰达的信息员在其中一些月份前加上了有用的表音—音节符号，以界定其"现代"的尤卡坦语发音。例如，弗洛伊德·劳恩斯伯里发现，兰达的珀普月（Pop，第一个月）符号的左边有一连写符号，读作 *po-p（o）*。在1950年的《玛雅象形文字导论》中，埃里克将这类符号全部摒弃了。

我想知道他如何以及为何这么做，除非他认识到并审察出表音书写，也就是克诺罗佐夫所说的语音附标？这一证据表明，至少在克诺罗佐夫崭露锋芒前两年，他就有了这样的表音想法，但由于不符合他所谓玛雅文字乃"大杂烩"和"象征符号"的观点，他又将这些想法压制下去。在我看来，他对克诺罗佐夫的狂暴攻击至少表明他知道自己是错的，而且错得厉害。但是一旦在《雅恩》上宣战，他就开弓没有回头箭了。

就这样，就像之前与赛勒斯·托马斯论战的泽勒一样，汤普森取得了某种胜利。但这一胜利是非常短暂的：不出4年，就将有多达135名学者参加奥尔巴尼大会，讨论玛雅古文字的语音问题。汤普森时代的太阳已然沉落。

第六章 新风起东方

第七章

普罗斯科里亚科夫时代：玛雅进入历史

正是沙皇彼得大帝将普罗斯科里亚科夫家族流放到了西伯利亚。1698年6月，即最后一个独立的玛雅王国塔雅萨尔（Tayasal）投降后一年，近卫兵发动起义，反抗这个年轻的暴君，这次反叛因穆索尔斯基（Moussorgsky）的歌剧《霍宛斯基党人之乱》（Khovanshchina）而得以不朽。但近卫兵最终失败了，遭受了最可怕的惩罚；幸运者被流放，其中就有一位女士的祖先，而正是这位女士的杰出研究将古代玛雅文明带入了历史。[1]

塔季扬娜·普罗斯科里亚科夫于1909年出生在当时西伯利亚最大的城市托木斯克（Tomsk）。[2] 托木斯克位于鄂毕河上游，在西伯利亚大铁路向北的铁路支线上。尽管远离圣彼得堡和莫斯科，但在20世纪初，它很难称得上是边陲小镇：它拥有一所大学、各种博物馆、图书馆和科学协会。塔尼娅一家属于那种杰出而默默无闻的知识分子阶层，这一阶层有科学家、作家和教师等，曾使革命前的俄国在科学和艺术方面取得重大成就。

塔尼娅的父亲阿文尼尔·普罗斯科里亚科夫（Avenir Proskouriakoff）是一位化学家和工程师，她的祖父曾教授自然科学，而她的母亲阿拉·涅克拉索娃（Alla Nekrassova，是一位将军的女儿）是一名医生。1915 年，阿文尼尔受沙皇委托，前往美国检查用于俄国战争的军械装备。那年秋天，塔尼娅、她的姐姐克谢尼娅（Ksenia）和父母从白海的阿尔汉格尔港（Archangel）起航，但船被冰封住了；同时，这两个女孩患上了猩红热和白喉（克谢尼娅还感染了麻疹！）。他们不得不被抬回冰面，但最终在次年夏天离开了俄国。

他们的目的地是费城。1917 年俄国革命后，这里成了他们永久的家。在这里，普罗斯科里亚科夫一家并没有异乡客的感觉，因为周围是一群白俄知识分子，这与他们以前在托木斯克生活时的环境并无差别。塔尼娅和姐姐上了小学；塔尼娅被同学和姐姐叫作"公爵夫人"，这绝非因为她虚荣，而是因为她的年轻同龄人觉得她出类拔萃。在早期，塔尼娅说话或许会带点俄语口音，但很快就没有了，因为我认识她的时候，她说的是不带口音的东海岸美国英语；但她始终保有说俄语的能力，还能写一手漂亮的俄文。

1930 年，塔尼娅从宾夕法尼亚州立大学建筑学专业毕业，当时美国刚刚进入大萧条时期，她几乎找不到与她的新专业对口的工作。在费城一家百货公司工作了一段时间后，因为无聊，她开始为宾夕法尼亚大学博物馆的一位策展人画画，报酬很低。

塔尼娅的手工画吸引了小林顿·萨特思韦特（Linton Satterthwaite, Jr.）的注意。萨特思韦特是一位身材瘦削、烟不离手的考古学家，当时已是博物馆在黑石城大规模发掘项目的主任，这座古典期的玛雅城市遗址位于危地马拉乌苏马辛塔河右岸。他正要寻找一位画工，为该遗址出土的建筑绘制复原图，塔尼娅于是得到了这份工作——旅费和花销全报销，但没有工资（博物馆的日子这时也不好过）。塔尼娅作为玛雅学家的生活由此开始了。

19世纪末，那个脾气暴躁的奥地利人特奥伯特·马勒曾对黑石城进行过勘查，并为哈佛大学的皮博迪博物馆制作了一份精彩的摄影记录，拍下了那里精美的石刻纪念碑、石柱和楣梁。但该遗址一度处于即将坍塌的状态，如今亦然。[3] 宾夕法尼亚大学从1931年开始发掘黑石城，1934年至1938年，塔尼娅在萨特思韦特的指导下在那里工作。考古营地的条件从斯巴达式的脏乱差到舒适与奢华，优劣不等。黑石城发掘的条件如何，毫无疑问。据说每晚都有一名固定男仆提供鸡尾酒（萨特思韦特喜欢喝干马天尼）；不管是真是假，能为这位卓有能力的考古学家工作，塔尼娅是很幸运的，萨特思韦特有一股不形于色的幽默感，在玛雅文字研究方面有真才实学。

塔尼娅的任务是制作P-7号建筑物的复原图，以及卫城在古典期晚期的透视图。在她的水彩画中，金字塔神庙和联排建筑覆盖着闪光的白色灰泥，背景是乌苏马辛塔河蜿蜒穿过丛林掩盖的山丘。除了几近荒废的外观（符合当时的流行观念，即古典期城市是近乎空旷的"仪式中心"），该建筑群引人注目的是一排排石柱，它们竖立在两座金字塔前，金字塔则位于宽敞的阶梯两侧。这名年轻画工把黑石城的这些石柱群记在了脑海中，多年后，她在剑桥的公寓里研究它们，取得了重大成果，使这些石柱群为人们所铭记。

萨特思韦特是那种将大部分学识一道带入坟墓的学者。他很少发表东西；那些印刷出来的文章往往写得非常晦涩难懂，连专家都很难理解他的论点。汤普森曾不怀好意地对我说,他从未能把萨特思韦特的《玛雅历法计算的概念和结构》(*Concepts and Structures of Maya Calendrical Arithmetic*)读到最后。但无论如何,他都是一位优秀的老师和富有同情心的同事,对所有观点都持开放心态,绝不会把汤普森的每句话都奉为绝对真理。虽然他实际上从未破译过一个玛雅古文字,但他在玛雅领域是个不容忽视的人物。

塔尼娅复原的卫城透视图,很快点燃了卡内基研究所一贯精神饱满的西尔韦纳斯·莫利的热情。他萌生一个想法,即应当让塔尼娅对一系列最重要的玛雅遗址进行复原,于是在1939年,莫利派她前往科潘。塔尼娅成为卡内基研究所的正式雇员,人生中第一次有了正式的工资;这也将是她终生从事的职位。

20世纪30年代末的科潘一定是个相当不错的地方。卡内基研究所的发掘和修复项目由有趣的挪威人古斯塔夫·斯特伦斯维克指导,他的流浪经历,即使以玛雅学家的标准来看,也是值得一提的。20世纪20年代末,从尤卡坦北部海岸普罗格雷索附近停泊的一艘商船上,古斯和一名同伴"跳船"而去;几日后,两具遍体鳞伤的尸体被冲上岸,被当成那两个逃兵。据说,古斯每年都会去一次普罗格雷索,到自己的墓前凭吊。随后,古斯来到奇琴伊察,他听说那里有个"外国佬"[1]的考古项目,莫利给了他一份修理探险队卡车的工作,因为古斯不仅是个熟练的水手,还

---

[1] 外国佬(gringo),西语国家中,人们用其指称讲英语的外国人,尤其是美国人。

是个非常好的机械师和工程师。

没过多久，斯特伦斯维克就开始帮助发掘和重建奇琴伊察的建筑。他在这方面的才能，使莫利和基德选择他参与科潘项目，后来证明，他是卡内基研究所工作人员中最优秀的田野考古学家之一。伊恩·格雷厄姆（Ian Graham）曾这样描述科潘的场景：

> 普罗斯科里亚科夫独自前往科潘，一到那里，就发现员工营地的生活真是狂野不羁。她在一个很规矩的欧洲家庭中长大，对营地大厅桌子上摆的一排酒瓶感到非常惊讶。当发现他们喝的酒越多，晚上打牌就越嗨，尤其在星期六，她就更惊讶了。一个星期天的早晨，由于对这些男人睡得太晚感到恼火，她打开古斯塔夫·斯特伦斯维克的房门，把他的鹦鹉放了进去。不久就传来了嗷嗷叫的二重奏，鹦鹉抓住了斯特伦斯维克的胡子。[5]

约翰·朗伊尔（John Longyear）在哈佛大学读研究生时，准备写一篇关于科潘陶器的论文，他拍过的一部内部电影显示，就在那个营地里，年轻又很漂亮的塔尼娅对着酒瓶大口喝啤酒，所以她肯定至少在某种程度上适应了这种体制的生活。

在科潘之后，塔尼娅前往奇琴伊察和尤卡坦普克地区的遗址，为她的重建工作制作实测图，它们全都出现在她于1946年发表的《玛雅建筑图集》（*Album of Maya Architecture*）中。[6] "博士"基德看得越来越清楚，这位女士远不只是个画工，于是在1943年任命她为全职考古人员。

从学生时代开始，所有认识塔尼娅的人似乎都认定她的头脑异常灵敏，不同凡响。这一方面当然体现在她的艺术才华上：她是能力高超的绘图员，也是对视觉艺术有敏锐鉴赏力的杰出艺术家。但另一方面，她还颇具科学天赋，擅长逻辑分析。她在科学家家庭中长大，这肯定有助于磨砺她的学术才能。埋头钻研问题时，她是个"独行侠"，常把自己关起来独自研究，头脑运转起来就像常说的捕兽夹[1]。

与许多俄罗斯流亡者不同，塔尼娅是个坚定的理性主义者和无神论者。她非常喜欢争论，记得她曾试图说服我，说不该听巴赫的《B小调弥撒曲》(*B-Minor Mass*)，因为它是宗教性的！也许她在这一问题上故意采取了极端立场。不管怎样，这种思维模式使她倾向于在一切事物中寻求理性解释，即使面对的是玛雅艺术和文字也是如此。这使她远离了让埃里克·汤普森沉浸其中的半神秘胡言乱语。但她也有不足之处：她对玛雅艺术的图像学毫无兴趣，甚至否认古典玛雅文明中有任何神祇。在这一点上，汤普森的意见是对的，塔尼娅是错的。

塔尼娅酷爱严格的形式分析，将其应用于古典期以来大约400个玛雅纪念碑的解读，从而形成了一种在20至30年的时间跨度内，从风格上对每块石碑的日期进行测定的方法。她在1950年出版了专著《古典期玛雅雕塑研究》(*A Study of Classic Maya Sculpture*)，[7]使专家们能够将风格日期与玛雅日期进行比较；不止如此，塔尼娅还给出了一幅玛雅浮雕从最早时期一直到玛雅崩溃时的演变图。这本书使她站在了玛雅研究的最前沿，表达了她对玛雅石刻艺术资料库的独特看法，并使她不可避免地提出一些

---

[1] 捕兽夹（steel trap），这种工具很灵敏，所以用来形容人"聪明，头脑灵活"。

问题，而当这些问题最终得到解答时，整个玛雅学界都被颠覆了。

我在哈佛大学受的本科教育于1950年结束，但我没有参加毕业典礼，因此错过了国务卿迪安·艾奇逊（Dean Acheson）对高级班的讲话，他在讲话中要求苏联领导人采取"自己活也让别人活"（live and let live）的政策（第二天朝鲜战争就开始了）。怀着些许愧疚的心情，我到哈佛大学攻读博士，于1959年6月获得了博士学位。一有空闲时间，我就到皮博迪博物馆去看塔尼娅。我总能在老地方找到她：她坐在博物馆地下室吸烟室的一张桌子旁，因为塔尼娅是个大烟枪，从她16岁起就一直如此。

我可以看出，向来容易紧张的塔尼娅，对她的某种发现异常兴奋。她讲给我听：她在以前去过的黑石城遗址，发现了一种"特殊的日期模式"。她面前摆着一张图表，她把黑石城许多石柱上的所有日期都画在上面。参照这张图表，塔尼娅向我解释了这种模式的含义：纪念碑上文字的主题是简单明了的**历史**，而不是天文学、宗教、预言等。因此，玛雅城市遗址的石柱和楣梁上的人像是凡人，而不是神灵，更不是祭司。

我着实惊呆了。这位超乎寻常的女士，以聪明的方法一举解开了玛雅铭文学的戈尔迪之结[1]，并打开了一个有关王朝竞争、王室婚姻、俘获俘虏等精英阶层活动的世界，自远古以来，这些活动就一直受世界各地王国的关注。玛雅人由此变得真实可感。

塔尼娅告诉我，她已将自己的发现写成一篇详细的论文，提交给《美国古物》杂志；翌年，该论文以"危地马拉黑石城的日

---

[1] 戈尔迪之结（Gordian knot），出自古希腊神话，比喻棘手难解的难题。

期模式的历史关联"（Historical Implication of a Pattern of Dates at Piedras Negras, Guatemala）为题发表后，[8]整个玛雅研究领域发生了革命性剧变。我们进入了普罗斯科里亚科夫时代。

第二年，即1961年，在老朋友和早期支持者萨特思韦特的邀请下，她在宾夕法尼亚大学博物馆的《探险》（Expedition）杂志上发表了一篇文章，[9]从中可以一窥她的思想发展历程。这篇文章是为普通读者而写的，对导致她做出这一重大发现的一系列事件做了解释，堪称逻辑论述的杰出典范。

塔尼娅说，这一切都始于1943年，当时汤普森将黑石城第14号石柱的日期从800年，即莫利指定的日期，更正为761年。埃里克称，14号石柱是一组石柱的其中之一，这组石柱展示了"坐在由天龙身躯形成的壁龛中的诸神"，并指出这一更正使14号石柱成为O-13号神庙前那一排中最早竖立的石柱。

几年后，塔尼娅不仅注意到黑石城33号石柱有类似场景（虽然没有壁龛），还注意到所有这种类型的纪念碑全是在特定地点（某座金字塔前的一排）最先建立的。随后，在每个霍吞（hotun，即5吞的时间间隔，少于5年），同一排中会竖立一块具有不同主题的纪念碑，直到另一座神庙旁开始竖起类似的一排。简言之，有几组不同的纪念碑，每组都从一块壁龛石柱开始。

当时，塔尼娅认为这种"壁龛"石柱表示的是对一座新神庙的奉献（这一观点非常汤普森式）：通向壁龛的梯子——据说上面绘有脚印，一定象征着献祭的牺牲者的升天，这些牺牲者有时出现在梯子底部。然后，她在这些石柱上寻找可能表示人祭的特有文字表达。

"我的发现（图7-1）竟开启了一个全新的思路，并引出了令人惊讶的结论。"以下是她的发现：

（1）每块"壁龛"石柱上，有一个比竖立日期（总是霍吞的终结日期）还早的日期；这个更早的日期后面总是紧跟着一个符号，汤普森称之为"牙疼字符"，因为它包含一个绑住下巴的头像（或被捆住的月亮符号）。

（2）不管这一事件是什么，它的纪念日往往随后被记录下来，但只在同一组纪念碑上。

（3）两组石柱共有的唯一日期，是一些标志着常规时间段（在长计历中）结束的日期，从而证明每组纪念碑呈现的是一套独立的记录。

（4）每组纪念碑上最早的不是与"牙疼字符"相关的日期，而是另一个比它早12至31年的日期；这个"起始日"总是紧接着一个符号，在汤普森看来，该符号就像翻倒的青蛙头，因此称之为"翻倒青蛙字符"。顺便说一句，蒂普尔认为这个字符代表一个新月的日期或月龄。这一起始日期不可能有多大的公共重要性，因为它只在"牙疼字符"代表的

图7-1 普罗斯科里亚科夫辨认出的表示王朝事件的字符。a. 出生（"翻倒青蛙"）。b. 登基（"牙疼"）

事件发生后才被回顾性地记录下来,而且仅在那时,它才开始在周年纪念期间被记下来。

塔尼娅随后提出三个假说解释自己的发现:

第一,"翻倒青蛙字符"代表的日期是壁龛中人物的出生日期。

第二,"牙疼字符"代表的日期是壁龛中人物的登基日期。

第三,整组记录表示的是一位统治者的生平。

她仅援引那些已知拥有完整时间跨度的石柱组合,计算出每一组涵盖的时间长度:结果是 60 年、64 年和 56 年,这也是所能想到的统治者的正常寿命。

接着,她再进一步,更加深入这些森林之主统治的久已消失的世界,即寻索他们的名字和头衔。她推断,每组石柱上表示事件的字符会保持不变,而表示名字和头衔的字符应该会有所不同。塔尼娅如愿找到了三四个字符组成的人名短语,但她还需证明这些字符确实与雕刻的人物有关。于是她转向黑石城的 1 号和 2 号石柱;每块石柱正面都显示出一个男性形象,但已遭到严重侵蚀。背面是一个身着长袍的壮硕人物。长期以来,普遍认为这些人物是男性祭司,这有悖常理,但可能契合了"古典玛雅是神权社会"的教条。塔尼娅的研究将这种错觉彻底驳倒了:身着长袍的人物乃是**女性**,更早一代的玛雅学家一直抱有这种观点。[10] 再回到石柱话题。两块石柱上的出生日期是相同的,后面紧接着的是一对相同的表示名字的字符,每个字符的前缀都是一个女人的侧面头像。塔尼娅认定其为表示女性的后接发音分类词(图 7-2,现在读作 *ix*,即"女士",这种用法在后古典期的尤卡坦也有发现)。

图 7-2 表示女性名字和头衔的前缀（ix）

3 号石柱上有个非常小的人物坐在穿着长袍的人物旁边，其出生日期比前者晚了 33 年，有自己的名字和表示女性的后接发音词。只能得出一个可能的结论：两块石柱上雕刻的是同一个女人（肯定是正面那个男人的妻子），而那个身形较小的人物是她的女儿。因此，纪念碑上展示的是真实的人、真实的生活，他们有自己的名字和头衔。

像许多重大发现一样，塔尼娅的发现如此简单明了，如此显而易见，像莫利和汤普森这样的铭文学家，长期以来掌握那么多数据，竟然未能发现，实在令人惊讶。塔尼娅说得对，"回过头来看，认为玛雅文字记录了历史、命名了城镇统治者或领主，这一观点似乎再正常不过，奇怪的是以前完全没有探讨过"。[11]

其实，旷野中也曾有过几声呼喊，但大体上无人问津。记得斯蒂芬斯早在 1841 年就这样谈到科潘："有一点我坚信不疑：它的历史是刻在纪念碑上的。"在他那个时代，古典城市石头上的日期还几乎无法阅读和理解。但在 1901 年，查尔斯·鲍迪奇，一名富有的波士顿贵族，曾为皮博迪博物馆的中美洲考察项目提供资助，已成为研究玛雅年表的权威，他在评论特奥伯特·马勒关于黑石城及其遗迹的报告时，这样说道："让我们假设 3 号石柱的第一个日期表示出生；第二个表示进入了 12 岁 140 天的年龄，或在那些温暖的气候下开始了青春期的年纪；第三个表示在 33 岁 265 天时被选为首领；第四个表示他在 37 岁 60 天时死亡。"[12] 将其与 1 号石柱进行对照解释后，他问："这些石柱上展示的两个人，会不会是有着相同生日的孪生子？"

对这段话，戴维·凯利做了公正的评论："假如鲍迪奇或一些当代学者能够继续研究这一敏锐想法背后的铭文，研究玛雅文字的学者也许能节省被可疑的天文学解释占去的大约 60 年时间。"[13]

赫伯特·约瑟夫·斯平登曾开创了玛雅艺术研究，在这方面是普罗斯科里亚科夫的先驱。早在 1910 年，他就对玛雅浮雕的主题进行了敏锐观察。[14] 他写道："从雕刻的图像来看，玛雅南部的很多纪念碑都是为了纪念征服"，所描绘的既有胜利者，也有被征服者。"现在很明显，纪念碑上展示的是封臣和领主，这增加了其纪念真实历史事件、描绘真实历史人物的可能性。"

斯平登随后呼请注意黑石城的 12 号石柱，该石柱表现了一个战争首领站在被捆绑的俘虏上方，而看守俘虏的两人，斯平登认为他们是士兵（实际上是萨哈洛，sahalo，即隶属于国王的战争领袖）；在胜利者和受害者的身体上方或附近，都有一组字符，"认为这里记录了人名和地名，似乎是很合理的"。令人惊讶的是，正如戴维·斯图尔特向我指出的那样，斯平登在同一篇文章中还提到，在这块石柱和黑石城等地的众多纪念碑上，有一个蝙蝠形复合词，"可能具有'后跟一个名字'的一般含义"；近 80 年后，戴维终于确定这一复合词是用于引出雕刻工的名字。

我们如今视为理所当然的很多东西，其实是斯平登最先发现的。可悲的是，在汤普森时代，由于他终生笃信玛雅人与基督教有关联——事实证明这是站不住脚的——他对中美地区文明的诸多见解被推到一旁，无人问津。他很老的时候，我见过他一面，当时他已老态龙钟，但他确曾是富有创见的思想者。

虽然我们已把后期的西尔韦纳斯·莫利视为崇拜时间、反历史一派的领袖，但早期的莫利却有不同的想法。西班牙人的众多描述显示，西方殖民前不久，玛雅人在折叠屏风式书籍上详细记载了他们的历史，这曾给莫利留下深刻印象，他在1915年写道："出于后一种原因，笔者认为，用文字记录历史的做法，以及许多其他习俗，起源于南部地区，因此，南部城市纪念碑上的铭文也许至少部分是历史性质的。"[15]

汤普森和年长但不一定更有智慧的莫利曾指出，古典期玛雅人不同于曾有过的其他任何文明民族，甚至也不同于中美地区的邻居，比如米斯特克人（Mixtec），一些晚期抄本显示米斯特克人热衷于自身历史。又一次，汤普森可以说服自己（还有他的同事，比如莫利）采取某种立场，假如这种立场契合他自己的成见与偏好。1950年，他仍能在《玛雅象形文字导论》一书中声称：[16]

> 我不相信历史事件记录在纪念碑上。两座城市，除了周期结束的日期外，几乎完全没有共同的日期……我想，这是由于在收集关于卡吞结束的信息时，对日期的选择几乎没有限制。一座城市的祭司在评估卡吞结束的各方面影响时，可能会更强调月亮的影响，并据此选择日期；其他城市的祭司可能认为太阳的影响是最重要的，并据此选择日期。

蒂普尔巧妙设计但完全错误的决定论，将"周期"以外的日期解释为对太阳历的修正，汤普森对这一观点深信不疑。他根本无法想象哈辛托·库尼利的祭司祖先乃是世俗历史的书写者。在埃里克看来，即使是展示俘虏的场景，可能根本上也是宗教性的，这些不幸的人注定要在一些重要仪式上献祭（确实如此），而不是为了庆祝征服。就像他念兹在兹的马克思主义者一样，埃里克总是在寻找他一开始就知道的东西。

对于塔尼娅在1960年的离经叛道之举，汤普森表现出一反常态的温和态度，尽管支撑他关于玛雅一般看法的支柱已被拆去。塔尼娅曾经告诉彼得·马修斯，她没有让埃里克知道她的发现，没有使他及时更正1960年版《玛雅象形文字导论》一书的前言进而免于回顾性的尴尬，这让她感到很歉疚。当她**终于**把自己尚未发表的论文寄给埃里克时，他的直接反应是"这绝对是不可能的"，但当他把论文带回家并在当晚阅读后，到了次日早上，他的态度发生了180度大转弯："你一定是对的！"[17] 塔尼娅虽然是俄罗斯人，但她绝非红色威胁。

读者会注意到，普罗斯科里亚科夫的重大突破与玛雅语言的关系不大：这些文本即使用瑞典语或斯瓦希里语来写，也不妨碍她的直接目的，因为她采用的是纯粹**结构性**的方法。主要用这种方法进行研究的铭文学家，并非只有她一人。这种方法真正关注的是意义与解释，而不是用某种玛雅语言来释读。虽然塔尼娅对克诺罗佐夫感兴趣，我也知道她对语言学破译很关注，但语言在她的研究当中发挥的作用不大，而且随着她从中年步入老年，这种作用愈发微小。

她的朋友海因里希·贝尔林也是如此。贝尔林出生于德国，后在 20 世纪 30 年代为躲避希特勒的迫害到了墨西哥城，做了一名杂货批发商。多年来，贝尔林一直在对帕伦克的铭文进行结构性分析，并乐此不疲。由于有了艾尔弗雷德·莫斯莱的高质量铭文记录，以及阿尔韦托·鲁斯等墨西哥考古学家在 20 世纪四五十年代发现的新铭文等，这项工作变得比以往更轻松。

鲁斯最惊人的发现，也是一项极重大的发现，是帕伦克最大的金字塔，即铭文神庙的地下室和石棺；在故事的下一阶段，即第八章中，我们会详细讲述。在此只需指出，石棺两侧雕刻着人像，并伴有象形字。1959 年，即塔尼娅在《美国古物》杂志上发表文章的前一年，贝尔林认为，这些文字表示的是葬于这座宏大的后古典期墓穴之人祖先的名字。[18] 换言之，铭文一定具有历史内容。

早在 1940 年，莫利还在说"……事实上，笔者强烈怀疑会在玛雅铭文中发现任何地名"。[19] 但在 1958 年，贝尔林在法国《美洲学者协会杂志》(Journal de le Société des Américanistes) 上发表了一篇短文章，宣称发现了他所说的"徽章字符"(Emblem Glyphs)，因为没有更好的术语来表达。[20] 一个徽章字符由三部分组成：①一个所谓的本—伊奇（Ben-Ich）上缀，其含义和读法在几年后才被确定；②一个特殊的前缀，汤普森将其与水联系起来（后来证明是错误的）；③一个主符，贝尔林认识到，它会随着关联城市的变化而变化。这项发现实在很重要，对玛雅研究的未来具有深远影响，但人们对此仍有疑问（目前仍在争论）：徽章字符表示的是地名，还是城市守护神的名字，抑或统治城市的王朝的名字？

尽管如此，贝尔林还是成功分离出了表示蒂卡尔、纳兰霍、亚斯奇兰、黑石城、帕伦克、科潘、基里瓜和塞瓦尔的徽章字符

（图 7-3）；现在知道的就更多了。有时，一座城市不止有一个徽章：例如，亚斯奇兰有 2 个，帕伦克也有 2 个。他很快指出，一座城市的徽章字符会不时出现在另一座城市的铭文中，这表明了某种联系，并暗示对徽章字符分布的研究，可能有助于分析玛雅政治地理。

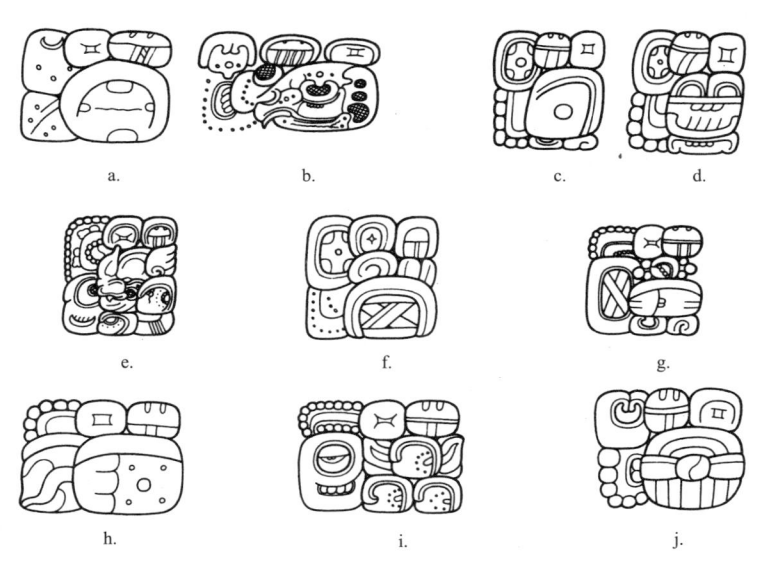

a.　　　　b.　　　　c.　　　　d.

e.　　　　f.　　　　g.

h.　　　　i.　　　　j.

图 7-3　贝尔林的重大发现，徽章字符。a，b. 帕伦克。c，d. 亚斯奇兰。e. 科潘。f. 纳兰霍。g. 马查奎拉（Machaquilá）。h. 黑石城。i. 塞瓦尔。j. 蒂卡尔

像之前的赫尔曼·拜尔一样，贝尔林也对文本结构以及对重复性短语进行分离感兴趣：他看到徽章字符有时与他所谓"无用的"卡吞——带有"本—伊奇"上缀和数字前缀的卡吞字符——相关，但他未做出任何解释。这就需要塔尼娅弄清"本—伊奇卡吞"的含义，并找到与其以及徽章字符一起出现的人名。

贝尔林继续发表了对帕伦克文献的深入研究，他的一项杰出

成就是发现了"帕伦克三神",[21] 我们将看到,这些神灵在该遗址的神话历史中发挥了非常重要的作用。他的大部分工作,为随后几十年弗洛伊德·劳恩斯伯里的杰出研究奠定了基础。贝尔林于1987年辞世。我问过那些认识他的人,他为何对克诺罗佐夫开创的那种语音分析不感兴趣,为何没有真正关注语言学破译的问题。琳达·谢勒告诉我,她也曾问过他这个问题,而他的回答是"他太老了,弄不了这些了"。

但这绝非全部答案。1969年,针对我的《玛雅》一书,他在《美国古物》杂志上发表了一篇简短而明显尖酸的评论。他显然不喜欢这本书(因此,他似乎不赞同我的任何作品;我与他素不相识,所以这绝非源于私人恩怨)。[22] 他在文末撂下这么一段话:

> 科简要论述了玛雅象形文字的主题,他表明自己是尤里·克诺罗佐夫发起的语音—音节解读法的热情追随者。遗憾的是,科没有提到埃里克·汤普森对克诺罗佐夫方法的严厉批评,因此,读者会认为后者是玛雅象形文字破译中无可争辩的积极成就,而本评论员认为并非如此。

对这种方法的敌视,贝尔林起码是一以贯之的。他在1977年以"玛雅铭文中的符号与意义"(Signs and Meanings in the Maya Inscriptions)为题,出版了他的铭文研究告别之作;[23] 其中根本未提及克诺罗佐夫的文章著作以及同类出版物。我猜测,对贝尔林来说,古代玛雅人究竟说不说玛雅语并不重要。

乌苏马辛塔河流向墨西哥湾沿岸平原的途中,向西北蜿蜒行进时，形成了一个小小的环路；在这一环路内，现在墨西哥和危地马拉边境的墨西哥一侧，坐落着古典期城市亚斯奇兰，马勒和莫斯莱在19世纪对其进行了探索。这座城市以典型的玛雅风格，松散地布局在一系列天然平台和河畔陡峭的山丘上，长期因其精美的浮雕而闻名，其中最好的浮雕被莫斯莱移至大英博物馆。亚斯奇兰的雕刻，除了石柱和古文字阶梯外，大部分出现在一些平展的石灰岩楣梁的底侧和前缘，这些楣梁横跨在最重要神庙的门口。

借助莫斯莱和马勒留下的精彩图像摄影记录，塔尼娅·普罗斯科里亚科夫将注意力从黑石城转向亚斯奇兰的浮雕。1960年，她在文章中简要提到了这些浮雕，但在1963年和1964年，她对这些浮雕进行了更充分的分析，那是她学术能力最强的10年。[24] 她又一次为一座玛雅城市计算出一个王朝的历史，但她将这段历史限制在短短一个多世纪的时间内，即该遗址的大部分雕塑被雕刻和可见建筑物被建立的时间。文化上的这种活力，主要拜8世纪两位凶猛好战的领袖所赐，二者的人名字符中都含有美洲虎头像（图7-4）。她把两人中较早的一位称为"盾牌－美洲虎"（Shield-Jaguar），因为他的头像前面有一个类似盾牌的东西；"盾牌－美洲虎"非常长寿，90多岁才去世，他的儿子继任，她称他

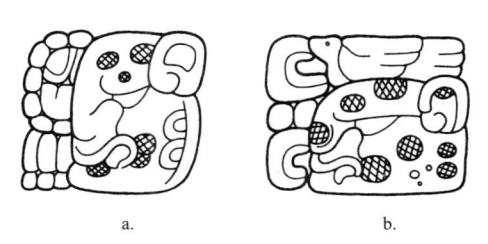

图7-4 亚斯奇兰的统治者。a. 盾牌－美洲虎。b. 飞鸟－美洲虎

为"飞鸟 – 美洲虎"（Bird-Jaguar），因为他的人名字符前面是某种鸟（很可能是蓝伞鸟）。

沿着这一研究路径，塔尼娅完成了四件事。第一，她展示出统治者的人名后面通常都有该特定城市的徽章字符。第二，她解决了"本—伊奇卡吞"的问题（图 7-5）：这些信息告诉观者，当这样那样的事件发生时，统治者从出生算起处于他生命中哪一个卡吞（例如，当我写下这些文字时，我处于我的第五个"本—伊奇卡吞"，因为我现在 81 岁）。第三，她确定了与俘虏有关的战事——频频出现在亚斯奇兰的记录中——总是由一个复合词来表示，为此她援引了克诺罗佐夫解读的 chukah，即 chuk 的过去式，意为"俘获"。第四，塔尼娅认识到，楣梁有时会被用于庆祝重要的放血仪式，比如在著名的 24 号楣梁上，描绘了盾牌 – 美洲虎的妻子在丈夫的诞辰，拉着一根镶有荆棘的绳子穿过自己的舌头，并分离出事件字符配合这一可怕但重要的仪式。

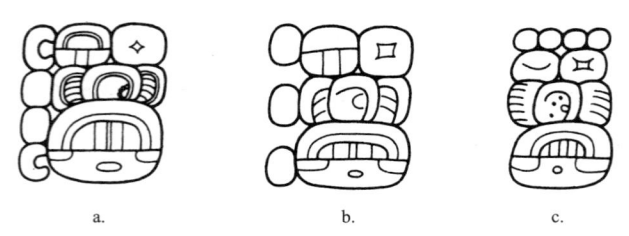

图 7-5 "本—伊奇卡吞"。a. 第二个"本—伊奇卡吞"。b. 第三个"本—伊奇卡吞"。c. 第四个"本—伊奇卡吞"

因此，事情就变得简单得近乎可笑了，玛雅研究者只要不是文盲，只要仔细观察亚斯奇兰 8 号楣梁上的段落，就可以解释上面所绘的场景。这是一面庆祝 755 年 5 月 9 日战场事件的浮雕（图 7-6）。

在这面浮雕上，飞鸟－美洲虎和一个伙伴［现在知道他是坎－托伊（Kan-Toe），国王的战争领袖之一，也称为**萨哈洛**[25]］正抓着俘虏；衣着华丽的飞鸟－美洲虎抓住他的俘虏的手腕，而衣着不太华丽的助手则抓住了**他的**俘虏的头发。正如斯平登所猜测的，这些悲惨的俘虏是通过刻在他们大腿上的名字被人识别的。文本从左上角开始，开头写着历轮日期"7 伊米希 14 塞克"（7 Imix 14 Tzec），然后是 *chukah*，意为"他俘获了"。在这个动词之后是飞鸟－美洲虎的俘虏的名字。右栏顶部是一个字符组合，我们现在读作（音读）*u ba-k*（*i*），意为"他的俘虏"，该句以飞鸟－美洲虎和亚斯奇兰的徽章字符结束。楣梁中间有一段较短的文字，指出了战斗伙伴和**他的**俘虏的名字。

图 7-6　亚斯奇兰 8 号楣梁，飞鸟－美洲虎的一次战争记录

第七章　普罗斯科里亚科夫时代：玛雅进入历史　　233

如果读者回头看看第二章，就会发现玛雅语言"更喜欢"VOS（动词＋宾语＋主语）的及物句式，与英语的SVO相反。8号楣梁上的文句表现的就是这样，铭文中大多数涉及及物动作的文本也是如此。自然而然地，各大学的玛雅语言学家很快开始侧耳倾听铭文研究界发生的事情；同行遭到汤普森强力压制后，他们一直保持着沉默。最终，古典铭文被证明反映了玛雅人的口语，这正应了语言学家沃尔夫和希尔的推想。

要合力破解遍及低地城市的古典期玛雅铭文，舞台业已搭好。但且停下来想想，在20世纪60年代的10年中，铭文学家面临的是何种条件。鉴于卡内基研究所的人员已在玛雅领域工作了近半个世纪，人们本以为他们会为所有已知的玛雅纪念碑文献制作一套浩大的语料库，就像拿破仑的学者团队在短短几年间为埃及制作的精彩记录一样。本以为卡内基研究所的人员会追随莫斯莱的脚步，雇用一流的摄影师和艺术家，而他们唯一的任务是将尚未出现于莫斯莱《中美洲生物》中的所有已知铭文出版出来。

然而，卡内基研究所的两位首席铭文学家，即莫利和汤普森，都不觉得有义务或有必要开展这样一个项目。我前面说过，相比《中美洲生物》所达到的高度，莫利的《佩滕铭文》是个可悲的倒退。马勒的精美照片，在20世纪初由皮博迪博物馆出版，普罗斯科里亚科夫研究黑石城和亚斯奇兰时，这些照片证明对她非常有用，但是，包括详细准确的浮雕铭文绘图和相同比例的照片的图形展示，确实没有什么替代品。

可以不厚道地猜想，莫利与汤普森在这一领域的失败，与他们在破译方面一直无法取得多大进展有关；以自己得不到也不让别人得到的做派，他们可能想着，**他们**如果无法破解这些文字，也不会让其他人轻易破解。当然，假如汤普森想到，现在或将来某个凯利或克诺罗佐夫能随时获取他关于玛雅的全部书面记录，他绝不会高兴的。

1969年夏天的一个晚上，我在纽黑文家中的电话响了，是我的老朋友斯坦顿·卡特林（Stanton Catlin）从纽约的泛美洲关系中心（Center for Inter-American Relations）打来的。1960年我初到纽黑文时，斯坦顿是耶鲁大学艺术馆的助理馆长，对拉丁美洲的艺术颇感兴趣。他给我说，斯特拉和查尔斯·古特曼基金会（Stella and Charles Guttman Foundation）有意投入巨资来推进玛雅文字的破译工作，特别是觉得高速计算机是解决之道。他问我对此有何看法，有何建议？

我没过多久就回复："现在利用计算机是把钱打水漂。这在苏联已经试过了，但没有用，克诺罗佐夫曾明确说过。总之，这是前后倒置，因为现在阻碍进展的一个因素是缺乏一个真正的玛雅铭文语料库。你为何不设立并资助一个项目，将所有那些尚未得到适当记录的铭文变成可用形式呢？"

斯坦顿回去找古特曼基金会的人，大家同意成立一个咨询委员会，在纽约开会。在我的建议下，他们邀请的委员包括塔尼娅·普罗斯科里亚科夫（这毫无疑问）、耶鲁大学的弗洛伊德·劳恩斯伯里和美国自然历史博物馆（American Museum of Natural History）的馆长戈登·埃克霍尔姆（Gordon Ekholm）。我们见了面，对于谁将"带回铭文学的熏肉"（重复莫利的说法），大家没有异议。此人就是伊恩·格雷厄姆，他是一位英国探险家，酷爱一切与玛雅有关的事物。格雷厄姆拥有出色的资历，因为他曾骑骡子兼徒步在佩滕鲜为人知的地区旅行探险，发现了许多新遗址和纪念碑，并将其公之于众。最重要的是，他所带回的记录，质量达到了他的同胞艾尔弗雷德·莫斯莱设定的标准，这清楚地表明他是承担建立该语料库重任的人选。[26]

当年9月，格雷厄姆向基金会提交了一份提案，并被接受。语料库的筹备就这样开始了。考虑到格雷厄姆住在剑桥，在皮博迪博物馆有工作地，而且与塔尼娅关系密切，委员会认为皮博迪博物馆应该成为该项目的总部；华盛顿的官僚在1958年决定放弃所有考古业务后，卡内基研究所就把大量照片和笔记档案存放在皮博迪博物馆。由于宾夕法尼亚大学在蒂卡尔的大型项目正在准备出色的视觉记录，加上即将开始发行的帕伦克浮雕的精彩绘图，玛雅学家终于开始有了一套可与《埃及记述》相媲美的分析材料，而前者曾使商博良的许多破译成为可能。

中国有句咒人的话："愿你活在有趣的时代。"[1] 对于像我这样的美国学者来说，20世纪60年代和70年代初无疑就是这样的时代。时局持续动荡不定，学生们为支持美国黑人民权、反对美国参与越战而示威。即使在耶鲁大学这样一个相对没有受到其他大学暴力事件影响的校园里，要想集中精力从事象牙塔里的研究，比如研究1000多年前生活在中美洲森林里的民族，也并非易事。

我一度处于风暴的中心，那是1970年5月，学生罢课导致耶鲁大学瘫痪，其领导者是人类学系的学生，而我是该系主任，直接负责三座高度易燃的大楼。"五一"节那天，成千上万的示

---

[1] 其实这句话"May you live in interesting times"既非来自中国，也非古语。但它暗示"有趣的时代"即不安宁的时代。

威者涌入纽黑文，一些人扬言要把整个地方烧成平地，国民警卫队在校园周围严阵以待。

然而对我来说，一如对其他许多同事，这段时期虽然常常令人痛心，但在某些方面是我所经历过的最能刺激智力的时期。那些长发学生确实很任性，不服管束，但他们有真正的探究精神。

20世纪60年代后半段，我一直专注于玛雅之前的奥尔梅克人的研究，并在墨西哥湾沿岸的圣洛伦索—特诺奇蒂特兰遗址进行了一次重大的考古发掘。但我并没有完全失去与玛雅领域的联系，而且我清楚地知道，令人振奋的事情正在发生。通过我的学生，特别是一个叫戴维·乔拉勒蒙（David Joralemon）的本科生，我被与奥尔梅克和玛雅有关的图像学深深吸引，在我看来，这项研究就像玛雅铭文学一样，即将飞速发展。

换言之，革命的时机已经成熟，但这指的不是我们许多比较理想化的学生信心满满预测的政治革命（结果迎来了水门事件），而是在我所属的狭窄知识界，对于西半球先于欧洲的文化中最先进的古典玛雅文化的理解方面发生的革命。随着汤普森的影响日趋减弱，克诺罗佐夫的星光冉冉升起，尤其是在语言学家中，随着语言学、艺术史即将与铭文学联手，随着铭文的历史性质被发现而带来无限可能，一些事情注定要发生。

事情果就发生了，就在1973年圣诞节前，在最美丽的玛雅城市：帕伦克。

第八章

帕卡尔的子民

帕伦克是所有玛雅遗址中最神秘动人的，其秘密已经隐藏了1200多年。这个地方充盈着一种特质，让人无法抗拒地被吸引。虽然它也许很神秘，但其建筑以莫扎特式的丰富和古典式的优雅对我们吟唱，而不是像其他大多数古典玛雅遗址中更沉重、更趋保守的建筑那样哑默无声。创意与和谐在帕伦克柔和的石灰岩中熠熠闪耀。几个世纪以来，那些全身心投入帕伦克的人，都能感受到其建造者的存在。[1]

普林斯顿大学的吉勒特·格里芬（Gillett Griffin）写下了这段动情的描述，他是个性情中人，但说得并不夸张。两个多世纪以来，这座位于低地玛雅王国西部边缘的古典城市，以其无与伦比的美，不断启发着访客写出这样的文字。

这座城市位于恰帕斯山脉的山麓低处，被高大的热带森林环绕着，占据了向北俯瞰乌苏马辛塔大平原的有利位置。在7世纪初的某个时候，它的建筑师已经学会使用轻巧的拱顶和折线形屋顶，以此建造通风的大型房间，从而使城市的建筑具备了宽敞的特征，这是其他玛雅遗址中大规模建造的宫殿和庙宇所没有的。在两位伟大国王的支持下，帕伦克的艺术家在浮雕雕刻和灰泥塑造方面展现的优雅已登峰造极，这一成就在玛雅地区是很罕见的。

正是这些刻有复杂场景和长篇铭文的浮雕，让安东尼奥·德·里奥及随行艺术家阿尔门达雷斯、多情而古怪的瓦尔德克、玛雅考古学的奠基人斯蒂芬斯和卡瑟伍德以及艾尔弗雷德·莫斯莱深深着迷。前面说过，早在19世纪末莫斯莱将其精彩的记录汇编之前，康斯坦丁·拉菲内克已经将帕伦克（当时以流经该地的河流将其命名为"奥图卢姆"）的铭文与《德累斯顿古抄本》的文字联系起来，他认为后者总有一天会被翻译出来，因为它所记录的玛雅语言仍在"奥图卢姆"使用。真是有先见之明。

现如今，整个城市非常详细的地图已被绘制出来。我们知道它面积很大，虽然今天的成群游客所看到的遗址中心是相对紧凑的。宫殿位于鳞次栉比的建筑中间，是一座巨大迷宫，由一系列围成内部庭院的建筑构成，是由历代统治者在一段时期内建造的；正是这些建筑丰富多样的灰泥壁柱，让斯蒂芬斯等早期旅行者着迷不已。帕伦克的奇特塔楼耸立于此，从塔顶可以俯瞰该遗址和周围乡村的绝美景色。

宫殿的东南面是十字建筑群，以十字神庙为主，因在庙顶圣殿的浮雕中心发现了一棵十字形的世界树而得名。玛雅人，不管是来自古代还是现代，给这些建筑施加了很多咒语，有些疯子或近于疯癫的人为其捏造出奇谈怪论。十字神庙浮雕就常常成为种种怪异想法指向的对象；1956年，我和妻子坐在梅里达的一家咖啡馆，旁边坐着一个美国人，他首先自称是耶稣基督后期圣徒教会[1]（重组）的使徒，然后向我们保证说，耶稣在受难后回到了人间，并在十字神庙里向众人布道。

抛开幻想和科幻不谈，十字建筑群的三座神庙有一个共同的模式：每座内部都有折线形屋顶的圣殿，后侧有一面巨大的石灰岩浮雕，上面雕刻着两个身着特殊服装的人物（总是相同的人，一高一矮），面朝一件崇拜物。所配的古文字很长很复杂，带有很多日期。这些人物是谁，这些文字说的是什么？一代又一代的铭文学家都未能提供解释。

在我看来，玛雅地区有史以来最伟大的三个考古发现是博南帕克的壁画（由贾尔斯·希利[2]于1946年发现）、圣巴托洛的壁画（见第二章）和帕伦克铭文神庙金字塔底层的陵墓。[2]从前，帕伦克没有进行过正式的大规模发掘，直到1949年，墨西哥国家人类学与历史研究所才选中墨西哥考古学家鲁斯·吕利耶来领导一个密集的发掘项目。该项目因投合纳尔逊·洛克菲勒（Nelson Rockefeller）对美国与拉美之间文化交流的兴趣，而得到了他的资助。这一时期，在墨西哥年轻一代人类学家中，鲁斯是最睿智开明的一个，完全不是他后来变成的那种粗暴生硬、独断专行的排外分子；但无论我还是其他人最终如何看待他，都不影响他是个伟大的发现者，可与发现图坦卡蒙国王陵墓的霍

---

[1]　耶稣基督后期圣徒教会（The Church of Jesus Christ of Latter-Day Saints），不属于基督信仰各宗派运动的任何一个分支，自成一派，但其在信仰内容上与基督教有别，而坊间一般更常用摩门教（Mormon）这个非正式的名称。
[2]　贾尔斯·希利（Giles Healey），美国探险家。

华德·卡特[1]比肩。

鲁斯一生中最重要的时刻,是在 1952 年 6 月 15 日,那天是星期日。之前在铭文神庙,鲁斯和工人们发现了一条有着叠涩拱的秘密通道,这条通道从顶部神庙地板一直延伸到铭文神庙地表。这一天,在利用几个发掘季清理掉挡住隧道的回填物之后,他们看到了一间地下墓室,这是考古学家做梦都想不到的一处地方:墓室中间有个巨大的石灰岩石棺,盖着一块硕大的雕刻石板,而在墓室四周的墙壁上有 9 幅灰泥浮雕,描绘的是身着古装的君主或神祇。用千斤顶抬起那块硕大的石板后,鲁斯发现,有一位非凡统治者的遗体躺在鱼形孔洞里。他脸上盖着一副马赛克式玉石面具,手指戴着玉石戒指,实际上,他几乎整个身体都装饰着玉石,而玉石是玛雅人最珍贵的东西。

根据石棺盖边缘上刻的所谓出生日期,鲁斯把他称作"8 阿豪"[8 Ahau(Ajaw)]。鲁斯明确声称,这位大人物在生前就下令建造了这间墓室和覆盖它的巨大金字塔,这与古埃及那些法老的做法很相似。但此人究竟是谁,他对帕伦克历史的意义是什么?这些问题还待鲁斯以外的人来解答。

1973 年 8 月一个炎热的下午,在帕伦克小镇(离遗址不远),一间舒适茅草屋的后门廊上出现了玛雅研究的一束新曙光,破译工作也将发生一次飞跃。房子主人是一位精瘦的白发艺术家和她的丈夫。

---

[1] 霍华德·卡特(Howard Carter),英国考古学家、埃及古物学家,于 1922 年在国王谷发现了法老图坦卡蒙的陵墓。

第八章 帕卡尔的子民

梅尔·格林·罗伯逊是这座房子的主人，她是一位艺术家，在蒙大拿州出生和长大，[3] 会说英语和西班牙语，带着浓重的西部鼻音（她会把"帕伦克"念成"普伦基"）。梅尔从小就画画，她父母鼓励她发展这一天赋，允许她在自己房间的白墙上涂画。她在华盛顿大学主修艺术，但在加州大学伯克利分校完成了大学教育。她有段时期在旧金山湾区一所军事学院教授艺术和建筑，她丈夫鲍勃是那里的校长。之后，梅尔和鲍勃·罗伯逊搬到了加州佩布尔比奇（Pebble Beach）的史蒂文森中学（Robert Louis Stevenson School）。

20 世纪 60 年代初，梅尔经常带学生到墨西哥旅行，在那里她对墨西哥的文化和考古产生了浓厚兴趣。不久后，她将自己的艺术才能用于记录低地丛林中的玛雅遗迹，并在乌苏马辛塔河的上游探索未知（或鲜为人知）的古城。事实证明，梅尔是个适应能力非常强的丛林旅行者，靠徒步、骑骡子和驾驶吉普车完成了漫长旅程，并在其间寻找可供拍摄或提取拓片的石柱。正如戴维·乔拉勒蒙所说："身在丛林时，梅尔靠树叶和一丁点水就可以活命。"

梅尔深深迷上了帕伦克，于是就和鲍勃在小镇建立了第二个家，这里也成为无数外国考古学家和玛雅文化爱好者必去的停靠之所，甚至成了"帕伦克迷"（Palencophiles）的圣地。从 1964 年起，帕伦克就成了梅尔的心结——在墨西哥石化工业造成的空气污染侵袭之下，趁精美的灰泥和石灰岩浮雕还未坍塌湮没，如何将其全部记录下来。梅尔申请并获得了墨西哥国家人类学与历史研究所的许可，以记录帕伦克的雕塑；她有时悬在摇摇晃晃的脚手架上，有时长时间待在炎热潮湿、阴森晦暗的铭文陵墓内部，最后凭借拍照、绘画和拓印的方式完成了一套记录，其细节和准确性超过了莫斯莱。

1973年8月那一天，一小群朋友坐在梅尔家的门廊上，聊起了帕伦克。在灵光焕发的那一刻，在场的有同为艺术家的吉勒特·格里芬，他是普林斯顿大学艺术博物馆前哥伦布时期艺术的策展人；琳达·谢勒和她的丈夫戴维，琳达的故事我们很快会提到；来自耶鲁大学的戴维·乔拉勒蒙；还有鲍勃·罗伯逊。吉勒特提议，在帕伦克举办一次"圆桌会议"也许是个好主意，这样可以把对该城市的艺术、考古学和铭文学感兴趣的人全都聚到一起。大家达成了一致意见：尽快筹备，名字按戴维·乔拉勒蒙的建议，就叫**圆桌会议**。

梅尔天生是个组织者，乐观得不可救药，而且是一副热心肠，该领域的人几乎无人不喜欢她——在这一目前人际关系普遍恶劣的研究领域，这是很罕见的。她把邀请函全送出去了。后来证明，这是有史以来最重要的玛雅会议。

第一次帕伦克圆桌会议于当年12月14日开始，8天后结束。[4]我们每天早上举行一次工作会议，通常是在莫伊塞斯·莫拉莱斯（Moisés Morales）家具有茅草屋顶的宽敞客厅或叫棚屋（*champa*）里。莫伊塞斯身材矮小，容易紧张，看起来很像秘鲁小说家巴尔加斯·略萨（Vargas Llosa）。从墨西哥空军退役后，他随家人从墨西哥北部来到帕伦克。莫伊塞斯至少会说4种语言，且非常熟悉拉坎墩人以及他们居住的雨林（尽管拜墨西哥政府"所赐"，大部分雨林现已遭砍伐），长年担任遗址的首席导游。正是通过他，村里的人，其中许多是乔尔玛雅人，了解了我们的工作。不久，我们就为村民举行了特别的下午会议，有时有多达50名当地居民出席。

铭文学家与艺术史学家、天文学家、泥土考古学家以及普通爱好者齐聚一堂，这尚属首次。这次会议有很浓的耶鲁色彩，出席的不仅有该大学的三位教师，还有该大学最出色的三名学生：杰夫·米勒（Jeff Miller，他的远大前程不久就被他几年后的早逝打断了）、拉里·巴达维尔（Larry Bardawil）和戴维·乔拉勒蒙。尤其要提的是，戴维论玛雅血祭和血之象征意义的文章，全面揭示了这一曾被忽视的精英阶层行为及其用具：像亚斯奇兰和帕伦克这类城市的古典期统治者，经常在妻子协助下，用黄貂鱼刺做成的可怕的神圣放血器刺穿自己的阴茎。

下午，我们径直前往遗址，去检验在上午演说和讨论过程中提出的很多令人兴奋的想法。比如，我们直接到叶饰十字神庙的石板前，看到其中一人挥舞的东西，其实就是乔拉勒蒙所说的精美而神圣的阴茎穿孔器。在琳达·谢勒带领下，我们进行了长时间的探索式徒步旅行，到了这座城市中我们很少有人见过的地方；我记得有时会有一个秃头的美国游客跟我们一起走，我们给他取了个绰号"沃巴克老爹"（Daddy Warbucks），因为他与一部连载漫画[1]中的一个人物很像，还有他的大杂毛狗，总想在经常打滑的路上把大家绊倒。

这些罕见的会议，源自某些神秘的化学反应，给智识造成了真正的刺激，后来证明是主要知识系统理解方面的转折点。帕伦克第一次圆桌会议正是如此，但大部分化学反应都集中在会面的三个人身上。这三个人，即弗洛伊德·劳恩斯伯里、琳达·谢勒

---

〔1〕 即1924年刊载于《纽约每日新闻》（*New York Daily News*）的漫画《孤儿安妮》（*Little Orphan Annie*）。

和彼得·马修斯，在莫伊塞斯的棚屋见面之前，甚至素不相识。

弗洛伊德·劳恩斯伯里对语言的兴趣很早就开始了，因为正如他所说，"我是从威斯康星州的一个农场走出来的，那里的环境和一百年前没什么两样。我早就有一种观念，即如果不懂希腊语和拉丁语，就不算真正受过教育"[5]。于是他在高中学了拉丁语，1932年进入威斯康星大学后又学了希腊语。弗洛伊德一家很贫穷，大萧条一开始就失去了他们的农场；他向高中英语老师借了50美元去上大学，一路搭车来到麦迪逊。

弗洛伊德在大学主修数学，他梦想能到德国的格丁根（当时在威斯康星州，没多少人听说过希特勒）继续攻读数学的更高学位。但他也开始学习语言学课程，即标准德语、北欧语等印欧语言，甚至还学了一门语音学课程。杰出的语言学家莫里斯·斯沃德什[1]激发了弗洛伊德对美洲印第安人语言的兴趣。斯沃德什给这个经济拮据的学生找了一份公共事业振兴署（WPA）的工作，这份工作需要和威斯康星州格林湾（Green Bay）的奥奈达（Oneida）印第安人打交道，弗洛伊德从此开始了对北美复杂的易洛魁语言的终生研究。他的同事和学生都知道，弗洛伊德不仅是语言学家，还通晓多种语言；也许没有什么方言比奥奈达语及其亲属语更难学的了，但弗洛伊德全都掌握了。

珍珠港事件后，他被征召入伍。由于有数学背景，他被安排进气象学领域。在陆军航空队服役的4年，他担任巴西阿马帕（Amapá）地区的天气预报员。有一天，一封信寄到巴西，说是给

---

〔1〕 莫里斯·斯沃德什（Maurice Swadesh），美国印第安语言学家。

第八章 帕卡尔的子民 245

他提供洛克菲勒基金会的奖学金；1946年，他带着这封信到了耶鲁大学，开始攻读人类学和语言学的研究生课程。

最初，像当时其他大多数语言学家一样，弗洛伊德对文字系统没有任何兴趣；在他看来，真正能让语言学家感到智力兴奋的东西，只能从口语中找到，而不是从文字中。他写的论文是关于奥奈达语的动词的。他读了几本关于中美地区的书，浮光掠影地看过玛雅文字，"但我一点也不感兴趣，因为我所读到的一切似是一摊沼泽。我认为，这一领域就像流沙地一样，一旦踏入，就会掉下去，这样就完蛋了"。唯一勾起他好奇心的是1942年发表的沃尔夫的论文——考虑到二人同为语言学家，这是可以理解的。

然而，这颗种子已经撒入沃土。弗洛伊德被聘为耶鲁大学人类学系讲师后，开始研究苏美尔楔形文字；他还一直对汉字很感兴趣。后来，他收到《美国古物》杂志编辑迪克·伍德伯里（Dick Woodbury）的一封信，请他审阅两篇从一名年轻俄罗斯人那里译来的文章，后者曾声称要破译玛雅古文字。这两篇文章原来就是克诺罗佐夫在1952年和1954年发表在《苏联民族志》上的论文，它们激起了弗洛伊德很大兴趣，于是他从图书馆找出维拉柯塔版古抄本。"这是第一件有意义的事。"弗洛伊德曾对我说。

起初，弗洛伊德把研究玛雅文字作为一项爱好："真正让我着迷的不是破译，而是《德累斯顿古抄本》的数学谜题。"

研究《德累斯顿古抄本》几年后，弗洛伊德觉得可以大胆讲授一门与其相关的研究生课程了。起初，这门课他每隔一年讲一次，但最后发展成每年讲授。我到耶鲁大学当青年教师后，曾两次旁听过这门课程。听他讲课感觉非常奇妙，他就像是一台思考的机器：当被问到一个难题，弗洛伊德会停下来，脸上挂着一丝微笑，而他大脑中的计算机则会计算这个难题的答案。难怪教师和学生都对弗洛伊德充满了敬畏和爱戴。

在汤普森时代，普遍认为不需了解**任何**玛雅语言就能成为文字专家。比如汤普森，他既不会说也不会读尤卡坦语等玛雅语族的任何语言；觉得需要一些语言方面的专业知识时，他就求助于卡内基研究所研究尤卡坦语的权威拉尔夫·罗伊斯（Ralph Roys），而鉴于他确信玛雅文字与玛雅口语几无关系，这种情况很少发生。即使在今天，也有少数铭文学家（他们都不处在破译的最前沿）不掌握玛雅语言，或起码学过与其相关的基本知识。在旧大陆文字的研究者中，楔形文字专家不懂阿卡德语或其他早期闪米特语，或一位汉学家不会说汉语，那是不可想象的。但一个多世纪以来，玛雅研究一直是个例外。

像语言学家同行阿奇博尔德·希尔一样，弗洛伊德确信这些文字**确实**再现了口语。他利用课程之便，把以尤卡坦语为母语的当地人和乔尔蒂玛雅人带到纽黑文，让他们充当研究田野语言学的学生的信息员，他还从他们身上学会了相当完整的低地语言，即尤卡坦语和乔兰语，古代书写者使用的也许就是这种语言（我们现在知道，这其实是乔尔蒂语的祖语）。学会任何一种玛雅语都绝不容易，但与掌握奥奈达语相比，这一困难就微不足道了。

1971年，时任华盛顿敦巴顿橡树园（Dumbarton Oaks）前哥伦布时期艺术策展人的伊丽莎白·本森，与我在橡树园组织了一次关于中美地区文字系统的会议。[6] 这是一次不寻常的会议。我们请时任橡树园研究员的弗洛伊德主持会议并发表文章；塔尼娅·普罗斯科里亚科夫公布了关于亚斯奇兰楣梁上代表放血仪式之象形字的重要新发现，但仍一如既往地否认破译工作正取得很大进展！

第八章 帕卡尔的子民

耶鲁大学的艺术史学家乔治·库布勒（George Kubler）认为，这些文字只是为了**辅助记忆**，并赞同汤普森的说法，即它们与口语没什么关系。但让整个会议变得有价值的还是弗洛伊德的演说：它为随后 20 年取得的大部分进展提供了方法论。

弗洛伊德的论文是关于所谓"本—伊奇"缀符的。[7]虽然塔尼娅早已表明，该缀符与一个数字系数（从未超过"5"）结合在一起，表示的是一位统治者从出生开始，当前处于哪个卡吞，但"本—伊奇"符号该怎么**读**，她没有说明。该复合词的第一个构件是天名符本（Ben，在尤卡坦语中是这样读的），而第二个构件，早期研究者觉得像一只眼睛（但理由并不充分），因此称之为伊奇（ich），在尤卡坦语中意为"眼"或"脸"。弗洛伊德有条不紊地研究这些和其他可能的假说（图 8-1），注意到以下 5 种情况：

（1）"Ben-Ich" 通常用作人和神祇的某种称谓（汤普森曾认为可以把它读作表示男性的后接词 *aj*）。

（2）在高地的几种玛雅语言中，天名符本其实是 *Aj*。

（3）所谓的 *Ich* 符号，兰达曾用它的复写形式，作为明显的语音强化，来表示字符珀普（Pop），即第一个月。按照克诺罗佐夫的元音和谐律，这一复合词需读作 *po-p(o)*，因此，*Ich* 必定是 *po*。

（4）在所有玛雅语言中，柯巴香都叫作 *pom*。在古抄本中，香球图案所配的字符，是由符号 *po* 的内部构件加上克诺罗佐夫的 *mo* 符号的一圈虚线组合而成。两个元素的混合体，代表了 *po-m(o)* 这个词，从而证实了 *Ich* 读作 *po*。

（5）高地的一部卡克奇奎尔玛雅语词典和基切人的史诗

《波波尔乌》曾记载，*aj-po* 是一个头衔。在低地，*ajpop*（"席子上的男子"）和 *ajaw*（"君王"）也是头衔，可能是原始的 *aj-po* 在低地的读法。实际上，弗洛伊德本人在很晚的时候才提出证据，证明"Ben–Ich"在许多低地城市读作 *ajaw*。他举证说，这一复合词中经常出现的一个后缀读作 *-w（a）*；这是对 *ajaw* 的音补。

弗洛伊德的分析，谁都难以反驳，因为它是基于语言学、铭文学、人种学和图像学的确凿证据；论述非常合理，毫无荒谬之处。这里带来的启发是，玛雅文字正如克诺罗佐夫所说，**确实**是与口语相合的。在那个周末，塔尼娅访问了弗洛伊德在橡树园附近的住所。弗洛伊德表示，他自己确信克诺罗佐夫的路子是对的。塔尼娅说，她认为他也许是对的，并敦促弗洛伊德"再加把劲"。

在橡树园会议的最后一天，弗洛伊德对自己所讲的一切做了精彩总结，并对早期文字的历史做了很有说服力的论述，进而表明，克诺罗佐夫发现的玛雅文字的特性，与世界其他地区早期文

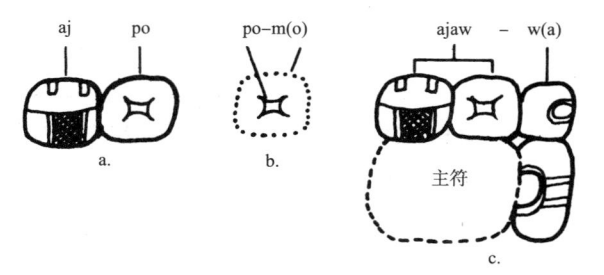

图 8–1 劳恩斯伯里对"本—伊奇"缀符的释读。a. 释读 *aj po*。b. *pom*，"香"。c. *ajaw*，"统治者""君王"。

字的已知特性完全吻合。

是戴维·乔拉勒蒙给弗洛伊德说了即将在帕伦克筹办的"圆桌会议",并敦促他前去。在我认识的人当中,弗洛伊德是最谦虚、最不张扬的一个,他不同意前去,说自己虽然可能知道一些古抄本的知识,但对铭文研究甚少。最终,他拗不过我们的规劝,但无意提交任何东西。杜兰大学的前哥伦布时代艺术史学家唐·罗伯逊(Don Robertson),也就是梅尔找来担任项目主席的人,给他施加压力,让他提交论文,于是弗洛伊德开始研读关于帕伦克的资料,特别是贝尔林关于十字神庙铭文的一篇论文,其中对日期和日期间的间隔做了讨论。这勾起了他的数学本能,他觉得自己在这方面能有所作为。

但他最后所做的根本不涉及这方面。

在帕伦克会议上见到琳达·谢勒的那一刻,我就在想,"这是个永难融入卡内基'俱乐部'的人":她身穿褪色牛仔裤,衬衫下摆耷拉着,胖乎乎的脸上堆着笑,说一口下流的南方话,言谈粗俗,会让埃里克·汤普森、哈里·波洛克(Harry Pollock)等卡内基研究所的人士感到震惊。[8] 我对她一无所知,只知道她是个艺术家,和她的建筑师丈夫戴维一起偶然走进帕伦克,并爱上了这个地方。梅尔对她评价很高,也很喜欢她,但话又说回来,有梅尔不喜欢的人吗?我们中很多人都想知道,此人到底是谁?

琳达来自田纳西州西部。她于1942年出生在纳什维尔,父亲是食品加工机械行业的旅行推销员,母亲是商业艺术家;据琳达说,他们一家在政治上支持右翼共和党,"基本上是个乡巴佬[1]"。还是小姑娘的时候，她迷上了卫理公会教会的牧师，想成为一名传教士，"但后来我变聪明了"。到了上大学的年龄，她对父母说自己想当艺术家，但对他们来说，这指的只能是商业艺术，"因为生活的重点就是在商业上取得成功"。

离家最近的一所开授商业艺术课程的大学位于俄亥俄州的辛辛那提，琳达在1960年去了那里。令她嫌恶的是，她发现自己不得不与两个黑人女孩共用一个卫生间。"我父母是偏执狂，我也是偏执狂"，但她很快就克服了这一切。她用了一年学习商业艺术，但设计、艺术和建筑学院也有教师开设人文课程，一名年轻英语老师深深影响了她，把她引入了思想领域和英国文学。第二年，她战战兢兢地转到美术系，并于1964年从该专业毕业。

她与本科生导师一起的经历是"一次难得、不可复制、臻于奇妙的智识之旅"。相比之下，她后来在康涅狄格大学研究生院学习文学的经历则是"吹毛求疵的狗屁"。过了6个星期后，她认定这不是她想干的事，于是退到波士顿，在电船公司当管道绘图员，费力纠改管道系统的故障，这种故障刚刚造成"长尾鲨号"核潜艇（U.S.S. *Thresher*）的悲惨损失，就这样，她"度过了一生中最糟糕的一年"。之后，她回到辛辛那提大学，最终在那里获得硕士学位。

与此同时，琳达还在从事绘画，以一种她称之为"有机超现实主义"（biomorphic surrealism）的风格，与戈尔基、米罗和克

---

[1] 原文为"redneck"，是对美国南方保守露天劳动者的蔑称。

利[1]等艺术家的作品有些相似。她这种画法,受到了辛辛那提大学绘画老师"意外之喜的哲学"的启发,不预设计划,要求:①谙熟自己的技艺;②在纸或画布上画下你的第一个记号;③然后继续,"让自己保持一种初始状态,这样,如果发生可喜的意外,你已准备好跟随它,前往它要带你去的地方"。"这就是我做研究时的做法,"琳达说,"我只是摆出一台很大、很大的真空吸尘器,不对将发生的事情有任何预设,努力把我得到的所有数据模式化,然后让这些该死的东西在我身上模式化,我开始跟随这些模式,前往它们带我去的地方。"这绝不是弗洛伊德或塔尼娅的方法,但它带来了真正重要的结果。

这时,琳达已经结婚。1968年,她和戴维·谢勒搬到莫比尔(Mobile)的南亚拉巴马大学,她在那里从事艺术教学工作。虽然她发过誓永不回南方,但夫妇俩还是立即喜欢上了莫比尔。

她生命中的转折点出现在1970年,那年,他们决定在墨西哥度过圣诞假期。12月,他们开着一辆面包车去了墨西哥,车上坐了三名学生。一到比亚埃尔莫萨(Villahermosa),即格里哈尔瓦河(Grijalva River)下游塔瓦斯科州的首府,就有人告诉他们附近有一处叫帕伦克的玛雅遗址,还有一个名叫莫伊塞斯·莫拉莱斯的有趣人物。他们去了帕伦克,逗留了12天,露营就在那辆停放在遗址停车场的面包车上。她见到了莫伊塞斯,还见到了梅尔,当时梅尔正在给宫殿遗址中发现的一块精美石板做拓印。"我瞪大了眼睛看,帕伦克带给我很大震撼。"他们十分恋恋不舍,

---

[1] 戈尔基(Arshile Gorky),亚美尼亚裔美国画家;米罗(Joan Miró),西班牙画家、雕塑家;克利(Paul Klee),出生于瑞士的德国艺术家。

看过尤卡坦的众遗址后，他们在帕伦克又待了 5 天。"他们拽不走我。我就是想搞明白那些帕伦克艺术家在做什么。"

来年夏天，她再次来到帕伦克，如她所说，"在建筑中穿行"，试图弄清宫殿群的建造次序。她经常见到梅尔，还第一次遇到了素来热情的吉勒特·格里芬；吉勒特刚刚重新发现了非凡、高耸的里奥贝克（Río Bec）遗址，这个玛雅遗址自 20 世纪初被首次发现以来，一直不为外界所知。1973 年夏天，琳达又一次来到这里，这次是作为梅尔的助手，负责给大量灰泥浮雕打光，以便对它们拍照。结果就是，她得以在建造了铭文神庙的那位古代统治者的阴潮墓室中待了整整 4 天，仔细研究了他的石棺和周围墙壁上雕刻的人物和文字。[9]

戴夫·凯利由于在英国休假，无法前往参加梅尔组织的圆桌会议。代替他前去的是他的一名本科生，即在卡尔加里大学就读的彼得·马修斯。这个安静的澳大利亚人，第一天报到时拖着沉重的行李箱，我们中的一些人觉得他很是怪异：除了小胡子和一头长长的黑发——在那个时代，这是本科生的标志——之外，彼得穿着一件 T 恤，上面手绘着出自《德累斯顿古抄本》的神 L 的邪恶形象。他行李箱里的东西，将改变会议的进程：一个蓝色笔记本，上面是彼得用小字给帕伦克的每个日期、相关字符和对这些日期之含义的所有论述所做的注解。

彼得是个"教工子弟"，父亲是堪培拉澳大利亚国立大学的经济学教授。[10] 高中时，他专注地质学，实际上花了两年半时间在澳大利亚进行野外地质工作，但他一直对考古学感兴趣。在那一时期，大学里只有古典课程才教授考古学；彼得前往悉尼大学攻读古希腊罗马课程，却发现这门课极其枯燥，讲课的教授是个老古板。就这样过了一个月，他回到了堪培拉的家。

对他（以及其他很多年轻人）来说不幸的是，当时还在打着越南战争，他被征召入伍。但幸运的是，体检人员是个富有同情心的反战实习生，他证明彼得不适合当兵，"理由是他父亲患有哮喘"。看起来，待在加拿大的大学里似乎更安全，于是他去了因考古学课程而闻名的卡尔加里大学。一整个学年，他都没胆量向戴夫·凯利介绍自己，但在这一学年行将结束时，他鼓起勇气问戴夫下个学期可否选他的课。戴夫像往常一样，当晚直接邀请他到家里吃晚饭。

在接下来的一年多时间里，彼得几乎每晚都待在凯利家里，专研玛雅古文字。为了让彼得切实地学习这些字符，戴夫给他布置了一项任务，即遍览莫斯莱著作及其他地方出版的全部帕伦克文字，将其转录成汤普森的目录编号。这项工作非常烦琐，却是学习象形字符的好方法。然后，他在笔记本上写下所有日期及相关字符。这就是他第二年带到帕伦克圆桌会议的东西。

琳达和彼得在帕伦克相遇时，完全不认识，但很快就开始一起探讨问题了。琳达已经准备了一篇关于十字建筑群的图画与文字的文章，还知道贝尔林曾从这些文字中分离出表示四个人的短语，但他不知道他们的名字，所以只能把他们称为A、B、C和D。

一天上午，我们在莫伊塞斯的棚屋中开会，我是会议主持。其间，琳达举手问道："我和彼得想试试能否找出更多统治者，可行吗？"我回答说："当然可行。琳达，你了解帕伦克的每块石头，而彼得了解每个字符，你俩可以合作，看能不能拼合出一部帕伦克王朝史。这样的事还没人尝试过呢。"

那天下午，我和学生们乘坐轻型飞机飞往博南帕克（那里的飞机跑道一定是世界上最糟糕、最可怕的）进行短暂访问。琳达和彼得回到梅尔家里，拿着彼得的笔记本，伏在厨房一张桌子上工作。弗洛伊德也加入了他们，他带来一张小卡片，上面写有他的数学公式，用来求得长计历日期在历轮中的位置（帕伦克的日期大多只由历轮给出）。弗洛伊德后来把这些公式记在了脑子里，这样就不需要那张卡片了。

他们做的第一件事，是找到某个字符前缀出现的所有情况。向来观察入微的贝尔林在帕伦克的文献中注意到，该前缀是为了引出主角的名字，但他并未尝试读出，因为他对这一问题没兴趣。[11] 这一前缀包含兰达的 ma、表示"太阳"的符号金（k'in）和之前被克诺罗佐夫确定为音节 na 的侧翼元素；几年后，弗洛伊德将这一前缀确定为一个源于高地的头衔，将它读作马基纳［makina，"大太阳"或类似含义；我们现在知道，在古典期的玛雅低地，它读作基尼奇（k'inich），意为"太阳眼"］。[12] 识别王室的前缀，使他们能在帕伦克的铭文中找到许多或大多数统治者的名字（图 8–2）。

他们利用弗洛伊德的玛雅语言学知识，提出了另一假设：一

图 8–2 这一头衔曾被劳恩斯伯里读作马基纳，但现在（1999 年）读作**基尼奇**。此处展示的完整字符读作基尼奇库克·巴兰（*K'inich K'uk' Balam*），"大太阳眼绿咬鹃美洲虎"，他是帕伦克最后的统治者之一

第八章　帕卡尔的子民　　255

个时间表达（日期）后面会有一个动词，而这个动词后面又会有这一句子的主语，即一个国王的名字和头衔，其中很可能包含帕伦克的徽章字符。然后，他们开始处理名字的问题——"我们要怎么称呼这些人？"他们自问。

"两个半钟头后，"琳达说，"我们有主意了！"

那天晚上，吃完晚饭，琳达和彼得的表演开始了，由弗洛伊德担任主持人兼评论员。他们展示自己的成果，并配有琳达绘制的大型图表，把观众深深迷住了。他们得出的不是别的，正是帕伦克的历史，从 7 世纪初的古典期晚期开始，一直到这座城市的消亡——其在建筑和艺术上的辉煌几乎都蕴纳其中。就这样，历史在我们眼前被创造出来。他们列出了连续六位帕伦克国王的生平，从出生到登基到死亡（一个"事件字符"，即弗洛伊德确定的动词），这是最完整的玛雅国王名单。

而他们的名字呢？名单上的第一位统治者，他们仅称他为"盾牌"（Shield），因为这是他名字中的语素符号所描绘的。他们给其余的统治者起了尤卡坦玛雅语的名字，主要依据名字中的语素符号；盾牌王的继任者，他们决定称其为坎 – 巴兰（Kan-Balam），或称"蛇 – 美洲虎"（Snake-Jaguar），因为他的符号由这两种野兽的头像组合而成。他们坐下后，莫伊塞斯立刻跳了起来：帕伦克的铭文肯定是乔尔语，即今天仍在该地区使用的玛雅语，为何要用尤卡坦语称呼他们的名字？这是一个棘手的政治时刻，但最后理性占了上风。研究玛雅的铭文学家深知，他们使用尤卡坦语只是出于习惯，而南部低地的大多数玛雅居民所讲的语言，肯定是某种乔兰语。

因此，我们都采用了坎 – 巴兰的乔尔语形式，即查恩 – 巴赫鲁姆，并依此方法称呼其余的名字。后来几年，发现的一处铭文表明，查恩－巴赫鲁姆的名字实际上是用尤卡坦语念出的，这成了我们这一决定的讽刺性注脚。[13] 所以，语言学的情况要比我们在1973年设想得复杂。

基尼奇"盾牌"位于琳达和彼得的名单之首，他是埋葬于铭文神庙之下宏伟陵墓的伟大国王。1960年之后，鲁斯开始称他为"8阿豪"，因为这似乎是石棺盖上记录的这位统治者的出生日期，但他在玛雅语中的真实姓名是什么？他的名字一定表示"盾牌"，这毋庸置疑，因为表意的主符显然是古典期玛雅武士绑在手腕上的那种小盾牌。但卡尔加里大学的戴夫·凯利发现，帕伦克的书吏有多种方式来拼写这位大人物的名字：他发现了一个纯表音—音节的版本，由克诺罗佐夫的符号 pa、紧接的 ka，最后是克诺罗佐夫的"倒置的阿豪"也就是符号 la 组成。因此，这位国王叫 pa-ka-l（a），即"帕卡尔"（Pakal，图 8-3）。[14]

回到纽黑文后，我看到了同样的读法，却不知戴夫已经发现。接下来，我在自己广泛搜集的玛雅语词典中查阅 pakal 这个词，结果看到，它出现在16世纪维也纳词典（最早的尤卡坦词典之一）

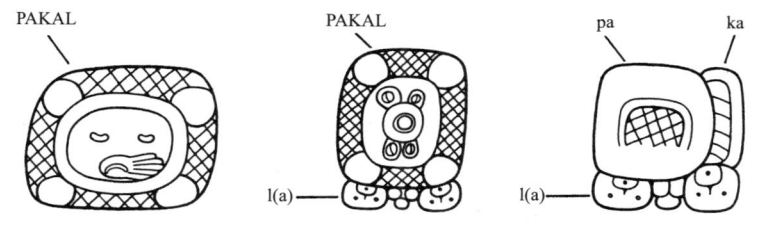

图 8-3 帕卡尔名字的不同拼法。语素符号用大写字母表示，表音符号用小写字母表示

的第 97 页背面，解释为 *escudo*，即"盾牌"。

观察帕卡尔名字的不同写法就能发现，帕伦克的书写者喜欢通过摆弄意符与音节符操纵文字。*Pakal* 可以用纯意符书写，即画一面盾牌；也可以用纯音节符号；还可以用语素—音节符号，增加"倒置的阿豪"也就是符号 *la* 做音补，来表示这个符号最后以 *-l* 结尾。对旧大陆楔形文字拥有一手知识的弗洛伊德，以及自商博良以降的埃及学家，对这些都是很熟悉的。

基尼奇帕卡尔是谁？有关他的记录出现在几个地方，值得注意的是三块巨大的石板，它们嵌在上层建筑的后墙，铭文神庙正是因它们而得名。但要寻找他的历史和祖先，最明显的地方是石棺盖边缘，因为已知上面文字的开头是他的出生日期 9.8.9.13.0，8 阿豪 13 珀普（603 年 3 月 26 日），而且还有其他名字和日期。圆桌会议后，弗洛伊德开始研究棺盖上的文字，并在第二年的会议记录中公布了他的发现。[15] 一个问题是，帕卡尔之前的国王仍然不为人知，因为那天下午在梅尔的厨房里只研究了王朝的后期部分。另一问题是，其中两个名字——帕卡尔和另一人——与各种日期和似乎是"事件字符"的东西一起出现，似乎是杂乱无章的。

弗洛伊德解决了整个问题，他表示，以五点梅花做主符的"事件字符"与"终结日期"相符，也就是说，它们记录了该人的死亡。他一举解决了这个难题：有**两个**帕卡尔，而不是一个，还有两个与其有同样名字的人物。因此，盖子上的其他人原来是帕卡尔的祖先：他的母亲萨克 - 库克夫人（Lady Sak-K'uk'，白色绿咬鹃）；他的外祖父，第一任帕卡尔；还有生活在 524 年的其他先人。

玛雅专制君主像所有欧洲国王一样，为他们的贵族血统而自豪。为了证明他的现世甚至来世的合法性，基尼奇帕卡尔命人在他的石棺外面放置了一些描绘他祖先的浮雕；每位祖先都出现在不同种类的树或植物之前。他的母亲萨克－库克夫人是帕卡尔一世的女儿，和他的父亲一样，都没有实际统治过帕伦克城邦，但都被雕刻在了石棺两侧。[16]整间墓室类似于英国大宅的祖先画像廊。

仰赖于梅尔和琳达一丝不苟的建筑工作，我们对帕伦克各位统治者的建筑计划有了很好的了解，这些计划是其他玛雅城市所无法比拟的。帕卡尔"大王"于647年开始了他的建筑事业，后又下令建造大部分的"房屋"或联排建筑构成的宫殿，但他最大的成就是他的殡葬纪念馆，即铭文神庙。他的儿子和继承人坎－巴兰的建筑作品，在所有十字建筑群中，同样惊人，但他的故事，我们后面再讲。

凡是行动皆会收到相同或相反的回应。帕伦克第一次圆桌会议还没开幕，对它的回应就开始了。鲁斯受到了邀请，但他没有参加，这是再明显不过的风暴信号。不仅如此，现场没有一位墨西哥国家人类学与历史研究所的考古学家，也没有一名墨西哥城的大学或人类学系的学生。诚然，玛雅研究历来都不是墨西哥人的强项；过去100年来，几乎所有杰出的墨西哥人类学家都聚焦于萨波特克人、米斯特克人和阿兹特克人，而把玛雅人留给外国研究员研究。但这种抵制仍然是不寻常的。毫无疑问，发起抵制的人是鲁斯。

阿尔韦托·鲁斯·吕利耶，他甚至不是墨西哥裔。[17]他出生于法国，母亲是法国人，父亲是古巴人（他是菲德尔·卡斯特罗·鲁斯[1]的表弟,这也许可以解释他的政治倾向)。他于1935年抵达墨西哥,并最终入籍。到20世纪40年代初,他已成为墨西哥青年中最有前途的玛雅考古学家,并最终在大学组织了玛雅文化研讨会;作为研讨会的出版物《玛雅文化研究》的编辑,他帮助发表了该领域一些最好的材料,其中最重要的是戴维·凯利为克诺罗佐夫的方法辩护的文章。多年以来,他无疑是推动玛雅研究的积极力量,特别是他在帕伦克的重大发掘。

就墨西哥人类学机构而言,那是一个国际科学合作的时代。像阿方索·卡索和伊格纳西奥·贝尔纳尔[2]这样有影响力、政界人缘良好的学者营造了一种氛围,使之成为可能。

但从1970年开始,这一切都改变了。这一年的12月1日,路易斯·埃切维里亚·阿尔瓦雷斯(Luis Echeverría Álvarez)就职为墨西哥总统。在大约70年的时间里,墨西哥维持着一党制,总统在某种程度上接近于神—王,其政策贯穿于政治金字塔的每一层,持续了整整6年。1968年奥运会开幕前,在特拉特洛尔科(Tlatelolco)的阿兹特克金字塔群中间集会的持不同政见的学生遭到了恐怖屠杀,普遍认为这是埃切维里亚一手策划的。但他仍是左倾的,并坚决反对美国。有人确切地告知我,他颁布了一项法令,命墨西哥国家人类学与历史研究所将**外国**考古学家赶出墨西哥。

虽然"最高领袖"埃切维里亚并非共产主义者,但墨西哥的许多官方文化生活都听从马克思主义忠实信徒的指示。在整个拉丁美洲,马克思主义是知识分子的"鸦片",在人类学和考古学

---

〔1〕菲德尔·卡斯特罗·鲁斯(Fidel Castro Ruz),即古巴"国父"老卡斯特罗。
〔2〕阿方索·卡索(Alfonso Caso)与伊格纳西奥·贝尔纳尔(Ignacio Bernal),皆为墨西哥人类学家。

领域亦是如此，像"生产方式""阶级斗争"和"内在矛盾"这样的马克思主义话语，开始充斥于墨西哥的考古文献。具有讽刺意味的是，与此同时，苏联人正开始从这一知识罗网中解放出来。由于埃切维里亚的反美法令，在接下来的 20 年里，美国人在墨西哥的发掘许可几乎断绝，这两个邻国之间的科学合作也成为过去。那些将墨西哥视为**友好**国家的旅游广告，在美国考古学家看来无异于讽刺。

鲁斯和其他人一样是正统的马克思主义者，1979 年他去世后不久，在梅里达发布的一篇论古代玛雅的遗作证明了这一点。[18] 然而，他却与埃里克·汤普森是密友，在学术上互相支持，在传统的马克思主义者看来，这无疑是一种矛盾。无论怎样，他和墨西哥国家人类学与历史研究所对第一次帕伦克圆桌会议是投以冷眼的，但损失是他们的。

对帕伦克这些来自外国的后起之秀，鲁斯显然怀有更深的怨恨。同年，即 1973 年，他论述铭文神庙的巨著由墨西哥国家人类学与历史研究所发行，其中包含关于铭文陵墓中埋葬的"8 阿豪"的研究，他认为这项研究是最终的、权威的。[19] 当两篇论文，即弗洛伊德的论文以及琳达与彼得合写的论文，于 1974 年出现在圆桌会议的报告中，鲁斯勃然大怒；正如琳达所说，"他看到自己一辈子的工作付诸东流"，因为鲁斯认定石棺盖上的文字支持了他的论断，即里面的人"8 阿豪"，又名帕卡尔，不超过 50 岁，但圆桌会议的这 3 个铭文学家表明，他去世时已经 80 岁了。

尽管与汤普森关系密切，但鲁斯对这些象形字知之甚少，他对棺盖边缘的文字的解读也是极其错误的，例如，他把两个帕卡尔生活中的日期和事件混为一谈，导致对 13 个历轮日期在长计历中的位置得出错误结论。

鲁斯尽快进行了反击，在 1975 年和 1977 年发表的讽刺文章中，他称琳达、彼得和弗洛伊德为 *fantasistas*，即"幻想家"。[20] 1974 年 12 月，他出现在第二次帕伦克圆桌会议上。琳达道明了整个事情："他是来批驳我们的。他拿着石棺盖的旧图；将其切成一个个字符，给玛雅研究中心每名研究员一个象形字，叫他们在相关文献中寻找一切资料。他选取自己喜欢的部分，并将其组合在一起，形成自己的读法，大概就是听起来的样子。"[21]

在鲁斯看来，三人确定的"盾牌"字符并非帕卡尔的名字，而是一种高级地位的象征，这一象征被赋予他所谓的"8 阿豪"。在随后的讨论中，他们发现鲁斯不会看象形字，而要从事这项研究，会看象形字是必要条件。琳达随后站了起来："我尽量对鲁斯保持尊重，我带着他一步一步看我们对日期、动词、名字和徽章字符的解读。"

然后鲁斯在塔尼娅一名年轻美国学生的附议下，问道："你怎么知道这是动词？"琳达没有回答，然后坐了下来："我一时说不出话来。就是在那时，我决定要弄清楚它为何**必须**是动词，以后再也不让**任何人**问我这个问题！"这次对峙虽然令人不快，但结果是可喜的：琳达前去得克萨斯大学读研究生，学了玛雅语言，并写了论述玛雅古文字中动词的开创性博士论文。她终于回答了这个问题。

至于与帕卡尔有关的日期，琳达说："他的出生、登基和死亡都与过去几百万年和未来几千年的日期相连。如果想挪动他的日期，必须把**所有**这些日期作为一个整体来挪动。"

与贝蒂·本森[1]同乘出租车从比亚埃尔莫萨机场前往参加帕伦克第一次圆桌会议之时，我俩的合作已10年有余。她是敦巴顿橡树园前哥伦布时期艺术的策展人，而我是顾问。我们曾在橡树园菲利普·约翰逊[2]设计的绝美侧厅里合作举办过一场展览，但更重要的是，一项由奖学金、研讨会和出版物组成的学术计划将把艺术史和考古学结合到一起。

贝蒂是名副其实的淑女，"一个有修养、举止优雅的女人"。她头脑机敏，处事沉稳，在橡树园擅长组织的国际研讨会和项目中，她是将拉美人、欧洲人和美国人聚到一起的最佳人选。布利斯[3]收藏的古代新大陆的杰出艺术品曾在华盛顿国家美术馆（National Gallery）展出，当时她是负责人。对很多文化的艺术，她都有很好的鉴赏力，而玛雅向来是她的最爱。在橡树园合作的这些年里，我俩在所有重要问题上都没有分歧。

贝蒂和我们其他人一样，对梅尔组织的圆桌会议取得成功感到欣喜。1974年初春，她想到橡树园的"小金库里还有些钱"，[22]于是突发奇想——把研究过帕伦克铭文的人士全部邀请来参加圆桌会议也许是一件好事。海因里希·贝尔林来信致歉，说自己"不再参与过去常做的这些事情了"，但在4月初的一个周末，在约翰逊设计的橡树园侧厅地下室的前哥伦布时代研讨室，还是举行了帕伦克研究专家的一场聚会。

会议的开场很是糟糕。我作为观察者出席了会议，并可以证

---

[1] 即前文的伊丽莎白·本森，贝蒂是伊丽莎白的昵称。
[2] 菲利普·约翰逊（Philip Johnson），美国建筑师、建筑理论家。
[3] 即罗伯特·伍兹·布利斯（Robert Woods Bliss），美国外交家、艺术收藏家、敦巴顿橡树园研究图书馆的创始人之一。

明，整个会场笼罩着怨恨与敌意。乔治·库布勒突如其来的一句"你怎么知道这是文字？"给整个会议开了个坏头。塔尼娅与她的哈佛学生乔伊斯·马库斯（Joyce Marcus）坐在一起，表现出一派俄式习气，即与谢勒等人截然对立。弗洛伊德曾指出，塔尼娅之所以不肯接受，是因为她"对王朝的历史有她自己的一套理论，而我们的理论却有点不一样"。但主要的症结在于，她不接受琳达这个有点粗俗的田纳西人；她一直未摆脱这种片面的反感，这令琳达很沮丧。塔尼娅对帕伦克小组的研究工作如此消极，我不禁开始觉得，贝蒂召集他们聚会犯了一个可怕的错误。

我受不了这种气氛，就在星期六中午之前离开，前往纽黑文。到了次日下午晚些时候，大多数参与者，包括塔尼娅和乔伊斯，也都离开了。除贝蒂之外，还有5个死忠分子留了下来，即琳达、彼得、弗洛伊德、梅尔和戴夫·凯利。正如贝蒂所说，"起初他们两两一组，进行着无聊散漫的交谈。突然有一刻，弗洛伊德、琳达、戴夫和彼得都坐在地板上，围着莫斯莱的一本书，他们得到了一个新的象形字。这都是因为他们每个人都知道一些其他人所不知的东西。我想，啊哈！这才是我的小组，我要让他们重新聚到一起"。

琳达带来的是她在圆桌会议之后一直在研究的东西。回到莫比尔后，她把莫斯莱和别处发表的帕伦克文献全部找出来并粘在一起。然后，她不仅用日期，还用整个句子来分析，以寻找规律。弗洛伊德带来了梅尔制作的石棺铭文拓本，彼得带来了自己的笔记本。他们"几乎处于一种出神的状态——贝蒂不时伸过来手臂，提供备用参考材料"。1973年，他们在三个半小时的时间里，揭开了帕伦克最后200年的历史；而后，从那天晚上6点半到10点，他们揭开了它**前** 200 年的历史。

"所有国王,"琳达惊呼,"咣当咣当,轰隆轰隆,一个接一个出现!当晚**不在**现场的人,我们再也没有邀请。"

这是一次真正的思想碰撞。弗洛伊德后来说,他向来独自工作,而这是他唯一一次和别人**一起**工作。贝蒂把橡树园一流图书馆里所有的玛雅语字典全都堆在一张桌子上,供他们反复查看。一个形似树叶的关键字符出现了,从上下文可知,其含义是"血统"。戴夫说,这一字符应该有语言学参考,瞧!字典里有个词 *le*,被解释为"叶子"和"血统"。

贝蒂确实有了"她的小组",她让他们一起参加了另外 4 次小型会议,3 次在华盛顿,1 次在戴夫的家乡贾弗里。结果,这些会议变得不仅仅是周末会议:4 位铭文学家要在星期三到达,直到下星期二才离开。

琳达曾将贝蒂的小型会议视为现代破译史的转折点。我问她这些会议的真正贡献是什么,琳达解释说,会议开始之时,克诺罗佐夫的语音分析法已经到位;普罗斯科里亚科夫和贝尔林的工作,已经毫无疑问地证明这些铭文含有历史内容。但是,虽然这些文本的句法被推断了出来,但所有研究者仅仅研究了个别字符。

小型会议的参与人将特定铭文作为一个整体文本来研究。"它既然反映了真实的语言,那就一定具有玛雅语言的句法结构:一定有动词,一定有形容词,一定有主语。即使不知道哪个是动词,也能根据句法来确定其**位置**。"所需的语言学知识是由弗洛伊德提供的,但琳达在这方面也越来越擅长。他们用早年汤普森发现的"距数"来向前向后计数日期,以说明动词彼此之间在时间上的关系。

第八章　帕卡尔的子民　265

"我们开始处理完整的文本。比如，我们可能会把一个动词翻译成'他在某日做了**某事**'。我们知道他有多大年龄，也知道他是在什么情况下做的，所以我们可以达到——这是首次——将文本翻译八九成的水准。"

小型会议成员没在开会的时候，就互通长信谈论自己的新发现和推论，并发表论文，这些论文通常收录于梅尔的圆桌会议文丛。弗洛伊德在 1974 年就已经破解了**马基纳**头衔，接下来要解开的是十字神庙后墙石板上一个令人费解的谜团。

大家应记得，与十字建筑群其他两座神庙的石板一样，这块石板展示的两个人物也朝向一个崇拜物，此处的崇拜物是一棵十字形的树，树上有一只神奇的鸟。自从德·里奥的勘查报告在伦敦发表以来，除了这群小型会议者（或他们自封的"帕伦克迷"），玛雅学家一直对这两个人物究竟是谁感到困惑；现在一致认为，左边那个较小的、被捆绑起来的人物是儿时的基尼奇坎－巴兰，而右边那个较高的是成年之后的坎－巴兰。[23] 而那棵树呢？肯定是一棵世界树，也许就是在古代和现代玛雅人的思想中，矗立在宇宙中心并支撑天堂的那一棵。正是这一场景两侧一段很长的文字引起了弗洛伊德的注意。[24] 如果计算一下左上方的长计历日期，可以算出是公元前 3121 年 12 月 7 日，大约在目前的玛雅时代开始前 6 年半：这显然是神话中的一个日期。在那个遥远的年代，一位古老女神诞生了，而铭文学家当时只能依据她类似鸟头的人名字符称她为"野兽夫人"（Lady Beastie）。在她 761 岁高寿的时候，她生下了三位神，这些神成为帕伦克王朝的守护神。铭文接着按时间顺序，描述了从帕卡尔到继承人坎－巴兰等帕伦克诸王的历史。

素有数学头脑的弗洛伊德发现,"野兽夫人"的出生日期与帕卡尔的出生日期的间隔期——1 359 540 天——是 7 个以上对玛雅人很重要的不同周期相乘所得,因此"野兽夫人"的出生日期完全是**捏造**的,由帕伦克的天文学家—书吏所发明,以赋予坎 - 巴兰和他杰出的父亲一个神圣的血统。现在证明,这一神奇数字中有一间隔是火星的会和周期(780 天),从而证实了戴夫·凯利从他学生时代起就一直告诉我们的,即古典期铭文中的许多日期具有天文学意义,超出了"真实"的历史——这种观点在最近的研究中已被一再证实。

1980 年,弗洛伊德对此进行了跟进,他表明,在十字神庙的这段文字中,神话中的出生表达方式遵循的是玛雅句法规则,其中的词序与我们惯用的英语或西班牙语毫无相似之处。[25] 他还发现了一种平行对句的模式,这是美洲原住民文化中普遍存在的修辞手段,在旧大陆也很盛行;《圣经·诗篇》中就满是这种文学手段,例如:

> 他使旷野变为水潭,
> 叫旱地变为水泉。

这也常用于现代玛雅口语,尤其是在仪式话语、祈祷、演说等正式用语中。而弗洛伊德是将其与古典期玛雅文字相匹配的先驱。由此带来的启发是,铭文学家最好着手研究玛雅语言学和殖民时期的文学,仅靠翻翻字典是不够的。

在第二次圆桌会议上,鲁斯的讥讽深深刺痛了琳达,她汲取了教训并将此牢记于心。1980 年,她在得克萨斯大学发表了一篇博士论文，不仅确定了特定的"事件字符"即动词在王朝声明中的含义——比如 *chum*，意为"坐下"（登基），其图像一直被琳达称为"一个坐着的屁股"——还展示了如何使用动词缀符的音节来书写动词的语法末尾。[26] 例如，在玛雅语中，*chum* 属于描述主语空间位置的一类特殊动词，这些动词有自己的屈折词尾。随着弗洛伊德确定了音节符号 T. 130（*wa*）和 T. 116（*ni*）的真正读音，琳达终于能够将至关重要的"坐下"复合词读作 *chumwan*(*i*)，即"他坐下"（图 8-4）。这与乔兰语的语法完全契合，而乔兰语现在被普遍认为是古典期铭文的语言。

图 8-4 "坐下"字符：*chumwan*，"他坐下"

到 20 世纪 70 年代后期，玛雅研究在诸方面都取得了进展。宾夕法尼亚大学的克里斯托弗·琼斯（Christopher Jones）于 1977 年在《美国古物》杂志上发表了一篇论文，在弄清王朝历史方面取得了重大突破。[27] 琼斯是蒂卡尔项目的铭文学家，他在蒂卡尔纪念碑上的多处地方注意到一个统治者的名字，而他的名字之后跟着一个女人和一位前任统治者的名字。他想到的解释是，这是统治者的母亲和父亲。琳达读到这篇文章后受到启发，于是把其他遗址的类似例子编成一张表，并把它带到了最后一次的小型会议上。

据琳达说，当彼得·马修斯和戴夫·凯利看到这张包含亚斯奇兰的家族世系声明的表时,他们的反应是:"天啊。你知道这上面写了什么吗?它说飞鸟-美洲虎是盾牌-美洲虎的儿子!"结果就是,有了这些新确定的家族世系字符,也即"X乃Z之子",就可以为每座城市制定可靠的族谱(图8-5)。接下来10年里,这些字符的准确音读将开始出现,新一代铭文学家也开始崭露头角。

yatan,"某人之妻"

suku winik,"哥哥"

itz'in,"弟弟"

u nichin?
"(父亲)的孩子"

yal,
"(母亲)的孩子"

u huntan,
"宠儿"

图8-5 表示亲属称谓的字符

在那些激动人心的日子里,新发现如燎原之火迅速涌现。几乎每天或每周都会有一些惊人的新事实出现,或是对一个象形字符做出新解读,或是有人对旧的数据做出革命性的新解释。在近一个半世纪的玛雅研究中,一帮学者第一次能够将神庙、宫殿、纪念碑与历史框架中的真实人物联系起来。他们开始对石柱和浮雕上经常描绘的怪异场景做出具有某种意义的解释,其中很多场景似乎涉及宗族仪式和给国王放血。

现在可以解开自18世纪末一直困扰学者们的谜团了。镶嵌在帕伦克宫殿墙壁上的椭圆形石板，现在证明是一个王座的背面，而座和腿都被德·里奥搬走了，后被送到他的国王卡洛斯三世那里；石板上描绘的场景，原来是坐在美洲虎王座上的帕卡尔大王，从他母亲萨克－库克夫人那里接收王室头饰。很明显，**这就是后来所有帕伦克国王被赋予权力的地方，一直到该王朝和古典期玛雅文明终结。**[28]

同样，说到宫殿石碑（Palace Tablet），即鲁斯发现的一块大石板，从其现在可读的文字可以看出，它描绘了基尼奇坎－许尔（K'inich Kan-Xul）的登基。他是帕卡尔和阿赫波－赫尔夫人（Lady Ajpo-Hel，帕卡尔的正妻）的幼子，在兄长坎－巴兰去世后继承了统治权；他的王族父母早已离世，但石板显示他们将权力的象征交给坎－许尔，由他在仪式上佩戴。不幸的坎－许尔后来遭遇了厄运，因为他被托尼纳（Toniná，该地的俘虏纪念碑上清楚表明了他的名字和徽章字符）俘虏了，而且几乎可以肯定是在远离家乡的地方被斩首。[29]

长期无法解释的图像细节，现在全都开始有逻辑可循了。经过一次又一次圆桌会议，仪式所穿衣物和所持器物，在精英阶层的背景下，全都有了意义。

从帕伦克会议和小型会议中产生的各种解释，蔓延到了对玛雅低地其他地区的研究，特别是危地马拉和伯利兹，在那里，仇外心理并未阻断外国调查人士正在进行的发掘，而且不断发现新的玛雅文字、墓葬和藏品。在危地马拉的蒂卡尔，在这座巨型城市主广场上如摩天大楼的1号神庙下面，发现了非同寻常的116号墓葬，铭文学家最终了解到这是一位伟大国王的陵墓，他的名字后来被破译为哈索·查恩·卡威尔（Jasaw Chan K'awiil），是用玛雅语素—音节字符书写的。[30]

后来发现，蒂卡尔的国王和亚斯奇兰的国王一样，采用了一种字符（图 8-6，汤普森根据不太可靠的理由，将其读作赫尔，*hel*，即"变更"，但现在它被确认为"查克"，*tz'ak*，即"排序"）来告诉人们，他是顺位继承的第几位统治者。[31] 编了号的"查克"字符，其含义已基本确定，这让研究王朝宗谱变得比以往更简单了。

图 8-6 "*hel*" 或称"职位变更"字符。a. 顺位继承的第八位。b. 顺位继承的第十位。其主要构件，现在读作 *tz'ak-*，即"排序"

20 世纪 70 年代后半期，帕伦克发生的事情开始传开，每年圆桌会议的规模逐渐壮大，超出了一切预期，就像飞驰下坡的雪球。1973 年，只有我们 35 人在莫伊塞斯的棚屋聚会，但仅仅 5 年后，就有来自 7 个国家的不少于 142 名参与者，而且这个数字多年来一直在持续增长。奇妙的玛雅文字研讨会最终接触到更多听众，这些研讨会于 1978 年在得克萨斯大学奥斯汀分校开始举行，此后每年举行一次。[32] 琳达魅力十足，在她一生中，这些研讨会基本是她的独角戏。她是天生的女演员（假如有的话），能毫不费力地引领屏气凝神的听众研习最难的材料，从克诺罗佐夫式的标音法到宗谱声明。类似的研讨会在美国遍地开花,这是对她成就的最终褒奖。

自然,过去也有一些人对这一切不以为然(现在亦是如此),尤其是那些固执己见、毫不妥协的泥土考古学家,他们开始感到,**他们**对古代玛雅农民房冢与炊具的具体研究,被所有这些对古典期精英阶层的关注掩盖了。除了少数例外,他们在帕伦克圆桌会议和文字研讨会上明显缺席,并继续发表演讲和文章,但从未表明古典期玛雅人是识字的民族。10 年后,他们的愤慨开始出现在敦巴顿橡树园(以及所有地方)。

1940 年,西尔韦纳斯·莫利曾在其著作中说道:"毫无疑问,古代玛雅人所记录的历史在石刻铭文中是找不见的。"[33] 现在谁也不会否认,他的这一说法完全错了;也不能否认,"帕卡尔的子民",即一小拨矢志于此的"帕伦克迷",推进了对古代玛雅历史与精神生活的全面解读。

第九章

前往下界

1968年8月4日,在圣菲(Santa Fe)西南部的圣多明各村(Santo Domingo Pueblo),正是守护神圣多米尼克(Saint Dominic)的节日。在炎热、尘土飞扬的广场一端,一名多米尼克派神父紧张地看着几百名舞者排成两排长队,用穿着鹿皮鞋的脚击打大地,同时伴以雄浑的男中音合唱和隆隆鼓声,以此作为集体求雨的盛大祈祷。我和家人观看这一幕规模最大、在某些方面最为震撼的美洲原住民公共仪式的时候,西北部赫梅斯山(Jémez Mountains)上空一小片云愈来愈大,终于覆满天空;最后,暴风雨骤起,空中闪电交错,圣多明各回响起滚滚雷鸣。

在这一难忘的日子,我们遇到了艾尔弗雷德·布什(Alfred Bush)和道格拉斯·尤因(Douglas Ewing)。两人是我的老朋友,来自东部,均为纽约格罗利尔俱乐部(Grolier Club)的官员,该俱乐部是个古板的组织,致力于收集稀有古书和手稿。他们有个提议,我们即刻进行了讨论,即我是否有兴趣在格罗利尔俱乐部组织一场关于玛雅古文字的展览,使用原始文献?

我确有兴趣,但也提醒说,欧洲的机构肯定不愿出借那三部已知的古抄本到纽约展出,而从墨西哥或危地马拉搬运大型石柱则不现实。我们总可以从美国的博物馆和私人收藏那里借用一些小型石刻铭文,即楣梁或嵌板,但如果想好好描述一下玛雅文字以及破译的"技术状况",这是远远不够的(要知道,那时虽然普罗斯科里亚科夫已有所突破,但第一次圆桌会议还未召开)。

可我还有个主意。如果只能依靠美国的资料,那么我们可资利用的大多数玛雅文献不是在石头或纸上,而是在陶器上。这些文献有时相当长,像很多纪念碑铭文一样铺满表面。埃里克·汤普森在其1962年发表的《玛雅象形文字目录》一书的导言中,[1]几乎将陶器文字贬为不值得研究的东西,他的结论是,它们仅仅是装饰,由基本不识字的艺匠挑选某些好看的字符画在陶器上。它们反映出"艺匠希望做出均衡又美观的设计"。结果就是,大多数玛雅学家自然对此信以为真。

对这一未经检验的假设,我是不禁质疑的,因为我曾表明汤普森关于奥尔梅克文明古老性的结论是错误的,而且我十分确信,他对玛雅文字之性质的观点也是站不住脚的。我想,假如能得到足够多的带有文字的古典期玛雅陶罐和陶盘,并将它们集于一室,我就能考察出汤普森是对还是错。

我们的展览计划一度停滞不前,因为我和同事迪克·迪尔(Dick Diehl)正忙着撰写我们在圣洛伦索—特诺奇蒂特兰的大型奥尔梅克遗址联合发掘的工作报告;我们已在那里进行了三季实地考察,而实际的发掘工作,像其他考古发掘一样,只是工作的冰山一角,需要长年的分析和写作才能将其全部刊印。[2]但到了1971年4月初,我开始着手与格罗利尔展览相关的工作。

1960 年之前，无论是真正的考古领域还是文物贸易，都无法拿出足够数量的上等玛雅陶器供人解读其意义。但之后，由于危地马拉政局变动不定，佩滕地区不太知名——或依然未知——的古典遗址遭到大规模劫掠。左翼游击队、右翼军队、当地政客以及大量贫穷的无地农民，通通参与了这场行动。有些劫掠者更高效，因而也更危险，他们用高科技电锯切开玛雅石柱，以便搬运和出售。[3]

除了危地马拉的私人收藏，这些文物材料的主要市场是纽约，其次是巴黎和日内瓦等欧洲首都，最起码也是拥有非常诚信的经销商的地方。我们很容易指责这些人是蹂躏佩滕的罪魁祸首，但可能更多的破坏是由一帮收藏家、无良评估师和低级经销商造成的，他们通过迈阿密进口一车车质量低劣的材料，将其捐赠给天真的博物馆以减税。即便如此，还是有数量惊人的玛雅花瓶可供研究，它们极具美感和学术价值。讽刺的是，我发现这些纽约经销商，也就是考古学家义愤填膺的对象，对手中的材料比这些**考古学家**要慷慨得多。

公众会觉得，布置一场大型展览一定耗费数月甚至数年时间。但据我所知，多数展览都是在最后关头匆匆布置的。实际上，我布置名为"玛雅书吏及其世界"（*The Maya Scribe and His World*）的格罗利尔展览[4]是在 4 月 17 日，也就是展览开幕当天。在俱乐部的优雅大厅，我拆开一箱又一箱玛雅陶器，并注意到这些陶瓶上所绘的场景具有一个非常奇怪的模式：一模一样的年轻人成双结对，身穿非常相似的服装，一次又一次出现。我的脑海中闪过"孪生子"一词，进而立刻联想到："孪生子——《波波尔乌》"。《波波尔乌》是高地基切玛雅人的圣书，我读过好几遍，孪生子在其中至关重要。

《波波尔乌》是在16世纪用拉丁字母转写的，很可能转写自一部失传的玛雅文原本。它在19世纪被布拉瑟·德·布尔堡重新发现，并被公认为美洲原住民文学中最伟大的作品，已被翻译多次。[5] 该书开篇是从太初混沌中创世，结尾是西班牙人的征服。但是，对玛雅神话的研究者和图像学家来说，最有趣的还是紧随创世的第二部分，这一部分讲的基本是两对神圣孪生兄弟的"地狱历劫记"。第一对孪生兄弟名叫1胡纳赫普和7胡纳赫普（在低地玛雅历法中称为1阿豪和7阿豪），年轻英俊，喜欢在地面上玩球，但他们喧闹的球戏惹怒了下界也就是"西巴尔巴"（在基切玛雅语中意为"恐怖之地"）的众神，后者将他们召唤到可怕的下界。经受过恐怖、残酷的考验后，这对孪生兄弟被迫与邪恶的下界众神进行一场球赛，结果输掉了，于是被砍头。

1胡纳赫普的头颅被挂在一棵葫芦树上。一天，一个下界神的女儿路过这棵树，听到头颅发出声音；她举起手，头颅往她手上吐了一口唾沫，她就神奇地怀孕了。她被放逐到人间，最终生下了第二对孪生子，即英雄孪生兄弟胡纳赫普（Hunahpu，意为"猎手"）和希巴兰克（Xbalanque，意为"美洲虎太阳"）。还是小孩的时候，他们就做出了种种英勇功绩：除灭怪物，还将顽劣而嫉妒的同父异母的兄弟变成猴子，这一情节使我后来有一个意外发现。

这俩男孩用吹管枪射杀飞鸟，想方设法找乐子，但他们吵闹的球戏也招致下界对他们的召唤。胡纳赫普与希巴兰克并未遭受父亲与叔叔的命运，而是用诡计打败了下界众神，而后升上天空，化为太阳和月亮。

把这些陶瓶和陶盘放入展柜的时候,我很快发现,上面的很多图像细节和《波波尔乌》中的下界情节吻合,而我对这类材料的进一步研究全都证实甚至扩展了这种解释。这一切意味着什么?这里,我们需要思考这些精英陶器的**功用**:由于这些陶器大多缺乏记录,因此显然不可能百分之百确定,但已公布的考古证据表明,玛雅陶器的最终归宿,不管是彩绘陶器还是雕刻陶器,都是——盛满食物和饮料——同尊贵的死者一起被放进坟墓。协助我的艺术家戴安娜·佩克(Diane Peck)在展品目录中首次公布这些场景的时候,我发现其中充斥着下界、死亡的意象;到处都是令人毛骨悚然的死亡骷髅的象征——交叉的骨头、空洞的眼睛、吸血蝙蝠等(图 9–1)。

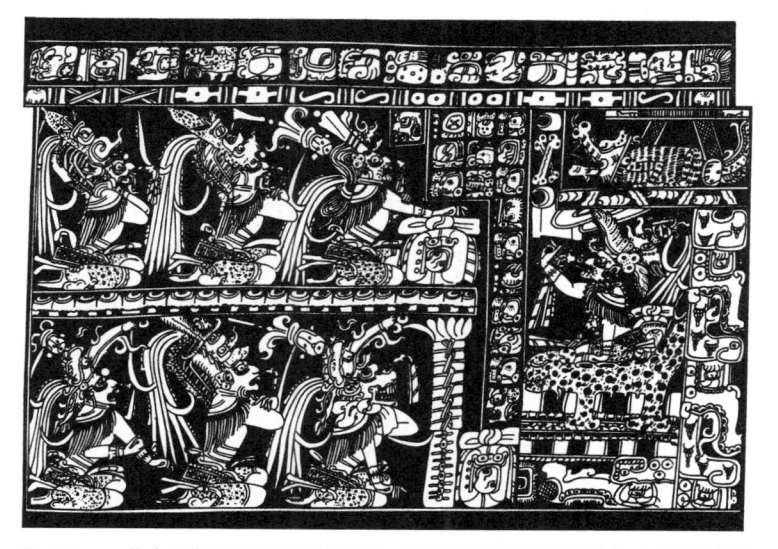

图 9–1 一件古典期晚期花瓶的展开图。顶部是初级标准序列和主人/赞助人的名字和头衔。下面的场景和垂直文本涉及公元前 3114 年创世之初的诸神集会

第九章 前往下界   277

这并不意味着陶器上的所有内容全都出自《波波尔乌》——其中一些更具历史性质——但这确实表明，基切人这部史诗中的下界场景为古典期的低地民族所共享，并被用于最终作为丧葬祭品的陶器之上。实际上，《波波尔乌》中英雄孪生兄弟勇闯下界的故事，只是曾经浩大的下界神话幸存的一部分：花瓶和陶盘上有数十个，也许是数百个诡异的下界神祇，场景很是复杂。但这个拥挤的地下世界是个井然有序的地方：正如伊迪丝·西特韦尔[1]笔下的约书亚·杰布爵士（Sir Joshua Jebb）告诫女儿们的话：

> 因为地狱十分适宜
> 一如格林威治、巴斯和雅法！[2]

我能看到，下界有两位掌权的神祇，通常坐在宫殿的王座上，备极尊崇：他们就是舍尔哈斯的神 L（我们在帕伦克的十字神庙看到过）和神 N。两位神祇虽然十分老迈，但仍享受着众妻妾的服侍，显然还受到年轻的月亮女神的关注。

汤普森认为神 N——在《德累斯顿古抄本》中作为年末之神——是一位巴卡布（Bakab），[6] 即支撑苍穹的四位神祇之一，而我看到他的名字字符经常包含克诺罗佐夫的字符 *pa*，下面则是一个语素符号 *tun*，于是将其读作 "Pawahtun"（帕瓦赫吞），这是一位重要的神祇，兰达曾将其与年末仪式相联系。很久以后，我以前的学生卡尔·陶布证实了这一读法，他指出，这位神祇的

---

[1] 伊迪丝·西特韦尔（Edith Sitwell），英国女诗人。
[2] 原文为 "For Hell is just as properly proper/As Greenwich, or as Bath, or Joppa！"。

名字字符中有个为我忽略的小"玉米卷"部件，该部件表示音节符 wah，因此，该神祇叫 pa-wah-tun。我们稍后还会在科潘发现帕瓦赫吞。

人可以因正确的原因而犯错（这是汤普森的专长），反过来，也可以因错误的原因而做对。我在这些陶器上看到了孪生子，而后立即得出结论：它们是从《波波尔乌》的书页中走出来的。但被我认定为"年轻神祇"胡纳赫普和希巴兰克的那对孪生子，后来被证明是英雄孪生兄弟牺牲的父亲和叔叔。这也是陶布的工作，他的卓越发现是：父亲1胡纳赫普正是玛雅图像中年轻的玉米神。[7]正如每个玛雅农民在播种时，将玉米种子"送"入地下世界，玉米神1胡纳赫普受命前往下界；他在那里遭受死亡，然后由他的后代胡纳赫普和希巴兰克复活。

好吧，所有这些似乎与玛雅破译的故事无关，但来自坟墓外的玛雅彩绘陶器与雕刻陶器最终发挥了作用。格罗利尔展览开辟出崭新的图像学视野，艺术史与铭文学得以结合起来，这后来成为帕伦克圆桌会议文丛的主要方向。

格罗利尔展览的真正工作是在展览结束后开始的，即为展品编制一份目录。[8]我对自己的要求是，这一目录应努力达到莫斯莱在其《中美洲生物》一书中所达到的准确记录标准。这意味着要把圆柱形陶器上的所有场景——以及文字——全部用平面展示出来。几年前，我在《伦敦新闻画报》(*Illustrated London News*)上读到，大英博物馆发明了一种相机，可以连续拍摄在转盘上缓慢旋转的物体。贾斯汀·科尔(Justin Kerr)是编目工作的摄影师，我问他能否设计一种这样的相机。贾斯汀觉得可行，但他需要很长时间制作一件样品，所以我们只能退而求其次，对每个陶器进

第九章　前往下界　279

行多次拍摄。如今，贾斯汀已经设计出知名的"连续滚轴式"相机，但对这本书来说太晚了。⁹

结果就是，几乎每件陶器的图案都是由协助我的艺术家戴安娜·佩克以黑白绘图的形式费力展开的，但这仍给了我一个可供钻研的准确语料库。借助于此，以及几十个已公布与未公布的古典期玛雅陶瓶、陶碗和陶盘，我在 5×7 的卡片上整理出陶器文字的概要，最后得到了数百份记录。那年夏天，我把所有这些材料带到马萨诸塞州伯克希尔丘陵（Berkshire Hills）的消夏寓所，在安宁静谧的环境中工作。

在 5 个孩子的打搅下，要完成自己的研究工作并不容易，起码我是这么想的。天一暖和，孩子们就要我带他们去佛蒙特州边界附近冰冷的格林河（Green River）上的天然游泳池。他们会在冰冷刺骨的水中泡上几小时，可我通常 20 分钟就够了，这样我就可以在等他们的空闲时间里埋头于我的 5×7 卡片。在很多方面，我的头脑和弗洛伊德·劳恩斯伯里是相反的，我怀疑我俩处在不同的大脑半球的控制下。虽然我没有记忆数字和名字的能力，当然也没有什么数学能力，但我有近乎完整的视觉记忆：一旦看见某物，就再也忘不了，不管是整体还是细节。一旦储存到记忆中，这些视觉线索往往被整理成模式。在我坐着用一只耳朵听孩子们欢快的叫声和溅水声的时候，有一种模式出现在我的头脑中。

我能明显看到，彩绘陶器上的文字种类是不同的，这取决于文字在陶器上的位置。我所称的"初级"文字，通常出现在花瓶下方边缘的一条横带中，或与场景分离的竖板中；而"二级"文字其实存在于场景之中，与所描绘戏剧中的演员有关。基于与石质门楣运作方式的比较，我猜测，二级文字包含了主要人物的名字和可能拥有的头衔,这些人通常是下界的神秘居民。后来的研究表明,这一猜测是正确的,因为很明显,特定的神祇可以与特定的人名字符相联系,甚至可以与徽章字符相关——神祇也有自己的城市。

我开始注意到许多初级文字有一个共同点:同样的字符,略有差异,反复出现,而且遵循同样的顺序。这引起了我的好奇,于是在我家1810年建的农舍里,我把这些文本切割成一个个单独的字符,然后把相同的字符排成纵列。结果发现,我所处理的是某种标准公式,我将其命名为"初级标准序列"(Primary Standard Sequence,简称PSS),见图9-2。它几乎总是以一个复合词(一个主符与两个缀符)开头,我称之为初始符号(Initial Sign)。这21个左右的符号出现的顺序是绝对固定的(为便于记忆,我给它们都起了绰号,如"翅膀-五点梅花"和"手-猴"),但没有一个文本包含所有这些符号。有些陶器上可能只有几个PSS字符;在这一简略的文本中,通常按顺序写下的字符往往是:初始符号、神N和翅膀-五点梅花。

图9-2 一段初级标准序列文字。a. 初始符号。b. 脚印(Step,代替神N)。c. 翅膀-五点梅花(Wing-Quincunx)。d. 蛇-瓣(Serpent-segment)。e. IL[1]-脸。f. 穆卢克(Muluc)。g. 鱼(Fish)。h. 鼠-骨(Rodent-Bone)。i. 手-猴(Hand-Monkey)。这些均为绰号,而非破译的读法

---

[1] "IL"是耳边有长发的人头像,意为"贵族女士"。

还有一些有趣的替换，这将使人们有可能对PSS至少一部分内容做出新的解释。但是，PSS被发现的时候，能够开拓这些新视野的铭文学家还在上小学。

这个公式有何含义呢？我确信，它与器皿上描绘的个人行为没什么关系，无论是神圣行为还是世俗行为——那是二级文字的任务。由于PSS后面经常跟有名字、徽章字符和巴卡布头衔（常见于纪念碑上），我认为这些末尾字符肯定指的是主人或赞助人，以及他（她）的城市的名字。我认为PSS可能是葬礼咒语的书面形式，也许就像埃及的《亡灵书》（*Book of the Dead*），意在告知亡灵在前往下界的旅程中会遇到什么。考虑到我对玛雅殡葬陶器做出过与下界相关的解释，我这种解释并不奇怪。对玛雅精英来说，整个英雄孪生兄弟的故事是一种关乎死亡与变身的寓言，所以为何不能有一段程式化的文字或咒语来帮助尊贵的死者呢？

这只是一个初步假设。若有其他更合理的解释，假设可以被改变，甚至被推翻；在20世纪80年代，这就是我关于PSS"葬礼颂歌"之假设的情况，至少是部分情况。

格罗利尔展览只是我组织的几场玛雅彩陶展的第一场；第二场是在吉勒特·格里芬的普林斯顿大学艺术博物馆，[10] 第三场是在耶路撒冷的以色列博物馆。[11] 那时，科尔的滚轴式相机已得到充分应用。我当时觉得，现在仍然觉得，所有这些材料，即使是掠夺来的（就像大多数希腊陶瓶或中国青铜器），也应放到公共领域，以便学者研究。

有一类陶瓶，对玛雅研究来说是全新的；这些陶瓶的米黄色或浅茶色背景上，用黑色或棕色颜料绘有精美的书法。在我看来，它们的制作者也许是绘制古典期玛雅古抄本的艺匠—书吏，于是我将其称为"古抄本式陶瓶"。没过多久，泥土考古学家们就宣称它们全是赝品，因为**他们**没人在发掘中见过这样的东西。而如今，古抄本式的器物已现于真正的考古发掘，最先是在纳克贝（Nakbé），现在还有其他几处遗址（包括卡拉克穆尔），因此这一谬传可以休矣。[12]

令我印象深刻的是，这些陶器上有很多成双结对的人，他们长着猴子般的面孔，正在绘制以美洲虎皮为封面的折叠屏风式手抄本；这些兴高采烈的狂热者，以及其他缮写神，一手持毛笔，一手拿着半截海螺壳形状的颜料罐（图9-3）。[13] 我不禁又一次想起《波波尔乌》的情节。回到英雄孪生兄弟的故事：他们还是小男孩的时候，不断精进使用吹管枪和射杀树上飞鸟的技能，相当吝啬的祖母（玛雅宇宙论中年迈的始祖女神）溺爱他们的被宠坏了的两兄弟，一个叫1巴茨（1Batz，"1 猴"），一个叫1丘文（1Chuen，"1 艺匠"）。一天，总喜欢捣蛋的孪生兄弟说服这俩讨厌鬼爬上一棵高大的树，去救卡在高枝上的几只鸟，但他们这对同父异母的兄弟却卡在了树上。这对孪生兄弟使用魔法，让两个对手长出长尾巴和大肚子——换言之，把他们变成了猴子。他们回到家后，老妇人看到这幅滑稽的景象笑得前仰后合。但是，《波波尔乌》的叙述者这样说：

> 所以古代的乐师和歌手召唤他们，书吏和艺匠向他们祈祷。但是他们被变成动物，化身为猴子，因为他们傲慢自大且辱骂他们的兄弟。

第九章　前往下界　283

有充分证据表明，对猴子或猴子书吏的崇拜在古代中美地区广泛存在，不仅见于高地玛雅人，而且见于西班牙征服时的尤卡坦。在阿兹特克人中间，猴子也是艺匠、乐师和舞者的守护神。这并不奇怪。我们的近亲猴子，是像玛雅人这样的民族所能遇到的人类之外最聪明的动物，所以玛雅人将其提升至神圣的地位，就像古埃及人把狒狒神托特作为他们的书吏和书写艺术的守护神一样。

关于玛雅书吏及其神灵，我会在下一章讲述。

发现新的玛雅古抄本是一件极为罕见的事。《德累斯顿古抄本》很可能是科尔特斯在尤卡坦捡到的，然后在1519年被他运到欧洲，直到18世纪才被学界注意到。《马德里古抄本》是在19世纪分为两部分出现的，《巴黎古抄本》的出现也在同一时间。

图9-3 古典陶器上的书吏之神。a. 书写抄本的兔神。b. 猴子书吏

从那以后，收藏家和博物馆收到过几十件所谓古抄本，但后来证明全是赝品。我存有一份关于伪古抄本的图档，这些伪造品有绘于树皮纸上的，但更多的是绘于未经处理的皮革上，全都技艺拙劣，丑陋不堪，无一例外。伪造这类垃圾的现代"书写者"，对玛雅历法的基本原理一无所知，更别说玛雅图像和非历法象形字符了。

就在格罗利尔展览开幕之前，我从一个朋友那里听说有一部可能为真品的古抄本。它的主人是墨西哥收藏家霍苏埃·萨恩斯（Josué Saenz）博士，我去他在墨西哥城的家里看过。这部所谓的古抄本是写在涂有石膏的树皮纸上的（很像那三部古抄本真品，但也跟一些赝品很像），在我看来，它是真品，上面有令人信服的历法符号，还有以托尔特克与玛雅混合风格绘制的神像，与奇琴伊察的浮雕有些许相似。

它是如何到萨恩斯博士手中的呢？一天，好像是有人向他提出一项计划：他们将带他飞到一处简易机场，然后让他看一批最新发现的前哥伦布时期的宝藏。于是他和他们一起乘轻型飞机前往秘密降落点；他们用布遮住指南针，这样他就不知自己身在何处了，但萨恩斯博士游历广泛，知道自己一定是在恰帕斯山脉的山脚下，离墨西哥湾沿岸平原不远。着陆后，他们带给他一些物什并告诉他，这些都是刚刚在该地区一个干燥岩洞中发现的。其中有：一件马赛克面具（肯定来自后古典期晚期的玛雅）；一个小盒子，上面刻有字符，包括托尔图格罗（Tortuguero，帕伦克的一个兄弟城市，现已被完全摧毁，他们可能离这处遗址不远）的徽章字符；一把燧石祭祀刀，木质手柄是手的形状；一件古抄本。"经批准"，他被允许将这些东西带回墨西哥城，这意味着他将与

第九章　前往下界　285

顾问一起检验它们的真伪。他的顾问靠为墨西哥和外国收藏家做这类事情为生，收取高额费用。

这位专家宣布那件面具[14]是赝品（它最终成为敦巴顿橡树园收藏的珍品之一）。对这件古抄本，他也判定为伪造品，但萨恩斯对它非常感兴趣，还是买下了它，一同买下的还有那个小盒子（后来我在圆桌会议文丛中予以公布[15]）。

带着萨恩斯博士给我的一套非常好的照片，我回到了纽黑文。把照片给弗洛伊德·劳恩斯伯里看的时候，我俩都得出结论：眼前看到的是 20 页金星历中的 10 页；它在结构上与《德累斯顿古抄本》中的金星铭文页相似，因为其完整形式应涵盖该行星的 65 个周期。但它与《德累斯顿古抄本》也有许多不同之处，最重要的不同是，金星运行的 **4 个**阶段都配有神灵图案，而且不仅仅作为晨星出现。在中美地区的观念里，金星是个非常邪恶的天体，《格罗利尔古抄本》中的金星神，像《德累斯顿古抄本》中的一样，被画成投掷武器的样子，让人反感。然而，与《德累斯顿古抄本》不同的是，每一阶段所涵盖的时间间隔（计算为 236 天、90 天、250 天和 8 天，共计 584 天）是用"环状数字"表示的，即捆在一起的条点式系数。

我和弗洛伊德都相信，萨恩斯拥有的确实是第四部已知的玛雅古抄本。尽管其内容是纯历法性质，我还是请他借给我们展览，他同意了，并建议暂时称它为"格罗利尔古抄本"。我把它放进展柜后不久，《纽约时报》的一名记者带着一名摄影师来到这里，次日，"格罗利尔古抄本"被刊登于该报纸的一个版面上，配有从某个角度拍摄的其中三页的照片，照片有些模糊不清。

不久，我收到费城的林顿·萨特思韦特的友好来信，询问这部古抄本的更多细节。稍后，他给我寄来了汤普森给他的一封信的副本。简言之，汤普森看到《纽约时报》的报道后（但他从未看过原件，也未曾向我要过照片），得意扬扬地宣称我"上当了"——所谓的"古抄本"明显是赝品。

待到我名为《玛雅书吏及其世界》(The Maya Scribe and His World)的目录出版之时，我已得到这部古抄本中一块树皮纸的放射性碳测年日期：1230 年 ±130 年，日期与该古抄本的风格和图像完全吻合——这是玛雅与托尔特克元素的一种混合体。[16]

然而，非常保守的格罗利尔俱乐部从未处理过像我的目录这样的东西，他们确信它没有市场。因此，在他们的坚决要求下，我和道格·尤因不得不签署一份文件，承担该书的全部财务责任（附带说一下，我已经自掏腰包支付了所有素描费用）。他们问我该把（免费）审阅本寄给谁，我回答说"谁也不给！"：我认为没有理由给正统的玛雅学家寄送免费副本，因为我可以准确预测他们的负面反应。假如要我和道格买单的话，就更不会给他们寄送了。

但是，董事会抗议说，我们总得寄一份副本给英国的《藏书家》(The Book Collector)审阅；《玛雅书吏及其世界》就这样被寄了出去，最后落到埃里克·汤普森这位最墨守成规的玛雅学家手上。埃里克对我的最后一击，是在他入土为安之后发出的。1975 年获封爵士后，他作为客座讲师去玻利维亚旅游，得了严重的高原反应。返回埃塞克斯的家时，他已病入膏肓，很快就去世了。

他发表在《藏书家》上的遗评[17]没有注意我书中的主题，即玛雅彩陶上的场景与文字不是一群文盲画工的单纯装饰，而是由艺术家—书吏做出的有意义的陈述，他们和其他人一样熟悉玛雅精英文化的关注点（后来才发现玛雅书吏**属于精英阶层**）。他也丝毫未提及初级标准序列，这在玛雅铭文学领域还是新东西。简言之，我得到的正是早先他给予沃尔夫和克诺罗佐夫的待遇：忽视主要论点，而集中于一些他认为最有可能一击即胜的细节。

他的抨击目标正是《格罗利尔古抄本》。我不会重复他的所有论点，因为它们对于破译的故事无关紧要，而且每一个论点都可以被驳斥；但这些论点堆到一起，让他的追随者深为所动。萨恩斯所聘的墨西哥"专家"是汤普森的朋友，也贡献了自己的一点意见。他散布了一个毫无根据的谣言，即伪造者使用了在某个洞穴中发现的一些旧树皮纸；这可以解释放射性碳测年日期（我想他们首先会自己确定纸张的日期，这样就会知道以何种风格来绘制古抄本）。

《格罗利尔古抄本》事件的结局是：现在几乎所有玛雅学家都认为它是真品，他们或是铭文学家，或是图像学家，或两者都是；考古天文学家约翰·卡尔森（John Carlson）已表明，它包含与金星相关的观念，而这些观念仅在它在纽约展出**后**才为人所知；[18] 它可能是已知四部古抄本中最早的一部，因为卡尔·陶布已经表明《德累斯顿古抄本》的图像受到了阿兹特克文化的影响。[19] 萨恩斯博士已将该手稿捐赠给墨西哥政府，但它目前在墨西哥城的一间保险库闲置着。

整个事件的讽刺之处在于，如果布拉瑟·德·布尔堡在19世纪中期翻阅档案时发现了《格罗利尔古抄本》，那么，即使是最顽固不化的学者也会将其视为真品。

我并不自诩为优秀的破译者。相反，我认为自己更像是个推动者，将一个领域的进展带到其他领域的人面前。偶尔，我十分有幸打开了一些以前无人发现的有趣前景。其中一个前景是进入古典期玛雅陶器的可怖世界；这是一个未被触及的图像学领域，超自然之物从事着当时玛雅研究界从未想象过的活动。谁敢说古典期的统治者和神祇用注射器注射致幻或致醉的灌肠剂呢？然而，这种令人震惊的行为却一次又一次记录在花瓶和陶碗上。谁又能想到猴子书吏呢？

彩陶显示，舍尔哈斯主要基于手抄本而构建的神灵稀少的简单神殿还远远达不到标准：玛雅的超自然神灵有数百个，其中很多居住在冥界。世界上没有哪种字母表能够提供足够多的字母来标记他们。舍尔哈斯命名的一些神灵——D（伊察姆纳）、L 和 N（帕瓦赫吞）——统治着下界，但还有各种令人困惑的兽类、魔怪和人，其往往采取复合形式。[20] 艺术史家逐渐意识到，大多数玛雅图像出现在两个地方：石刻纪念碑记载的王室人物的服装上、陶器上。

对破译工作来说，陶器文字第一次有了受到认真对待的可能。它们**确**有实际内容，尽管十多年里破译 PSS 的所有尝试都未获成功。刻在石头上的真人名字和头衔，**确**也画在了陶器表面。很多超自然之物的名字也出现在二级文字中。在铭文学家看来，玛雅学家研究的领域必将扩展。

但来自各方的嘟哝与抱怨也不绝于耳。所有这些陶器，特别是被锯开的、残缺不全的石柱，都是失控和看似失控的抢掠所得。为回应这些抢掠行径，玛雅学家组成一支广有影响的游说团，他们的立场是甚至不该**研究**这些材料，因为这实际上是对抢劫的纵容。大多数欧洲人开始意识到，美国文化中有一种强烈的清教徒特征不时冲击美国的公共生活。例如，有一位田野考古学家不止一次表示，希望每一件非考古学家发现的玛雅陶器都被碾成齑粉。这些人可能会砸烂罗塞塔石碑，因为它不是由拿破仑手下的考古学家发掘出来的。

  我无意在这一问题上纠缠不休，该问题极其复杂，而且经常充斥着佩克斯尼夫式[1]的虚伪。另一个问题是，铭文学家、图像学家与田野考古学家各成一派，两派之间开始出现明显裂缝，这种裂缝不只表现在文物掠夺问题上，而且更加深刻：一边是精英统治者的世界，一边是"普通玛雅人"（不管他们可能是谁）的日常生活，哪个才是玛雅世界的正确研究对象呢？到20世纪80年代末，这个裂缝已开始如大峡谷一般。

---

〔1〕 佩克斯尼夫（Pecksniff）是狄更斯小说《马丁·翟述伟》（*Martin Chuzzlewit*）中的一个伪君子。

第十章

新曙光

　　有些破译者出道很早。据说伟大的让·弗朗索瓦·商博良9岁就开启了职业生涯,在格勒诺布尔(Grenoble)研究东方语言;仅17岁就发表了他的第一篇学术论文,研究希腊人记录的埃及地名的科普特语词源。[1]

　　但商博良仍不及戴维·斯图尔特。在铭文学领域,这名年轻玛雅学家入行之早,一定创造了新纪录。[2] 某种程度上说,戴维已预先适应了玛雅研究生活:他父母合著过一本关于玛雅的书,[3] 他父亲乔治长期担任《国家地理》杂志的玛雅问题专家和考古学编辑。戴维于1965年出生在华盛顿。但他早期受学校教育大多是在北卡罗来纳州的教堂山(Chapel Hill),那是他父亲攻读人类学博士的地方。

　　1968年,年仅3岁的戴维第一次被带到墨西哥和危地马拉,踏上了一段奇妙的考古之旅。他关于中美地区最初的记忆,是那些伟大城市的废墟,如阿尔万山、奇琴伊察和蒂卡尔。当时父母不让他与哥哥姐姐一起爬上蒂卡尔1号神庙的庙顶,他"哭得死去活来"。

1974年夏，斯图尔特全家前往玛雅城市科巴待了5个月，这成了戴维一生的转折点。在玛雅遗址中，科巴是独一无二的：它位于尤卡坦半岛东部金塔纳·罗奥州（Quintana Roo）的森林中，建在一片片长满睡莲的湖泊中间，郊区各种建筑群通过萨克比（*sakbe*，抬高的堤道）网络与中心连接起来。这个8岁小男孩生活在一间玛雅茅草屋里，与主要讲尤卡坦语的人们生活在一起。斯图尔特一家在科巴待了两个夏天，那时乔治从事一个大规模测绘项目。戴维年龄太小，在绘图上帮不上忙，于是父母就让他自己玩。他有很多时间，会自己在森林里闲逛，不时遇到一些倒塌的雕塑。

1975年夏，该项目发现了两个新的石柱，乔治放下一切去摹画它们；戴维从小就画画，于是自己给这些浮雕画了素描，并开始好奇那些文字的含义。所幸，科巴有一座小型图书馆，其中藏有汤普森的《玛雅象形文字导论》一书，他就开始摹画该书后面的象形字图案，"只是为了好玩"。

这也是一次体验当今玛雅人生活的机会。虽然他没有学会说尤卡坦语，但在与工人的孩子一起玩耍时，他设法掌握了该语言的大量词汇。对年幼的戴维来说，科巴这次经历的高潮发生在1975年，当时出现了一场持续性旱灾——这在北部低地并不罕见——人们在城市废墟的主要广场上举行了一场查恰克（*cha-chahk*，召唤雨神）仪式。从切马克斯镇（Chemax）叫来了一位萨满也就是 *h-men*（意为"做事的男人"）；在此人监督下，一座祭坛建了起来，顶部绑着四根弄弯的绿枝条，然后向雨神恰克献上祭品，即巴尔切饮料（*balche*，本土蜂蜜酒）、香烟与可口可乐。就是此时，这个男孩决心成为一名玛雅学家。

正是在 1975 年那个夏天，埃里克·汤普森（如今叫埃里克爵士）跟随女王，参加对尤卡坦的国事访问，其中包括游览乌什马尔。后来，汤普森自 1930 年以来第一次访问了科巴。1930 年，与弗洛伦丝·汤普森在废墟中度蜜月期间，埃里克研究了该遗址及其纪念碑。接下来一周，斯图尔特一家开车载着这位大人物在尤卡坦转了一圈；对年幼且易受影响的戴维来说，"看到著作者本人是一次难得的经历"。

1976 年，戴维在华盛顿认识了琳达·谢勒，这是因为他父母为《国家地理》杂志出版的《神秘玛雅》（*The Mysterious Maya*，该杂志喜欢在书名中使用头韵）一书工作，琳达是这一项目的顾问，他们邀请她到华盛顿的一家餐馆吃饭。他们谈论玛雅文字这一话题，琳达在垫子上描画字符。过了一会儿，她才注意到桌旁那个 11 岁男孩正越过她的肩膀看；当他说，"哦，这个字符表示火"，琳达惊讶地转过身。琳达有着很敏锐的直觉：当晚晚些时候，她邀请戴维在接下来的夏天到帕伦克，花几个星期时间帮她纠正帕伦克铭文的绘图。

事就这样成了。1976 年夏，戴维就和母亲姬恩（Gene）一起来到了帕伦克。琳达告诉我，戴维"非常低调，不想成为受关注的中心，不想打搅任何人，沉默而孤僻"。他们住在梅尔的房子里，据戴维说，"我玩得起劲的时候，琳达会给我一张铭文绘图，说，'好，你去读读这个'。我就会走进梅尔的图书馆待一下午，努力弄清日期，找出模式，或做其他我能做的事情。然后我再出来问她几个问题。对我帮助最大的其实是摹画字符，而不是读书。我把字符印刻进了自己的脑子，即使不知道这些东西是什么"。

第十章　新曙光　293

琳达第一天交给这个男孩的是帕伦克太阳神庙的石板，该神庙位于十字建筑群，是坎－巴兰的伟大遗迹之一。如她所说："在8个小时内，经过几次请教，他就通读了整块石板。在8个小时内，他就取得了我们用5年时间才取得的成果！"

戴维的方法是，翻阅梅尔一流图书馆的书籍，拿一张纸，写下他能找到的每个帕伦克字符出现的所有情形；每一行都是来自某一文献的独立字方。之后，他和琳达坐在后门廊上（圆桌会议文丛的诞生地），和她一起研究这些文字。他注意到一件事：有个特殊的复合字符，经常出现在十字建筑群、刻有神灵和凡人统治者名字的石板上。他的导师琳达很赞许这一想法，建议他记录下来，在1978年6月举行的下一届圆桌会议上发表。[4]

他照做了。听到一个还未满13岁的男孩对一个非常复杂的主题有如此深刻的见解和准确的阐述，该领域的大佬们一定感到非常惊讶。这一表现确实不可思议，要知道，就是商博良在格勒诺布尔发表第一篇论文的时候，也已经到了17岁的成熟年龄了！

然而，这名年轻的铭文学家还未研究全部字符，因为他开始在教堂山上初中；但只要有空闲时间，他就从事这一研究。

斯图尔特一家三人出席了1979年6月在纽约州立大学奥尔巴尼分校举行的名为"玛雅古文字的语音解读"（Phoneticism in Mayan Hieroglyphic Writing）的大会。[5]与第一次帕伦克圆桌会议一样，这次会议是玛雅研究和文字破译的分水岭。语言学家莱尔·坎贝尔（Lyle Campbell）一开始就定了调："凡是认真研究过这一问题的玛雅语言学家，都不再怀疑最初由克诺罗佐夫提出，并由戴维·凯利、弗洛伊德·劳恩斯伯里等人详细阐述的表音假说。"[6] 玛雅文字是语素—音节文字，即表达语素或词的意义单位的语素符号和表音—音节符号的组合。换言之，这正是克诺罗佐夫早在 1952 年就已告诉我们的东西。

尤里·瓦连京诺维奇受到了邀请，美国国务院通知组织者说他真的要来了（我妻子将担任翻译），但后来证明，就像苏联人常有的遭遇一样，那纯属幻想。多年以后，克诺罗佐夫给我们说了他未能到场的原因。他告诉我们，问题不在于铁幕，而在于他所说的"金幕"：在戈尔巴乔夫之前的时代，党政官员在获得任何出境签证之前，需支付高昂费用，而克诺罗佐夫没有这个支付能力。

让这次会议成为"第一次"的是语言学家的深度参与。汤普森曾用冷嘲热讽，将他们置于无人关注之境地，但现在情况不同了。随着汤普森的离世，以及克诺罗佐夫标音法的确立，他们看到了未来的新前景。一方面，12 个多世纪以来，玛雅语言一直是用部分表音的文字书写的，这使他们首次有机会研究一种随时间推移而不断演变的新大陆本土语系。另一方面，语言学家可以通过几种方式对破译工作做出重大贡献。其中之一是重建玛雅语乔兰语分支的词汇和语法，因为它是古典时代说的语言，[7] 另一个是将他们对玛雅语结构的无与伦比的知识用于分析词汇和句子。

在会议早期，戴夫·凯利站起来，把一张大图表钉在墙上。从本质上说，这是一个由克诺罗佐夫等人提出的所有音节符号组成的网格，这些符号基本被后来的研究所证实；网格左侧是一竖列的辅音，顶部是一横行的元音，由此给出一系列 CV 型组合。这种性质的网格，很久以前就为世界其他地方早期文字的音节系统设计过，例如爱琴海的线形文字 B 和土耳其的赫梯古文字，但对玛雅研究来说，这还是一次创新。"我们将从这儿开始，"戴夫告诉他们,"那么我们会从这里走向何处呢?"

多值性提供了一条新的途径,这是美索不达米亚楔形文字和古埃及圣书体文字的研究者早就认识到的书写原理,但在语言学家詹姆斯·福克斯(James Fox)和约翰·朱斯特森(John Justeson)[8]于奥尔巴尼会议上对其探讨之前,玛雅学家并未深入掌握这一原理;克诺罗佐夫在其开创性研究中肯定也没有考虑到这一点。概括来说,多值性的表现形式主要有:①单个符号具有多个值;②两个以上的符号共有一个音。

多值性的第一种表现形式,我们可以在英文中找到。这其实很常见。福克斯和朱斯特森举的一个例子是英文中的复合符号 ch,它在单词 chart、chorus 和 chivalry 中具有完全不同的价值。看看打字机上的符号 &,它可以是 and、ampersand 和 et-(在 &c 中表示"等等")。楔形文字专家把这种多值性称为"同形异音"(polyphony)。玛雅学家对同形异音的了解由来已久。以公认的表示圣历 20 天中倒数第二天的符号为例:兰达主教读作卡瓦克(Kawak),但在玛雅文字中,这一符号也可以读作 tun 或 haab,意为"年",也可以充当表音—音节符号 ku(图 10-1)。

那么,这种文字的读者该如何知道哪个音值是正确的?就像

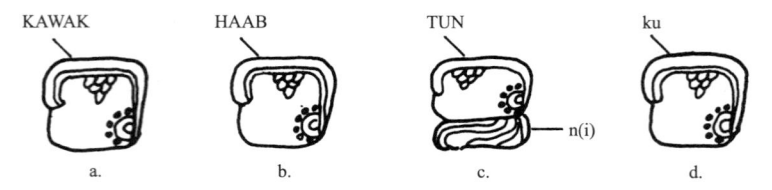

图 10-1　多值性:同形异音。语素符号用大写字母,表音符号用小写字母。a. Kawak(天名符)。b. haab(365 天历法年)。c. tun(360 天周期)。d. ku(音节符号)

在英文中处理同形异音一样，通过语境。为进一步减少可能有的模糊，玛雅书吏就像他们美索不达米亚和古埃及的同行一样，经常添加音补，对相关符号的正确读法进行加强；例如，添加音节符 n（i）这样的后缀，来表明卡瓦克这一字符应读作 *tun*，而不是 *haab* 或 *Kawak*。

同形异音的反面是异形同音（*homophony*），即多个符号具有相同音值。这在历史上不时出现，曾经发音不同的几个符号，随着时间推移，发音渐渐趋同——这种情况在古埃及语中有很多。奥尔巴尼会议召开 5 年后，史蒂夫·休斯顿提出了玛雅文字异形同音的一个极好例子：分别表示"四""蛇"和"天空"的语素符号，都可充当音符 *kan*（尤卡坦语）或 *chan*（乔兰语），且能任意替换（图 10-2）。[9]

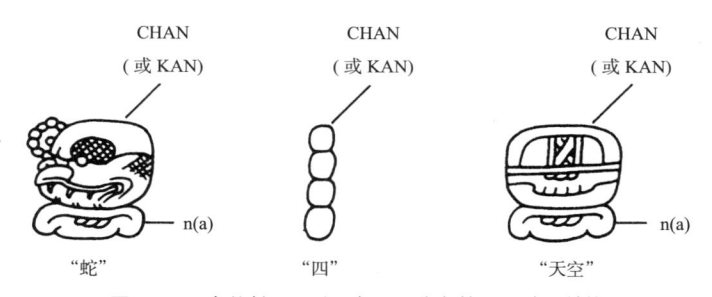

图 10-2 多值性：异形同音。这些字符可以彼此替换

异形同音的重要性，年轻的戴维·斯图尔特并没有忘记。未来几年里，他将寻找这种替换模式，进而提出许多新读法，这是以前包括克诺罗佐夫在内的研究者未能发现的。这也是他即将发表的重要出版物《十个表音音节》的起源。

多年以来，事实证明福克斯和朱斯特森的论文是卓有成效的。

他们自己确定了对几个新字符的破译,例如复合词 winik,意为"男人",几乎存在于所有玛雅语言中;u bak,意为"他的俘虏",经常出现在古典时代的战争纪念碑上(图10-3)。

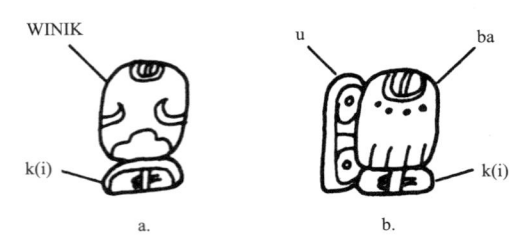

图10-3　詹姆斯·福克斯和约翰·朱斯特森的释读。a. winik,"男人""人"。b. u bak,"他的俘虏"

奥尔巴尼会议的报告于1984年出版。在一个附录中,彼得·马修斯首次以出版的形式,为玛雅文字制定了一个相当完整的音节表,其中每个符号的音节值是由几名讲演者商定的。在随后的岁月中,这个音节表得到补充和修改,但现在几乎毫无疑问,玛雅人可以而且确实用这些音节书写他们想写的任何东西。这样,语素符号就成了较难破解的难题,但语素符号可以用纯表音符号来替换,这就最终导致对语素符号的破译。

戴维·斯图尔特实际上并没在奥尔巴尼会议上发表论文,但他此时已经开始思考神秘的初级标准序列,并提交了一份研究该序列中第二个字符的简短报告。该字符是神 N 的头像,他认为是某种动词。现在回过头看,我们知道他是对的,但他被人说服撤回了这篇报告,转而写了一篇解读古典期玛雅浮雕上放血符号的短文。[10] 戴维如今否定了这一解读,但在论文中(1984年随书出版),他提出了一个重要观点,即在庆祝周期结束的仪式上,统治者手中垂下的华丽带子其实是从他自己的阴茎放出的血，用的工具是骨头或黄貂鱼刺做的穿孔器，戴维·乔拉勒蒙以前识别过这种工具。看来，在古典期玛雅国家当国王并不是一件轻松的事。

我常常想到，作为《国家地理》杂志编辑的儿子，戴维有在异国他乡旅行探险的无限可能，每个青春男孩都梦想能像他这样。现实可能远非如此，但不可否认的是，与我相比，戴维有一个令人兴奋的青年时代（上大学之前，我从未去过任何比蒙特利尔更有异国情调的地方）。

1980—1981年冬天的圣诞假期，15岁的戴维有机会参与了一个真正振奋人心的发现，其中有同等程度的探索、危险和不适。[11]事情是这样的。前一年，两个莫潘玛雅农民在佩滕东南部靠近伯利兹的边界处发现了一个地下洞穴；随后，几个美国人参观了这一洞穴，其中包括年轻的耶鲁大学研究生皮埃尔·文图尔（Pierre Ventur），他给洞穴起名为：纳赫图尼奇，意为"石头房子"。石灰岩洞在玛雅低地很多地方和韦拉帕斯地区的丘陵地带都有分布，每一处都被视为可怖的地下世界的入口而受到玛雅人敬畏。进入洞穴被认为是一种勇敢行为，有可能招致下界居民，即众死神的愤怒。事实上，在他从事一项大范围勘查玛雅洞穴的计划后不久，杰出的年轻考古学家丹尼斯·普利斯顿（Dennis Puleston）在奇琴伊察的主要金字塔"城堡"顶部被闪电击倒。玛雅人对此并不感到惊讶。

《国家地理》杂志收到报告称，纳赫图尼奇洞穴里有真正的宝藏：它的墙壁上布满古典时代栩栩如生的图画和长长的古文字。该杂志认定这将会是一篇精彩报道，于是戴维和担任总编的父亲

第十章 新曙光

以及一个朋友飞到危地马拉，然后乘坐直升机到达洞穴现场。他们搭建了一个小帐篷营地，在洞穴探索了好几天，但即使这样也不足以勘查完洞穴总长 1200 米的曲折通道。

戴维担任探险队的铭文学家，他醉心于潮湿墙壁上几十个篇幅很长的文本，它们用黑色颜料绘成，排成单列和双列。其中有很多表音文字，以及历轮中几个可与长计历相关联的日期（其中一个是 741 年 12 月 18 日，正值玛雅古典期末期的高峰）。对他而言，最重要的是发现了月名符帕什（Pax）的一种新写法（图 10-4）。它的通常形式是语素符号，像是一面发声的鼓（*pax* 在一些玛雅语中是"鼓"的意思）；在它的位置上，戴维发现书写者使用了两个符号：第一个是著名的网状字符 *pa*，早在 16 世纪它就被兰达主教用作他的"Pax"版本的音标，并出现在神 N 即帕瓦赫吞的名字中；第二个是从未被读出的符号，一个包含两条平行对角线的椭圆。因此，根据克诺罗佐夫的元音和谐律，第二个符号一定是 *xa*，与第一个符号结合起来，将读作 *Pa-x（a）*。戴维就这样破译了第一个表音符号——这是他破译的一长串音符中的第一个——这要归功于古代书吏操弄文字的爱好，他们在意符和音符之间来回转换，以平衡声音与意义。

在手电筒和照相设备的照耀下，他们发现洞壁上还有其他惊喜，其中最重要的是逼真的同性恋交媾场景。洞穴中还有对伟大

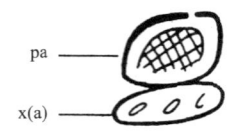

图 10-4　纳赫图尼奇洞穴中月名符帕什的语音拼写

的英雄孪生兄弟之一胡纳赫普蹴球的描绘,这是理应出现的,因为这里毕竟是西巴尔巴的一处延伸。是什么原因让艺术家—书吏在 8 世纪中期来到纳赫图尼奇?今天,在整个低地,玛雅巫师利用洞穴进行他们最秘密的仪式和占卜;琳达以前的学生之一、艺术史学家安德里亚·斯通(Andrea Stone)得出结论:来自不同地点的朝圣者来到这里,在最隐秘的深处举行仪式。[12]

所有这些都发生在戴维上高中期间。在夏天,他继续去参加梅尔的帕伦克圆桌会议。1983 年春天毕业后,他在圆桌会议上发表了一篇论述他所发现的"计数俘虏"(count-of-captives)字符(图 10-5)的文章。[13] 这其实是一组字符,前几代铭文学家曾徒劳地将其含义解释成与历法相关,因为它总是包含一个条点式数字。戴维能够证明它的真正含义是"拥有 × 名俘虏的男人",这正契合这些好战统治者虚荣自负的心态。该短语的开头是一个后接词 *aj*,即"——的男人",中间是数字,结尾是"骨头"的语素符号,他表明该意符应读作 *bak*,意为"骨头"或(在这种情况下)"俘虏",这是玛雅文字中画谜书写的一个很好的例子。在俘获重要俘虏可以确证王权的政治环境中,亚斯奇兰军功赫赫的国王飞鸟-美洲虎,经常让书吏在他的名字和他城市的徽章字符之间插入"拥有 20 个俘虏的男人"这一短语。

这时候,戴维在玛雅研究领域已广为人知,而且有很多熟人和朋友,他们研究的一些问题与他相同。尽管他年纪尚轻,连大学还没上,敦巴顿橡树园还是授予了他 1983—1984 学年的研究员职位。这意味着他可以在公认为学者天堂的优美环境中,绝对安静地做研究,橡树园极好的图书馆及其非凡的玛雅陶器照片档

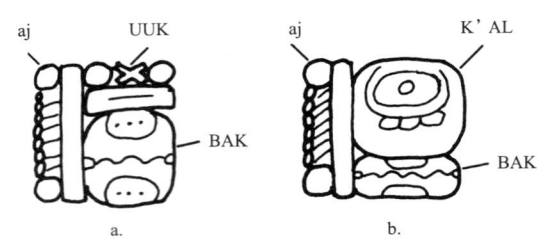

图 10–5 "计数俘虏"字符。a. *aj uuk bak*,"拥有 7 个俘虏的男人"。b. *aj kal bak*,"拥有 20 个俘虏的男人"

案可以为他所用。

　　戴维当时住在华盛顿的家中。1984 年 2 月的一天,他接到了从芝加哥打来的电话;是麦克阿瑟奖学金(MacArthur Fellowship)的代表打来的:为表彰他作为玛雅学家的成就,他将被授予"麦克阿瑟奖"并获得不少于 12.8 万美元的奖金。通讯社立即报道了这一消息。一个高中刚毕业的 18 岁男孩获得"天才奖"——记者们喜欢这样称呼这一奖项——这样一个童话般的故事出现在全美报纸和新闻杂志的头版。所有这些宣传都未能让他分心,学界人士普遍认为,获得"麦克阿瑟奖"的这个 18 岁少年,与当初那个夏天在帕伦克坐在琳达肘边的独立自主、谦逊低调的小男孩没有多大区别。

　　这两项奖励,让这名年轻的铭文学家有了整整两年时间心无旁骛地"钻研象形字符",如他所说。划出一部分用于前往玛雅地区旅行的开销和购买个人电脑后,麦克阿瑟奖金得到了他的很好利用。在这期间,他的老导师琳达来华盛顿待了两个月。"高中毕业后与琳达一起工作的那两年,成果非常丰硕。我着实感到受益匪浅。"

应该记得，根据埃里克·汤普森的早期研究，我们知道有一些与距数相关的字符表达，它们告诉人们是要从基准日期向后数（以前日期标示符，Anterior Date Indicator，简称 ADI）还是向前数（以后日期标示符，Posterior Date Indicator，简称 PDI）以达到另一个日期。[14] 汤普森以可观的逻辑令他的大多数同事相信，ADI 和 PDI 中的主符，即一条凶猛的鱼的头，是一个画谜符号，利用了同音异义词 *xok*，意为"鲨鱼"和"计数"；因此，他认为一个表示"向后数到——"，另一个表示"向前数到——"。

在橡树园的闲散日子里，戴维注意到，这个鱼头的更抽象变体可以替换兰达的"括号"字符 *u*，即第三人称所有格代词，于是他开始考虑也许这两个变体都是 *u*。由于 ADI 和 PDI 后面常跟着兰达的音符 *ti*，他开始怀疑那只鱼头甚至可能是 *ut*，用 *ti* 做音补。"我很不情愿这样认为，因为每个人都在谈论 *xoc*。我觉得自己像个异类。"但当他在字典中查找 *ut* 及其尤卡坦语的同源词 *uchi* 时，他看到它的意思是"发生或实现"。他显然已经走上一条富有成效的路子。

多年来，戴维对这一字符的破译已得到几位同事的完善，但基本读法依然有效。四位语言学家，即约翰·朱斯特森、威尔·诺曼（Will Norman）、凯瑟琳·若斯朗（Kathryn Josserand）和尼古拉斯·霍普金斯（Nicholas Hopkins）在乔兰语（大多数古典铭文是原始乔兰语）中发现了语法证据：ADI 读作 *ut-iy* 或 *ut-ix*，意为"它已发生"，而 PDI 读作 *iual ut*，意为"然后它发生了"。[15]

我感到很讽刺：那么多早已逝去的学者（特别是泽勒、古德曼和莫利）都完全拒斥语音学方法，坚持认为古典铭文中除了历法陈述别无其他内容，而现在，连玛雅历法都开始屈服于语音分析的冲击。

240　　　戴维对 ut 字符的研究"真正让我明白了这一书写系统的一个重要运作方式，即大量的自由替换。虽然这些图形都很复杂，但大部分都是重复的"。弗洛伊德·劳恩斯伯里在汤普森的《玛雅象形文字导论》一书中发现的可怕泥潭并不存在。在 1984 年至 1987 年那段成果丰硕的岁月里（戴维于 1985 年进入普林斯顿大学成了一名大一新生），各种新的语音读法，按戴维的说法，"在我面前纷纷涌现"。重申一下，根据的就是**异形同音**，即用表音符号替代其他音符或语素符号。他非凡的发现——部分依赖于与琳达·谢勒等人的合作——在他父亲编辑出版的一部新文丛《古代玛雅文字研究报告》（*Research Reports on Ancient Maya Writing*）中发表。文丛的第 14 篇是戴维所写的杰出的《十个表音音节》，其中，弗洛伊德开创的、由福克斯和朱斯特森继续的那种方法论取得了成果。[16] 奥尔巴尼大会上首次展出的语音网格中的一些空格开始被填充。

　　戴维的破译开辟了很多新的研究路径。于我而言，最重要的是确定了表示音节 *tz'i* 的字符；由于已经确定了末尾的 *-b*——*b(a)*、*b(i)* 或 *b(e)*——复合词 *tz'ib* 即"书写"，以及 *aj tz'ib* 即"书吏"被惊人地识别出来。对于如何看待古代玛雅社会和文化，这一发现影响巨大，我们之后会看到。

　　在这本薄薄的、简单的、精心论证的出版物中，一个又一个谜团被解开（图 10-6）。对 CV 型音节 *tzi* 符号的识别，不仅使戴

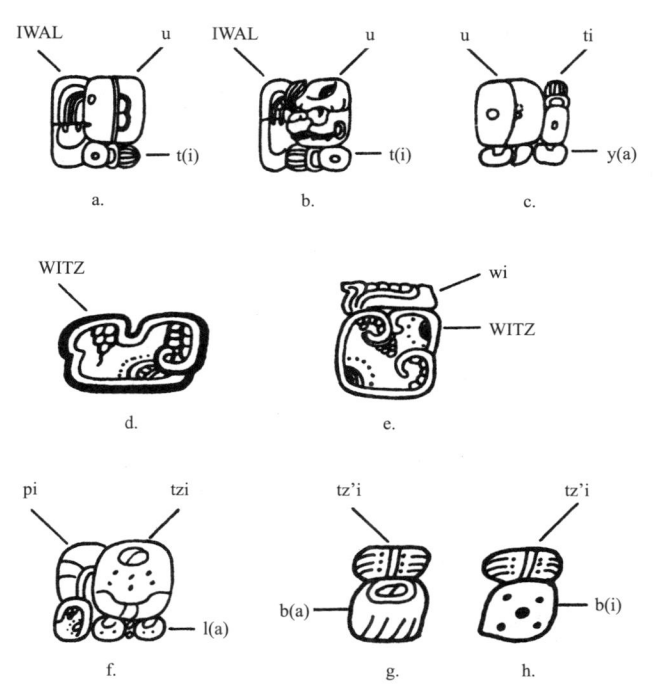

图 10-6 戴维·斯图尔特的释读。a, b. *iwal ut*,"然后它发生了"(以后日期标示符)。c. *utiy*,"它已发生"(以前日期标示符)。d, e. *witz*,"山"。f. *pitzil*,"蹴球"。g, h. *tz'ib*,"书写"

维读出了复合词 *utzil*,即"好"(古抄本中频现的占卜预言),而且还发现了 *witz* 即表示"山"的字符。编写格罗利尔展品目录时,我注意到,黏土器皿上有一个怪兽的头,它有着带刘海的眼睛和卡瓦克符号(kawak),经常作为个别神的底座或宝座,或者像洞穴一样围绕着他们;我称之为"卡瓦克怪兽"(Kawak Monster),因为找不到更好的词来表示。戴维发现,卡瓦克怪兽的语素符号可以由两个音符组合来替代,一个读作 *wi*,另一个读作 *tzi*;应用

第十章 新曙光 305

克诺罗索夫的原理，这将是 witz（i）。证明完毕！以后我们将看到，witz 的读法有助于识别一些古典城市内部和外部的地名。

Tzi 的释读还有另一个意外好处：与戴维破译的字符 pi 结合，拼出了"蹴球"的名称，即字典中的 pitz。玛雅精英阶层神圣而盛大的游戏终于得到了它的古文字名称，而 aj pitz，即头衔"球员"，开始出现在古典期胡纳赫普和希巴兰克模仿者的头衔或称谓中。

还有一位神灵在《十个表音音节》中得到了正式的名字。这就是舍尔哈斯的神 K，一位长着蛇足的神灵，额头插着一根烟管或斧刃。自前古典期晚期以来，神 K 一直充当王室血统和王权的守护神。在庆祝周期结束的仪式上，他的形象被握在国王的右手中，作为所谓的"小人形权杖"（mannikin scepter），即神权统治的标志。那么他到底是谁呢？20 世纪初，德高望重的爱德华·泽勒通过精彩的学术论证，将《德累斯顿古抄本》的新年仪式与兰达笔下西方殖民前不久的尤卡坦的新年仪式进行比较，表明神 K 一定是被兰达主教的信息员称为波隆查卡布（Bolon Tz'akab，"九代"）的神灵。[17] 这似乎很合理，但戴维在奇琴伊察的铭文中发现，该神灵的名字用于重要首领的名字短语时，可以由一个表音词来代替，即卡威尔［K'a-wi-l（a）或 K'awiil］，这是殖民地资料中提到的一位超自然神灵。

长期以来，克诺罗佐夫的元音和谐律［在 CVC（V）字符中，第二个音节符的元音与第一个音节符的元音相呼应］并不总是适用，如"K'awiil"的情况，这一直困扰着这一问题的研究者。"为何不适用呢？"这是戴维的批评者提出的一个合理问题。到 20 世纪 90 年代末，戴维、史蒂夫·休斯顿和语言学家约翰·罗伯逊（John Robertson）一起提供了答案：玛雅语言，包括古典铭文中的语言，有长短元音之分。当是短元音的时候，**元音和谐**是规则，如 kuch 的 ku-ch（u），"包袱"，或 tzul 的 tzu-l（u），"狗"；当是长元音的时候，就会代之以元音不谐（disharmony），如 baak 的 ba-k（i），"骨头，囚犯"。这是克诺罗佐夫自己都未想到的解决办法。

到 20 世纪 80 年代中期，从 60 年代开始的破译工作的涓涓细流已壮大为滔滔洪水。参加奥斯汀举办的研讨会的朝圣者可能会发现，与会者不是几十人，而是上百人，而且热情洋溢，其中一些人开始有了自己的发现。在所有这些散布各地的热心参与者中，有少数几个真正杰出的铭文学家，比如戴维，他们正处于这一浪潮的巅峰。他们都很年轻，都是优秀的艺术家（这是绘制象形字的必要条件），而且都对至少一种玛雅语言有基本了解。他们的破译工作进展太过迅速，无法立即发表，因此他们借助于通信和口耳相传来联系，只偶尔在会议上或考察地见面。这些少壮派的中坚力量包括彼得·马修斯、戴维·斯图尔特、史蒂夫·休斯顿、卡尔·陶布、芭芭拉·麦克劳德（Barbara MacLeod）和尼古拉·格鲁贝（Nikolai Grube）；除了彼得和尼古拉，其他都是美国人。这是一个协作紧密的团队，主持者是琳达和弗洛伊德。关于他们，弗洛伊德曾苦笑着对我说：

他们很年轻，对我来说，他们的步伐太快了。我属于慢热型，而且没有良好的视觉记忆，这对我来说绝对是个不利因素。他们可以在脑子里保留很多数据，从而能想到一些东西，并取得飞跃性的进展，而我却被甩在后面望尘莫及；我只是按部就班，看到一样东西就循着它，利用它在任何地方出现的所有情况，搜寻证据并公布出来，然后再去做其他事情。但如果这样去探寻，就失去了尽快学习的契机。[18]

和彼得·马修斯一样，史蒂夫·休斯顿也是个"教工子弟"。他于1958年出生在宾夕法尼亚州的钱伯斯堡（Chambersburg），父亲是大学教授，母亲是瑞典人。以**最优异成绩**从宾夕法尼亚大学毕业后，他来到耶鲁大学攻读博士学位，师从弗洛伊德、艺术史学家玛丽·米勒（Mary Miller）和我。卡尔·陶布有一位获得诺贝尔奖的化学家父亲，他只比史蒂夫大一岁，从加州大学来到我们这里。我也曾是个研究生，非常清楚这样一个事实：从整体上看，研究生比本科生要难教得多：他们既是你的同事，**又**是你的下级。在耶鲁大学，与卡尔和史蒂夫这样的学生在一起，我发现我们处于一种倒挂状态——是**他们**在教**我**，而不是相反。我总是向学生求教（这就是我为何更喜欢待在学术部门，而不是当一个单纯的博物馆策展人），而从这两名学生身上，我收获的东西最多。

这一非凡网络的另外两名成员，芭芭拉·麦克劳德和尼古拉·格鲁贝，并不像彼得、史蒂夫和卡尔那样在耶鲁大学的轨道上。芭芭拉就读于得克萨斯大学，是琳达迅速发展的一批研究生之一，而尼古拉当时在汉堡大学任职，那里有悠久而光荣的中美地区研究传统。尼古拉的资质在某种程度上是独特的：每年有几个月，他都待在金塔纳·罗奥州的一个偏远的玛雅村庄，研究玛雅 *h-men* 也就是萨满的神秘语言；不用说，他的尤卡坦语就像商博良的科普特语那样流利。

有时，看似微不足道的破译会给铭文学带来重大突破，就像一朵不及手掌大的云生发出一场巨大风暴。事情是这样的。我的朋友，皇家安大略博物馆的戴维·彭德格斯特（David Pendergast）要找一名铭文学家，帮助处理他在阿顿哈（Altún Ha）出土的玉器等文物上发现的简短文字。阿顿哈位于伯利兹，是他发掘的一个规模小但内容丰富的遗址。[19] 我立即把彼得·马修斯推荐给他，于是他就雇用了彼得。没用多久，彼得就在一块刻字玉牌上发现阿顿哈有自己的徽章字符，但更为重要的是他发现的一些字符，它们刻在一对美丽、磨光的黑曜石耳圈上，这些耳圈来自该遗址的一座王室墓葬。[20] 每件耳圈上的第一个复合词都以 u，即熟悉的第三人称所有格开头，然后是一个 *tu* 符号（汤普森早就根据其在尤卡坦铭文中用作量词而确定其为 *tu*），下面是兰达的网状符号 *pa*。彼得将其读作 *u tup*（*a*），*u tuup*，在玛雅语中指"他的耳圈"；后面有几个字符，似乎表示的是主人的名字，估计是墓中人。由此出现了玛雅铭文学中第一个经证实的"名签"（name-tagging）案例。

不久之后，在查看蒂卡尔 1 号神庙下、与伟大国王的遗体放在一起的一组骨条上的精致刻字时，戴维注意到，其中有几个是以 *u ba-k*（*i*），即 *u bak*，"他的骨头"开头的，后面是国王的名字和蒂卡尔的徽章字符（图 10-7）。[21]

这是再平常不过的文字用法，而汤普森等人一直认为这种文字完全属于深奥和超自然的领域。这几乎就像一个圣餐杯上有个大标签："某牧师的圣杯"，而汤普森会被这吓坏的。但后来证明，

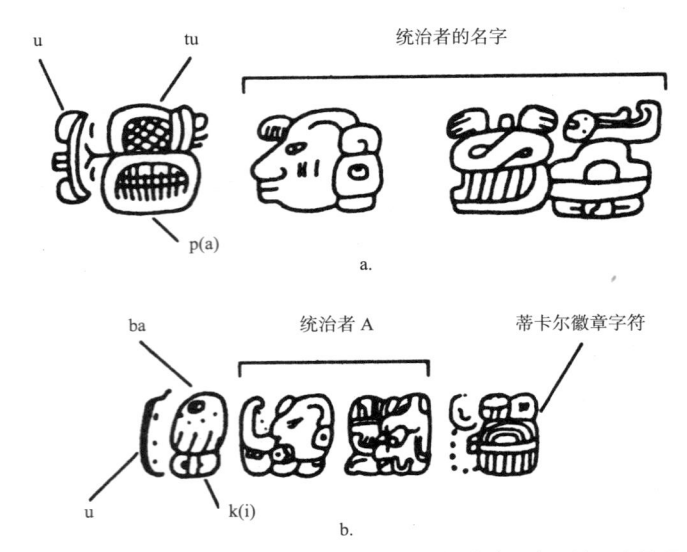

图 10-7 名签。a. *u tup*，"他的耳圈"，刻在阿顿哈遗址出土的一个黑曜石耳圈上。b. *u bak*，"他的骨头"，刻在蒂卡尔统治者 A 的陵墓出土的一块骨头上

在古典期书吏的世界里，名签是无处不在的。古代玛雅人喜欢给东西命名，他们喜欢告诉世人这些东西是谁的。我们会发现，即使是神庙、石柱和祭坛也有自己的名字。

20 世纪 70 年代初我在玛雅彩陶上发现了那种重复的、几乎是仪式性的文字，我认为它可能是一种葬礼颂歌。多年来，这种文字无人问津，但最后还是吸引了这群年轻铭文学家的注意，毕竟初级标准序列是古典期玛雅文化中最常用的书面文字。但它似乎无法破译。直到这一代新人登场，情况才有了变化。

制作格罗利尔展品目录时，我已经注意到 PSS 中存在替换现

象，不只有铭文学家所说的"异体字"（同一字符的微小变化），还有整个符号的替换，这些替换有时表现出多值性，有时似乎改变了意义。这意味着可以对 PSS 进行"分布分析"（distributional analysis），即对这种高度编码化、几乎程式化的文本中符号之间的替换模式进行研究。这正是尼古拉·格鲁贝在他的博士论文中要做的，也是戴维、史蒂夫和卡尔在耶鲁大学和普林斯顿大学以及芭芭拉·麦克劳得在得克萨斯大学开始的工作。[22] 一向慷慨的贾斯汀·科尔提供了宝贵无比的帮助，他向他们提供了数百件未公布的玛雅陶器的照片，全是他在纽约自己的摄影室拍摄的。

结果非同寻常，而且与我的预期不尽相同。我将在后面讨论。戴维·斯图尔特如何在这些器皿上找到代表 tz'ib，即"书写"的复合词，以及这一发现的意义。史蒂夫和卡尔指出，PSS 竟然是一个非常明显的名签案例。[23] 他们注意到，我昵称为"翅膀-五点梅花"的复合词，在一些文本中可以与另一个肯定读作 u la-k(a) 的复合词交替使用。在许多玛雅语言以及古典玛雅语中，lak 的意思是"盘子"，因此 u lak 就是"他的盘子"。证实这一点的是，这一短语只出现在宽口陶盘上。另一方面，"翅膀-五点梅花"只出现在高度超过宽度的器皿上；他们的论点很复杂，但布赖恩·斯特罗斯（Brian Stross）、史蒂夫·休斯顿和芭芭拉·麦克劳德已经令同行相信，这一定读作 y-uch'ib，意为"他/她的酒器"（图 10-8）。[24]

玛雅考古学家喜欢研究陶器。他们沉迷于挖沟挖出的成千上万件陶片，但很少有人思考过所有这些陶器的**功能**。图像学和铭文学已经开始告诉我们它们的用途，至少是充当墓室家当：玛雅精英的陶器是盛装食物和饮料的容器。许多彩陶上的宫殿场景显

图 10-8　初级标准序列中表示容器形状的字符。a. *u lak*，"他的盘子"。b. *u hawante*，"他的三脚盘"。c. 翅膀－五点梅花，表示圆筒罐和圆底碗（饮料容器）

示，盘子也就是 *lak* 上堆满了玉米粽，高高的陶瓶里装满了泡沫状的液体。这种液体可能是**巴尔切饮料**，即一种用**巴尔切树**的树皮调味的本地蜂蜜酒，但也可能是别的东西。

这个"别的东西"是什么，随着戴维·斯图尔特对 PSS 的研究变得清晰起来。我曾把跟在翅膀－五点梅花字符后面的一个复合词称为"鱼"，因为那是它的主符。戴维看到，这个"鱼"已知有 ka 的音节值，前面是兰达的"梳子"符号 ka，末尾是 -u，他灵机一动得出结论，这个复合词一定读作 ka-ka-w（a）——显然是可可或巧克力。

1984 年，考古学家在佩滕东北部受劫掠严重的里奥阿苏尔（Río Azul）遗址中，发现并发掘了一座完整的古典期早期墓葬，从而对这种非凡的解读进行了确认。墓中有一件奇怪的器皿，表面覆以一层灰泥，上面有精美的彩绘；陶器盖子可以像"锁头"一样拧到器皿上。古文字中包含主人的名字（一个或多个）和 y-uch'ib，即"他的饮水器"的复合词，以及最新识别的可可字符。从器皿内刮出的残留物被送往好时食品公司（Hershey Foods Corporation）进行实验室鉴定。鉴定结果：巧克力！[25]

现在看来，似乎每个带有文字的圆柱形陶瓶都是用来装可可的，而精美的普林斯顿陶杯[1]明白无误地显示出，一个女侍者——也许是神 L 的一名妻妾——将巧克力饮料从高处一个容器倒入另一个容器，以形成厚厚的泡沫，这种泡沫在阿兹特克人中非常珍贵，可能在玛雅人中也是如此。然而，玛雅精英阶层还喝一种饮料，因为在圆底敞口碗上，表示巧克力的"鱼"字符由另一复合词取代，它读作 ul；这就是玉米粥，一种用玉米制成的清爽白粥，至今玛雅村民仍在饮用（图 10-9）。[26]

那么，这些盘子或这些盛放巧克力或玉米粥的容器属于谁呢？这个问题必须要问，因为我们已经知道这是一种名签。答案就在 PSS 的末尾，在人名、头衔和徽章字符出现的位置。这里有

---

[1] 这是一件古典期晚期的古抄本风格的陶器，现收藏于普林斯顿大学艺术博物馆。

第十章 新曙光 313

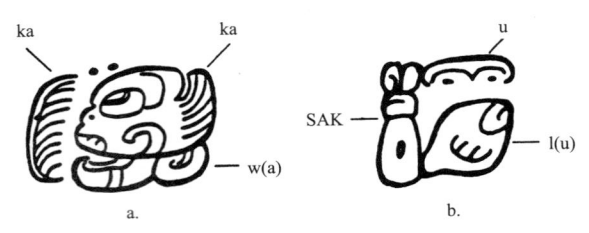

图 10-9 初级标准序列中表示饮料的字符。a. *kakaw*，"可可（巧克力）"。b. *sak ul*，"白色玉米粥"

尊贵主人的来历。他或她是委托制作该容器的人吗？它是专门的罐子和装饰品，陪它的男女赞助人的身体和灵魂，与食物和饮料一起进入坟墓和下界（正如我长期以来认为的那样）吗？或者说，在其尊贵的主人去世之前，该器皿就已经在宫中存在了？这些问题都还没有得到充分的回答。

那么，PSS 的其余部分呢？表示容器形状和容器所盛东西的字符只是整个序列的一小部分，如果序列完全写出来（从来没有过），可能包含多达 35 个字符。一个非常大的问题是，PSS 是一个古老的公式，首次出现在可追溯到前古典期晚期的石刻容器上。它的大部分语言一定是古典玛雅语的古老形式；这让人想起美国硬币上的 *e pluribus unum*（合众为一），这一短语是用一种早已死去的语言——拉丁语写的。然而，在一篇长达 560 页的论述这一主题的博士论文中，芭芭拉·麦克劳德[27]表明，PSS 可分为五个部分：①一段陈述或祈祷，召唤容器成形；②描述对器表的处理，是描画还是雕刻；③容器形状的名字；④她称之为"食谱"，即容器盛装的东西；⑤"结束语"、与来世之人有关的名字和头衔。那么，PSS 是否只是一个美化了的名签，给一个器物贴上标签并指出其主人的名字？如果是这样，那么我以前的假设，即 PSS 是某种葬礼颂歌，是完全错误的，少壮派在陶器上发现 *y-uch'ib*、*lak* 和 *kakaw* 时，也很快指出过这一点。但芭芭拉的发现表明，两派都是对的：这个程式化的句子，被用于把陶器和其所盛的食物或饮料奉献给在冥界旅行的赞助人的亡灵。

欧洲人入侵之前的西半球的大多数本土艺术，对我们来说似乎都是匿名的、没有个性的。制作所有这些杰作的艺术家，我们对他们姓甚名谁几乎毫不知情，也不清楚他们在前哥伦布时期的社会中的地位。事实上，在人类史前和历史的大部分时间里，艺术家很少签署他们的名字。已故的约瑟夫·艾尔索普（Joseph Alsop）在其开创性著作《罕见的艺术传统》（*The Rare Art Traditions*）[28]中明确指出，在古希腊人之前，我们只在古埃及发现有签名的作品，而且这些罕见例子中只有建筑师的签名。然而，正如艾尔索普所言：

> 在世界艺术史的大背景下……艺术作品上的签名必须被看作一种深刻的象征行为。通过签名，艺术家实际上是在说："这是我做的，我有权在上面写上我的名字，因为我做的东西与别人做过的或将要做的有些不同。"[29]

除了现代世界（甚至汽车旅馆的艺术也有签名），签名的广泛使用一般只限于五个艺术传统：古希腊罗马世界、中国、日本、伊斯兰世界和文艺复兴以来的欧洲。

古典期玛雅人是这一规则的例外，这一点在戴维·斯图尔特对陶器上的复合词 *tz'ib* 的解读中开始显现出来；这个词既有"书写"的意思，也有"绘画"的意思，玛雅人没有区分两者，也许是因为两者都是用毛笔完成的（有证据表明，这些纪念性文字最初是作为墨水画铺在石头上的，正如古埃及那样）。*Aj tz'ib* 是"书写的男人"，也就是"书吏"。我对陶器上场景的分析已经表明，古典期玛雅书吏和艺术家的超自然赞助者是猴神——《波波尔乌》中的 1 猴和 1 艺术家——他们忙着用毛笔和海螺壳颜料罐书写。[30]

戴维发现，*u tz'ib* 即"他的书写（或绘画）"在 PSS 中占据了两个位置。第一个是在芭芭拉的"器表处理"部分；戴维证明，它与一个复合词交替出现，在这一复合词中，音节 *yu* 位于兰达的 *lu* 和一个蝙蝠头之前。如果陶器及其文字是描画的，就会出现 *u tz'ib*；如果是雕刻的，就会适时出现 *lu-Bat* 这一复合词。很明显，一个复合词指的是绘画，另一个则与雕刻有关。

U tz'ib 出现的第二个位置是一些花瓶的名字短语部分，后面是一个人名。由于有充分的理由相信描画陶器和书写文字的是同一人，这一人名只能是这位艺术家的签名："X 的书写"。关于这些艺术家和书吏的社会地位问题，戴维通过对我的格罗利尔展品目录公布的一件非凡陶瓶的研究，给出了答案（图 10-10）。这是一件高高的白底圆筒，几乎可以肯定来自佩滕东部的纳兰霍。PSS 出现在其通常的位置，即下方边缘的一条横带上，但在靠近底部的一条横带中再次出现。*U tz'ib* 字符出现在底部文字中，紧接着是一个人名，然后是一个复合词，戴维将其破译为 *i-tz'a-t (i)*；在字典中，*itz'aat* 被解释为"艺术家，有学问的人"，他在其他签名作品中也发现过这一头衔。最惊人的是，在一个可能给出艺术家"家乡"的复合词之后，他父母的名字出现在他的名字前后的字方中：他的母亲来自雅沙（Yaxhá）城，而他的父亲不是别人，正是一位著名的**阿豪**，即势力强大的纳兰霍的国王。[31]

因此，这位艺术家—书吏不仅在他的陶器上签名，他还是一位王子，双亲皆有王室血统。汤普森式的观点认为，这些陶器的画家和雕刻家只是装饰者，是玛雅知识界轨道之外的农民匠人，这种观点已被铭文学弃置一旁（考古学早已如此）。*Aj tz'ib*、*aj itz'aat*，属于玛雅社会的最高阶层。一代又一代玛雅学家声称，古代玛雅文明是一种神权，一种由祭司掌管的文化，甚至在普罗斯科里亚科夫的发现之后，他们依旧这样认为。但现在，所谓的祭司已经完全消失，取而代之的是好战的王朝。因此，古典时代玛雅学问的**真正**宝库很可能是这些精英阶层的艺术家和书吏队伍。正如我们将看到的，玛雅书吏的显赫地位已由科潘的发掘所证实。

1989年春天，戴维从普林斯顿大学毕业。他的毕业论文是对玛雅艺术家的铭文学和图像学研究。[32] 在论文中，他能够更深入地研究"雕刻"字符即 *lu-Bat* 对玛雅艺术和文化的意义。早在1916年，斯平登就注意到这个复合词在玛雅雕刻纪念碑上出现的

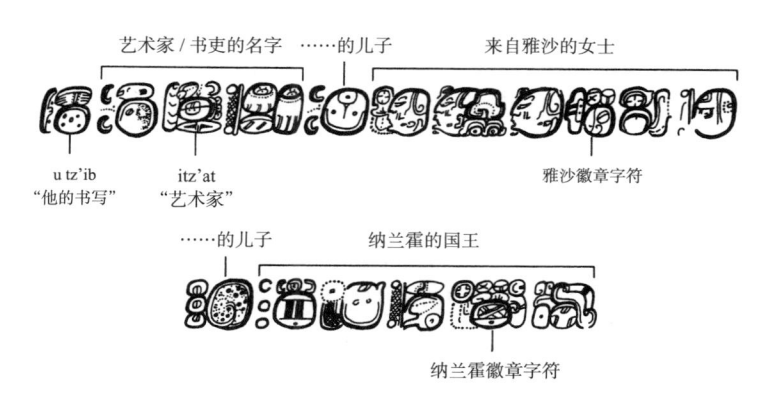

图 10-10　纳兰霍一件圆柱形陶器上的文字，给出了艺术家／书吏的名字和王家世系

频率较高，他还提出一个在当时令人吃惊的意见，即写在它后面的字符可能包含人名。戴维从陶器得知，*lu-Bat* 引出的是雕刻家的名字，一如 *tz'ib* 引出的是画家的名字。

汤普森曾开玩笑地告诉我，黑石城一个石柱上的一处文字可能是"爱泼斯坦制作"；随着 *lu-Bat* 的含义被解开，他的观点被证明是接近事实，这是对我的一次反击！在黑石城 12 号石柱上，有不少于 8 位艺术家宣称有功于该雕刻，每个人都以不同的"笔法"签署了自己的名字。其中一位艺术家金·查克（K'in Chaak），在黑石城的其他遗迹上也签了名，如华丽的 1 号王座。他的签名似乎和意大利文艺复兴时期一些艺术家的签名一样广泛存在，因为他的签名还出现在克利夫兰艺术博物馆的一块嵌板上，有充分理由相信该嵌板是从乌苏马辛塔河流域其他地方的遗址中抢来的。这是一个了不起的发现，充分证明了古典期玛雅文明的个性特征。但是坦率地说，这种签名现象在时间和空间上是相对有限的：它主要局限于玛雅低地西部，而且在古典期晚期的时间范围内只有大约 150 年的时间。然而，这是一个很好的例子，说明破译工作至少让我们部分揭开了笼罩在古代玛雅人身上、掩盖其个人身份的无名帷幕，我们终于看到一些真实的人（图 10-11）。

在玛雅低地少数几个大型考古项目中，铭文学和艺术史是不可分割的，其中包括范德比尔特大学的阿瑟·德马雷斯特（就是那个写文攻击过克诺罗佐夫的年轻人，但现在后悔了）在佩滕西部的佩特什巴吞（Petexbatún）地区指导的项目。[33] 另一项目是在科潘，由威廉·法什（William Fash，当时在北伊利诺伊大学，

图 10-11　众雕刻家在危地马拉埃尔佩鲁（El Perú）31 号石柱上的签名。每个署名都以 *lu-Bat* 的表达为开头，每个雕刻家的笔法都不一样

如今在哈佛大学）指导，他是我所知道的少数能够读懂玛雅古文字的泥土考古学家之一。[34] 比尔[1]在科潘开展了 15 个实地发掘季，他在获得哈佛大学博士学位之前就已在那里发掘。幸赖于他的团队的工作，以及他的洪都拉斯合作者在里卡多·阿古尔西亚（Ricardo Agurcia）指导下的工作，没有哪座玛雅城市的历史像科潘这样广为人知。

该遗址位于科潘河畔（多年来，科潘河将其伟大卫城的一部分切掉了），自斯蒂芬斯的时代起，就因其粗面岩纪念碑的美丽和深雕而闻名。戴维·斯图尔特是在 1986 年夏天帕伦克圆桌会

---

〔1〕　比尔是威廉的昵称。

第十章　新曙光　319

议之后，认识斯蒂芬斯所说的"浪漫与奇迹之谷"的。琳达当时是比尔的铭文学家和艺术史学家，她邀请戴维和她一起在该遗址待了两个星期，而戴维"对科潘的材料很感兴趣"，摹画了很多铭文。在帕伦克的时候，戴维遇到了德国铭文学家尼古拉·格鲁贝，他是"唯一一个比琳达和我的工作伙伴年轻得多的人"，两人一拍即合。他们和琳达一起，在利用科潘数据进行破译方面取得了重大进展。那年夏天晚些时候，尼古拉经过了科潘，第二年又经过科潘，这时他已加入铭文学小组。他和戴维、史蒂夫·休斯顿以及卡尔·陶布在这两年中经常交流，正如戴维所说，"我们四人组成了一个新的思想流派，或诸如此类的东西"。

1987年，一向慷慨的普林斯顿大学当局给戴维放了春季学期的假，他又回到科潘，在那里待了6个月。就是那个时候，他第一次进行了真正的实地发掘。在此过程中，戴维得到了法什的精心指导，后者长着黑胡子，在同事和科潘当地人中间有良好的口碑。一些考古学家挖了大半辈子也没发现什么值得注意的东西，而戴维一定受到了命运眷顾，因为他在3月15日（他喜欢说是3月月中[1]）发现了一件精美的藏品；这是一件奉献的祭品，放置在构成科潘宏伟的古文字阶梯底部的祭坛下面，里面有三块切割精细的"怪异燧石"、两块传世的玉以及放血仪式的用具。

这个铭文学小组开始在一个新的文丛即《科潘笔记》（*Copán Notes*）中公布他们的发现，虽然偶尔会出现编辑不及时的痕迹，但还是对破译工作做出了重大贡献。一项重大成就是制作了一份

---

[1] 原文是 Ides，这是古罗马历，指3、5、7、10月的第15日和其他月份的第13日，这一天差不多是月中。

完整的科潘统治者名单，包括每个统治者的重要统计数据：从王朝创始人雅什·库克·莫（Yax K'uk' Mo'，"绿咬鹃–金刚鹦鹉"）开始，他兴盛于 5 世纪，直到最后一位杰出统治者雅什·帕萨（"新黎明"），他大约在 820 年去世。[35] 还有一位德国古文字专家贝特霍尔德·里泽（Berthold Riese），也来自汉堡大学，他认识到著名的方形 Q 号祭坛——早期玛雅学家认为它描绘的是一个致力于将太阴历和太阳历相关联的天文大会——其实表现的是总共 16 位坐在自己名字字符之上的王朝统治者即**阿豪**。[36] 铭文学家发现了他们统治的细节，这使法什的考古学家和艺术史学家（包括耶鲁大学的玛丽·米勒）能够将统治者及其统治时期的事件与某个纪念碑和建筑项目联系起来。

科潘国王的政治史及其与小得多的基里瓜的关系，已经得到大量研究。基里瓜是危地马拉莫塔瓜谷（Motagua Valley）山丘上一个相对较小的城市，自斯蒂芬斯和卡瑟伍德访问以来，就以其巨大的砂岩石柱和兽形神像而闻名。[37] 在古典时代大部分时间里，科潘对较小的邻国拥有霸权，但在 738 年 5 月 3 日，情况发生逆转，至少是暂时的逆转，因为在这一天，科潘一位非常杰出的国王瓦沙克拉胡恩·乌巴·卡威尔（Waxaklajun Ubaah K'awiil，"卡威尔的 18 相"）被俘虏了，这是一大耻辱，后来他在基里瓜被斩首。

然而本书要谈的不是政治，而是破译。重新回到名签的主题。事实证明，玛雅人不仅给珠宝、陶器等便携物赋以专名，精英阶层还把他们认为生活中很重要的几乎所有东西都赋以专名。戴维表明，[38] 科潘的石柱被命名为 *lakam tun*，即"大石头"，并证明描述石柱竖立的文字称它们是"竖立的"（planted，玛雅动

第十章　新曙光　321

词是 *tz'ap-*，"竖立"）；不止如此，科潘的单个石柱还有自己的专名，就像人一样。他还进一步确定了[39]考古学家发现的石制香炉的玛雅名称：*sak lak tun*，即"白色石盘"（图 10-12）。另外，他还发现科潘祭坛之一 U 号祭坛的古文字名称；[40]这块石头展现出一个怪物的头，它的眼中有个金（*k'in*，"太阳"）符号，而这一专名的不完整读法恰恰是基尼奇（*k'inich*）+ 未知符号 + 吞（*tun*），即"太阳眼石头"（sun-eyed stone）。"名字里有什么？[1]"莎士比亚曾问；玛雅人会回答："有很多！"因为他们对命名非常认真，现在看来，在科潘这样的大城市里，每座建筑、金字塔，甚至可能广场和坟墓都有自己的名字。戴维将神庙的名字与表示"房屋"（otot）落成典礼的动词联系起来；这一短语读作 *u k'aba y-otot*，即"他的房屋的名字是——"。[41]

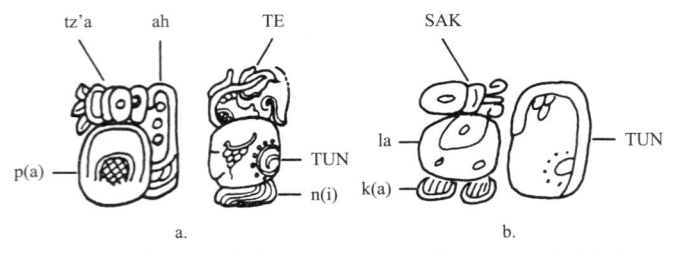

图 10-12 在科潘的破译成果。a. *tz'apah tetun* 现在（1999 年）读作 *tz'apah lakamtun*，"卓越的石头（石柱）竖立起来了"。b. *sak lak tun*，"白色石盘（石质香炉）"

这些少壮派铭文学家重新提出徽章字符代表什么的问题：它们

---

〔1〕 出自莎士比亚（Shakespeare）的戏剧《罗密欧与朱丽叶》（*Romeo and Juliet*）。

是家族名还是地名（海因里希·贝尔林对这一问题未做说明）？虽然现在普遍认为汤普森所谓的徽章字符的"水类"（water group）前缀应读作 *ch'ul*，即"神圣的"——加上 Ben-Ich 和 *wa* 的缀符，科潘的徽章字符将类似于"科潘的神圣君主"（图 10-13）——但他们发现，徽章字符有时适用于两个以上城市政体，而且某一政体可能有两个以上徽章字符（如亚斯奇兰和帕伦克）。[42]

图 10-13 将科潘徽章字符的缀符读作 *ch'ul ajaw*，即"神圣的君主"。主符该怎么读，目前还未达成共识

戴维·斯图尔特发现，佩滕地区一座废墟城市雅沙的徽章字符的主符，其实应读作**雅沙**，而且是附近一处水体的名字，这就提出一种可能性，即至少在起源上，一些徽章字符可能是地名（toponym）。[43] 现已证明，真实的地名是相当普遍的。史蒂夫·休斯顿和戴维·斯图尔特最近的研究[44]表明，地名通常由戴维的 *ut-i* 即"它发生（在）"来引出。

许多地名在表达中包含 *witz*，即"山"，这是玛雅语与阿兹特克语、米斯特克语共有的特征。在科潘文献中，提到 *mo' witz*（金刚鹦鹉山）很常见；"金刚鹦鹉山"似乎是不幸的瓦沙克拉胡恩·乌巴·卡威尔庆祝一段周期结束的仪式中的一个神话地点。有些地名似乎是指一个城市内的地点，有些是指外国的地方，而有些显然是神话中的。神话中的地名包括马塔威尔（matawil），这是帕伦克十字建筑群的石板上提到的神灵出生之地。其中最为神秘的是一个译为"黑洞、黑水"（black hole，black water）的超自然之地，它可能是创世之时的下界入口。

科潘最惊人的一项发现，是在宾夕法尼亚州立大学已故的威廉·桑德斯的指导下进行的，直接关乎书吏在玛雅社会中的地位；这是一处称为"塞布勒图拉斯"（Sepulturas）的大型住宅群，位于城市中心东北部。[45] 主要建筑（9N-82）的外墙装饰着一些书吏雕塑，他们一手拿着海螺壳墨水瓶。回填物中发现了一件我所说的猴子书吏的雕塑，也是拿着墨水瓶和毛笔。建筑物内有一个石凳，支架上雕刻有神灵帕瓦赫吞，前缘有一段精美的、人像完整的古文字。这实际上是一座宏伟的书吏宫殿，居住者显然是整个族群的族长。

这位书吏是谁？铭文学家很快就发现，他的名字叫马克·查纳尔（Mak Chaanal）。在雅什·帕萨统治下的科潘最后一次繁盛期，权力被分散并移交给了地方长官，马克·查纳尔如日中天。他的地位十分显赫，以至于获准雕刻一篇纪念其祖先的颂词，颂词中有他父母的名字。[46]

还有早期一位书吏，其地位同样显赫。他安息其中的坟墓，深埋在古文字阶梯后面的神庙底下。1989年发现这座墓时，考古学家认为这是一座王室墓葬，但当他们发现墓主的头旁有一部腐烂不堪的古抄本，脚下有十个颜料罐，还有一个描绘书吏的陶碗，事实就显而易见了：这确实是一名 *aj tz'ib*，但他的地位很高，因为有一个献祭的儿童陪侍他去往下界。[47] 没人知道此人是谁，只知道他比马克·查纳尔早一个半世纪，生活在7世纪；比尔·法什认为，他是第十二位阿豪烟伊米希神 K（Smoke Imix God K）的兄弟，但琳达认为他更可能是这位国王的非统治者父亲和前一位阿豪的兄弟。到了 20 世纪 90 年代末，普遍认为他就是烟伊米希神 K 本人。

20 世纪 80 年代的 10 年间，破译工作以令人眼花缭乱的速度进行。新一代玛雅学家中，经常有两个或更多人完全独立地找到同样的读法——也许这可以发生，正如琳达指出的那样，因为事情现在已经达到了"临界点"。这 10 年结束时，就一个令人费解的复合词而言，显然已达到了这样的临界点，于是整个领域的信仰和行为都被揭示出来。

该复合词的主符是一个阿豪字符，其右半部分被美洲虎的皮毛所遮挡。包括琳达在内的一些铭文学家提出，它应该读作巴兰阿豪（balam ajaw），大致意思是"隐藏的君主"。[48] 这一字符经常出现在非常精美的彩陶上的二级文字中；这些二级文字作为一个整体，描述了场景中的个别超自然人物，开头就是这些人物的名字，后面是所谓的**巴兰阿豪**字符，末尾是一个徽章字符。

1989 年 10 月底，两封写于同一天的信到达奥斯汀的琳达手中。一封来自汉堡的尼古拉·格鲁贝，另一封来自田纳西州纳什维尔（他任教的范德比尔特大学所在地）的史蒂夫·休斯顿。他们各自把准保读作 wa 和 ya 的缀符视为表意主符的音补，因此，两人都建议将该主符读作 wa-y(a)。在尼古拉的信中，讨论了另一字符可能有的读法后，尼古拉说：

"巴兰阿豪"的头衔是瓦伊（WAY），我对此十分肯定。这一点关系重大！在所有低地语言中，**瓦伊**意为"纳瓦"

第十章 新曙光 325

（nagual，即守护神）以及"动物化身"……与金塔纳·罗奥州的各种玛雅人交谈时，我产生了关于这一读法的想法，他们告诉我，巫师能把自己变成猫或蜘蛛猴。他们把巫师变化成的动物称为 *u way*，即"他的纳瓦"。

史蒂夫则指出，在尤卡坦语中，**瓦伊**是指"通过魔法来变化"，而在其他一些玛雅语中，它可以有"睡觉""做梦"的意思。

这一切的意义何在？在新大陆热带地区的本土文化中，人们普遍相信巫师可以随意将自己变成危险的动物，通常是美洲虎，人类学家彼得·弗斯特（Peter Furst）已经能够证明，这种观念最早可追溯到中美地区的古代奥尔梅克文明。[49] 具体到玛雅人，民族学家发现当代恰帕斯高地的佐齐尔人也有非常类似的观念。在这些玛雅人中，每个人都有一个称为瓦伊尔（*wayhel*）或查努尔（*chanul*）的动物对应物，形式包括美洲虎、土狼、猫鼬、猫头鹰、鹿、蜂鸟等。根据我在哈佛大学的老师埃翁·沃格特（Evon Vogt，他一生都在研究佐齐尔人）的说法，这些生物生活在一座大型火山内的神秘畜栏里。对应的动物种类取决于一个人的地位：一个地位高的佐齐尔人可能对应一只美洲虎，地位低的可能对应一只老鼠。沃格特曾指出："一个人的生命取决于他所对应的动物的生命，必须保护它免遭邪恶或侵害以保存生命。**瓦伊尔**受到的一切伤害都会被人体感知到。人的肉身之死与其**瓦伊尔**之死是同时发生的。"[50] 尼古拉使用**纳瓦**一词描述这个"另一个自己"的概念时，用的是纳瓦特尔语的词汇，因为这一概念最早出现于人类学文献，用来描述曾经的阿兹特克民族；在中美地区，它显然是广泛存在的。

1989年，史蒂夫·休斯顿和戴维·斯图尔特在论述这一主题时指出，[51]在古典时代，**瓦伊**这一观念在彩陶上最为突出，尤其是古抄本风格的陶器。在这些彩绘表面，**瓦伊**可能表现为水潭美洲虎的形态（图10-14）；或表现为各种"美洲虎化"的动物，如美洲虎-狗；或是神话中的野兽，如丑陋的蟾蜍、驴和鹿-猴；或是玛雅古文字称为奇-查恩（*chih-chan*）的鹿角龙形蛇。

　　但**瓦伊**并不局限于陶器。亚斯奇兰楣梁上栩栩如生的王室放血仪式上方升起的"幻象蛇"（琳达使用的术语），在所附文字中被确认是放自己血之人的**瓦伊**，甚至是卡威尔（神K）的**瓦伊**。连神灵都有自己的**瓦伊**，王室世系亦然。在佐齐尔玛雅语中，整

水潭

美洲虎

他的瓦伊

塞瓦尔徽章字符

阿豪"国王"

图10-14　**瓦伊**字符。一件古抄本风格陶瓶的细部，展示了漂浮在海里的水潭美洲虎；所附文字称他是塞瓦尔国王的**瓦伊**

第十章　新曙光　　327

个建筑叫作瓦伊比尔（*waybil*），该词被解释成"睡觉的地方，宿舍"。这是亚斯奇兰伟大的**阿豪**，如强大的盾牌－美洲虎，可以在梦中与自己的**瓦伊**（肯定是美洲虎）交流的场所吗？

总之，史蒂夫和戴维将**瓦伊**视为人类与超自然生物的"共同本质"。为了刺激我一下（就像我当初刺激汤普森一样），他们声称，"陶器上的大部分图像与玛雅人的自我认知有关。因此，不能再将死亡和来世作为玛雅陶器艺术的主导主题"。[52] 我当然并不完全同意这一推论：他们承认在铭文中睡眠与死亡有关，而"百分比符号"即死亡字符可以替代语素符号**瓦伊**，还有其他反驳意见。纵然如此，在玛雅破译的重大巅峰时期，这些新一代铭文学家对**瓦伊**的发现仍是向前迈进的一大步。琳达给年轻朋友的回信，代表了我们许多人的心声，她说："感谢你们所有人与我们分享这一了不起的发现。我对这个发现有些吃惊。"

我们亦是如此！

第十一章

回顾与展望

莫里斯·波普曾告诉我们,最先破译来自遥远过去的未知文字之人,会荣耀加身。[1] 玛雅铭文确实来自遥远的过去,且向来笼罩着异域光环,其奥秘是由谁最先解开的呢?假如玛雅密码之破解是由一人完成,或由二人团队完成,就像詹姆斯·沃森(James Watson)和弗朗西斯·克里克(Francis Crick)一同发现了 DNA 双螺旋结构并在某种程度上发现了一切生命的秘密,那将值得大书特书。然而,玛雅破译史上并无这样伟大的竞赛,而是在长达一个世纪经历一连串摸索与跌跌撞撞,最后走向光明。

约翰·劳埃德·斯蒂芬斯曾恳求一位商博良式的人物现身,解读科潘那些无声的文字,但他从未出现。何以如此?19 世纪初,那个古怪的"君士坦丁堡佬"拉菲内克曾指出,这种文字的语言是已知的,且仍在使用;该语言本可以用于破译,就像伟大的商博良将自己的科普特语知识用于解读古埃及圣书体文字一样。

不幸的是,想要参与这场伟大的破译竞赛的人,无论其多么富有天资,面前无不横亘着一些几乎无法逾越的绊脚石。假如没有大量文献或语料库,没有尽可能详细的绘图和/或摄影,任何重大破译都是异想天开。商博良之突破,是以描摹精确的埃及碑刻为基础的,首先就是罗塞塔石碑。我不崇拜拿破仑,但从某种程度上说,拿破仑没有入侵中美洲实在太不幸了,因为他的**学者**团队也许会对玛雅铭文做出十分精彩的记录,就像他们在拿破仑远征埃及时制作的记录一样。19 世纪行将结束时,玛雅学家还不曾拥有这样的语料库。诚然,有三部书籍即古抄本可供参考,它们为弗斯特曼的钻研——探索玛雅历法——提供了材料,但就**释读**文字而言,这些是不够的。

第二块绊脚石同样重大,不仅对 19 世纪的先行者如此,对我们这个时代的玛雅学家也是如此。它就是唯思想的、"形意符号"的观念,这种观念曾使埃及铭文的潜在破译者陷入困境。还记得耶稣会通才阿塔纳修斯·基歇尔及其对方尖碑的荒唐"解读"吗?象形文字主要由**直接**传达思想的符号组成,没有语言的干预,这一谬论被几代杰出的玛雅学者奉为圭臬,包括泽勒、舍尔哈斯和汤普森,还有他们的众多信徒。我很好奇,他们是否知道这一谬论不过是古典世界新柏拉图主义者的异想天开。

1841 年,斯蒂芬斯以其一贯的清晰眼光做出一个预言:"几个世纪以来,古埃及圣书体文字一直难以捉摸,尽管在我们这一时代仍可能没有,但我相信,比罗塞塔石碑更可靠的钥匙将会被发现。"[2] 21 年后,非凡的发现者布拉瑟·德·布尔堡在马德里图书馆布满灰尘的角落里发现了《尤卡坦风物志》,书里有玛雅文字的兰达"字母表"。向来顽固不化的玛雅学家(除了赛勒斯·托马斯这样的少数人),在大约 100 年的时间里,拒绝将这份珍贵文献视为破译的真正钥匙;尽管相比于罗塞塔石碑之于埃及学,兰达主教为玛雅文字提供了**更多**解读的信息。

尽管埃里克·汤普森在玛雅研究诸多领域有重大发现，但他以其强势的性格，辅以广博的学识与尖刻的言语，凭一己之力阻碍了破译进程达40年之久。泽勒先前挫败了托马斯，并有效终结了对玛雅古文字的音标标音法，这种状态持续了很久；汤普森尚在世时，没人敢重拾托马斯的研究。语言学家如沃尔夫，虽然敢于提出这种文字也许表达了玛雅语言，但很快被遗忘了。

汤普森似乎从不认为玛雅人写的东西有任何系统可言：它们只是各种原始书写尝试的大杂烩，继承自遥远的过去，据说由管理社会的祭司操作，服务于超自然的目的。假若他对比较分析有一丁点兴趣（他绝没有），他就会发现旧大陆的"象形文字"并非这样运作。在这里，他犯了一个致命的错误，因为人类学家告诉我们，世界各地的不同邦国，当其社会及政治演变达到一定水平，对类似问题会有非常相似的解决方案，例如对不稳定的口语，早期国家社会需要将其变成稳定的可见记录。

也许正是斯大林统治期间所强加的与外界隔绝，使得克诺罗佐夫取得了重大突破，让涓涓细流汇成滔滔洪流。此言也许不假，但从一开始，不管是否信奉马克思主义，克诺罗佐夫就采取了一种比较分析的方法，他"熟悉"古埃及圣书体文字与汉字，就像"熟悉"玛雅纪念碑和古抄本的字符一样，这也是事实。克诺罗佐夫受导师谢尔盖·托卡列夫的指导，在本科和研究生阶段受益于一流的大学教育，这些为他的重大突破做了准备。相较之下，汤普森的大学生涯短暂且不尽如人意；这一点从他在1950年出版的巨著《玛雅象形文字导论》中即可看出：书中有560个条目，但没有一个提到旧大陆的任何文字系统！

我常常想，现代玛雅破译领域的杰出人物都是在俄罗斯出生的，这是不是偶然：在动荡不断的"俄罗斯母亲"的历史上，甚至在压迫最严酷的时代，总有知识分子敢于挑战公认的知识。尤里·克诺罗佐夫表明，玛雅文字远不是大杂烩，而是典型的语素—音节文字，这一发现最终引领玛雅学家用古代书吏使用的语言来解读古典文献。塔季扬娜·普罗斯科里亚科夫揭示出这些文献的历史性质，她不是运用语言学方法，而是通过研究"公布的"玛雅日期的结构。几代以来，每个人都可以接触到这些日期，但都不明白其含义。

如果要找一个最接近商博良的英雄，那就是克诺罗佐夫。如此的话，那汤普森（除了他与基歇尔相似之外）就是另一个托马斯·扬。在埃及学领域，扬是一名聪明的标新立异者，由于受困于"埃及圣书体文字是形意和象征的"之观点，从未实现真正的破译。两人至死也没有摆脱这一沉重的缺陷。

好吧，你也许会说，为何要极力赞美商博良？他不是拥有罗塞塔石碑之优势吗？他确实有，但玛雅学家也一直有自己的罗塞塔石碑，却不识它的真面目。商博良仅用两年就破解了古埃及圣书体文字，而玛雅学家却费时很久。

在克诺罗佐夫于1952年发表具有划时代意义的文章之前，玛雅破译工作进展缓慢，并慢于赫梯古文字的破译。后者是安纳托利亚中部（今土耳其）的青铜时代文字，在结构上与玛雅文字几乎相同。[3] 在无法借助一块罗塞塔石碑的情况下，仅凭一些极简短的双语印章，一个国际学者团队——他们都是独立进行研究的——在"二战"前的20年时间里破解了赫梯文字密码。与未受过较好训练的多数玛雅学家相比，这些铭文学家对亚述楔形文字和古埃及文字等旧大陆文字非常熟悉，对早期文字系统的结构也有很好的了解。讽刺的是，对赫梯学家来说，"罗塞塔石碑"是在破译**之后**才出现的：1947年，在土耳其东南部山区的卡拉泰佩（Kara Tepe），发现了腓尼基文字和赫梯文字的双语铭文，确证了这一杰出团队的发现。

玛雅文字真被破译了吗？我们现在能**阅读**多少（而不是简单地知道其含义）？对这些问题的回答，很大程度上取决于你谈论的是文献——纪念碑、古抄本和陶器上的文献——还是符号表**本身**。就我所知，现代研究估计，在所有**文献**中，大约有85%可以用某种玛雅语言来阅读，当然也有一些纪念碑文献几乎可以**通读**；其中一些文献的长度很客观，如帕伦克的96字碑。[4] 但是，如果说的是汤普森《玛雅象形文字目录》中出现的符号表，那就另当别论了。

玛雅文字中大约有800个符号，但其中包括许多古老的语素符号，它们主要是王室成员的名字，只被用过一次，然后就不再使用。许多铭文学家会告诉你，不管在玛雅文化史的哪一时期，实际运用的字符只有200～300个，而且其中一些肯定是异体字或同音字。因此，其符号比古埃及书吏在学校要学的符号少得多；回顾一下第50页的表格，你会发现它与苏美尔楔形文字和赫梯古文字的符号数量相当。这类数据早就该让玛雅铭文学家相信，他们面对的是一种语素拼音文字或语素—音节文字。

在这800个左右的符号中，已知有150多个具有表音—音节功能。除代表纯元音的符号之外，它们的音值绝大多数是CV型的。与其他许多早期文字一样，玛雅文字存在大量的多值现象，包括异形同音（几个符号具有相同读音）和同形异音（同一个符号具有多个读音)。多值性还可能导致一个符号兼有表意和表音节功能。诚然，音节网格中仍有一些空格：基于乔兰语和尤卡坦语音位结构的90个可能的方格中，有一些是空白的，但我预测很快就会被填满。

我们从第一章知道，在直观表达口语的所有特征方面，没有哪种文字系统是真正完整的。总会有东西被遗漏，需要读者根据语境来填补空白。例如，尤卡坦玛雅语有两个音调，但据我所知，都未在古抄本中写出。声门闭塞音在所有玛雅语言中都很重要，但书写者并未为它发明一个特殊符号，而是重复它后面出现的元音：因此，对于 *mo*'，即"金刚鹦鹉"，他们写作 *m（o）-o-o*。

没有充分证据表明玛雅人在文字中使用分类符号，即旧大陆的书写者使用的"定符"或"形旁"，借以表明用语音书写的字词在语义上属于哪类事物。我曾一度怀疑，徽章字符前的"水类"字符会起到这种作用，但这一观点也因受到语音分析的冲击而站不住脚了，现在这一字符要解读为 *kul* 或 *ch'ul*，即"神圣的"。由于它并非不发音，所以不可能是原本定义的分类符号。

为迎合王室赞助人及其亲属的需求，同属最高社会阶层的书吏摆弄文字，在纯表意与纯记音的维度之间来回转换，中间还有一些过渡阶段。帕伦克的帕卡尔或科潘的雅什·帕萨等国王名字的不同拼法，优雅地展示出这种文字的游戏性特征。为满足审美需求，字方中的符号偶尔可以改变顺序，转换位置，就像古埃及书吏在几千年前的尼罗河畔所做的那样。两个相邻字符可以依书吏的意愿合并到一起，例如表示在一个时间段"坐下"的字符（图11-1）。这些特征都是可以从旧大陆的文字系统中推断出来的。

代表整个语素的语素符号，可能会给玛雅文字的读者带来困难，但在语素符号前面和/或后面，广泛使用了语音附标（音补）来辅助阅读，常常是这些"辅助物"引领铭文学家破译了这些难解的字符。表音—音节符号也被用来表达表意词根的语法结尾。但是，可能总会残留一些语素符号永远无法读出，即使我们可以弄清其大致含义；其中大多数，可以有把握地推测，一定是统治者的人名符，其形式是很难在自然界找到匹配对象的异兽之头像，而且从未以拼音或音补的方式出现过。这类"独一无二"的字符是无法分析的。

图 11-1　玛雅文字书写的字符合并。4 个例子全都拼作 *chum tun*，即"吞坐下"

这样的话，古代玛雅书吏仅用音节符号就可以书写他们语言中表达的**一切**东西，但他们并未这么做，就像日本人对**假名**符号、苏美尔人与赫梯人对**他们的**音节符号、古埃及人对既有辅音符号所采取的态度一样。语素符号拥有太高声望，无法废除。它们为何如此呢？俗话说"一图胜千言"，玛雅人的语素符号，就像古埃及人的一样，往往特别形象，因此比一连串抽象的音符更易理解：例如，对巴兰（*balam*），即"美洲虎"，玛雅人可以按音节写成 *ba-la-m（a）*，有时确也这么做了，但书写者通过使用美洲虎的头像，能以一种更醒目的方式来表达自己的话（图 11-2）。

实际上，在古典期和后古典期的玛雅人中间，文字与图画之间的界线并不明晰。就像在古埃及一样，文字有补全未被图画占据之空间的趋势，甚至还可以作为名字短语出现在俘虏的身体上。没有配图的古典期文献相对较少，帕伦克的铭文神庙石板与 96

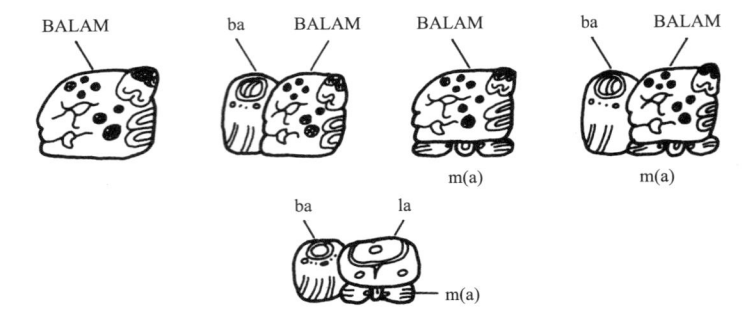

图 11-2　*balam*，即"美洲虎"的几种拼法。依自己意愿，书写者可以用纯语素符号书写；用语素符号加音补书写；也可以用纯音节符号书写

字碑都是明显的例外。无论是古典期的纪念碑还是现存的后古典期手抄本，情况皆是如此，若考虑到书写者和艺术家乃是同一人，这一点也就不稀奇了。

那么，如今破译的文献都说了些什么？要知道，古典期玛雅人曾经使用的数以千计的树皮纸抄本已经消失得无影无踪。留存的仅有处于不同残缺或破损状态的四部书、陶器等便携器物（主要源于文物交易）上面的文字，以及纪念碑铭文，其中许多已风化得面目全非。这些肯定是古代玛雅人实际写作的一个颇为歪曲的样本。纯文学作品（其中一定有历史史诗与神话）、经济记录、土地交易，以及私人与外交信函，都永远消失了。在玛雅低地，书籍等书面文献一定是自由流通的，否则的话，古典期玛雅文明在显而易见的政治割据状态下，如何可能实现文化和科学上的统一？然而，由于岁月变迁和西班牙人的恐怖入侵，这些珍贵文献全都消失不见了。对一个文明遗产的抹除，即使是亚历山大图书馆之被焚，也没有这样彻底。

石柱、祭坛、楣梁、嵌板等上面的纪念铭文，是关于王室事迹、血统、超自然祖先等大事（首先是战争）的公开陈述，而且，像旧大陆的这种永久性"广告牌"一样，其内容往往相当简略。它们必定会把形容词和副词保持在最低限度，类似海明威的风格。纪念碑的陈述几乎总是以一个时间表达来开场，然后接续一个事件动词、一个宾语（若该动词是及物的）和一个主语；而后，接续（或回到）另一个时间表达，以及另一个声明。图 11-3 是黑石城这类铭文的一个例子。

现存的古抄本全都出自后古典期，只有三本有一定长度的文字；这些文字虽短，但结构与古典期铭文很相似，虽然其内容与明显的历史无涉，而是与宗教、天文有关。例如，《德累斯顿古抄本》包含：77 份基于 260 天历法的历书，其中某些日子与特定神灵及相应预言相关；新年仪式；金星运行表和食表；与历法和行星运动相关的乘法表。[5]

现在谈谈识字的问题。除书写者和统治者之外，普通人谁真有能力阅读所有这些文字？玛雅学家的普遍看法向来是，识字者仅限于少数人。[6]对于兰达笔下西方殖民前不久的尤卡坦玛雅人，这一说法或许不假，因为当时他们的文化正处于衰落状态。而对于古典期的玛雅人，这不一定属实。

许多学者对这一问题的猜测，发生在玛雅文字尚未破译的时代，也源于一种学术环境，在这一环境中，语素拼音文字系统的深奥难解与常有的笨拙被大大夸大了。像伊格纳斯·盖尔布这样的铭文学家[7]始终如一地贬低这一系统，并认为字母之发明有利于在世界范围内提升识字率，这一观点后来被社会人类学家杰克·古迪（Jack Goody）所接受，他确信玛雅人是用"结绳"来书写的。[8]

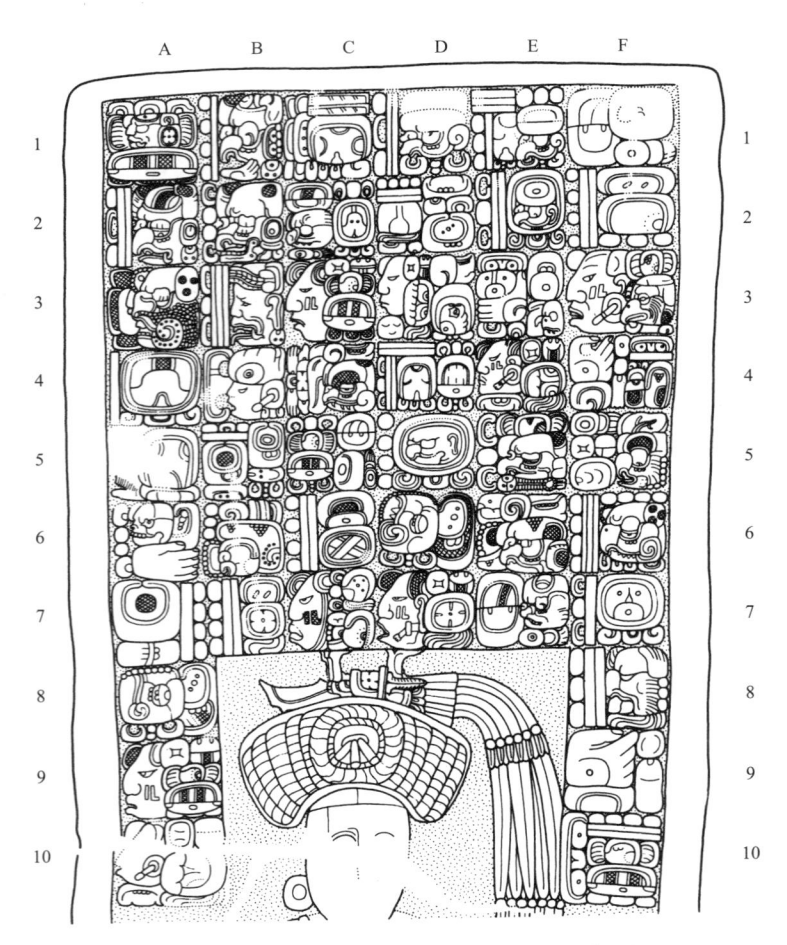

图 11-3　黑石城 3 号石柱：一份完整文献，附释读及翻译

黑石城 3 号石柱
古典玛雅语的释读及翻译

西蒙·马丁提供

梗概

在长计历 9.12.2.0.16、历轮 5 克波 14 雅什金（674 年 7 月 7 日）这一日，卡吞王夫人（Lady K'atun Ajaw）出生在纳曼（Naman），此地可能位于黑石城与亚斯奇兰中间。在长计历 9.12.14.10.16、历轮 1 克波 14 坎金这一日，她只有 12 岁，嫁（"被装扮起来"）给黑石城王位的继承人约纳尔·阿克二世（Yo'onal Ak II）[1]，后者于 44 天后登基称王。在长计历 9.13.16.4.6、历轮 4 基米 14 乌奥（708 年 3 月 21 日）这一日，她 33 岁，卡吞王夫人为黑石城"龟"姓家族生下一个女儿，即胡恩坦·阿克公主（Lady Huntan Ak）。3 年后，即长计历 9.13.19.13.1、历轮 11 伊米什 14 雅什这一日，一生权势显赫的王后卡吞王夫人即位（可能与其夫君共治）。据文字记载，当前的卡吞期终止于 99 天后，即长计历 9.14.0.0.0、历轮 6 阿豪 13 穆万（711 年 12 月 5 日）这一日。底部场景描绘了王后与她 3 岁的女儿胡恩坦·阿克公主坐在王座上。

A1   *tzik（？）yaxk'in*
      这一年数到雅什金

---

[1] 在玛雅语中，"ak" 意为 "龟"。

B1　　*bolon pik*
　　　9 巴克吞

A2　　*ckalahun?*
　　　12 卡吞

B2　　*ka hab*
　　　2 吞

A3　　*min（？）winal*
　　　0 维纳尔

B3　　*waclahun k'in*
　　　16 金

A4　　*ho?*
　　　5 克波

B4　　*nah（？）*
　　　"第七位夜神"

A5　　*? hun*
　　　"字符 F"

B5　　*uuk winik（？）huliy*
　　　新月后第 27 天

A6　　*ka ? k'alah*
　　　2"字符 C"骷髅

B6　　*ox k'uh sa witz*
　　　"字符 X"［朔望月守护神］

A7　　*winik bolon*
　　　［朔望月］有 29 天

B7　*kanlahun yaxkin*
　　14 雅什金

A8　*siyah*
　　她出生了

A9　*ix ? ajaw*
　　卡吞王夫人

A10　*ix naman ajaw*
　　纳曼夫人

C1　*min ? lahun winalihiy*
　　0 金，10 维纳尔

D1　*kalahun habiy*
　　12 吞

C2　*iut hun ?*
　　发生在 1 克波

D2　*kanlahun uniw nawah*
　　14 坎金，她被装扮起来

C3　*ix ? ajaw*
　　卡吞王夫人

D3　*ix naman ajaw yichnal*
　　纳曼夫人，在……的陪伴下

C4　*k'inich yo'onal ak*
　　基尼奇约纳尔·阿克二世

D4　*buluk lahun winalihiyhun habiy*
　　11 金，10 维纳尔，1 吞

第十一章　回顾与展望　341

C5　*hun ? iut*,
　　1 卡吞后，过去了，

D5　*chan ?*
　　4 基米

C6　*kanlahun ik'at*
　　14 乌奥

D6　*siyah*
　　她出生了

C7　*ix huntan ak*
　　胡恩坦·阿克公主

D7　*ix kin ajaw*
　　金阿豪（太阳王）夫人

E1　*waxak holahun winalihiy ox habiy*
　　15 金，8 维纳尔，3 吞

F1　*iut*
　　过去了

E2　*buluk ?*
　　（在）11 伊米什

F2　*kanlahun yax sihom*
　　14 雅什

E3　*uch'amaw tem*
　　她登基

F3　*ix ? ajaw*
　　卡吞王夫人

E4　*ix naman ajaw*
　　纳曼夫人

F4　*tzutzuy uhotuk*
　　第 5 吞过去了

E5　*hun ? lat*
　　第 1 卡吞

F5　*ti ajawlel yo'o*
　　在统治之下

E6　*nal ak'*
　　约纳尔·阿克的

F6　*bolonlahun chan winalihiy*
　　9（金）4 维纳尔，即 99 天后

E7　*iut*
　　过去了

F7　*wak ajaw*
　　（在）6 阿豪

F8　*oxlahun muan*
　　13 穆万

F9　*tzutzuy*
　　终结

F10　*ukanlahun ?*
　　第 14 卡吞

但识字率与所使用文字系统的种类关系不大，或毫无关系，而是更多与文化有关。世界上识字率最高的国家是日本，它使用的是语素—音节文字，而识字率最低的国家之一是伊拉克，它使用的是阿拉伯字母。

我怀疑玛雅文字并不难学，至少不难读：琳达·谢勒在她远近闻名的得克萨斯讲习班，每届仅用一周时间，就教会了数百名业余爱好者浏览玛雅文字。我无法想象，街上的玛雅男女不去看广场上绘画精美的雕刻石柱，他们起码能读出上面的日期、事件和领袖的名字，尤其当有附图的时候，而附图几乎总是有的。当然，所有文字写起来都比读起来困难，在这个意义上说，完全识字的人可能少之又少：至少有一些书吏即 *aj tz'ib*，属于王室种姓，这也就不奇怪了。

自20世纪20年代以来，前哥伦布时期艺术的公开展览一直在举行，但没有哪场展览的影响力超过"诸王血脉"（*The Blood of Kings*）；[9] 这一开创性展览的精美目录，彻底改变了我们对古典期玛雅的认知。根据对玛雅古文字的最新研究，该展览首次将一些有史以来最精美的器物集于一个屋檐下，让古代玛雅城市的精英阶层表达他们的关切与目标。在吹毛求疵的博物馆界，这场展览被公认为一颗重磅炸弹，它完美融合了玛雅铭文学与玛雅图像学。

这场展览是琳达·谢勒和玛丽·米勒的创意，于1986年在得克萨斯州沃思堡（Fort Worth）路易斯·康[1]的金贝尔艺术博物馆（Kimbell Art Museum）开幕。关于我的同事玛丽·米勒，她是耶鲁大学艺术史教授，曾任耶鲁学院院长。在普林斯顿，是吉勒特·格里芬将她引入了前哥伦布时期艺术的世界，但她的研究

---

〔1〕 路易斯·康（Louis Kahn），美国现代建筑师。

生是在耶鲁大学读的，在那里获得了艺术史博士学位，论文写的是博南帕克的壁画。鉴于她在玛雅古文字方面造诣深厚，且了解玛雅铭文学和图像学的最新进展，她正是合作举办这类展览的人选。

这两人向世人展示的古典期玛雅图景，本质上是一系列王权社会，其主要痴迷于王室血统（和传承）与血腥征服。通过把最精美的玛雅器物聚集到一个屋檐下，她们谈到了最令人毛骨悚然的忏悔式放血、酷刑和人祭，所有这些都稳固建立在古典期玛雅人对自己实际描述的基础上。他们肯定不是莫利和汤普森臆想的爱好和平的玛雅人。借助琳达提供的大量翔实的图片，展览目录成了一座信息富矿，展现了统治玛雅城市的精英阶层的艺术和生活，而展览本身有一条严密组织的故事线，因此所展现的前哥伦布时期艺术不单单是一堆相当可怖、野蛮的杰作，这还是有史以来第一次。破译工作使这一切成为可能。

所有（或几乎所有）各方都给予了赞誉。著名墨西哥作家奥克塔维奥·帕斯（Octavio Paz）在《纽约书评》（*New York Review of Books*）上发表了一篇长文，[10]斥责他的同胞对古代玛雅关注太少，并以最热情的语言赞扬了该目录。但同时也能听到抱怨声：对某些十分不快的艺术史学家来说，这一切绝**不是**什么好事。有个特别尖酸的评论家甚至认为，谢勒和米勒搞这场展览，是为了推进自己的事业发展，并让并非玛雅学家的前哥伦布时期艺术史学家的日子更难过。

你可能会理所当然地认为，玛雅文字的破译会受到考古学家的热烈欢迎，但事实绝非如此。对于 20 世纪新大陆考古学界这

第十一章　回顾与展望　345

一振奋人心的发展，发掘兄弟会（和姐妹会）的反应是……抵制。他们并非像商博良的反对者那样声称破译没有发生，只是认为这不值得关注（至少是公开关注）。

部分因为美国大学培养出越来越多的博士，一种情况出现了：考古学家越来越多，但可研究的东西越来越少，对玛雅的过去也越来越没什么可说的。看起来，考古发现的时代业已结束。由于没有更好的事情可做，发掘者开始推测玛雅研究将衰退。新一代考古学家可能会控制筹资过程（他们主导所有正当的委员会）、出版（他们组成了期刊的编辑委员会）和学术晋升（他们在更好的部门担任终身职位）；但他们并未发现有什么可以使公众感兴趣。

与铭文学与图像学的情况一比，田野考古学家的愤怒就可以理解了。这么一群外来者，得到日报和新闻杂志的头版报道，他们从未忍受过野外发掘过程中常有的炎热、蜱虫和胃肠道问题，从未对一堆堆灰褐色陶片和黑曜石碎片进行分类。像琳达·谢勒这样的人，不管走到哪里，都能让礼堂座无虚席，而她连人类学学位都没有！这不公平。当时从会议和发表的文章中，能明显感到对破译工作和对一项不无合理之观点的敌意，该观点认为，古典期玛雅人自己对这一问题也许有一些有趣的想法。那些敌视铭文学家和艺术史学家工作的人采取了两种方法：一种是对破译工作冷眼相看；另一种是说，对，我们可以读懂这些东西，但这一切不过是宣传，是一堆自以为是的谎言。这些古典期政客所说的话，谁能相信？最后一击是由会议的总结者使出的：玛雅铭文仅是"表象"，这一廉价的词表示，玛雅文字只是边缘性的应用，因为相比经济、社会那些更重要的制度——已被泥土考古学家研究得非常透彻——玛雅文字是次要的。

换言之，就是酸葡萄心理！即使我们这些持证的发掘者费心去学习如何阅读这些文献，它们也说不出什么重要的东西，我们的宝贵时间还会被浪费掉。但是，一位年轻的铭文学家在1989年写信给我说：

> 这些人从根本上误解和低估了历史上和文献上的证据。他们难道没有听说过历史学吗？其他领域的证据不也是同样含混不清吗？我们难道不应该看看其他学者是如何处理其他有文字的文明的，比如美索不达米亚和中国的文明？这里可能有一些重要的教益。
>
> 这些人无法就铭文学本身进行批评。谁也没有说过阐释没有问题，然而，将整套数据一概否定的做法既愚蠢又反智。先去了解铭文学家是如何解读字符的，然后再去批评。

我相信还有更深层的问题，即受过人类学训练的考古学家不能也不愿承认，他们所处理的乃是曾经生活过、说过话的真实人物之遗物；这些古代国王、王后、武士和书吏，其实是玛雅原住民，应该听听他们的话语。

由泥土考古学家掌控的期刊，发表了抵制派最终达成的意见：即使铭文学、艺术和图像学不是胡说八道，即使这些文献并非虚假，它们也不代表真正的玛雅文化和社会组织，正如一名与会者所说，玛雅人口的"绝大多数"甚至都没有在文献中提到。没提到很正常！尼罗河流域的王室铭文也没有提到建造埃及金字塔和宫殿的数百万农夫（*fellahin*），赫梯国王的纪念碑浮雕上也没有

第十一章　回顾与展望　347

出现耕作国王土地的成群农民。

这种民粹主义观点，在考古学家中间非常盛行，却忽视了一种事实：在具有国家组织层面的前工业化、非民主社会，大部分文化确实产生于王室与一般精英阶层。一位玛雅**阿豪**可以自信地宣称"朕即国家"[1]，恐怕玛雅农民是不会反对的。像帕伦克国王帕卡尔这样的统治者，他关心的问题也是所有人关心的。玛雅学家把注意力集中于帕卡尔身上，而不是农村聚落模式或实用陶器的类型学这样的主题，并非徒耗时间。

20世纪最后几十年，抵制派虽有所动作，但未能破坏破译工作的进展。琳达·谢勒曾对我说："破译已经发生。对它的反应方式有两种。一种是接受，要是你自己做不到，就在你旁边找一个能做到的。另一种是视而不见，努力摧毁它，从根本上否定它。"

随着我们进入第三个千年，像比尔·法什在科潘、阿瑟·德马雷斯特在多斯皮拉斯和佩特什巴吞遗址、戴安娜（Diane）和阿伦·蔡斯（Arlen Chase）夫妇在卡拉科尔，以及最近史蒂夫·休斯顿在黑石城、西蒙·马丁在卡拉克穆尔，考古学家展示了正确的方法：[11] 在这些遗址，几乎在项目的每一个阶段，铭文学都是田野考古学的有力助手，就像20世纪以来在埃及、美索不达米亚和中国一样。

但是，玛雅学者所接受的训练也必须采取新的方向。目前，我很遗憾地报告，许多田野考古学家几乎完全不懂玛雅文字，最

---

〔1〕 原文为法语"L'état, c'est moi"，这是法国国王路易十四（Louis XIV）的话。

多可能认出铭文中的长计历日期，就算是懂的人，也不知道任何一种玛雅语。相比之下，亚述学家要想获得博士学位，必须同时掌握苏美尔和阿卡德楔形文字，并在一种或多种闪米特语言方面有扎实基础。想象一下，有人自称是埃及学家，却读不懂古埃及圣书体铭文，或是汉学家，却不会说中文！不识字的学者焉能假装研究一个有文字的文明？我预测，这种情况有朝一日终会改变，并向好的方向发展。

当然，随着解读越来越细致，以及我们着手分析整个文本而不是单个字符或短语，语言学家现在发挥的作用比以前更大。玛雅铭文学家将不得不与当代玛雅说书人、巫师和其他专家更密切地合作，以更好地理解古代铭文。戴维·斯图尔特曾说，仅仅在十几年前，还没人能预料到这种文字如此拼音化——在年代很早的铭文中，拼音化的程度很高。此言诚然不虚。"我们现在只是处于过渡阶段，"戴维说，"我觉得我们终能逐字读出这些东西，这在以前是从未想过的。"

1998年，现代玛雅破译领域的三位巨匠，即尤里·克诺罗佐夫、琳达·谢勒和弗洛伊德·劳恩斯伯里都谢世了。我们现在意识到，尤里·克诺罗佐夫相当于现代的商博良，他认识到兰达的手稿是破解玛雅文字的钥匙，该文字的性质是语素—音节文字，从而取得了破译的重大突破。没有一家美国报纸，甚至包括《纽约时报》在内，觉得应该为他发一则讣告，但他是20世纪最伟大的学者之一。

是弗洛伊德给我们提供了破译的方法——与口语相结合、跨界阅读的技巧，以及一套证明"某种解读有效"的基本规则。他的密友琳达则非常不同，她是个更富魅力的创造者和艺术家，而不是像弗洛伊德那样谨慎的科学家。在人生的最后 10 年，琳达的涉猎与研究非常广泛。据我估计，她最大的成就是在古典铭文和图像中发现了证据，进而表明，与公元前 3114 年 8 月 13 日玛雅创世相关的宇宙事件，在整个古代玛雅文化中都有回响。

琳达沉浸在古代天文学中（她辞世后，我发现她电脑里装满了复杂的天文程序）。在 1993 年与戴维·弗赖德尔（David Freidel）、乔伊·帕克（Joy Parker）合著的《玛雅宇宙》（*Maya Cosmos*）一书中，她将星空与最深层的玛雅思想联系起来。琳达曾与戴维·斯图尔特一起，在确立科潘王朝序列方面发挥了重要作用，这纯粹是基于对雕刻纪念碑的阅读。晚期的科潘文献谈到一位王朝创始人，他叫雅什·库克·莫，大约去世于 435 年。但他是否像一些泥土考古学家所想的那样，是神话人物，来自铭文学家的想象？ 1996 年和 1997 年，宾夕法尼亚大学的罗伯特·沙雷尔（Robert Sharer）和戴维·萨达特（David Sadat）在科潘 16 号神庙地下深处发掘时，发现了一处肯定是雅什·库克·莫陵墓的遗迹，这个外国入侵者很可能来自墨西哥中部的巨型城市特奥蒂瓦坎，或其控制下的另一座城市。斯图尔特目前是得克萨斯大学艺术史专业的琳达·谢勒讲席教授，他对铭文进行了细致解读，表明古典期蒂卡尔和瓦哈克通的创始人很可能也是特奥蒂瓦坎人。

对现在和将来的破译工作来说，一个巨大的进步是，玛雅铭文学如今已走向国际合作。除美国之外，在加拿大、英国、西班牙、斯堪的纳维亚国家、荷兰、德国、波兰、俄罗斯（克诺罗佐夫伟大遗产的继承者）、乌克兰、澳大利亚、危地马拉，都可以找到重要的学者（他们中有些人还很年轻），现在连墨西哥也是，它已经抛却对玛雅研究由来已久的怀疑。毫无疑问，将这些"字符专家"

联结在一起的媒介是互联网：新的解读、新的假说和对旧数据的新解释，连带图像扫描件及 PDF 文献，会瞬间飞到世界各地。现在的数据库非常庞大，尤其要感谢贾斯汀·科尔，他将成千上万张玛雅彩绘和雕刻陶器的详细展开图放到了互联网上。这些东西是前所未有的。因此，我对破译工作的未来感到乐观。

那么这个未来在何处呢？大家应该记得，流传下来的四部玛雅古抄本在主题方面极其有限，实际上主要涉及仪式和天文学，但古典期城市中一定存有的大量馆藏书籍呢？陶器上描画的那些书吏写的究竟是什么内容？是否存在包括叙事记录在内的文学传统？丹尼斯·特德洛克（Dennis Tedlock）和阿兰·克里斯滕森（Alan Christensen）是研究和翻译《波波尔乌》这一伟大基切史诗的现代学者，他们确信《波波尔乌》是在 16 世纪由早已失传的古文字原本转写成罗马字母文字的。是否有证据表明玛雅书吏曾记录过实际的话语或对话，不管是人与人之间、神与神之间，还是神与人之间？

我们现在了解到，陶文是一个独特的类别。尽管还有很多东西有待了解，但初级标准序列是容器的奉献声明，它命名了它的形状、所盛物品和主人，就像名签之于其他类型的物品（从石柱到私人珍宝）。就我而言，我相信未来对二级文字——与陶器上的场景直接相关——的研究，总有一天会揭示出玛雅人的全部思想，这些思想也许包含在古典期低地失传已久的仪式古抄本中。上一章所讲的对瓦伊字符的解读，确实给玛雅铭文学家、艺术史学家和宗教研究者带来了一些值得深思的东西。

我们早已知道，这些二级文字有很多通过曲线或直线，与神灵或超自然之物的嘴或脸相连。我们现在还了解到，这是在告诉我们，这些文字就是那个人或生物正在说的内容，这与连环画画家用文字"气球"来表示对话是一样的。尼古拉·格鲁贝最先指出,[12] 从一些陶器上可以找到第一人称和第二人称的对话,使用的是古典玛雅语（乔兰语）的动词 a'al,即"说"。举一个特别吸引人的例子：蒂卡尔 196 号墓中发现了一件漂亮的彩色小花瓶,上面给出了同一个故事的两个情节。在至高神伊察姆纳的宝座前,坐着一只拟人化的可爱蜂鸟。虽然没有"气球线",但每一处二级文字都以短语 y-alahi tz'unun ti itzamnaaj 即"蜂鸟对伊察姆纳说"结束（图 11–4）。

格鲁贝接着破译了另一个重要的玛雅字符,他将其读作彻

图 11–4　来自蒂卡尔 196 号墓的一件古典期晚期彩绘陶器的细部。顶部的水平铭文说明这是盛放液态巧克力的容器。铭文下面是蜂鸟神在对至高神伊察姆纳说话；陈述的末尾是三个垂直的字符,读作 y-alahi tz'unun ti Itzamnaaj,即"蜂鸟对伊察姆纳说"

恩（chehen），意思是"据说"或"他／她／它说"。据了解，彩绘陶器上使用第一人称代词（"我"）和第二人称代词（"你"）的书面对话后面跟着这一字符。这些对话中，有一些仍然晦涩难解，但这是因为现在对古典书籍定有记载的故事知之甚少。关于 chehen 字符，真正令人兴奋的是，它也存在于一些雕刻纪念碑上，这表明这些纪念碑有一些，也可能有很多，"在说话"。例如，在 5 世纪某个时候，第四任科潘统治者吞·卡布·希什（T'un K'ab Hix）在祖先基尼奇雅什·库克·莫的陵墓上方新建了一座神庙，并设置了一个雕刻台阶（在后来的焚火仪式中被破坏了很多），上面写的是他使用第二人称直接对王朝初创者讲的话：尼古拉能够辨别出 a ch'ukul 是"你的神"，以及 a kab- 是"你的土地（或地方）"。这篇演说的后面是 chehen，即"他说"。

这开辟了一条全新的研究路径，特别是对陶器的研究，因为有些玛雅陶器上有很长的二级文字等待破译。如果我是个有抱负的玛雅铭文学家，我就会从这里开始研究！感谢贾斯汀·科尔的网站，我只需在笔记本电脑上点击几下，就可以在屏幕上看到 4000 多件古典陶器中的任何一件。

感谢庞大的数据库（其中包括哈佛大学的玛雅铭文语料库），现在已是玛雅研究的黄金时代。这一崭新的学术时代，有许多人参与其中，尤其是那些勇敢无畏的学者，他们在玛雅洞穴搜寻下界书吏与艺术家的文字。但是，这类研究大多可以在办公桌后面进行，只要有电脑就可以了。2006 年，一本非凡的著作《骨头的记忆：古典期玛雅人的身体、存在和经验》（*The Memory of Bones: Body, Being and Experience among the Classic Maya*）出版，作者是史蒂夫·休斯顿、戴夫·斯图尔特和卡尔·陶布（史蒂夫和卡尔的友谊与合作可以追溯到两人在耶鲁大学读研究生的时候）。他们探究了一代人之前还被认为不可能探究的主题，包括：玛雅人的自我认知；身体功能，如吃喝、呼吸、说话和听力；情感；古典期玛雅文化中的舞蹈和音乐。

图像学与破译工作的这种美好结缘，确实可以追溯到"诸王血脉"展览，但如今，比起琳达和玛丽重点强调血统、冲突与人祭，情况要微妙、复杂得多。长期沉默的古代玛雅人，现在开始作为真正存在过的人与我们交谈。

结束语

我首次踏访尤卡坦，以及我初次走进古代和现代玛雅世界，是在 1947 年圣诞节假期，当时我还在哈佛大学主修英语。我对玛雅文明知之甚少，甚至一无所知，所知道的仅仅是从怀德纳图书馆（Widener Library）借来的一些垃圾旅游书里的东西。在奇琴伊察的废墟漫步之时，我看到了主要建筑群南部壮观的蒙哈斯建筑群，其中许多石质楣梁上刻着（对我来说）奇怪的字符。我怀着天真之心，好奇考古学家能否读懂上面写的东西，突然冒出来一个美国人，他是一名来自好莱坞的电影摄影师。在我眼前，他抚摸每个楣梁上的字符，并告诉我它们的具体内容。我惊讶得目瞪口呆——他一定是个天才！后来，我返回剑桥，遇到一些真正的考古学家，我才发现，那人纯属胡说八道，没有一句话靠谱。那时，即使是专家，也解读不了这些楣梁。

然而，大约 64 年后的今天，如果你遇到有人在做这件事——用真实的古典玛雅语阅读那些一度哑默的文字——你没有理由不相信。玛雅密码最终得以破解，这是我们这个时代最伟大的智力成就之一。

附录A：普罗斯科里亚科夫"提议的讨论顺序"

注：本大纲由塔季扬娜·普罗斯科里亚科夫编写，用于1956—1957学年学生在哈佛大学皮博迪博物馆组织的方桌会议。这次会议对玛雅破译的未来有清晰的看法，这是它的不凡之处。她所说的"ideograms"（形意符号），现在称作"logograms"（语素符号）。

提议的讨论顺序

给探讨玛雅文字破译的方桌会议[1]

开场白

语素拼音文字系统的结构，依据克诺罗佐夫：

1. 所有语素拼音文字系统的基本相似性。
2. 构成要素：
   a. 形意符号：词。
   b. 音符：音节、音位。
   c. 定符：对上述的补充，仅指意义。
3. 某个符号在不同语境下可能具有不同功能。

---

[1] 原文为"Mesa Quadrada"，本应为"Mesa Cuadrada"，也许是普罗斯科里亚科夫的笔误。

玛雅文字系统的特殊性，依据克诺罗佐夫：

1. 强烈的表音成分。

2. 语义标示（不一定存在）：标明符号是形意符号、音符，还是定符。这针对的是一个符号。

3. 大多数常见构件具有恒定价值。

4. 阅读顺序：从左到右，从上到下，偶有变化如下：

    a. 定符位置不固定。

    b. 符号旋转 90 度或 180 度。

    c. 倒置（符号的顺序）。

    d. 声音省略（缩写？）。

    e. 连接符（两个符号共有的一部分）。

    f. 一个符号插入另一个符号中（插入的符号要最后读）。

    g. 添加音补（通常重复末尾的音素）。

5. 音节中的元音值变化

    a. 长元音和短元音不分。

    b. 音素转变造成的差异。

    c. 明显的内在互换性。

    d. 在词尾丢弃最后的元音，换成辅音音素。音节值通常重复前一个元音（元音和谐）。

讨论

1. 其他提出或暗示的学说的理论结构：

    a. 图画文字和形意文字；不再成立

b. 沃尔夫的学说（强调表音）—（卡罗尔[1]）

c. 汤普森的学说（强调形意）—（汤普森？）

d. 巴特尔 -（凯利）、戴维·凯利（凯利）

2. 克诺罗佐夫的假说是所有语素拼音文字系统基本上相似，那么对其他文字（如中文）的了解可以在哪些方面帮助我们解释这一点？中文与所列大纲是否大体相符？一个汉字是否只能以一种方式（语言学上的）来读？

3. 语素拼音文字的语言。

a. 语音学、词法学和句法学的知识可以以何种方式应用于玛雅古文字的破译？

b. 玛雅语言之间是否存在强烈的句法差异，这种差异将消除某类语言，因为它们与语素拼音文字的结构不一致（例如，构件出现的频率和位置？）（卡罗尔）

c. 乔尔语与尤卡坦语之间、尤卡坦语与马姆语之间的这种语言差异，是否意味着文字的系统性变化？（卡罗尔）

d. 有什么具体迹象表明乔尔语或类似乔尔语的语言是玛雅古文字的语言？（凯利）

4. 破译方法及示范。

a. 选定的例子：

汤普森（汤普森？）

沃尔夫（卡罗尔）

---

[1] 约翰·卡罗尔当时是哈佛大学教育学研究生院副教授，也是沃尔夫的遗稿保管人；戴维·凯利当时是哈佛大学人类学系研究生；埃里克·汤普森拒绝了我们的参会邀请。——原书注

克诺罗佐夫（凯利）

b. 这些是否能构成充分的证明？（公开讨论）各自的缺陷是什么？

附录 B：玛雅音节表

玛雅文字系统是语素符号和音节符号的混合体；利用音节符号，玛雅人可以而且经常纯靠拼音来书写字词。下面的图表显示了迄今已得到破译的玛雅音节。要知道，由于存在异形同音，同一个音常常由两个以上的符号来表示；而这些符号中的有些也可充当语素符号。除第一列方框（其中每个符号代表一个只由一个元音组成的音节）外，每个方框里都有一个或多个符号，代表一个 CV 型音节；辅音在顶部，元音在左侧。因此，*m* 列顶部方框里的所有符号都读作 *ma*。

举一个音节书写的例子。要书写 *pitz*，即 "蹴球"，玛雅书吏会使用表示 *pi* 的符号 和表示 *tzi* 的符号 ，组合起来就是 。

玛雅音节表

	纯元音	b	ch	ch'	h
a					
e					
i					
o					
u					

附录 B：玛雅音节表

续表

	j	k	k'	l	m
a					
e					
i					
o					
u					

续表

	n	p	z	t	t'
a					
e					
i					
o					
u					

附录 B：玛雅音节表

续表

	tz	t'z	w	x	y
a					
e					
i					
o					
u					

注 释

第一章

1 Tylor 1881：179.
2 Plato 1973：95–99.
3 Pope 1975：30–31.
4 Pope 1975：17.
5 Pope 1975：19
6 Pope 1975：21.
7 关于阿塔纳修斯·基歇尔的生平，我借鉴了 Godwin 1979 和 Pope 1975：28–33。
8 引自 Pope 1975：31–32。
9 Gardiner 1957：11–12.
10 Sampson 1985，26–45 和 figure 3。
11 Hill 1967.
12 Ascher and Ascher 1981.
13 Basso and Anderson 1973.
14 Trager 1974：377.
15 North 1939.
16 DeFrancis 1989：9.
17 Kramer 1963：40–42.
18 Morley 1946：259–260.
19 Gelb 1952.
20 这一文字最初是由卫理公会传教士詹姆斯·埃文斯（James Evans）为克里语（Cree）设计的。
21 Diringer 1962：149–152.
22 对汉字最好的分析是 Sampson 1985：145–171 和 DeFrancis 1989：89–121。
23 DeFrancis 1989：99.
24 DeFrancis 1989：111.
25 关于日本文字，见 Sampson 1985：172–193。
26 Wang 1981：231.
27 Pope 1975：9. 另见 Robinson 2007 和 2009。
28 Kahn 1967：21–22. 弗里德曼夫妇的职业生涯，可参考此书。
29 商博良和破译古埃及圣书体文字的故事在 Pope 1975：60–84 和 Gardiner 1957：9–11 中有很好的描述。

30 Ray 1986: 316.

31 Gardiner 1957: 7–10。对古埃及文字结构的很好描述，见 Ray 1986 和 Schenkel 1976。

32 Gelb 1952: 79–81.

33 商博良的完整传记，见 Hartleben 1906。

34 Quirke and Andrews 1989 是对罗塞塔石碑完整而通俗的解读。

35 Stephens 1841(1): 160.

36 如何对待早期苏美尔语，见 Powell 1981。

37 Pope 1975: 136–145 和 Hawkins 1986。

38 Pope 1975: 159–179 和 Chadwick 1958。文特里斯的生平传记，见 Robinson 2002。

39 我改编并扩大了 Gelb 1952: 115 中出现的类似列表。

40 印度河文字，见 Mahadevan 1977 和 Parpola 1993。

第二章

1 对玛雅语言的很好描述，见 Morley, Brainerd, and Sharer 1983: 497–510。

2 Thompson 1950: 16.

3 Campbell 1984: 7–11.

4 Kaufman and Norman 1984.

5 我对玛雅语法和动词形态的描述是基于 Schele 1982; Bricker 1986; Morley, Brainerd, and Sharer op. cit.；以及 1989—1990 年保罗·沙利文（Paul Sullivan）在耶鲁大学开设的尤卡坦语课程。

6 Pío Perez 1898 给出一个很长的量词清单；其中大部分已不再使用。

7 Turner 1978.

8 White and Schwarz 1989.

9 MacNeish, Wilkerson, and Nelken-Turner 1980.

10 Coe 1968. 最近发现的卡斯卡哈尔石块（Cascajal Block）有力地表明，奥尔梅克人有某种形式的文字，但仍未被破译（见 Rodríguez Martínez, et al. 2006）。

11 Thompson 1941.

12 Coe and Diehl 1980.

13 Marcus 1983.

14 Earle and Snow 1985.

15 Coe 1976a.

16 Matheny 1986.

17 Coe 1989a: 162–164.

18 这就是 29 号石柱；见 Morley, Brainerd, and Sharer 1983: 276 和 fig. 4-6。
19 Haviland 1970.
20 Schele and Freidel 1990: 171–183. Martin and Grube 2008 是研究玛雅政治史最新和不可或缺的指南。
21 这在 Schele and Miller 1986 中有详细描述。
22 博南帕克壁画，见 Ruppert, Thompson, and Proskouriakoff 1955。
23 Harrison 1999.
24 Trik 1963.
25 Harrison 1970.
26 不幸的是，没有关于玛雅人玩这种游戏的目击者描述。
27 Coe 1988.
28 关于玛雅崩溃的推测和假设，在 Culbert 1973 中有所涉及。关于这一问题的最新汇报是 Webster 2002。
29 这些就是 8 号、9 号、10 号和 11 号石柱；见 J. Graham 1990: 25-38。
30 此处我遵循了 Thompson 1970 提出的论点。
31 Diehl 1983.
32 Pollock et al. 1962.
33 Fox 1987.
34 《波波尔乌》两个可靠的（可读性很强的）英译本是 Tedlock 1985 和 Christenson 2003。

第三章

1 Brunhouse 1973 是对玛雅低地早期探险的极好概括。Cabello Carro 1983 描述了德·里奥在帕伦克的探险。
2 其中一些绘图再版于 Cabello Carro 1983，但摹本尚未发行。
3 Del Río 1822.
4 G. Stuart 1992: 8.
5 加林多的详细生平，见 I. Graham 1963 与 Brunhouse 1973: 31–49。
6 瓦尔德克的生平，见 Cline 1947 与 Brunhouse 1973: 50–83。瓦尔德克配得上一部大型传记。
7 引自 Cline 1947: 282。
8 Cline 1947: 283.
9 Waldeck 1838.
10 Coe 1989b.
11 Coe 1989b: 1.

12 译自 Coe 1989：4。
13 Coe 1989b：4–5.
14 《德累斯顿古抄本》的历史，见 Thompson 1972：16–17。
15 Coe 1963.
16 Humboldt 1810.
17 Kingsborough 1830–1848.
18 Norman 1843：198.
19 这一非凡人物的详细生平，见 Rafinesque 1987 与 G. Stuart 1989。
20 Rafinesque 1954.
21 G. Stuart 1989：21.
22 Rafinesque 1832：43–44.
23 Rafinesque，同上。
24 Stephens 1841（1）：9.
25 Von Hagen 1947 是斯蒂芬斯的一部很好（虽偶有不准确）的传记。
26 G. Stuart 1992：15.
27 Stephens 1843.
28 Stephens 1841（1）：137.
29 Stephens 1841（1）：159.
30 Stephens 1841（1）：152.
31 Von Hagen 1947：187–188.
32 Stephens 1841（2）：442–443.
33 Stephens 1841（2）：343.
34 Norman 1843.
35 Stephens 1841（2）：457.
36 Haggard 1896.
37 Kidder 1950：94.

第四章

1 Brunhouse 1973：113–135 是对布拉瑟的极好、迷人的研究。另见 Escalante Arce 1989。
2 Brunhouse 1973：126–127.
3 Brasseur 1864.
4 兰达的传记材料，见 Pagden 1975：11–17。加林娜·叶尔绍娃已经完成了兰达的俄语传记，但尚未出版。
5 关于尤卡坦的方济各会宗教法庭，见 Clendinnen 1987。
6 与加林娜·叶尔绍娃的私人交流。
7 Brasseur 1864；1869–1870，1：37–38.
8 我是从西班牙语原文翻译的。对这一关键段落，Pagden 1975：124–126 的翻译很好；但 Tozzer 1941：169–170 的英译本不靠谱，因为它是基于西班牙语原文的法译本转译的。

9 Brasseur 1869–1870.
10 这部古抄本的现代摹本,见 Codex Madrid 1967。
11 Brunhouse 1973:130.
12 亚特兰蒂斯神话在玛雅研究中有很长的历史;其信徒之一是爱德华·H.汤普森(Edward H. Thompson),他是世纪之交奇琴伊察的拥有者和发掘者。
13 弗斯特曼的生平,见 Reichardt 1908 和 Tozzer 1907。
14 对弗斯特曼成就的概述,见 Thompson 1950:29–30。
15 Codex Dresden 1880.
16 Charnay 1887. 本书中的许多版画都是基于沙尔奈拍的照片。
17 Brunhouse 1973:136–165.
18 Rau 1979.
19 Thomas 1882.
20 莫斯莱的生平,见 Tozzer 1931 和 Graham 2002。
21 Charnay 1887:435–436.
22 Maudslay 1889–1902.
23 Goodman 1897.
24 Goodman 1905.
25 Thompson 1935.
26 Clemens 1924, 1:277.
27 H. Hill 1973:206.
28 Brunhouse 1975:5–28 概述了马勒的一生。
29 这些伟大出版物从 Maler 1901 开始,并在接下来 10 年里继续发行。
30 Pope 1975:64.
31 要了解德·罗尼,见 Kelley 1962a:7。另见 de Rosny 1876,这是玛雅铭文学的开创性著作。
32 托马斯的讣告,见 Anonymous 1911。
33 Thomas 1882.
34 Thomas 1893.
35 引自 Brinton 1890:234–235。
36 Brinton 1886.
37 Kelley 1976:4.
38 Valentini 1880.
39 Pío Pérez 1898.
40 Thompson 1950:31. 泽勒的简短传记,见 Höpfner 1949 和 Termer 1949。
41 Höpfner 1949:63(由我翻译)。
42 Schellhas 1897.
43 Kelley 1976:4.
44 Thomas 1892a, 1892b; Seler 1892, 1893.

45 Thomas 1903.
46 Tozzer 1919：445.

第五章

1 埃里克·汤普森的生平，见 Hammond 1977；I. Graham 1976；Willey 1979。自传体的 Thompson 1963a 讲述了他的考古生涯。
2 Thompson 1950.
3 Ruz Lhuillier 1976-1977：318（由我翻译）。
4 Villela n.d 有对这一主题的研究。
5 Morley 1915.
6 Thompson 1963a：5-6.
7 Kidder 1950：93-94. Brunhouse 1971 是一部全面的莫利传记。
8 Gordon 1896.
9 Brunhouse 1971：63-78 中很好地讲了这个著名的故事。
10 Thompson 1963a：30.
11 Roys and Harrison 1949：218.
12 Morley 1920.
13 Morley 1937-1938.
14 Thompson 1963b.
15 Teeple 1925 是这里面最早的。蒂普尔的研究成果，从未受到过严重质疑，其总结见 Teeple 1930。
16 Morley 1910.
17 Thompson 1929.
18 Thompson 1943b.
19 Thompson 1934，1943a.
20 Teeple 1930：70-85.
21 沃尔夫的生平梗概，见 Carroll 1956：1-33。
22 Carroll 1956：17.
23 Morley 1946.
24 Whorf 1933.
25 Teeple 1930：31.
26 Houston 1989：15.
27 Long 1935.
28 Whorf 1935.
29 Thompson 1950：311-313.
30 Thompson 1941.
31 Thompson 1950；该书后来出了两个版本，除增加了新的序言外，没有任何变化。
32 对奇琴伊察日期的分析最早呈现于 Thompson 1937。
33 Thompson 1944.
34 Thompson 1950：295.
35 A. Hill 1952.
36 Thompson 1953a.
37 Morley 1940：146-149.
38 Beyer 1937.

39 Schellhas 1936：133.
40 Schellhas 1945.

第六章

1　Knorosov 1952.
2　这一部分是基于我对克诺罗佐夫的采访，以及他以前的学生加林娜·叶尔绍娃提供的传记信息。
3　Knorosov 1955.
4　Thompson 1953b（西班牙语）。
5　Ulving 1955. 那时，乌尔温正执掌哥德堡大学汉语分部；他拥有斯拉夫语学位，能读俄文（1991年8月22日给我的信）。
6　Barthel 1958.
7　在我给 Schele and Miller 1986 写的"序言"中，这一日期错记成1956年3月。
8　Knorosov 1954.
9　Coe and Coe 1957；Knorosov 1958a.
10　我对戴维·凯利的讲述，是基于我多年来与他的相识和1989年12月12日的一段录音采访。
11　Morris 1931.
12　Knorosov 1958a.
13　Kelley 1962b.
14　克诺罗佐夫的研究完全局限于手抄本。
15　Kelley 1976.
16　Thompson 1962.
17　这些是阿兹特克的神灵。
18　科蒂·伯兰当时是大英博物馆民族志部的职员，也是写过墨西哥宗教的多产作者。他是一名政治激进分子和古怪的神秘主义者，经常成为汤普森的笑柄。我之前向埃里克讲述过我与伯兰一起去阿比艺术中心的经历，那是伦敦郊区一座废弃的教堂，以前的修女和牧师戴着新几内亚和其他异国情调的面具在那里做礼拜。
19　这可能是回应我们在1957年对克诺罗佐夫论兰达文章的评论。
20　黑石城12号石柱描绘了一个站在一群俘虏上的统治者；每个俘虏身体上都有象形字符。
21　Knorosov 1958b.
22　Thompson 1958：45.
23　Thompson 1959.
24　Thompson 1962：29.
25　Thompson 1971a：vi.

注释　371

26　Thompson 1972a.

27　Knorosov 1963.

28　Coe 1966：166–169.

29　Demarest 1976.

30　Thompson 1950：figs. 16–19.

第七章

1　克诺罗佐夫个人提供的信息。普罗斯科里亚科夫在20世纪70年代初访问了苏联,受到了克诺罗佐夫和他的同事的热情接待。

2　普罗斯科里亚科夫的详细生平,我依据的是 Marcus 1988 与 I. Graham 1990。Solomon 2002 是近期的一部详细传记。

3　黑石城不仅破败不堪,还受到乌苏马辛塔河上水坝项目带来的洪水威胁,该项目由墨西哥与危地马拉合建。

4　Satterthwaite 1947.

5　I. Graham 1990：2.

6　Proskouriakoff 1946.

7　Proskouriakoff 1950.

8　Proskouriakoff 1960.

9　Proskouriakoff 1961a.

10　Proskouriakoff 1961b 中有对这一主题的进一步研究。

11　Proskouriakoff 1961a：16.

12　Bowditch 1901：13.

13　Kelley 1976：214.

14　Spinden 1916.

15　Morley 1915：36.

16　Thompson 1950：64.

17　彼得·马修斯个人提供的信息。

18　Berlin 1959.

19　Morley 1940：148.

20　Berlin 1958.

21　Berlin 1963.

22　Berlin 1969.

23　Berlin 1977.

24　Proskouriakoff 1963,1964.

25　最新的研究认定 sahlo 是隶属国王的战争领袖,可能是附属城市或城镇的地方长官。

26　I. Graham 1975：7 描述了这一项目的缘起,但未提及古特曼基金会最初是如何参与的。系列丛书《玛雅古文字铭文资料库》(*Corpus of Maya Hieroglyphic Inscriptions*)一直由剑桥的皮博迪博物馆发行。

第八章

1　Griffin 1974：9.

2　Ruz Lhuillier l954，1973.
3　我非常感谢莱内·马基（Elayne Marquis）提供梅尔·格林·罗伯逊的传记资料。
4　Robertson 1974.
5　关于弗洛伊德·劳恩斯伯里的这一节，根据的是1989年12月3日的一段采访录音。
6　最终以Benson 1973的形式发表。
7　Lounsbury 1973.
8　关于琳达·谢勒的生平，我参考了1989年11月11日和28日的采访录音。
9　我们将会看到，这就是帕卡尔的陵墓。
10　这一信息以及随后的信息都是通过电话采访由彼得·马修斯提供的。
11　见 Berlin 1968。
12　劳恩斯伯里于1974年2月12日致"帕伦克迷"的信。虽然马基纳（makina）是这一头衔最初的读法，但在古典时代，它已变成基尼奇（kinich），"太阳眼"。
13　帕伦克地区有一块8世纪的石头嵌板，如今在恰帕斯的埃米利亚诺-萨帕塔（Emiliano Zapata）的地区博物馆。嵌板上面，查恩-巴赫鲁姆（Chan-Bahlum）的人名字符前面明显带有音补 *ka*（T25）；这表明，他的名字用的是尤卡坦语：坎-巴兰（Kan-Balam）。
14　Kelley 1976：181. 该字符内缀的一个符号表明，他的全名应读作"Hanab Pakal"。
15　Lounsbury 1974.
16　Schele and Freidel（1990：223）声称实际统治这座城市的是Zac-Kuk。
17　鲁斯的信息，是我数年来通过与同事交谈收集的。
18　Ruz Lhuillier 1981.
19　Ruz Lhuillier 1973.
20　Ruz Lhuillier 1975，1977a，1977b.
21　1989年11月28日对谢勒的采访。
22　1989年12月5日的录音采访。
23　为识别这些人物，Schele and Freidel 1990：470-471进行了持续的辩论。
24　Lounsbury 1976.
25　Lounsbury 1980.
26　Schele 1982.

27 Jones 1977.
28 Schele and Miller 1986：112，114.
29 Schele and Freidel 1990：492.
30 Trik（1963）and Jones（1988）. 这位伟大统治者的名字最初被误读为 Aj Kakaw（"巧克力国王"）!
31 Thompson 1950：161-162.
32 Schele 1978 是该笔记系列的第一篇。对玛雅铭文的研究者来说，该文是不可或缺的。
33 Morley 1940：148.

第九章

1 Thompson 1962：14-18 介绍了他对陶器文字的看法。
2 Coe and Diehl 1980.
3 Meyer 1977.
4 Coe 1973.
5 Tedlock 1985 与 Christensen 2003 是最新英译本，既具可读性又权威。
6 Thompson 1970b.
7 Taube 1989. 该论文还对我把神 N 的名字读作帕瓦赫吞的做法予以确认。
8 Coe 1973.
9 贾斯汀·科尔在 Coe 1978：138-139 中描述了他的连续滚轴式相机。
10 Coe 1978.
11 Coe 1982.
12 Hanson et al. 1991.
13 Coe 1976b.
14 随后发表于 von Winning 1963：fig. 333。
15 Coe 1974.
16 该样本由新泽西州的 Teledyne Isotopes 公司处理，该公司是一家备受推崇的商业实验室。
17 Thompson 1976.
18 Carlson 1990：99.
19 Taube and Bade 1991.
20 Hellmuth 1987 描述了这样一些复杂的超自然世界，主要基于古典期玛雅陶器图像。

第十章

1 Pope 1975：68.
2 我对戴维·斯图尔特的了解来自 1989 年 12 月 10 日一段录音采访。
3 Stuart and Stuart 1977.

4　D. Stuart 1979.
5　Justeson and Campbell 1984.
6　Campbell 1984：11.
7　对原始乔兰语的研究，见 Kaufman and Norman 1984。
8　Fox and Justeson 1984.
9　Houston 1984.
10　D. Stuart 1984.
11　关于该洞穴及其探索，以及它的图像和文字，见 G. Stuart，1981 和 Stone 1995：99–154。
12　Stone 1995：241.
13　D. Stuart 1985a.
14　Thompson 1943a，1944.
15　Schele 1991：71–72. 然而 -ix 词尾没有得到更多支持者。
16　D. Stuart 1987.
17　Seler 1902–1923，1：377.
18　1989 年 12 月 3 日对劳恩斯伯里的录音采访。
19　Pendergast 1979.
20　Mathews 1979.
21　Houston and Taube 1987 对此进行了描述。
22　芭芭拉·麦克劳德教授尤卡坦玛雅语，并对尤卡坦语和乔兰语的动词形态进行了研究。
23　Houston，Stuart，and Taube 1989.
24　MacLeod and Stross 1990.
25　D. Stuart 1988.
26　玉米粥也出现在陶器上，表现为一个字符组合，读作 *sac ha*，"白水"，这也是现代它在尤卡坦的名称之一。
27　MacLeod 1990.
28　Alsop 1982.
29　Alsop 1982：181.
30　Coe 1976b.
31　D. Stuart 1989：156–157.
32　D. Stuart n.d.
33　Houston n.d 对该项目的早期铭文学研究进行了描述。
34　Fash 1991 是对科潘项目的流行但权威的叙述。
35　Schele and Freidel 1990：311.
36　Fash 1991：142.
37　Schele and Freidel 1990：317–319.
38　Schele and Stuart 1985. 起初，该词被误读作 *te tun*（"树石"）。
39　D. Stuart 1986a.
40　D. Stuart 1986b.
41　见 Schele 1991：42，56。

42 Schele 1991：50-53. 相当完整的徽章字符清单，见 Mathews 1985：25-26。
43 D. Stuart 1985.
44 Houston and Stuart n.d.
45 Webster 1989.
46 Fash 1991：136-137.
47 Fash 1991：106-111.
48 Schele 1985.
49 Furst 1968.
50 Vogt 1971：33-34.
51 Houston and Stuart 1989.
52 Houston and Stuart 1989：13.

第十一章

1 Pope 1975：11.
2 Stephens 1841（2）：457.
3 Pope 1975：136-145.
4 琳达·谢勒和彼得·马修斯在得克萨斯的年度会议上经常这样做。
5 Thompson 1972 很好地描述了这些历书和金星运行表的结构，但对该文字的性质，汤普森的看法是错误的。
6 Cecil Brown 1991 认为玛雅人的识字率很低。他的这一观点是基于这样一个事实：玛雅语族中，有一个基本的代表"写"的词使用得很广泛，但许多代表"读"的词却多种多样，而且很可能是在后征服期出现的。我得出了不同的结论。
7 见 Gelb 1950：236-247 题为"The future of writing"的章节。
8 Goody 1977：82-83.
9 Schele and Miller 1986.
10 Paz 1987.
11 Chase and Chase 1987；尼古拉·格鲁贝已是卡拉科尔项目的铭文学家。
12 Grube 1998.

术语表

编制这份清单时，我受益于德范克的《可见的语言》(*Visible Speech*)、凯利的《破译玛雅文字》和波普的《破译的故事》中包含的术语表。

缀符（affix）：玛雅文字中，一个较小的、通常是扁平的符号，附于主符上。

字母表（alphabet）：狭义上，大约指一种拼音书写体系，其中一些符号代表一种语言的辅音，另一些代表元音。广义上，它还包括辅音字母表，像阿拉伯语和希伯来语的字母表。

以前日期标示符（Anterior Date Indicator，简称 ADI）：玛雅长计历中的一个字符，表明后接的日期是以前的时间。

巴克吞（bak'tun）：玛雅长计历中的一个时期，表示 20 卡吞，即 144 000 天（394½ 年）。

双语文献（bilingual text）：用两种语言和/或两种不同文字书写的文献，内容相同或非常相似。

历轮（Calendar Round）：基于 260 天历法和 365 天"模糊年"（Vague year）的排列组合而形成的玛雅循环。其长度略少于 52 年。

王名框（cartouche）：古埃及圣书体文字中圈住帝王名字的一条椭圆形线条，有时呈绳状。

字（character）：汉学家用来描述中国文字中单个语素符号或复合符号的术语。大致相当于玛雅铭文学中的字符。

楔形文字（cuneiform）：古代近东的"钉子状"文字，通常用尖笔写在潮湿的泥板上。大多数楔形文字都是语素拼音文字，用于记录苏美尔语、阿卡德语等语言。

破译（decipherment）：阅读和翻译以前未知文字的符号和文字的过程。

世俗体（demotic）：古埃及圣书体文字的晚期书法变体，日常使用，一般写在莎草纸卷上。

定符（determinative）：语素拼音文字中一种不发音的符号，只传达意义，表示所指事物属于哪一种类别。例如在中文中，所有与"木"有关的字都取"木"的定符。

方言（dialect）：可以相互理解的不同口语；与相互不能理解的语言相反。

距数（Distance Number）：一个长计历数字，标示玛雅纪念碑上两个日期之间的时间间隔。

徽章字符（Emblem Glyph）：玛雅铭文中的一个复合字符，表示一位统治者或其他重要人物与某个城市或政体相关。

铭文学（epigraphy）：对古代书写系统和文献的研究。

声门闭塞音（glottal stop）：口语中，由声门或声带的关闭和打开而发出的辅音。

字符（glyph）：语素拼音文字的缩略语。在玛雅铭文学中，它表示一个语素符号、一个表音符号或一个复合符号。

语法（grammar）：对口语之结构的研究。

头型变体（head variant）：初始序列文本中，代替条点式数字的玛雅字符；其形式是主宰这一数字的神灵的头像。

僧侣体（hieratic）：古埃及圣书体文字的改写体，主要用于在莎草纸卷上书写。它不像世俗体那样具有书法性质。

圣书体文字（hieroglyphic）：原意为"神圣的雕刻"，现在一般等同于语素拼音文字。

同音异义词（homonym）：一个词与另一个词发音相同，但意义不同。

形意符号/形意字符（ideogram，ideograph）：一个过时的术语，曾表示据称只传达意义的符号；其使用较宽泛，曾用来指代"logogram"和"semasiogram"。

内缀（infix）：玛雅文字中一个类似于缀符的符号，可以出现在主符内部。

初始序列（Initial Series）：玛雅纪念碑上出现的第一个长计历日期；前面总是有一个引介性字符。

卡吞（k'atun）：玛雅长计历中的一个时期，表示20吞，也就是7200天（略少于20年）。

金（kin）：玛雅长计历中的一个时期，表示一天。

楣梁（lintel）：一块扁平的石头或木头，横跨在门口。

语素符号/语素字符（logogram，logograph）：代表一个语素或一整个词（很少见）的书面符号。

语素拼音文字（logophonetic script）：一种混合的文字系统，由语素符号和表音符号，或意符与音符的复合体组成。有些语素文字将定符作为意符。等同于圣书体文字。

语素—音节文字（logosyllabic script）：语素拼音文字的一个子集。玛雅人和日本人的文字都是语素—音节文字，即由语素符号和音节符号组成。

主符（main sign）：玛雅文字中，缀符附着的较大符号；它也可以独立存在。缀符和主符在功能上不一定有差异。

语素（morpheme）：最小的有意义的语音单位。例如，英文单词 *cheerful* 由语素 *cheer* 和 *ful* 组成。

词法学（morphology）：对语素如何在语言中形成词语的研究。

名签（name-tag）：用于标记物体的玛雅字符；这些物体可能是各种各样的陶器、个人穿戴的物件、纪念碑或建筑。

表音符号/音符（phonetic sign）：文字中表示语音的符号，与只表达意义的意符相反。

音补（phonetic complement）：也叫语音标示。语素拼音文字中，标示语素或词的首音或尾音的表音符号；当某个语素符号是多音词，音补就起到减少歧义的作用。

图画符号/图画文字（pictogram，pictograph）：描绘现实世界中某个物体或事物的符号。

同形异音（polyphony，polyphonic）：多值性的一种形式，即某个符号被赋予一个以上的音值，例如在书面英语中，字母组合 gh 是高度多音性的。

同形异义（polysemy）：多值性的一种形式，即某个符号被赋予一个以上的意义。

多值性（polyvalence）：一个书面符号配有一个以上的值。

以后日期标示符（Posterior Date Indicator，简称 PDI）：一个玛雅字符，表明后接的日期是以后的时间。

初级标准序列（Primary Standard Sequence，简称 PSS）：一段程式化的奉献文字，通常出现在玛雅彩绘陶器和雕刻陶器的下方边缘；文字中包含各类容器的名签，并标明容器盛装的东西。

奇普（quipu）：一组相连的、有不同颜色的打结绳索，印加帝国官员用它来记录。

释读（reading）：铭文学中，仅限于确定迄今未知之文字的符号或文本的口语对应物。

画谜同音假借（rebus）：即"字谜书写"原理，对于难以用图画来表现的语素或词，假借一个同音异义词的图符来表示。

意符（semantic sign）：文字中与意义有关的符号。

句意文字/句意符号（semasiography，semasiographic）：直接表达思想的视觉交流，不与特定语言相联系。以前称为形意文字。例如：现代世界的"阿拉伯"数字。

符号（sign）：文字系统研究中的一种视觉交流单位。对于玛雅学者来说，它与字符同义。

符号表（signary）：一个文字系统中符号的总数。

石柱（stela）：一块独立式石刻纪念碑，通常是板状的。

增补序列（Supplementary Series）：玛雅文字中，初始序列后面的一系列字符，涵括于历轮日期之间。包含表示当前夜神与月亮相关数据的字符。

音节文字（syllabic script）：一种书写系统，其中符号代表整个音节。在大多数音节文字中，符号表示"辅音+元音"音节，以及元音。也可归于语素拼音文字，如玛雅文字、赫梯文字、日文。全部音节符号的清单构成一个音节表。

音节（syllable）：一个语音或一组声音，以单一的发音方式发出，构成一个词或一个词的元素。其构成为一个单元音，或一个元音加一个或多个辅音。

元音和谐（synharmony）：玛雅人书写音节的一个原理，即在一对"辅音+元音"型表音符号中，后一个元音要与前一个元音相呼应，即使它不发音。

句法（syntax）：语言中连词成句的方式。

地名（toponym）：标示一个地方的名称、地理特征或城市中重要地点的玛雅字符。

翻译（translation）：铭文学中，一种被置入另一种语言文字（如英语）的释读。

吞（tun）：玛雅长计历中的一个时期，表示360天。

卓尔金历（tzolk'in）：由尤卡坦玛雅语而来的一个现代术语，一些铭文学家用它来指称260天的历法。

水类字符（water group）：玛雅文字中，伴随徽章字符主符的缀符，汤普森认为它指的是水，但现在知道它的意思是"神圣的"。

维纳尔（winal）：玛雅长计历中的一个时期，表示20天。

术语表　381

图片来源

正文附图

图 1-1　Jean Blackburn.

图 1-2　F. Guaman Poma de Ayala, *Nueva Corónica y Buen Gobierno* (Paris: Institut d'Ethnologie, 1936), p. 360.

图 1-3　M.D. Coe.

图 1-4　H.A. Gleason, Jr., *An Introduction to Descriptive Linguistics* (New York: Henry Holt, 1955), p. 307; 获得许可。

图 1-5　Vivian Wu.

图 1-6　S. Elisseef, E.O. Reischauer, and T. Yoshihashi, *Elementary Japanese for College Students*, Pt. I (Cambridge: Harvard University Press, 1950), p. 149; 获得许可。

图 1-7—图 1-10　Jean Blackburn.

图 1-11　J. Chadwick, *Linear B and Related Scripts* (Berkeley: University of California Press/British Museum Publications, 1987), fig. 23; 获得许可。

图 2-1　Jean Blackburn.

图 2-2　Anita Holland-Moritz.

图 2-3　Jean Blackburn and Annick Petersen.

图 2-4　Jean Zallinger.

图 3-1　A. del Río 1822.

图 3-2　M.D. Coe.

图 3-3　J.L. Stephens 1841, 2: 454.

图 4-1　John Montgomery.

图 4-2　M.D. Coe.

图 4-3　Tozzer 1941（Cambridge: Peabody Museum, Harvard University）, p. 170; 获得许可。

图 4-4　John Montgomery.

图 4-5　D. Charnay, *Les anciensvilles du Nouveau Monde*（Paris, 1885）, p. 427.

图 4-6　John Montgomery.

图 4-7　Anita Holland-Moritz.

图 4-8　After Brinton 1886: 9.

图 5-1—图 5-3　John Montgomery.

图 5-4　Carroll 1956（Cambridge: Massachusetts Institute of Technology）, fig. 6; 获得许可。

图 5-5—图 5-6　M.D. Coe.

图 5-7　Beyer 1937（Washington: Carnegie Institute of Washington）, p. 38; 获得许可。

图 6-1　M.D. Coe.

图 6-2—图 7-1　John Montgomery.

图 7-2　M.D. Coe.

图 7-3—图 7-5　John Montgomery.

图 7-6　Proskouriakoff 1963, fig. 1.

图 8-1　M.D. Coe.

图 8-2—图 8-6　John Montgomery.

图 9-1—图 9-3　Diana Griffiths Peck.

图 10-1　M.D. Coe.

图 10-2　Houston 1989（London: British Museum Publications）, p. 38; 获

图片来源　383

得许可。

图 10-3　M.D. Coe.

图 10-4　D. Stuart 1987（Washington: Center for Maya Research），fig. 39a；获得许可。

图 10-5　M.D. Coe.

图 10-6　上：Thompson 1971a（Norman，University of Oklahoma Press），figs. 30，42，45，37；获得许可。中、左下：D. Stuart 1987，figs. 28，34a；获得许可。右下：M.D. Coe。

图 10-7　上：Mathews 1979（Toronto: Royal Ontario Museum），p. 79；获得许可。下：L. Satterthwaite，"Note on Hieroglyphs on Bone from the Tomb below Temple I, Tikal"，*Expedition* 6.1: 18-19；获得许可。

图 10-8　Houston, Stuart, and Taube 1989, fig. 2（有改动）；获得许可。

图 10-9　左：D. Stuart 1988, fig. 2；获得许可。右：M.D. Coe。

图 10-10　M.D. Coe.

图 10-11　D. Stuart n.d., fig. 18c；获得许可。

图 10-12　左：Schele and Stuart 1985: 7；获得许可。右：M.D. Coe。

图 10-13　John Montgomery

图 10-14　Houston and Stuart 1989（Washington: Center for Maya Research），fig. 3；获得许可。

图 11-1—图 11-2　M.D. Coe.

图 11-3　John Montgomery.

图 11-4　Culbert 1993, fig. 84. pp. 278-281 Mark Van Stone.

文前插图

1　Godwin 1979（London: Thames & Hudson），p. 4.

2　Pope 1975（London: Thames & Hudson），ill. 33. Painting by Léon Cogniet. Archives Photographiques, Paris.

3 Pope 1975（London：Thames & Hudson），ill. 109. 由 Mrs L. Ventris 慷慨提供。

4 Trustees of the British Museum.

5 由 Peabody Museum，Harvard University 慷慨提供。

6，7 Nicholas Hellmuth；获得许可。

8 J. Winsor, *Aboriginal America*（Boston：Houghton Mifflin，1889），p. 186.

9 WJ. Youmans, *Pioneers of Science in America*（New York：D. Appleton，1896），p. 183（engraving from *Analyse de la Nature*，1815）.

10 匿名作品，由 Department of Library Services, American Museum of Natural History 慷慨提供。

11，12 Stephens 1841，2：facing p. 158.

13 J. Winsor, *Aboriginal America*（Boston：Houghton Mifflin，1889），p. 170.

14 *Globus* 90：341.

15 Förstemann 1880，p. 49.

16 A.P. Maudslay and A.C. Maudslay, *A Glimpse at Guatemala*（London，1899）. Photograph by H.N. Sweet，1889.

17 *Atlantis* 22：365（Freiburg, Germany）.

18 J. Winsor, *Aboriginal America*（Boston：Houghton Mifflin，1889），p. 202.

19 W. Lehmann（ed.），*Festschrift Eduard Seler*（Stuttgart：Verlag von Strecker und Schroder，1922），卷首插画：Erich Heerman。

20 由 Smithsonian Institution，National Anthropologicai Archives，Bureau of American Ethnology Collection 慷慨提供。

21 Brunhouse 1971（Norman：University of Oklahoma Press），after p. 214；获得许可。

22 由 Peabody Museum, Harvard University 慷慨提供。Photograph by Carnegie Institution of Washington. 获得许可。

23 Carroll 1956（Cambridge: Massachusetts Institute of Technology），卷首图片；获得许可。

24 Courtesy Y.V. Knorosov.

25 由 George Stuart and the National Geographic Society 慷慨提供；Photograph by Otis Imboden。

26 由 D.H. Kelley 慷慨提供。

27 T. Proskouriakoff, *An Album of Maya Architecture*（重印 Norman: University of Oklahoma Press, 1963）；获得许可。

28 由 University Museum, Philadelphia 慷慨提供。

29 由 Peabody Museum, Harvard University 慷慨提供。Photograph by Carnegie Institution of Washington. 获得许可。

30 由 Peabody Museum, Harvard University 慷慨提供。Photograph by Carnegie Institution of Washington. 获得许可。

31 T. Proskouriakoff, *An Album of Maya Architecture*（重印 Norman: University of Oklahoma Press, 1963）；获得许可。

32 Photograph by A. Ruz L.

33 由 M.G. Robertson 慷慨提供。

34 由 George Stuart and the National Geographic Society 慷慨提供。

35 Photograph by M.D. Coe.

36, 37 由 Justin Kerr 慷慨提供。

38 由 George Stuart and the National Geographic Society 慷慨提供。

39 由 George Stuart and the National Geographic Society 慷慨提供。Photograph by Ann Hawthorne。

40 由 George Stuart and the National Geographic Society 慷慨提供。

41 Photograph by M.D. Coe.

42 Förstemann 1880, pi. 74.
43 由 W.L. Fash 慷慨提供,来自 Fash, *Scribes, Warriors and Kings*（London and New York, Thames & Hudson, 1991）, p. 121。

延伸阅读

对希望深研一般文字系统主题的人，我强烈推荐杰弗里·桑普森的《文字系统》和德范克的《可见的语言》。关于旧大陆文字的破译，最完整、可读性强的著作是波普的《破译的故事》和安德鲁·罗宾逊的《文字的故事》(*The Story of Writing*)；感兴趣的读者还可以参考大英博物馆丛书《阅读往昔》(*Reading the Past*)。对玛雅文明的一般介绍，可参考迈克尔·科的《玛雅》(2011年第8版)、罗伯特·沙雷尔与洛亚·特拉克斯勒（Loa Traxler）合著的《古代玛雅》(*The Ancient Maya*)、西蒙·马丁与尼古拉·格鲁贝合著的《玛雅国王与王后编年史》(*Chronicle of the Maya Kings and Queens*)，以及史蒂夫·休斯顿与猪俣健（Takeshi Inomata）合著的《古典玛雅》(*The Classic Maya*)。玛雅发现史在罗伯特·布鲁恩豪斯（Robert Brunhouse）所著的《西尔韦纳斯·莫利与古代玛雅世界》(*Sylvanus G. Morley and the World of the Ancient Maya*)、《探寻玛雅》(*In Search of the Maya*)和《追寻古代玛雅》(*Pursuit of the Ancient Maya*)中得到了很好介绍。琳达·谢勒与戴维·弗赖德尔合著的《国王的森林》(*A Forest of Kings*)、安德里亚·斯通与马克·赞德合著的《阅读玛雅艺术：古代玛雅绘画和雕塑古文字指南》(*Reading Maya Art: A Hieroglyphic Guide to Ancient Maya Painting and Sculpture*)基于艺术和铭文对玛雅文化进行了全面论述。希望进一步了解玛雅文字的人，建议参阅迈克尔·科与马克·范斯通合著的《释读玛雅文字》。对于讲西班牙语的人，建议参阅哈里·凯图宁（Harri Kettunen）与克里斯托夫·赫姆基（Christophe Helmke）合著的《玛雅古文字》(*Escritura Jeroglífica Maya*)。汤普森的《玛雅象形文字导论》虽有严重缺陷，但仍然很重要，另外，凡从事玛雅文字研究的人，一定要备一本汤普森的《玛雅象形文字目录》，即字符的基本目录。研究玛雅文字最重要的丛书是华盛顿特区玛雅研究中心（Center for Maya Research）发行的《古代玛雅文字研究报告》(*Research Reports on Ancient Maya Writing*)。玛雅彩陶及其文字在迈克尔·科的《玛雅书吏及其世界》和《下界之主：古典玛雅陶器杰作》(*Lords of the Underworld: Masterpieces of Classic Maya Ceramics*)，以及贾斯汀·科尔（编辑）的《玛雅陶器书》(*The Maya Vase Book 1-5*，纽约，1989—1997) 中都有介绍；此类文字的更大规模的档案，还请查看 http://research.mayavase.com。查看 http://digital.slub-dresden.de/id280742827，可找到《德累斯顿古抄本》异常精确的数字扫描本。

Alsop, Joseph 1982 *The Rare Art Traditions*. New York: Harper and Row.

Anonymous 1911 Cyrus Thomas. *American Anthropologist* n.s. 12: 337–393.

Ascher, Marcia, and Robert Ascher 1981 *Code of the Quipu*. Ann Arbor: University of Michigan Press.

Barthel, Thomas 1958 Die gegenwärtige Situation in der Erforschung der Mayaschrift. *Proceedings of the 32nd International Congress of Americanists*, 1956: 476–484. Copenhagen.

Basso, Keith, and Ned Anderson 1973 A Western Apache writing system: the symbols of Silas John. *Science* 180: 1013–1022.

Bell, Ellen E., Marcello A. Canuto, and Robert J. Sharer 2004 *Understanding Early Classic Copán*. Philadelphia: University of Pennsylvania Museum of Archaeology and Anthropology.

Benson, Elizabeth P. (ed.) 1973 *Mesoamerican Writing Systems*. Washington: Dumbarton Oaks Research Library and Collections.

Berlin, Heinrich 1958 El glifo "emblema" en las inscripciones mayas. *Journal* de la Société des Américanistes n.s. 47: 111-119.

——1959 Glifos nominales en el sarcófago de Palenque. *Humanidades* 2（10）: 1-8.

——1963 The Palenque Triad. *Journal de la Société des Américanistes* n.s. 52: 91-99.

——1968 The Tablet of the 96 Glyphs at Palenque, Chiapas, Mexico. *Middle American Research Institute*, Tulane University, *Publ.* 26: 134-149.

Berlin, Heinrich 1969 Review of *The Maya* by Michael D. Coe. *American Antiquity* 34（2）: 194.

——1977 *Signos y significados en las inscripciones mayas*. Guatemala City: Instituto de Antropología e Historia.

Beyer, Hermann 1937 Studies on the inscriptions of Chichén Itzá. *Carnegie Institution of Washington*, *Publ.* 483, Contrib.21.

Bowditch, Charles P. 1901 Notes on the report of Teobert Maler（in Maler 1901）.

Brasseur de Bourbourg, Charles Étienne 1864 *Relation des choses de Yucatán de Diego de Landa*. Paris.

——1869-1870 *Manuscrit Troano. Études sur le système graphique et la langue des Mayas*. 2 vols. Paris.

Bricker, Victoria 1986 *A Grammar of Mayan Hieroglyphs*. New Orleans: Middle American Research Institute.

Brinton, Daniel G. 1886 *On the Ikonomatic Method of Phonetic Writing with Special Reference to American Archaeology*. Philadelphia.

——1890 *Essays of an Americanist*, Philadelphia: David McKay.

Brown, Cecil H. 1991 Hieroglyphic literacy in ancient Mayaland: inferences from linguistic data. *Current Anthropology* 32（4）: 489-496.

Brunhouse, Robert L. 1971 *Sylvanus G. Morley and the World of the Ancient*

Maya. Norman: University of Oklahoma Press.

——1973 *In Search of the Maya. The First Archaeologists*. Albuquerque: University of New Mexico Press.

——1975 *Pursuit of the Ancient Maya. Some Archaeologists of Yesterday*. Albuquerque: University of New Mexico Press.

Cabello Carro, Paz 1983 Palenque: primeras excavaciones sistemáticas. *Revista de Arqueología* 5(38): 28-42.

Campbell, Lyle 1984 The implications of Mayan historical linguistics for glyphic research. In *Phoneticism in Mayan Hieroglyphic Writing*, ed. J.S. Justeson and L. Campbell, 1-16. Albany: Institute for Mesoamerican Studies.

Carlson, John B. 1990 America's ancient skywatchers. *National Geographic* 177(3): 76-107.

Carroll, John B. 1956 Introduction. In *Language, Thought, and Reality. Selected Writings of Benjamin Lee Whorf*, ed. J.B. Carroll, 1-33. Cambridge: Technology Press and New York: John Wiley & Sons.

Chadwick, John 1958 *The Decipherment of Linear B*. Cambridge: Cambridge University Press.

Charnay, Desiré 1887 *Ancient Cities in the New World*. London.

Christenson, Allen J. 2003 *Popol Vuh. The Sacred Book of the Maya*. New York: O Books (2nd edition 2007. Norman: University of Oklahoma Press) .

Clemens, Samuel L. 1924 *Mark Twain's Autobiography*. 2 vols. New York and London: Harper and Bros.

Clendinnen, Inga 1987 *Ambivalent Conquests: Maya and Spaniard in Yucatán, 1517-1570*. Cambridge: Cambridge University Press (2nd edition 2003. Cambridge and New York: Cambridge University Press) .

Cline, Howard F. 1947 The apocryphal early career of J.F. Waldeck, pioneer Americanist. *Acta Americana* 5: 278-300.

Codex Dresden 1880 *Die Maya-Handschrift der Königlichen Bibliothek zu Dresden*; herausgegeben von Prof. Dr. E. Förstemann. Leipzig.

Codex Madrid 1967 *Codex Tro-Cortesianus* (*Codex Madrid*). Introduction and summary by F. Anders. Graz: Akademische Druk-u. Verlagsanstalt.

Coe, Michael D. 1963 Una referencia antigua al códice de Dresden. *Estudios de Cultura Maya* 3: 37-40.

——1966 *The Maya*. London: Thames & Hudson (8th edition 2011. London & New York: Thames & Hudson).

——1968 *America's First Civilization*. New York: American Heritage.

——1973 *The Maya Scribe and His World*. New York: The Grolier Club.

——1976a Early steps in the evolution of Maya writing. In *Origins of Religious Art and Iconography in Preclassic Mesoamerica*, ed. H.B. Nicholson, 107-122. Los Angeles: UCLA Latin American Center.

——1976b Supernatural patrons of Maya scribes and artists. In *Social Process in Maya Prehistory: Essays in Honour of Sir Eric Thompson*, ed. N. Hammond, 327-396. London, New York, and San Francisco: Academic Press.

——1978 *Lords of the Underworld: Masterpieces of Classic Maya Ceramics*. Princeton: Princeton University Press.

——1988 Ideology of the Maya tomb. In *Maya Iconography*, ed. E.P. Benson and G.G. Griffin, 222-235. Princeton: Princeton University Press.

——1989a The Hero Twins: myth and image. In *The Maya Vase Book*, *Volume 1*, ed. J. Kerr, 161-184. New York: Justin Kerr.

——1989b The Royal Fifth: earliest notices of Maya writing. *Research Reports on Ancient Maya Writing* 28. Washington.

Coe, Michael D., and Richard A. Diehl 1980 *In the Land of the Olmec*. 2 vols. Austin: University of Texas Press.

Coe, Michael D., and Mark Van Stone 2001 *Reading the Maya Glyphs*. London and New York: Thames & Hudson (2nd edition 2005. London and New York: Thames & Hudson) .

Coe, Sophie D., and Michael D. Coe 1957 Review of *Diego de Landa: Soobshchenie o delakh v Iukatani*, 1566 by Y.V. Knorosov. *American Antiquity* 23 (2): 207-208.

Culbert, T. Patrick 1993 The Ceramics of Tikal: Vessels from the Burials, Caches, and Problematic Deposits. *Tikal Report* 25, Pt. A. Philadelphia: University Museum.

DeFrancis, John 1989 *Visible Speech*. Honolulu: University of Hawaii Press.

Del Río, Antonio 1822 *Description of the Ruins of an Ancient City*. London: Henry Berthoud.

Demarest, Arthur 1976 A critical analysis of Yuri Knorosov's decipherment of the Maya hieroglyphics. *Middle American Research Institute, Studies in Middle American Anthropology* 22: 63-73.

Diehl, Richard A. 1983 *Tula. The Toltec Capital of Ancient Mexico*. London and New York: Thames & Hudson.

Diringer, David 1962 *Writing*. London: Thames & Hudson; New York: Praeger.

Earle, Duncan, and Dean Snow 1985 The origin of the 260-day calendar: the gestation hypothesis reconsidered in light of its use among the Quiché-Maya. In *Fifth Palenque Round Table*, ed. V. Fields, 241-244. San Francisco: Pre-Columbian Art Research Institute.

Escalante Arce, Pedro Antonio 1989 *Brasseur de Bourbourg. Esbozo biográfico*. San Salvador (El Salvador) .

Fash, William L. 1991 *Scribes, Warriors and Kings: The City of Copán and the Ancient Maya*. London and New York: Thames & Hudson (revised edition 2001. London and New York: Thames & Hudson) .

Finamore, Daniel, and Stephen D. Houston 2010 *Fiery Pool: The Maya and the Mythic Sea* (published in association with the Peabody Essex Museum, Salem, Massachusetts) . New Haven: Yale University Press.

Fox, James A., and John S. Justeson 1984 Polyvalence in Mayan hieroglyphic writing. In *Phoneticism in Mayan Hieroglyphic Writing*, ed. J.S. Justeson and L. Campbell, 17–76. Albany: Institute for Mesoamerican Studies.

Fox, John W. 1987 *Maya Postclassic State Formation*. Cambridge: Cambridge University Press.

Furst, Peter T. 1968 The Olmec were-jaguar motif in the light of ethnographic reality. In *Dumbarton Oaks Conference on the Olmec*, ed. E.P. Benson, 143–174. Washington: Dumbarton Oaks Research Library and Collections.

Gardiner, Sir Alan 1957 *Egyptian Grammar*. 3rd edition. Oxford: Griffith Institute.

Gelb, Ignace J. 1952 *A Study of Writing*. Chicago: University of Chicago Press (2nd edition 1963 Chicago: University of Chicago Press) .

Godwin, Joscelyn 1979 *Athanasius Kircher*. London: Thames & Hudson.

Goodman, Joseph T. 1897 *The Archaic Maya Inscriptions*. (Appendix to Maudslay 1889—1902) .

——1905 Maya dates. *American Anthropologist* 7: 642–647.

Goody, Jack 1977 *The Domestication of the Savage Mind*. London and New York: Cambridge University Press.

Gordon, George Byron 1896 Prehistoric ruins of Copán, Honduras. *Memoirs of the Peabody Museum of Archaeology and Ethnology, Harvard University* 1 (1) .

Graham, Ian 1963 Juan Galindo, enthusiast. *Estudios de Cultura Maya* 3: 11-35.

——1975 Introduction to the Corpus. *Corpus of Maya Inscriptions* 1. Cambridge.

——1976 John Eric S. Thompson. *American Anthropologist* 78(2): 317-320.

——1990 Tatiana Proskouriakoíf, 1909-1985. *American Antiquity* 55 (1): 6-11.

——2002 *Alfred Maudslay and the Maya*. Norman: University of Oklahoma Press.

Green, M.W. 1981 The construction and implementation of the cuneiform writing system. *Visible Language* 15(4): 345-372.

Griffin, Gillett G. 1974 Early travellers to Palenque. In *Primera Mesa Redonda de Palenque*, *Part I*, ed. M.G. Robertson, 9-34. Pebble Beach, Calif.: Robert Louis Stevenson School.

Grube, Nikolai 1998 Speaking through stones: a quotative particle in Maya hieroglyphic inscriptions. *Bonn Americanist Studies* 30: 543-558.

Haggard, H. Rider 1896 *Heart of the World*. London: Longmans, Green, & Co.

Hammond, Norman 1977 Sir Eric Thompson, 1898-1975: a biographical sketch and bibliography. In *Social Process in Maya Prehistory: Essays in Honour of Sir Eric Thompson*, ed. N. Hammond, 1-17. London: Academic Press.

Hansen, Richard D., Ronald Bishop, and Federico Fahsen 1991. Notes on Maya Codex vessels from Nakbé, Petén, Guatemala. *Ancient Mesoamerica* 2, 2: 225-243.

Harrison, Peter 1970 *The Central Acropolis, Tikal, Quatemala: A Preliminary Study of the Functions of its Structural Components during the Late Classic*

Period. Ph.D. dissertation, University of Pennsylvania. Philadelphia.

──1999 *The Lords of Tikal. Rulers of an Ancient Maya City*. London and New York: Thames & Hudson.

Hartleben, H. 1906 *Champollion: sein Leben und sein Werk*. 2 vols. Berlin.

Hawkins, David 1986 Writing in Anatolia: imported and indigenous systems. *World Archaeology* 17: 363-376.

Hellmuth, Nicholas 1987 *Monster und Menschen in der Maya-Kunst*. Graz: Akademische Druck-u. Verlagsanstalt.

Hill, Archibald A. 1952 Review of *Maya Hieroglyphic Writing: Introduction* by J. Eric S. Thompson, *International Journal of American Linguistics* 18 (3): 184-186.

──1967 The typology of writing systems. In *Papers in Linguistics in Honor of Leon Dostert*, ed. W.M. Austin, 92-99. The Hague: Mouton.

Hill, Hamlin L. 1973 *Mark Twain: God's Fool*. New York: Harper's.

Höpfner, Lotte 1949 De la vida de Eduard Seler. *El Mexico Antiguo* 7: 58-74.

Hopkins, Nicholas A. 1997 Decipherment and the relation between Mayan languages and Maya writing. In *The Language of Maya Hieroglyphs*, ed. Martha J. Macri and Anabel Ford, 77-88. San Francisco: The Pre-Columbian Art Research Institute.

Houston, Stephen D. 1983 An example of homophony in Maya script. *American Antiquity* 49 (4): 790-808.

──1989 *Maya Glyphs*. London: British Museum Publications; Berkeley: University of California Press.

Houston, Stephen D., Claudia Brittenham, Cassandra Mesick, Alexandre Tokovinine, and Christina Warinner. 2009 *Veiled Brightness: A History of Ancient Maya Color*. Austin: University of Texas Press.

Houston, Stephen D., and Takeshi Inomata 2009 *The Classic Maya*. Cambridge and New York: Cambridge University Press.

Houston, Stephen D., Oswaldo Chinchilla Mazariegos, and David Stuart (eds.) 2001 *The Decipherment of Ancient Maya Writing*. Norman: University of Oklahoma Press.

Houston, Stephen D., and David Stuart 1989 The way glyph: evidence for "co-essence" among the Classic Maya. *Research Reports on Ancient Maya Writing* 30. Washington.

Houston, Stephen D., David Stuart, and Karl Taube 1989 Folk classification of Classic Maya pottery. *American Anthropologist* 9 (13): 720-726.

Houston, Stephen D., and Karl A. Taube 1987 "Name-tagging" in Classic Mayan script: implications for native classifications of ceramics and jade ornaments. *Mexicon* 9 (2): 38-41.

——2000 An archaeology of the senses: perception and cultural expression in ancient Mesoamerica. *Cambridge Archaeological Journal* 10 (2): 261-294.

Humboldt, Alexander von 1810 *Vue des Cordillères, et monuments des peuples indigénes de l'Amérique*. Paris.

Jones, Christopher 1977 Inauguration dates of three Late Classic rulers of Tikal, Guatemala. *American Antiquity* 42 (1): 28-60.

Justeson, John S., and Lyle Campbell (eds.) 1984 *Phoneticism in Mayan Hieroglyphic Writing*. Albany: Institute for Mesoamerican Studies.

Kahn, David 1967 *The Codebreakers: The Story of Secret Writing*. New York: MacMillan (revised edition 1996 New York: Scribner).

Kaufman, Terence S., and William M. Norman 1984 An outline of proto-Cholan phonology, morphology, and vocabulary. In *Phoneticism in Mayan Hieroglyphic Writing*, ed. J.S. Justeson and L. Campbell, 77-166. Albany. Institute for Mesoamerican Studies.

Kelley, David H. 1962a A history of the decipherment of Maya script.

Anthropological Linguistics 4 (8): 1-48.

——1962b Fonetismo en la escritura maya. *Estudios de Cultura Maya* 2: 277-317.

——1976 *Deciphering the Maya Script*. Austin: University of Texas Press.

Kettunen, Harri, and Christophe Helmke 2010 *Escritura Jeroglífica Maya*. Madrid: Instituto Iberoamericano de Finlandia.

Kidder, Alfred V. 1950 Sylvanus Griswold Morley, 1883-1948. In *Morleyana*, ed. A.J.O. Anderson, 93-102. Santa Fe: The School of American Research and the Museum of New Mexico.

Kingsborough, Edward King, Viscount 1830-1848 *Antiquities of Mexico*. 9 vols. London: James Moynes, and Colnaghi, Son, & Co.

Knorosov, Yuri V. 1952 Drevniaia pis'mennost' Tsentral'noi Ameriki. *Sovietskaya Etnografiya* 3 (2): 100-118.

——1954 *La antigua escritura de los pueblos de America Central*. Mexico City: Biblioteca Obrera.

——1955 *Diego de Landa: Soobshchenie o delakh v Yukatani, 1566*. Moscow: Akademia Nauk SSSR.

——1958a New data on the Maya written language. *Proceedings of the 32nd International Congress of Americanists*, 1956, 467-475. Copenhagen.

——1958b The problem of the study of the Maya hieroglyphic writing. *American Antiquity* 23: 248-291.

——1963 *Pis'mennost Indeitsev Maiia*. Moscow-Leningrad: Akademia Nauk SSSR.

——1967 Selected chapters from "The Writing of the Maya Indians." Transl. Sophie D. Coe, ed. Tatiana Proskouriakoff. *Peabody Museum of Archaeology and Ethnology, Harvard University, Russian Translation Series* 4.

Kramer, Samuel N. 1963 *The Sumerians*. Chicago: University of Chicago

Press. Long, Richard C.E. 1935 Maya and Mexican writing. *Maya Research* 2(1). New Orleans.

Lounsbury, Floyd G. 1973 On the derivation and reading of the "Ben-Ich" prefix. In *Mesoamerican Writing Systems*, ed. E.P. Benson, 99–143. Washington: Dumbarton Oaks Research Library and Collections.

——1974 The inscriptions of the Sarcophagus Lid at Palenque. In *Primera Mesa Redonda de Palenque*, Part II, ed. M.G. Robertson, 5–19. Pebble Beach, Calif.: Robert Louis Stevenson School.

——1976 A rationale for the initial date of the Temple of the Cross at Palenque. In *The Art, Iconography, and Dynastic History of Palenque, Part III: Proceedings of the Segunda Mesa Redonda de Palenque*, ed. M.G. Robertson, 211–234. Pebble Beach, Calif.: Robert Louis Stevenson School.

——1980 Some problems in the interpretation of the mythological portion of the hieroglyphic text of the Temple of the Cross at Palenque. In *Third Palenque Round Table, 1978, Part 2*, ed. M.G. Robertson, 99–115. Austin: University of Texas Press.

MacLeod, Barbara 1990 *Deciphering the Primary Standard Sequence*. Ph.D. dissertation, Department of Anthropology, University of Texas. Austin.

MacLeod, Barbara, and Brian Stross 1990 The Wing-Quincunx. *Journal of Mayan Linguistics* 7: 14–32.

Mahadevan, Iravatham 1977 *The Indus Script. Texts, Concordance and Tables*. New Delhi: Archaeological Survey of India.

Maler, Teobert 1901 Researches in the central portion of the Usumacinta Valley. *Memoirs of the Peabody Museum of Archaeology and Ethnology, Harvard University* 2(1).

Marcus, Joyce 1983 The first appearance of Zapotec writing and calendrics. In *The Cloud People*, ed. K.V. Flannery and J. Marcus, 91–96. New York and

London: Academic Press.

——1988 Tatiana Proskouriakoff(1909-1985). In *Women Anthropologists, a Biographical Dictionary*, ed. U. Gacs et al, 297-302. New York: Greenwood Press.

Martin, Simon, and Nikolai Grube 2000 *Chronicle of the Maya Kings and Queens*. London and New York: Thames & Hudson (2nd edition 2008 London and New York: Thames & Hudson).

Matheny, Ray T. 1986 Early states in the Maya lowlands during the Late Preclassic Period: Edzná and El Mirador. In *City-States of the Maya*, ed. E.P. Benson, 1-44. Denver: Rocky Mountain Institute for Pre-Columbian Studies.

Mathews, Peter 1979 The glyphs on the ear ornaments from Tomb A-1/1. In *Excavations at Altún Ha, Belize, 1964-1970, Vol. I*, ed. David Pendergast, 79-80. Toronto: Royal Ontario Museum.

——1985 *Maya Hieroglyphic Workshop*. Los Angeles: Department of Anthropology, University of Southern California.

——1990 *The Proceedings of the Maya Hieroglyphic Weekend, October 27-28, 1990*, transcribed by Phil Wanyerka. Cleveland: Cleveland State University.

Maudslay, Alfred P. 1889-1902 *Archaeology. Biologia Centrali-Americana*. 5 vols. London.

Meyer, Karl E. 1977 *The Plundered Past*. New York: Atheneum.

Morley, Sylvanus G. 1910 The correlation of Maya and Christian chronology. *American Journal of Archaeology* 14: 193-204.

——1915 *An Introduction to the Study of the Maya Hieroglyphs*. Washington: Bureau of American Ethnology.

——1920 *The Inscriptions of Copán*. Washington: Carnegie Institution of Washington(Publ. 219).

——1932-1938 *The Inscriptions of Petén*. 5 vols. Washington: Carnegie Institution of Washington (Publ. 437).

——1940 Maya epigraphy. In *The Maya and Their Neighbors*, ed. C.L. Hay et al, 139-149. New York: D. Appleton Century.

——1946 *The Ancient Maya*. Stanford: Stanford University Press.

Morris, Ann Axtell 1931 *Digging in Yucatan*. Garden City, New York: Doubleday, Doran & Co.

Norman, B.M. 1843 *Rambles in Yucatan Including a Visit to the Remarkable Ruins of Chichen, Kabah, Zayi, Uxmal*. New York: Henry G. Langley.

North, Eric M. (ed.) 1939 *The Book of a Thousand Tongues*. New York: American Bible Society (revised edition 1971 New York: American Bible Society).

Pagden, A.R. (ed. and transl.) 1975 *The Maya. Diego de Landa's Account of the Affairs of Yucatan*. Chicago: J. Philip O'Hara, Inc.

Parpola, Asko 1993 *Deciphering the Indus Script*. Cambridge and New York: Cambridge University Press.

Paz, Octavio 1987 Food of the gods. *The New York Review of Books* 34 (3): 3-7.

Pendergast, David M. 1979 *Excavations at Altún Ha, Belize, 1964-1970*, Vol. 1. Toronto: Royal Ontario Museum.

Pío Pérez, Juan 1898 *Coordinatión alfabética de las voces del idioma maya*. Mérida.

Plato 1973 *Phaedrus and the Seventh and Eighth Letters*. Transl. W. Hamilton. Harmondsworth: Penguin Books.

Pollock, H.E.D., Ralph L. Roys, Tatiana Proskouriakoff, and A. Ledyard Smith 1962 *Mayapán, Yucatán, Mexico*. Washington: Carnegie Institution of Washington.

Pope, Maurice 1975 *The Story of Decipherment*. London: Thames & Hudson (revised edition 1999 London and New York: Thames & Hudson).

Powell, Marvin A. 1981 Three problems in the history of cuneiform writing: origins, direction of script, literacy. *Visible Language* 15(4): 419-440.

Proskouriakoff, Tatiana 1946 *An Album of Maya Architecture*. Washington: Carnegie Institution of Washington.

——1950 *A Study of Classic Maya Sculpture*. Washington: Carnegie Institution of Washington (Publ. 593).

——1960 Historical implications of a pattern of dates at Piedras Negras, Guatemala. *American Antiquity* 25(4): 454-475.

——1961a Lords of the Maya realm. *Expedition* 4(1): 14-21.

——1961b Portraits of women in Maya art. In *Essays in Pre-Columbian Art and Archaeology*, ed. S.K. Lothrop et al, 81-90. Cambridge: Harvard University Press.

——1963 Historical data in the inscriptions of Yaxchilán. *Estudios de Cultura Maya* 3: 149-167.

——1964 Historical data in the inscriptions of Yaxchilán (part II). *Estudios de Cultura Maya* 4: 177-202.

Quirke, Stephen, and Carol Andrews 1989 *Rosetta Stone*. New York: Harry N. Abrams.

Rafinesque, Constantine Samuel 1832 Philology. Second letter to Mr. Champollion on the graphic systems of America, and the glyphs of Otulum, or Palenque, in Central America-elements of the glyphs. *Atlantic journal, and Friend of Knowledge* 1(2): 40-44. Philadelphia.

——1954 *Walum Olum or Red Score: The Migration Legend of the Lenni Lenape or Delaware Indians*. Indianapolis: Indiana Historical Society.

——1987 *Précis ou Abrégé des Voyages, Travaux, et Recherches de C.S.*

Rafinesque (*1836*), ed. Charles Boewe, Georges Raynaud, and Beverley Seaton. Amsterdam/ Oxford/New York: North-Holland Publishing Co.

Rau, Charles 1879 The Palenque Tablet, in the United States National Museum, Washington. *Smithsonian Institution, Contributions to Knowledge* 22(5). Washington.

Ray, John D. 1986 The emergence of writing in Egypt. *World Archaeology* 17: 307–316.

Reichardt, Alexander 1908 E.W. Förstemann. In *Biographisches Jahrbuch und Deutscher Nekrolog*, 177–180. Berlin.

Robertson, Merle Greene 1974 Preface. In *Primera Mesa Redonda de Palenque, Part I*, ed. M.G. Robertson, iii–iv. Pebble Beach, Calif.: Robert Louis Stevenson School.

de Rosny, Léon 1876 Essai sur le déchiffrement de l'écriture hiératique de l'Amérique Centrale. Paris.

Robinson, Andrew 2002 *The Man Who Deciphered Linear B: the Story of Michael Ventris*. London and New York: Thames & Hudson.

——2007 *The Story of Writing. Pictographs, Hieroglyphs and Phonograms*. London and New York: Thames & Hudson (2nd edition 2007 London and New York: Thames & Hudson).

——2009 *Lost Languages. The Enigma of the World's Undeciphered Scripts*. London and New York: Thames & Hudson.

Rodríguez Martínez, Ma. Del Carmen, Ponciano Ortíz Ceballos, Michael D. Coe, Richard A. Diehl, Stephen D. Houston, Karl A. Taube, and Alfredo Delgado Calderón. 2006 Oldest Writing in the New World. *Science* 313 (5793): 1610–1614.

Roys, Ralph L., and Margaret W. Harrison 1949 Sylvanus Griswold Morley, 1883–1948. *American Antiquity* 3: 215–219.

Ruppert, Karl, J. Eric S. Thompson, and Tatiana Proskouriakoff 1955 *Bonampak, Chiapas, Mexico*, Washington: Carnegie Institution of Washington.

Ruz Lhuillier, Alberto 1954 La pirámidetumba de Palenque. *Cuadernos Americanos* 74: 141-159.

——1973 *El Templo de las Inscripciones, Palenque*. Mexico City: Instituto Nacional de Antropología e Historia.

——1975 Hístoria y fantasía en las inscripciones mayas. Siete *Días* 101. Mexico City.

——1976-1977 Semblanza de John Eric Sidney [sic] Thompson (1898-1975). Estudios de Cultura Maya 10: 317-335.

——1977a Gerontocracy at Palenque? In *Social Process in Maya Prehistory: Essays in Honour of Sir Eric Thompson*, ed. N. Hammond, 287-295. London: Academic Press.

——1977b Lo que sabe y lo que no sabe de Palenque. *Revista del Sureste*, año 2(5): 14-17.

——1981 El modo de producción tributario en el área maya. *Estudios de Cultura Maya* 13: 37-43.

Sampson, Geoffrey 1985 *Writing Systems*. London: Hutchinson.

Satterthwaite, Linton 1947 Concepts and structures of Maya calendrical arithmetic. *University Museum and Philadelphia Anthropological Society, Joint Publications* 3. Philadelphia.

Schele, Linda 1982 *Maya Glyphs: The Verbs*. Austin: University of Texas Press.

——1991 *Notebook for the XVth Maya Hieroglyphic Workshop at Texas*. Austin: Art Department, University of Texas.

Schele, Linda, and David Freidel 1990 *A Forest of Kings*. New York: William

Murrow and Co.

Schele, Linda, and Mary E. Miller 1986 *The Blood of Kings*. Fort Worth: Kimbell Art Museum; New York: George Braziller.

Schellhas, Paul 1897 *Die Göttergestalten der Mayahandschriften*. Dresden.

——1936 Fifty years of Maya research. *Maya Research* 3 (2): 129–139.

——1945 Die Entzifferung der Mayahieroglyphen ein unlösbares Problem? *Ethnos* 10: 44–53.

Schenkel, Wolfgang 1976 The structure of hieroglyphic script. *RAIN* 15: 4–7.

Seler, Eduard 1892 Does there really exist a phonetic key to the Maya hieroglyphic writing? *Science* 20 (499): 121–122.

——1893 Is the Maya hieroglyphic writing phonetic? *Science* 21 (518): 6–10.

——1902–1923 *Gesammelte Abhandlungen zur Amerikanischen Sprach-und Alterthunskunde*. 5 vols. Berlin: Ascher & CO.

Sharer, Robert J., and Loa Traxler 2006 *The Ancient Maya*. Stanford: Stanford University Press (6th edition; first published in 1946 by Sylvanus G. Morley).

Solomon, Char 2002 *Tatiana Proskouriakoff: Interpreting the Ancient Maya*. Norman: University of Oklahoma Press.

Spinden, Herbert J. 1916 Portraiture in Central American art. In *Holmes Anniversary Volume*, ed. F.W. Hodge, 434–450. Washington: J.W. Bryant Press.

Stephens, John L. 1841 *Incidents of Travel in Central America, Chiapas, and Yucatan*. 2 vols. London: John Murray.

——1843 *Incidents of Travel in Yucatan*. 2 vols. London: John Murray.

Stone, Andrea J. 1995 *Images from the Underworld. Naj Tunich and the Tradition of Maya Cave Painting*. Austin: University of Texas Press.

Stone, Andrea, and Marc Zender 2011 *Reading Maya Art: A Hieroglyphic*

Guide to Ancient Maya Painting and Sculpture. London and New York: Thames & Hudson.

Stuart, David 1979 Some thoughts on certain occurrences of the T565 glyph element at Palenque. In *Tercera Mesa Redonda de Palenque*, Vol. IV, ed. M.G. Robertson, 167-171. Pebble Beach, Calif.: Robert Louis Stevenson School.

——1984 A note on the "hand-scattering" glyph. In *Phoneticism in Mayan Hieroglyphic Writing*, ed. J.S. Justeson and L. Campbell, 307-310. Albany: Institute for Mesoamerican Studies.

——1985a The "count of captives" epithet in Classic Maya writing. In *Fifth Palenque Round Table*, Vol. 7, ed. V. Fields, 97-101. Austin: University of Texas Press.

——1985b The Yaxhá Emblem Glyph as *Yax-ha*. *Research Reports on Ancient Maya Writing* 1. Washington.

——1986a A glyph for "stone incensario." *Copán Note* 2. Austin.

——1986b The hieroglyphic name of Altar U. *Copán Note* 4. Austin.

——1987 Ten phonetic syllables. *Research Reports on Ancient Maya Writing* 14. Washington.

——1988 The Río Azul cacao pot: epigraphic observations on the function of a Maya ceramic vessel. Antiquity 62: 153-157.

——1989 Hieroglyphs on Maya vessels. In *The Maya Vase Book*, Vol. 1, ed. J. Kerr, 149-160. New York: Justin Kerr.

——n.d. *The Maya Artist. An Epigraphic and Iconographic Study*. Senior Thesis, Princeton University.

Stuart, David, and Stephen Houston 1994. *Classic Maya Place Names*. Washington: Dumbarton Oaks.

Stuart, George E. 1981 Maya art treasures discovered in cave. *National Geographic* 160(2): 220-235.

―― 1989 The beginning of Maya hieroglyphic study: contributions of Constantine S. Rafinesque and James H. McCulloch, Jr. *Research Reports on Ancient Maya Writing* 29. Washington.

―― 1992 Quest for decipherment, a historical and biographical survey of Maya hieroglyphic investigation. In *New Theories on the Ancient Maya*, ed. E.C. Danien and R. Sharer, 1–63. Philadelphia: University Museum.

Stuart, George E., and Gene S. Stuart 1977 *The Mysterious Maya*. Washington: National Geographic Society.

Taube, Karl A. 1989 The maize tamale in Classic Maya diet, epigraphy, and art. *American Antiquity* 54 (1): 31–51.

Taube, Karl A., and Bonnie L. Bade 1991 An appearance of Xiuhtecuhtli in the Dresden Venus pages. *Research Reports on Ancient Maya Writing* 35. Washington.

Tedlock, Dennis 1985 *Popol Vuh*. New York: Simon and Schuster.

Teeple, John E. 1925 Maya inscriptions: Glyphs C, D, and E of the Supplementary Series. *American Anthropologist* 27: 108–115.

―― 1930 Maya astronomy. *Carnegie Institution of Washington*, Publ. 403 (Contrib. 2) . Washington.

Termer, Franz 1949 Eduard Seler. *El México Antiguo* 7: 29–57.

Thomas, Cyrus 1882 A study of the Manuscript Troano, *Contributions to North American Ethnology* 4: 1–237.

―― 1892a Key to the Maya hieroglyphs. *Science* 20 (494): 44–46.

―― 1892b Is the Maya hieroglyphic writing phonetic? *Science* 20 (505): 197–201.

―― 1893 Are the Maya hieroglyphics phonetic? *American Anthropologist* n.s. 6: 241–270.

―― 1903 Central American hieroglyphic writing. *Annual Report of the*

Smithsonian Institution for 1903: 705-721.

Thompson, J. Eric S. 1929 Maya chronology: Glyph G of the Lunar Series. American Anthropologist 31: 223-231.

——1934 Maya chronology: the fifteen tun glyph. *Carnegie Institution of Washington*, Publ. 436 (Contrib. 11). Washington.

——1935 Maya chronology: the correlation question. *Carnegie Institution of Washington*, Publ. 456 (Contrib. 14). Washington.

——1937 A new method of deciphering Yucatecan dates with special reference to Chichén Itzá. *Carnegie Institution of Washington*, Publ. 483 (Contrib. 22). Washington.

——1941 Dating of certain inscriptions of non-Maya origin. *Carnegie Institution of Washington, Theoretical Approaches to Problems* 1. Cambridge.

——1943a Maya epigraphy: directionalglyphs in counting. *Carnegie Institution of Washington, Notes on Middle American Archaeology and Ethnology* 20. Cambridge.

——1943b Maya epigraphy: a cycle of 819 days. *Carnegie Institution of Washington, Notes on Middle American Archaeology and Ethnology* 22. Cambridge.

——1944 The fish as a symbol for counting and further discussion of directional glyphs. *Carnegie Institution of Washington, Theoretical Approaches to Problems* 2. Cambridge.

——1950 *Maya Hieroglyphic Writing: An Introduction*. Washington: Carnegie Institution of Washington.

——1953a *Maya Hieroglyphic Writing*: a rejoinder. *International Journal of American Linguistics* 19 (2): 153-154.

——1953b Review of "La antigua escritura de los pueblos de America Central," *Etnografía Soviética*, octubre de 1952, by Y.V. Knorosov. *Yan* 2:

174-178. Mexico City.

——1958 Research in Maya hieroglyphic writing. *Pan American Union, Social Science Monographs* 5: 43-52. Washington.

——1959 Systems of hieroglyphic writing in Middle America and methods of deciphering them. *American Antiquity* 24(1): 349-364.

——1962 *A Catalog of Maya Hieroglyphs*. Norman: University of Oklahoma Press.

——1963a *Maya Archaeologist*. Norman: University of Oklahoma Press.

——1963b *Rise and Fall of Maya Civilization*. Norman: University of Oklahoma Press.

——1970a *Maya History and Religion*. Norman: University of Oklahoma Press.

——1970b The Bacabs: their portraits and glyphs. *Papers of the Peabody Museum of Archaeology and Ethnology, Harvard University*, 61: 471-485.

——1971 *Maya Hieroglyphic Writing: An Introduction*. 3rd edition. Norman: University of Oklahoma Press.

——1972a *Maya Hieroglyphs Without Tears*. London: British Museum.

——1972b *A Commentary on the Dresden Codex*. Philadelphia: American Philosophical Society.

——1976 Review of *The Maya Scribe and His World* by Michael D. Coe. *The Book Collector* 26: 64-75. London.

Tozzer, Alfred M. 1907 Ernst Förstemann. *American Anthropologist* n.s., 9: 153-159.

——1919 Joseph Thompson Goodman. *American Anthropologist* n.s., 21: 441-445.

——1931 Alfred Percival Maudslay. *American Anthropologist* n.s., 33: 403-413.

——1941 Landa's Relación de las Cosas de Yucatán. *Papers of the Peabody*

Museum of Archaeology and Ethnology, Harvard University, 18. Cambridge.

Trager, George L. 1974 Writing and writing systems. *Current Trends in Linguistics 12*: 373-496. The Hague.

Trik, Aubrey S. 1963 The splendid tomb of Temple I, Tikal, Guatemala. *Expedition* 6(1): 2-18.

Turner, B.L. 1978 Ancient agricultural land use in the Maya lowlands. In *Pre-Hispanic Maya Agriculture*, 163-183. Austin: University of Texas Press.

Tylor, Edward B. 1881 *Anthropology*. New York: D. Appleton & Co.

Ulving, Tor 1955 A new decipherment of the Maya glyphs. *Ethnos* 20: 152-158.

Valentini, Philipp J.J. 1880 "The Landa alphabet," a Spanish fabrication. *Proceedings of the American Antiquarian Society* 75: 59-91. Worcester.

Villela, Khristaan n.d. J. Eric S. Thompson's first 25 years: Argentine politics and the Maya collapse. Class paper for *Topics in Pre-Columbian Art* (Prof. Mary Miller), Yale University, 1989.

Vogt, Evon Z. 1971 The genetic model and Maya cultural development. In *Desarollo cultural de los maya*, ed. E.Z. Vogt and A. Ruz L., 9-48. Mexico City: Universidad Nacional Autónoma, Centro de Estudios Mayas.

von Hagen, Victor Wolfgang 1947 *Maya Explorer: John Lloyd Stephens and the Lost Cities of Central America and Yucatan*. Norman: University of Oklahoma Press.

Waldeck, Jean Frédéric 1838 *Voyage pittoresque et archéologique dans de Province d'Yucatan pendant les années 1834 et 1836*. Paris

Wang, William S-Y. 1981 Language structure and optimal orthography. In *Perception of Print*. ed. O.J.L. Tzeng and H. Singer, 223-236. Hillside, N.J.: Lawrence Erlbaum Associates.

Webster, David (ed.) 1989 *House of the Bacabs, Copán, Honduras*.

Washington: Dumbarton Oaks Research Library and Collections.

Webster, David 2002 *The Fall of the Ancient Maya*. London and New York: Thames & Hudson.

White, Christine D., and Henry P. Schwarcz 1989 Ancient Maya diet: as inferred from isotopic elemental analysis of human bone. *Journal of Archaeological Science* 16: 457–474.

Whorf, Benjamin L. 1933 The phonetic value of certain characters in Maya writing. *Papers of the Peabody Museum of Archaeology and Ethnology, Harvard University*, 13(2).

——1935 Maya writing and its decipherment. *Maya Research* 2(4): 367–382. New Orleans.

Willey, Gordon R. 1979 John Eric Sidney Thompson, 1898–1975. *Proceedings of the British Academy* 65: 783–798.

索 引

（斜体数字是正文附图编号；黑体数字是文前插图编号。索引页码为英文原版页码，即本书边码）

Aglio, Agostino 阿戈斯蒂诺·阿格里奥，80

Aguilar, Gerónimo de 赫罗尼莫·德·阿吉拉尔，79

Agurcia, Ricardo 里卡多·阿古尔西亚，250

Aj K'in （"He of the Sun"）阿赫·金（"太阳神"），71, 118

Åkerblad, Johan 约翰·阿克布拉德，38, 115

Almendáriz, Ricardo 里卡多·阿尔门达雷斯，74, 90, 93, 97, 111, 193; *3-1*

Alsop, Joseph 约瑟夫·艾尔索普，247

Altún Ha 阿顿哈，242; *10-7*

Alvarado, Pedro de 佩德罗·德·阿尔瓦拉多，72, 73

Anghiera, Peter Martyr d' 来自安杰拉的彼得·马蒂尔，78, 79

Anglo-Saxon 盎格鲁—撒克逊，23, 43

Apache language 阿帕切语，19

Arabic language/script 阿拉伯语/文，29, 34, 37

Aretino, Pietro 皮埃特罗·阿雷蒂诺，76

Aztec empire 阿兹特克帝国，58-59, 70, 72, 208

Aztec rebus writing 阿兹特克人的画谜书写，138; *4-8*

balam ajaw 巴兰阿豪，254

balche 巴尔切饮料，231, 244

bar-and-dot numeration 条点式计数，91, 101, 112; *3-2*, *4-6*, **9**

Bardawil, Larry 拉里·巴达维尔，196

Barthel, Thomas 托马斯·巴特尔，

412　破解玛雅密码

153, 154
Barthélemy, Abbé J.J. 巴泰勒米神父, 37, 38
Baudez, Claude 克洛德·博代, 77
Beltrán, Father Pedro 佩德罗·贝尔特兰神父, 97
Ben-Ich K'atun 本—伊奇卡吞, 177, 179, 199–200, 252; *7-5, 8-1*
Benson, Elizabeth, P. ('Betty') 伊丽莎白·本森 ("贝蒂"), 199, 210–212
Berlin, Heinrich 海因里希·贝尔林, 176–178, 201, 204, 210, 211, 252, 272; *7-3, 30*
Bernal, Ignacio 伊格纳西奥·贝尔纳尔, 208
Beyer, Hermann 赫尔曼·拜尔, 143, 159, 177; *5-7*
Bird-Jaguar 飞鸟-美洲虎, 179, 180, 214, 238; *7-4, 7-6*
Blue Cotinga 蓝伞鸟, 179
Bonampak murals 博南帕克壁画, 65, 68, 194, 266; *5*
Bowditch, Charles Pickering 查尔斯·皮克林·鲍迪奇, 115, 130, 174
Brasseur de Bourbourg, Charles Etienne 夏尔·艾蒂安·布拉瑟·德·布尔堡, 91, 99–101, 106, 107, 110, 115, 117, 120, 137, 219, 228, 258; *13*
Brinton, Daniel Garrison 丹尼尔·加里森·布林顿, 118
Brunhouse, Robert 罗伯特·布伦豪斯, 106
Bush, Alfred 艾尔弗雷德·布什, 217
Bushnell, Geoffrey 杰弗里·布什内尔, 123
Cabrera, Dr. Paul Felix 保罗·费利克斯·卡布雷拉医生, 75
Calakmul 卡拉克穆尔, 64, 224, 269
Calderón de la Barca, Mme. Fanny 范妮·卡尔德隆·德拉·巴尔卡, 76
calendar 历法, 7, 59, 60, 61–62, 63, 95, 130–135; *2-4*
Calendar Round 历轮, 61–62, 63, 101, 108, 129, 130, 133, 180, 204, 209, 236
Campbell, Lyle 莱尔·坎贝尔, 232
Caracol 卡拉科尔, 65, 68, 269
Carlson, John 约翰·卡尔森, 228

索引 413

Carroll, John 约翰·卡罗尔, 135, 158–159
Caso, Alfonso 阿方索·卡索, 208
Catherwood, Frederick 弗雷德里克·卡瑟伍德, 45, 92–98, 109, 110, 115, 193, 251; *11, 12*
Catlin, Stanton 斯坦顿·卡特林, 182
Ceibal 塞瓦尔, 64–65, 68, 115, 177; *7-3, 10-14, 7*
Cempoallan 森波阿兰, 78
cenotes(sinkholes) 石灰岩深井（天然井）, 54, 69, 126
ceramic texts 陶器文字, 217, 222, 271, 272
chacmool 查克穆尔, 70
Chahk 雨神恰克, 56, 57, 231
Chamá area, vase from 查马地区, 花瓶产地, 36
Champollion, Jean Francois 让·弗朗索瓦·商博良, 11, 15, 17, 34, 37, 39–41, 53, 90, 91, 97, 230, 259, 270; *2*
Chan Muwan 查恩·穆万, *5*
Charles III, king of Spain 卡洛斯三世, 西班牙国王, 73, 215
Charnay, Désiré 德西雷·夏内, 109–111; *4-5*
Chase, Diane and Arlen 戴安娜·蔡斯和阿伦·蔡斯, 269
chehen 彻恩, 272
Cherokee syllabary 切罗基音节表, 28, 43; *1-4*
Chi, Gaspar Antonio 加斯帕尔·安东尼奥·奇, 119
Chichén Itzá 奇琴伊察, 64, 69–70, 71, 93, 95, 97, 110, 125–126, 127, 128, 129, 140, 143, 154, 157, 159, 169, 170, 225, 230, 236, 241, 274; *5-7, 6-3;* 16; Castillo "城堡" 金字塔, 128; Temple of the Thousand Columns 千柱神庙, 157; Temple of the Warriors 武士神庙, 128; Well of Sacrifice (Sacred Cenote) 祭祀井（圣井）, 69, 126
chicleros 采胶工, 115, 127
chih-chan 奇-查恩, 256
chik'in, glyph for "west" 奇金, 表示"西"的字符, 116, 142; *5-6, 6-1*
Chilam Balam (Jaguar Prophet), Books of《契兰巴兰书》, 即《美洲虎先知书》, 70
Chinese languages 汉语, 21, 24, 30–1; writing 中文, 17–18, 21, 25, 26,

27, 29–33, 39, 43, 147, 148, 156,
158, 269; *1-5*
chocolate 巧克力, 245–246; *10-9*
Ch'ol and Ch'olan Maya 乔尔玛雅
人/语和乔兰玛雅人/语, 48,
49–50, 196, 199, 205, 213, 233,
234, 239
Chortí Maya 乔尔蒂玛雅人/语,
75, 199
chronological periods 时代分期, 59
clauses 短语, 143; *5-7*
Cleopatra 克莉奥帕特拉, 36, 39;
1-9
Cline, Howard 霍华德·克莱恩, 76
Cobá 科巴, 65, 230–231; **38**
codex-style vases 古抄本风格陶器,
224–225; *10-14*
Coe, Michael 迈克尔·科: and
H. Berlin 与贝尔林, 178–179;
and Thompson 与汤普森, 123,
155–156, 160–162
Coe, Sophie 索菲·科, 154, 155,
162
color-directions 颜色—方位, 121,
133; *4-7*
conflation of signs 符号合并, *11-1*
Cook de Leonard, Carmen 卡门·库

克·德·莱昂纳德, 152
Copán 科潘, 49, 57, 64, 74–76, 93,
94, 95, 97, 110, 114, 126, 127,
128, 131, 169–170, 174, 178,
221, 249, 250–253, 257, 261,
269, 270, 272; *7-3*, *10-12*, *10-13*,
11, **12**, **35**, **43**; Altar Q Q号祭坛,
75–76, 95, 251, 252, 253; *3-3*;
Sepulturas 塞布勒图拉斯, 253;
Stela F F号石柱, 94
Coptic 科普特语, 17, 34, 37, 39,
41, 53, 91, 97
Cortés, Hernán 埃尔南·科尔特斯,
77, 79, 225
count-of-captives glyph "计数俘虏"
字符, 237; *10-5*
Covarrubias, Miguel 米格尔·科瓦
鲁维亚斯, 60
Creator Goddess 始祖女神, 224; **42**
cuneiform script 楔形文字, 40, 41,
43, 105, 164, 206; *1-3* see also
Sumerian 另见苏美尔人/语
Cunil, Jacinto 哈辛托·库尼利, 130,
140, 176
Cypriote syllabary 塞浦路斯文字音
节表, 43
Darwin, Charles 查尔斯·达尔文,

索 引 415

24, 89

day signs 天名符, 116, 130, 199; *4-1*

Decree of Canopus《卡诺普斯敕令》, 40

Deer-Monkey 鹿-猴, 256

DeFrancis, John 德范克, 22, 31

Del Rio, Antonio 安东尼奥·德·里奥, 74-75, 90, 92, 93, 193, 215; *3-1*

Demarest, Arthur 阿瑟·德马雷斯特, 164, 250, 269

Determinant Theory 决定论, 134-135, 176

Diehl, Richard 理查德·迪尔（"迪克"）, 218

Diodorus Siculus 西西里的狄奥多罗斯, 15-16, 141

Direction-count glyphs 方向—计数字符, 134, 211, 238-239, 269; *5-3*, *10-6*

Dobzhansky, Theodosius 西奥多修斯·杜布赞斯基, 154

Dog God 狗神, 151

Dos Pilas 多斯皮拉斯, 65, 269

Dresden Codex《德累斯顿古抄本》, 79, 80, 90, 91, 95, 101, 107, 108, 112, 117, 131, 140, 148, 149, 151, 152, 157, 193, 198, 225, 226-227, 241, 263; *3-3*, *4-2*, **14**, **15**, **42**

Dupaix, Guillermo 吉耶尔莫·迪佩, 92

dynastic event glyphs 王朝事件字符, 172, 173, 179-180, 204, 206-207, 213; *7-1*

Echeverría Álvarez, Luis 路易斯·埃切维里亚·阿尔瓦雷斯, 208

Egyptian royal cartouches 古埃及文字王名框, 36, 37, 38-39, 40; *1-9*, *1-10*

Egyptian script 古埃及文字, 25, 26, 30, 31, 34, 43, 53, 147, 261, 262; decipherment of 破译, 11, 15, 34-40, 53, 105, 164, 257, 258, 259, 269; *1-7*, *1-8*, **1**, **2**

8 Ajaw 8 阿豪, see Pakal 见帕卡尔

18 Semblances of K'awiil 卡威尔的18相, 251

Ekholm, Gordon 戈登·埃克霍尔姆, 182

El Mirador 埃尔米拉多, 62

El Perú, Stela 31 埃尔皮鲁, 31号

石柱，*10-11*

Emblem Glyphs 徽章字符，177-178，180，205，222-223，226，238，243，245，248，254，256，261；*7-3*，*10-13*，30

English 英语：spoken 口语，22，23-24，50-51，53；written 书面语，18，29，43

epi-Olmec 后奥尔梅克，58

Estachería, Josef 约瑟夫·埃斯塔赫里亚，74-75

Etruscan 伊特鲁里亚人/语，29，43，44

event glyphs 事件字符，see dynastic event glyphs 见王朝事件字符

Ewing, Douglas 道格拉斯·尤因，217，227

Fash, William 威廉·法什（"比尔"），250-251，254，269

Feathered Serpent（K'uk'ulkan and Quetzalcoatl）羽蛇（库库尔坎和奎兹尔科亚特尔），70

Förstemann, Ernst 恩斯特·弗斯特曼，107，112，117，121，130，153，257；14

Fox, James 詹姆斯·福克斯，233，235，240；*10-3*

Freidel, David 戴维·弗赖德尔，270

Friedman, Col. William 威廉·弗里德曼上校，33

Furst, Peter 彼得·弗斯特，254-255

Galindo, Juan 胡安·加林多，75-76，92

Gardiner, Sir Alan 艾伦·加德纳爵士，17

Gelb, Ignace 伊格纳斯·盖尔布，25-26，29-30，36，41，138，263

God D 神 D, see Itzamnaaj 见伊察姆纳

God K 神 K, see K'awiil 见卡威尔

God L（war god）神 L（战争之神），203，221，246；42

God N 神 N, see Pawahtun 见帕瓦赫吞

gods 神灵，13，48，54，56，57，58，62，63，64，67，121，130，132-133，148-149，151，170，171，178，195，203，212，221，222，223，224，226，228，232，236，240-241，253，256，263，271；*5-2*，*9-3*，36，42，see Xibalbá 见西巴尔巴

Goetze, Johann Christian 约翰·克

索引 417

里斯蒂安·格策，79，107

Goodman, Joseph T. 约瑟夫·古德曼，112-114，122，130，132，240

Goody, Jack 杰克·古迪，263

Graham, Ian 伊恩·格雷厄姆，169，182-183

Greek script 希腊文字，25，26，28，29，35

Griffin, Gillett 吉勒特·格里芬，193，196，203，223，266

Grolier Codex《格罗利尔古抄本》，139，226-229；37

Grube, Nikolai 尼古拉·格鲁贝，241，242，244，250，254，255，271-272

Haddon, A.C. 哈登，125

Hagen, Victor von 维克托·冯·哈根，94

Haggard, H. Rider 赖德·哈格德，98

head variants 头型变体，112；4-6

Healey, Giles 贾尔斯·希利，194

Hebrew language/script 希伯来语/文，29，34，43

hel（change of office）glyph 赫尔（职位变更）字符，215；8-6

Hero Twins 英雄孪生兄弟，219，220，223-224，237

Herodotus 希罗多德，15，16，37

Hill, Archibald 阿奇博尔德·希尔，18，141-142，165，181，199

Hittite（Anatolian）Hieroglyphic 赫梯（安纳托利亚）古文字，25，34，41，43，164，233，259-260，262

Hofer, Philip 菲利普·霍弗，79

Holmul 霍尔穆尔，98

Höpfner, Lotte 洛特·赫普夫纳，120

Hopi language 霍皮语，21，135

Hopkins, Nicholas 尼古拉斯·霍普金斯，239

Horapollon 荷拉波隆，16，141

Houston, Steve 史蒂夫·休斯顿，137，234，241-242，244，250，252，254，255，256，273

Humboldt, Alexander von 亚历山大·冯·洪堡，73，79，90，91，92，95

Humboldt, Wilhelm von 威廉·冯·洪堡，40

hummingbird 蜂鸟，255，271-272；*11-4*

Hunter, Annie 安妮·亨特, 111, 129
Incas 印加, 19, 21; *1-2*
Indo-European languages 印欧语系, 22, 23, 41, 53
Indus script 印度河文字, 45
Initial Series 初始序列, 130, 133, 141, 172, 173; *4-4*
Inuit (Eskimo) language 因纽特（爱斯基摩）语, 28
Itzá Maya 伊察玛雅人, 70, 71, 130
Itzamnaaj (Creator divinity, first priest, God D) 伊察姆纳（创世神、首位祭司、神D）, 12, 100, 138; *11-4*, 42
Izamal 伊萨马尔, 100
Izapan (narrative art style) 伊萨潘（叙事艺术风格）, 62
jaguar (*balam*) 美洲虎（巴兰）, 57, 70, 152, 254-255, 262; *11-2*; see Bird-Jaguar; Kan-Balam; Chilam Balam; Hero Twins; Jaguar-Dog; Shield-Jaguar; Water Pool Jaguar 见飞鸟－美洲虎、坎－巴兰、《契兰巴兰书》、英雄孪生兄弟、美洲虎－狗、盾牌－美洲虎、水潭美洲虎

Jaguar-Dog 美洲虎－狗, 256
Japanese script language 日语文字, 22, 28, 29, 30, 32-33, 148, 156, 262; *1-6*
John, Silas 赛拉斯·约翰, 19
Jones, Christopher 克里斯托弗·琼斯, 213
Jones, Tom 汤姆·琼斯, 141
Joralemon, David 戴维·乔拉勒蒙, 183, 195, 196, 201, 235
Josserand, Kathryn 凯瑟琳·若斯朗, 239
Justeson, John 约翰·朱斯特森, 233, 235, 239; *10-3*
Kabah 卡巴, 68, 93, 127
Kakchiquel Maya 卡克奇奎尔玛雅人/语, 72, 200
K'ak'upakal (Fiery Shield) 卡库帕卡尔（火盾）, *5-7*, *6-3*
Kan-Balam 坎－巴兰（蛇－美洲虎）, 205, 207, 212, 213, 215, 232; *31*
Kan-Toe 坎－托伊, 180
Kan-Xul 坎－许尔, 215
k'atun glyphs 卡吞字符, 177, 179-180
Kawak Monster 卡瓦克怪兽, 240

索引 419

K'awiil or Bolon Tz'akab 卡威尔或称波隆查卡布（九代神），133，241，256

K'eq'chi Maya 凯克奇玛雅人/语，130

Kelley, David 戴维·凯利，118，119，156-161，165，174，203，204，206，208，212，214，231，232；*6-3*，*26*

Kerr, Justin 贾斯汀·科尔，221，223，244，271，273

K'iché Maya 基切玛雅人/语，54，63，72，99，100，200，219

Kidder, A.V. 基德，98，126，128，169，170

K'in Chaak 金·查克，249

k'inich 基尼奇，205，252

Kingsborough, Edward King, Viscount 爱德华·金·金斯伯勒勋爵，77，80，90，94，101，106

Kircher, Athanasius 阿塔纳修斯·基歇尔，16-18，30，34，38，90，97，106，115，122，124，141，156，160，163，165，258，259；*1*

Kokom（family）科科姆（家族），70

Kokom, Juan Nachi 胡安·纳奇·科科姆，119

Knorosov, Yuri Valentinovich 尤里·瓦连京诺维奇·克诺罗佐夫，10-11，119，139，145-166，176，177，178，182，184，198，200，206，208，211，227，232，233，234，236，240，258-259，270，275-276；*6-1*，*24*，*25*，*26*，*41*

Kubler, George 乔治·库布勒，199，210

K'uk'ulkan（Feathered Serpent）库库尔坎（羽蛇），70

La Venta 拉本塔，60

Labná 拉布纳，127

Lady Ajpo-Hel 阿赫波-赫尔夫人，215

Lady Beastie 野兽夫人，212

Lady Rainbow 彩虹夫人，53

Lady Xok 朔克夫人，4

Lady Sak-K'uk'（White Quetzal）萨克-库克夫人（白色绿咬鹃），207，215

lak'in, glyph for "east" 拉金，表示"东"的字符，159；*4-7*，*6-2*

Landa, Fray Diego de（Bishop）弗雷·迭戈·德·兰达，30，71，

80，95，100-101，106，107，112，115，116，119-120，122，126，136-137，140-141，146，147，148，149，151，152，156，159，160，163，165-166，200，204，221，233，236，238-239，241，245，258，263，270；*4-1*，*4-2*，*4-3*，13

Latin 拉丁语，17，21，23，43，50

Leyden Plate 莱顿玉牌，63

Linear B 线形文字 B，14，28，41-44，233；*1-11*，3

Long Count system 长计历，60，62，69，112，114；*4-4*

Long, Richard C.E. 理查德·朗，138-139，144，154

Longyear, John 约翰·朗伊尔，170

López de Gómara, Francisco 弗朗西斯科·洛佩斯·德·戈马拉，77

Lounsbury, Floyd 弗洛伊德·劳恩斯伯里，165，166，177，182，197-201，204-205，209，210，211，212，213，222，223，226，232，240，241，242，270；*8-1*，35

Lunar or Supplementary Series 太阴或增补序列，130-131，132；*5-1*

Machaquilá 马查奎拉，*7-3*

MacLeod, Barbara 芭芭拉·麦克劳德，241，242，244，246-247

Madrid Codex《马德里古抄本》，105-106，116-117，149，225；*4-1*，*5-4*

Maize God (1 Hunahpu) 玉米神 (1 胡纳赫普)，57，63，221；36

Makina title 马基纳头衔，204，212；*8-2*

Maler, Teobert 特奥伯特·马勒，114，115，168，174，179，182；17，22

Mam 马姆人，72

Maní 马尼镇，95，100

Mapachtepec 马帕奇特佩克，118

Martin, Simon 西蒙·马丁，264，269

Martínez Hernández, Juan 胡安·马丁内斯·埃尔南德斯，114，132，155

Mathews Peter 彼得·马修斯，176，197，203-204，214，235，241，242

Maudslay, Alfred Percival 艾尔弗雷德·珀西瓦尔·莫斯莱，97，110-112，114，115，125，129，

索　引　421

165, 176, 179, 181, 183, 193, 196, 204, 211, 221; *16*, *22*
Maya area 玛雅地区, 54–56; *2-3*
Mayan language groups 玛雅语族, 47–54; *2-1*, *2-2*
Mayapán 玛雅潘, 70, 71, 95
Mérida 梅里达, 50, 55, 70, 119, 154, 194, 208
Mesa Redonda de Palenque 帕伦克圆桌会议, 158, 196–197, 203, 204–211, 212, 213, 215, 221, 226, 232, 237, 250; *33*
Mesoamerica, definition of 中美地区, 定义, 58–71
Miller, Jeff 杰夫·米勒, 196–197
Miller, Mary 玛丽·米勒, 242, 251, 266–267, 273
Minervan Obelisk 密涅瓦方尖碑, 16–17, 106
Mixtec 米斯特克人/语, 175, 207, 252
Monkey-man scribes 猴子书吏, 48, 224, 228, 247, 253; *9-3*, *43*
month signs 月名符, 101, 116, 130, 165, 166, 200; *4-2*, *10-4*
Moon Goddess 月亮女神, 149, 151, 221

Mopán Maya 莫潘玛雅人, 130
Morales, Moisés 莫伊塞斯·莫拉莱斯, 196, 202
Morgan, Lewis Henry 刘易斯·亨利·摩根, 24
Morley, Margaret 玛格丽特·莫利, 157
Morley, Sylvanus 西尔韦纳斯·莫利("韦"), 25, 26, 71, 98, 125–129, 130, 132, 136, 143, 147, 152, 169, 171, 174, 175, 177, 182, 216, 239, 266; *21*, *22*
Motecuhzoma the Younger 小蒙特祖玛, 77
Muñoz Juan Bautista 胡安·包蒂斯塔·穆尼奥斯, 74
Muwan Bird 穆万鸟, 149
nagual 纳瓦(守护神), 254–255
Nahuatl (Aztec) 纳瓦特尔语(阿兹特克语), 18, 21, 22, 23, 58, 118, 119, 120, 135, 255
Naj Tunich cave 纳赫图尼奇洞穴, 236–237; *10-4*, *40*
Nakbé 纳克贝, 224
Nakum 纳库姆, 98
name and title glyphs 人名字符和头衔字符, 173–174, 175, 177,

179, 251; *7-2*

name-tagging 名签, 243-244, 246-247, 251, 271; *10-7*

Naranjo 纳兰霍, 64, 65, 68, 98, 115, 177, 178, 248; *7-3*, *10-10*

New Empire 新帝国, 71, 127

Nine Lords of the Night 黑夜九神, 132; *5-2*

Norman, B.H. 诺曼, 80, 97

Norman, Will 威尔·诺曼, 239

numerical classifier 量词, 52-53, 140, 243; *5-5*

Old Empire 旧帝国, 71, 127, 139

Olmec 奥尔梅克, 58, 60, 61, 62, 139, 155, 156, 183, 218, 256-257

Otulum 奥图卢姆, see Palenque 见帕伦克

Pakal ("Shield") 帕卡尔 ("盾牌"), 64, 159, 193, 205, 206-207, 209, 212, 215, 216, 261, 269; *8-3*, 31, 32

Paine, Albert Bigelow 艾伯特·比奇洛·佩因, 114

Palenque 帕伦克, 11, 48, 49, 50, 64, 68, 73-74, 75, 76, 77, 90, 91, 93, 95, 97, 110, 176, 183, 184, 193-216, 226, 231-232, 237, 238, 250, 252, 253, 260, 261, 262; *7-3*, *8-2*; 96 Hieroglyphs tablet 96 字碑, 260, 262; Palace 宫殿, 194, 215; Tablet of the Temple of the Cross 十字神庙的石板, 90, 93, 110, 194, 201, 204, 207, 212, 213, 221, 253; *3-1*, 31; Temple of the Foliated Cross 叶饰十字神庙, 197; Temple of the Inscriptions 铭文神庙, 176-177, 194, 195, 203, 205, 206, 209, 262; 32; Temple of the Sun 太阳神庙, 232

Parker, Joy 乔伊·帕克, 270

Paris Codex 《巴黎古抄本》, 101, 116, 225

Pawahtun (God N) 帕瓦赫吞 (神 N), 121, 221, 223, 235, 236, 237

Peck, Diane 戴安娜·佩克, 220, 222

Pendergast, David 戴维·彭德格斯特, 242

penis perforator 阴茎穿孔器, 197, 235

Period Ending rites 庆祝周期结束的仪式, 235, 241, 252

Persian 波斯人/语、波斯的 22, 37, 40, 41, 43, 105

Peru 秘鲁, 19, 73; *1-2*

Phoenician script 腓尼基文字, 20, 25, 29, 259

Piedras Negras 彼德拉斯内格拉斯, "黑石城", 64, 68, 115, 168–169, 171–175, 177, 179, 182, 249, 263, 269; *4-4, 7-3,* **27, 28**

Piedras Negras, Stela 3 黑石城3号石柱, 173, 174, 264; *11-3*

Pío Pérez, Juan 胡安·皮奥·佩雷斯, 95, 120

Plato 柏拉图, 13–14

Plongeon, Augustus Le 奥古斯都·勒普隆, 109

Plotinus 普罗提诺, 16, 17

Poe, Edgar Allan 埃德加·爱伦·坡, 34, 92

Pollock, Harry 哈里·波洛克, 201

polyvalence 多值性, 29, 32, 36, 39, 118, 136, 233–234, 244, 260; *10-1, 10-2*

Pomo de Ayala, Guaman 瓜曼·波玛·德·阿亚拉, *1-2*

Ponce, Fray Alonso 弗雷·阿隆索·庞塞, 117–118

Pope, Maurice 莫里斯·波普, 33, 257

Popol Vuh (Book of Counsel)《波波尔乌》(《议事之书》), 72, 99–100, 200, 219, 220, 221–222, 224, 247, 271

pottery 陶器, 57, 59, 67, 68, 217–222, 227–228, 244, 256, 269, 271; *10-8, 10-13,* **36**

Powell, John Wesley 约翰·韦斯利·鲍威尔, 22

Prescott, William H. 威廉·普雷斯科特, 76

Primary Standard Sequence 初级标准序列, 222, 223, 227, 228, 235, 244, 246, 247–248, 271; *9-1, 9-2, 10-8, 10-9*

Proskouriakoff, Tatiana 塔季扬娜·普罗斯科里亚科夫("塔尼娅"), 11, 128, 154–155, 158, 161, 164, 167–182, 199, 200, 209, 210–211, 217, 248, 259, 275; *7-1,* **27, 28, 29, 31**

Proto–Ch'olan 原始乔兰语, 48, 50, 239

Proto–Mayan 原始玛雅语, 48, 49

Psammetichus, pharaoh 普萨美提克,

法老, 15, 17
Ptolemy V 托勒密五世, 38; *1-9*
Putnam, F.W. 帕特南, 126
Putún Maya 蒲吞玛雅人, 68, 70, 71; 7
Puuk 普克, 54, 68, 69, 93, 170
Quetzalcoatl（Feathered Serpent）奎兹尔科亚特尔（羽蛇）, 70
quipu recording system 奇普记录体系, 19; *1-2*
Quiriguá 基里瓜, 65, 68, 93, 95, 110, 177, 251; **22**
Rabbit God 兔神, *9-3*
Rabinal Achi《拉比纳尔的武士》, 99
Racknitz, Joseph Friedrich, Baron von 约瑟夫·弗里德里希·冯·拉克尼茨男爵, 79
Rada y Delgado, Juan 胡安·拉达-德尔加多, 116
Rafinesque-Schmaltz, Constantine Samuel 康斯坦丁·萨姆埃尔·拉菲内克-施马尔茨, 89-91, 94, 101, 193, 257; **9**
Ramesses the Great 拉美西斯大帝, 39; *1-10*
Rau, Charles 查尔斯·劳, 110

Ray, John 约翰·雷, 34
relationship glyphs 亲属称谓字符, 214; *8-5*
Rémusat, Abbé 雷慕沙神父, 39
Ricketson, Oliver and Edith 奥利弗·里基森和伊迪丝·里基森, 126, 127, 128
Riese, Berthold 贝特霍尔德·里泽, 251
Río Azul 里奥阿苏尔, 245
Río Bec 里奥贝克, 203
Rivers, W.H.R. 里弗斯, 126
road-sign system, international 国际路标系统, *1-1*
Robertson, Bob 鲍勃·罗伯逊, 195-196
Robertson, Don 唐·罗伯逊, 201
Robertson, John 约翰·罗伯逊, 241
Robertson, Merle Greene 梅尔·格林·罗伯逊, 195-196, 201, 202-203, 207, 211, 231-232; **33**
Rosetta Stone 罗塞塔石碑, 35, 37-40, 100, 105, 115, 151, 229, 257-259
Rosny, Léon de 莱昂·德·罗尼, 101, 106, 115-116, 119, 139, 149; *4-7*, **18**

索 引 425

Roys, Ralph 拉尔夫·罗伊斯, 198
Russian script/language 俄文/语, 43, 50
Ruz Lhuillier, Alberto 阿尔韦托·鲁斯·吕利耶, 123-124, 176, 194-195, 206, 207, 208, 209, 213, 215
Sacy, Count Silvestre de 西尔韦斯特·德·萨西伯爵, 38, 40
Sadat, David 戴维·萨达特, 270
Saenz, Dr Josué 霍苏埃·萨恩斯博士, 225-226, 227-228
Sampson, Geoffrey 杰弗里·桑普森, 18
San Bartolo 圣巴托洛, 63, 194
Sanders, William 威廉·桑德斯, 157, 253
Sanskrit 梵语/文, 22, 43
Sapir, Edward 爱德华·萨丕尔, 135-136
Satterthwaite, Linton, Jr. 小林顿·萨特思韦特, 168, 169, 171, 226
Sayil 萨伊尔, 93
Schele, David 戴维·谢勒, 196, 201, 202, 203, 204-205
Schele, Linda 琳达·谢勒, 177-178, 196, 197, 201-203, 204-

205, 207, 209-210, 211, 213, 216-217, 231-232, 237, 238, 240, 241, 242, 250, 254, 256, 266, 267, 269, 270, 273; *34*
Schellhas, Paul 保罗·舍尔哈斯, 121, 144, 146, 147, 148, 153, 221, 228, 240, 258
Scherzer, Carl 卡尔·舍尔策, 100
seating glyph "坐下"字符, 213, 261; *8-4, 11-1*
Secondary Texts 二级文字, 222, 223, 228, 254, 271, 272-273
Seler, Eduard 爱德华·泽勒, 120-122, 132, 148, 149, 153, 166, 239, 241, 258; *4-7*, **19**
Sequoyah's Cherokee syllabary 塞阔亚设计的切罗基音节表, 28, 43; *1-4*
Sharer, Robert 罗伯特·沙雷尔, 270
Shaw, George Bernard 萧伯纳, 22, 29
Shield 盾牌, see Pakal 见帕卡尔
Shield-Jaguar 盾牌-美洲虎, 179, 180, 214, 256; *7-4*
Shook, Edwin 埃德温·舒克, 128
Short Count 短计历, 69

Signatures 签名, 247; *10-10, 10-11*

Smith, Robert and Ledyard 鲍勃·史密斯和赖迪德·史密斯, 127–128

Smith, William Stevenson 威廉·史蒂文森·史密斯, 158

Smoke Imix God K 烟伊米希神 K, 254

Socotz Maya 索科特兹玛雅人, 130

Socrates 苏格拉底, 13, 14

Spengler, Oswald 奥斯瓦尔德·斯宾格勒, 71

Spinden, Herbert Joseph 赫伯特·约瑟夫·斯平登, 132, 136, 174, 175, 180, 249

Stephens, John Lloyd 约翰·劳埃德·斯蒂芬斯, 40, 45, 92–98, 105, 109, 110, 115, 122, 126, 127, 159, 160, 174, 193, 194, 250, 251, 257, 258, 260; *3-3, 10, 11, 12*

Stirling, Matthew 马修·斯特林, 60, 61, 139

Stone, Andrea 安德里亚·斯通, 237

Strömsvik, Gustav 古斯塔夫·斯特伦斯维克（"古斯"）, 127, 169–170

Stross, Brian 布赖恩·斯特罗斯, 244

Stuart, David 戴维·斯图尔特, 175, 230–232, 234–245, 247, 248–251, 252–255, 256, 269, 270, 273; *10-6, 38, 39*

Stuart, George 乔治·斯图尔特, 75, 77, 80, 89, 231–232

Sumerian 苏美尔人/语, 13, 23, 24, 26–27, 31, 34, 41, 43, 198, 260, 269; *1-3*

Supplementary or Lunar Series 增补或太阴序列, 130–131, 132; *5-1*

Swadesh, Maurice 莫里斯·斯沃德什, 197

Synharmony, Principle of 元音和谐律, 149, 200, 236, 241, 276

tamales 玉米粽, 57, 244

Taube, Karl 卡尔·陶布, 221, 228, 241, 242, 250, 273

Tedlock, Dennis 丹尼斯·特德洛克, 271

Teeple, John E. 约翰·蒂普尔, 130, 131, 132, 134–135, 136, 172, 176

Tenochtitlán 特诺奇蒂特兰, 77, 183, 218

Teotihuacan 特奥蒂瓦坎, 59, 71,

Thomas, Cyrus 赛勒斯·托马斯, 110, 117–119, 120, 121–122, 139, 151, 161, 166, 258; 20

Thompson, Sir Eric 埃里克·汤普森爵士, 49, 60, 69, 107, 112, 114, 120, 123–143, 147, 148, 152–153, 154–156, 157, 158, 159, 160–166, 169, 170, 171, 174, 175–176, 181, 182, 184, 199, 201, 204, 208, 211, 215, 218–219, 222, 227, 231, 233, 238, 240, 243, 248, 252, 256, 258, 259, 260, 266, 276, 270; 5-5, 21, 25

Thoth (Theuth), Egyptian god 古埃及托特神, 13, 224

Tikal 蒂卡尔, 50, 63, 64, 65, 66–68, 98, 115, 133, 177, 183, 213, 215, 230, 243, 270, 271; 7-3, 10-7, 6

Tokarev, Sergei Aleksandrovich 谢尔盖·亚历山德罗维奇·托卡列夫, 146, 259

Tolstov, S.P. 托尔斯托夫, 147

Toltec 托尔特克, 59, 70, 128, 225, 227; 37

Toothache Glyph 牙疼字符, 172, 173; 7-1

Tortuguero Emblem Glyph 托尔图格罗徽章字符, 226

Totonac 托托纳克人, 77–78

Tozzer, Alfred Marston 艾尔弗雷德·马斯顿·托泽, 122, 126, 136, 157

Trager, George 乔治·特拉格, 21

Tro y Ortolano, Juan de 胡安·德特罗-奥尔托拉诺, 105–106

Troano《特罗亚诺本》105–106, 110, 115, 117

Tula 图拉, 70–71

Tulum 图卢姆, 93

Turkish 土耳其的, 23

Tuthmosis 图特摩斯, 39; 1-10

Twain, Mark (Samuel Clemens) 马克·吐温 (塞缪尔·克莱门斯), 112, 114

260-day count 260天历法, 61, 108, 148; 2-4

Tylor, Sir Edward 爱德华·泰勒爵士, 13, 24, 138, 147

Tzeltal Maya 泽塔尔玛雅人/语, 48, 49

tzolk'in (almanacs) 卓尔金历法, 108,

148

Tzotzil Maya 佐齐尔玛雅人/语, 48, 49, 255, 256
Uaxactún 瓦哈克通, 65, 68, 98, 126, 127, 128, 270
Ulving, Tor 托尔·乌尔温, 153
Upended Frog Glyph 翻倒青蛙字符, 173; *7-1*
Uto-Aztecan family 犹他—阿兹特克语系, 22, 135
Uxmal 乌什马尔, 64, 65, 68, 77, 93, 127, 231; Governor's Palace 总督府, 93–94
Valentini, Philipp J.J. 菲利普·瓦伦蒂尼, 119, 122, 148, 152, 163
van Buren, Martin 马丁·范布伦, 93
Ventris, Michael 迈克尔·文特里斯, 41–44; 3
Ventur, Pierre 皮埃尔·文图尔, 236
Venus tables 金星运行表, 79, 95, 108, 132, 148, 263; *3-3*, **15**
vessel shapes, glyphs for 表示容器形状的字符, *10-8*
vigesimal system 二十进位制, 108
Villacorta, Antonio and Carlos 安东尼奥·维拉柯塔和卡洛斯·维拉柯塔, 198

Vision Serpent 幻象蛇, 256; 4
Vogt, Evon 埃翁·沃格特, 255
Vulture God 秃鹫神, 149
Waldeck, "Count" Jean Frédéric 让·弗雷德里克·瓦尔德克"伯爵", 75, 76–77, 89, 90, 93, 94, 111, 115, 193; *3-1*, **8**
Wang, William S-Y. 王士元, 32
water group prefix "水类"前缀, 252, 261
Water Pool Jaguar 水潭美洲虎, 256; *10-14*
wayhel 瓦伊尔, 255
way 瓦伊, 254–256, 271; *10-14*
Whorf, Benjamin Lee 本杰明·李·沃尔夫, 135–139, 142, 144, 148, 152, 156, 161, 165, 181, 198, 228, 258, 276; *5-4*, **23**
Willson, Robert 罗伯特·威尔森, 131
Wing-Quincunx 翅膀-五点梅花, 223, 244; *10-8*
Woodbury, Richard 理查德·伍德伯里（迪克）, 198
world directions and colors 世界方位和颜色, 116, 121, 133; *4-7*, **18**
world-tree 世界树, 212; 31

索引 429

Wuqub' Kaqix（bird-deity）七金刚鹦鹉（大鸟神），63

Xbalanque 希巴兰克，219，221，240

Xibalbá（Underworld）西巴尔巴（下界），54，58，149，217-229，237，247，253

Yax K'uk' Mo'（Green Quetzal-Macaw）雅什·库克·莫（绿咬鹃-金刚鹦鹉），251

Yax Pasaj（New Dawn）雅什·帕萨（新黎明），114，251，253，261

Yaxchilán 亚斯奇兰，50，64，68，98，111，115，178，179，181，182，197，199，214，238，252，256；*5-1*，*7-3*，*7-4*，*7-6*，**4**

Yaxhá 雅沙，248，252

Young, Thomas 托马斯·扬，38-39，40，259

Yucatec Maya 尤卡坦玛雅人/语，47，48-53，79，95，97，120，137，140-141，142，149，151，154，155，162，166，198，199，205，206，230，231，234，235，239，242，243，254，260，276；*4-6*

Zapotec 萨波特克人/语，18，58，59，60，61，62，207